经济法文集（2015年卷）

JINGJIFA WENJI（2015 NIAN JUAN）

Legal Regulation and Institutional
Guarantee of Public-Private Partnership

公私合作(PPP)的
法律调整与制度保障

顾功耘 主编

北京大学出版社
PEKING UNIVERSITY PRESS

图书在版编目(CIP)数据

公私合作(PPP)的法律调整与制度保障/顾功耘主编.—北京:北京大学出版社,2016.8

(经济法文集)

ISBN 978-7-301-27390-6

Ⅰ.①公… Ⅱ.①顾… Ⅲ.①政府投资—合作—社会资本—法规—研究—中国 Ⅳ.①D922.280.4

中国版本图书馆CIP数据核字(2016)第186633号

书　　名	公私合作(PPP)的法律调整与制度保障 Gongsi Hezuo (PPP) de Falü Tiaozheng yü Zhidu Baozhang
著作责任者	顾功耘　主编
责任编辑	朱梅全　杨丽明
标准书号	ISBN 978-7-301-27390-6
出版发行	北京大学出版社
地　　址	北京市海淀区成府路205号　100871
网　　址	http://www.pup.cn
电子信箱	sdyy_2005@126.com
新浪微博	@北京大学出版社
电　　话	邮购部62752015　发行部62750672　编辑部021-62071998
印 刷 者	三河市北燕印装有限公司
经 销 者	新华书店
	730毫米×980毫米　16开本　22.75印张　421千字 2016年8月第1版　2016年8月第1次印刷
定　　价	62.00元

序　言

华东政法大学举办的“经济法律高峰论坛”自 2009 年创设以来，受到了学界的广泛关注。每年，我们都会选择市场经济发展中最新的热点问题作为论坛主题，邀请学界、立法部门、政府机关、司法机构等实务界的专家共同研讨，为推动我国经济法律的发展建言献策。

2015 年“第七届经济法律高峰论坛”选择的研讨主题是“公私合作制的法治保障”。之所以选择这个主题，是因为自 2015 年开始，政府与民间资本合作进行基础设施建设成为政府极力推广的政策，媒体也较为关注。在中央层面，发改委推出了 1 万多亿的项目，随之，各地方也推出了 2 万多亿的项目。到目前为止，项目所涉及的经费总额接近 4 万亿。那么，政府为何要大力推行公私合作制？我想，是因为 2008 年金融危机后，政府推出的 4 万亿救市措施带来诸多问题，其中，最突出的问题之一是，地方政府因大搞项目建设形成了巨额债务。为解决债务问题，政府采取了借新债还旧债、债转股等一系列措施。但是，这些方式并未从根本上解决问题。“借新还旧”并未消除债务本身，而且还要支付额外的利息；“债转股”后，大多数企业仍无法保证盈利。因而，发展并成熟于域外的 PPP（公私合作）模式开始进入政府视野，成为政府解决问题的重点选择。

PPP 模式能否帮助政府从根本上解决问题，值得学者思考和研究。实际上，PPP 模式在我国已有一些试验，有经验也有教训，但总体成效并不明显。究其原因，我认为主要在于如下三点：

首先，对于 PPP 模式的理解存在误区。有的将国有企业吸引民资进行共同投资看作是公私合作，有的将政府与国有企业一起投资看作是公私合作。其实，公私合作制的本质应是政府利用民间资金进行投资，目的是吸引民间资本为社会提供公共产品和公共服务。因而，政府与国企合作是公对公的合作，与公私合作本质不同。在公私合作制中,公和私二者的性质、共同目标以及各自所追求的目标都必须明确。政府的目标是为了公共利益、提供公共产品;而社会资本投入仍要追逐利润,这两者的关系需要通过法律制度进行协调。我认为,这两个目标都要实现,尤其应当保障私人利益,使其有适度收益,否则社会资本就失去了参与投资的动力。

其次,政府没有对社会资本的利益需求给予足够关注。政府社会资本投入,如不能获得应有的收益,就可能产生纠纷,最后就需要通过仲裁或诉讼途径解决矛盾。我曾在仲裁中遇到一个案件,某省下属的一地方政府要建造大桥,但无财政经费,于是吸引香港方面的公司进行投资。大桥造成后,政府也赋予香港投资方 20 年的收费权,即特许经营权。但是,之后情况发生了变化,此前该桥本为主干道之桥,后来在其旁边又修了若干座大桥,导致其收费越来越少;同时,省政府又颁布指导文件,要求取消此类收费。后来,地方政府和香港资本方谈判达成协议,由政府提前收回大桥,并给予适度补偿。但合同签订之后,政府却迟迟不履行合同。最后,根据合同约定双方进行仲裁,由于仲裁过程中三名仲裁员各持己见,因此提交专家委员会讨论。政府一方认为,合同无效,政府无权签署合同。我当时提出,合同当事人利益需要保障,即使合同无效,但并不代表政府无须付钱。最终,专家委员会认同我的意见,认定合同有效,政府也要履行合同。这个案件给我留下了极其深刻的印象。最近在推行 PPP 项目中,又有一些报道称,民营资本积极性不高而持观望态度。这正说明我们的政府在思想上没有能够对社会资本的利益给予足够的关注。

最后,法律制度的供给不足。到目前为止,PPP 的操作依据基本上是一些政府部门规章,还未上升到国务院法规甚至法律层面;而且目前的很多规章并不系统和完善,有时不同部门规章之间还存在着冲突与矛盾。

为此,我们急需建立一套完善的 PPP 法律制度,并需着重解决如下几个问题:

第一,PPP 项目要进行成本收益分析。在向社会推广 PPP 项目的过程中,应当进行成本收益分析。总体成本投入多少、收益多少、缺口多大,最终产品或服务如何定价等,都要进行科学分析。若没有进行成本收益分析,政府宣传缺乏科学依据,项目盲目上马,最后就可能变成烂尾工程。社会资本如果深陷其中,则无法保障其收益。在对具体项目进行成本分析之后,还须分析政府本身的承担能力,有没有后续资金支持或者其他资源。特许权等也要进行量化分析。出现特许权提前终止等新问题时,要有预备措施和方案。这些问题在法律上均应予以明确。

第二,科学的模式选择。PPP 是公私合作制的总称,可延伸出 BOT 等众多具体模式。一个项目是否适合采取 PPP 模式,如适合,具体应采取何种模式,都需要进行论证,并经过科学的程序进行决策。比如应当设立专家委员会,由专家委员会进行研讨并决策,而不能由政府的某一部门直接拍板决定。

第三,科学的程序设计。在可行性分析之后须进行招投标。通过招投标可以选择合适的经营主体,充分发挥民营企业的优势,降低政府成本。随后,完成签约。具体实施过程中要及时分析评估;政府要加强监管,以保障产品质量和服务质量,使政府提供公共产品的目的得到实现。

第四,科学的合同条款设计。现行合同法中没有公私合作制的标准合同,而 PPP 实施中需要科学的合同模板。PPP 合同是一种复合型合同,是由一组合同组成,且各合同之间相互联系,一个合同重要条款的变化会影响其他合同的权利义务变动。它不同于买卖合同、特许经营权合同等单一型合同。目前学术界对于 PPP 合同性质的认定,有行政合同和民事合同之争。我认为,PPP 项目合同更多体现的是商事合同。认定商事合同性质,可突出民营资本追求利润的特征。因此,在法律层面进行合同的设计非常重要。对此须注意两点:一是合理的风险分担机制。就本人而言,并不认可所谓的"风险共担"。这里所说的"合理的风险分担机制",应该是由政府承担大部分风险或主要风险,而民间资本则承担小部分风险或次要风险,或者说政府要承担相对不确定的风险,而民营资本则承担相对确定的风险。因为公私合作合同具有特殊性,提供公共产品是政府的责任,而不是私人资本的责任。私人资本是协助政府完成公共产品的供给,弥补政府资金短缺、经营管理效率较低等短板,与政府"共担风险"无从谈起。这里所强调的"合理",不是各方主体各二分之一或者按投资比例分配。公私合作制的风险分担不能等同于私人之间的共担风险。二是倾斜性的利益保证机制。此机制下的利益分配也并非是利益共享。政府的目标是提供公共产品,不是要赚钱分利;而民营资本投资不是为了公共利益,而是盈利,这无法共享。公私合作并不同于民营资本之间的共担风险、共享利润。所谓"倾斜性的利益保证机制",是指政府在监督操作主体实现公共利益的同时,必须保障社会资本利益的实现。明确这两个原则非常重要,否则,PPP 项目合同即使签订了,也不具有可行性。

第五,公正的司法保障。此次论坛主题为法治保障。但从我国目前私人与政府的行政诉讼实践来看,基本都是偏向保护政府,个人起诉政府的胜诉率大约只有 10%。在 PPP 项目发生纠纷的情况下,假如法院对政府还是实行倾斜性保护,社会资本投入非因本身原因而没有收益或遭受损失,公私合作就必然归于失败。这就完全背离了政府大力推动PPP项目的初衷。

当然,上述这些并非PPP模式中的所有问题,仅是我在资料研习以及实践调研后的一些不成熟的想法和见解,希望这些问题的提出,能够抛砖引玉,引起学界的深入思考,能够真正推动我国PPP法律制度的不断成熟和完善。

顾功耘

2016年7月1日于华政园

目　录

▶ 公私合作制基本理论

▶ 公私合作制协议分析

▶ 公私合作制中的政府职责

▶ 公私合作制中的“公”“私”利益平衡

▶ 理论研究综述

公私合作制基本理论

论 PPP 模式的起源、价值及趋势

韩 侣*

公私合作(public-private-partnerships,PPP)是指政府与私人组织之间,为了合作建设城市基础设施项目或是为了提供某种公共物品和服务,彼此之间形成的一种伙伴式的合作关系。[①] 公私合作实质上是为了向社会提供公共服务,由政府与私人共同投资某一项目,双方通过契约规定权利义务的一种合作形式。

中共十八届三中全会以“经济和改革”为主题,提出了积极发展混合所有制。国家鼓励民间资本进入自然垄断行业。PPP 模式是社会资本参与提供公共服务的典范,受到越来越多的关注。目前,公共部门和社会部门跨组织的合作关系已经得到广泛认可并且越来越活跃,按照相关国家制定的具体法规或政策看,PPP 模式是上个世纪后半期逐渐出现并得到发展,对公共服务的提供产生了极大的影响。

---

* 韩侣:华东政法大学 2014 级经济法学硕士研究生。

① 参见陈婉玲:《公私合作制的源流、价值与政府责任》,载《上海财经大学学报》2014 年第 5 期。

一、PPP模式起源及社会经济背景

PPP的起源因国家社会、经济背景不同而具有差异性。PPP起源较早的英国根据经济发展的需要,在政府的主导下积极推广PPP模式,美国也因财政税收有限,为满足人们的基本生活需求,鼓励社会部门通过PPP模式参与基础设施建设。发展中国家印度引入PPP较晚,但政府对PPP模式相当重视,将其应用于水、电、道路交通等基础设施,以提高国家基础设施建设水平。PPP在不同国家具有其独特的发展历程,相对于传统的政府提供公共服务方式,展现了巨大优势。

(一)从国有化到私人融资计划——起源于经济危机中的英国PPP

英国是PPP模式起源较早的国家,最初,英国政府非常支持国有化,由政府控制道路、水电等基本行业,但是随着社会的发展,政府能力有限,借助社会资本,不仅可以促进社会经济发展,还可以减轻政府压力,更好地保障人们的基本生活。从撒切尔夫人开始,英国政府都在积极推行PPP模式。

英国的国有经济起源可以追溯到17世纪中叶。1657年,英国政府成立邮政总局,并将其作为中央政府的一个部门,由政府直接经营邮政业务。[①] 这是英国政府对部分经济进行国有化的开端。

第二次世界大战期间,英国经济受到严重影响,整个社会处于严重的混乱和瘫痪状态,政府面临着恢复经济发展的艰巨任务。在这期间,政府为了改善公共基础设施,促进经济发展,艾德礼政府通过了八个国有化法令,包括银行、电力、煤炭、国内运输、邮电、钢铁等。[②] 国有企业的市场地位导致其市场竞争意识不强,甚至一些企业滥用市场主导地位,再加上第二次世界大战的影响,国有企业的经营状况受到严重打击,政府仍然面对极其严重的经济危机。

英国政府开始寻找摆脱困境的方法。长期以来把国有化作为解决国家财政危机、经济危机的手段,但是并没有显著成效。1979年撒切尔夫人开始执政,当时的英国凯恩斯主义盛行,凯恩斯主义的核心思想是国家采取扩张性的经济政策,通过增加需求促进经济增长。凯恩斯主义要求扩大政府开支,实行财政赤字。撒切尔任首相期间所推行的一系列政策及其产生的后续影响被归纳为"撒切尔主义"。其中之一就是国家权力边界收缩:国有企业大规模私有化,政府内

① 参见冷兆松、卢照海:《国有企业改革的国际比较》,中国对外经济贸易出版社1998年版。
② 同上。

部引入市场竞争机制，由市场规范企业的行为，强调成本—收益分析。这些措施都是与英国之前所进行的国有化背道而驰的。克兰菲尔德大学（Cranfield University）荣誉教授帕克（David Parker）说：私有化并非撒切尔夫人领导的保守党竞选宣言的一部分，她最初也对此举可能带来的政治成本持谨慎态度。帕克曾撰写官方认可的两卷本英国私有化史。他说，撒切尔厌恶"私有化"一词，她喜欢说"去国有化"。①

撒切尔夫人将这种模式称为"去国有化"，是因为在她看来，政府与社会合作只是在部分领域改变完全由政府直接经营的局面，通过政府与社会合作共同经营提供公共服务。有很多人批评撒切尔夫人是在贱卖国有资产、剥夺国库资金、奖励投机者。但是，撒切尔夫人的私有化行为实际上还是缓解了英国政府的经济危机。从撒切尔夫人对于"私有化"一词的厌恶也可以看出，在基础设施等公共服务的提供方面，政府部门不是将一些国有资产出售给私人部门，而是通过私人部门巨大的融资能力，保障公共服务的提供。这与我国正在实施的 PPP 模式的理念是一致的。私有化的本质在于产权变更，在于生产关系的变化，而 PPP 模式中有一些类型的产权仍然归国家所有，私营部门主要参与运营过程。

撒切尔的主张作为英国经济的转折点，对英国之后的经济发展模式产生重大影响。撒切尔夫人主张私有化作为振兴经济的根本战略。20 世纪 80 年代中期，英国政府开始在国有大型企业和基础设施领域通过向公众出售国有股份的方式进行私有化，力图激励企业提高自主经营的能力，并按照市场的规则提升企业经营和服务的绩效。② 在看到国有企业运营的弊端后，政府利用社会资本的优势，大力发展基础设施。

撒切尔执政期间对基础设施引入社会资本的政策，得到了后来的约翰·梅杰、托尼·布莱尔等首相的支持。1992 年开始，对于基础设施引入社会资本正式以 PFI（Private Finance Initiative）命名，主要用于公路、水务、国防、教育、卫生等部门以及政府办公和业务用房等方面。英国私人融资计划是一项鼓励公共部门向私人部门购买基本公共服务或产品的政策。③ 1992 年，财政大臣 Norman Lamont 在财政部的秋季汇报中宣布政府将正式启动"私人融资计划"，以鼓励私人部门参与投资公共服务并提供"高质量和更具成本效益的公共服务"④。

① 参见《撒切尔夫人的私有化政策影响深远》，http://www.tingvoa.com/html/20130417/115597_2.html，2015 年 6 月 22 日访问。

② 参见肖林、马海倩：《特许经营管理》，上海人民出版社 2013 年版，第 221 页。

③ See Jane Broadbent, Richard Laughlin, Accounting Choices: Technical and Political Trade—offs and the UK's Private Finance Initiative, Accounting, Auditing & Accountability Journal, 2002, Vol. 15, Iss. 5, pp. 622—654.

④ 姚驰：《英国 PFI/PPP 法律制度研究及借鉴》，中国政法大学 2010 年硕士学位论文。

PFI 的提出是英国政府在当时经济困窘下借助社会部门来解决社会需求的方式。政府对 PFI 项目非常重视,设立专门机构来推广 PFI。1993 年,在财政部下设立私人融资工作组和私人融资办公室,用来对 PPP 融资项目进行指导与规划。1997 年,还在财政部设立专门工作组负责 PFI 推广工作。

后来,在托尼·布莱尔的积极倡导下,英国开展了如火如荼的 PPP 项目建设。政府认为,公私合作模式最能够实现采购物有所值。政府大力发展 PPP 模式,到 2006 年,英国 PPP 投资占英国公共服务年度总投资的 10%到 14%。[①]

英国 PPP 项目已经发展了几十年,有着较为成熟的法律规定以及机构设置。英国政府从国有化到私人融资计划正是英国 PPP 兴起的一个过程。PPP 模式是为了解决经济危机给英国政府带来的在基础设施发展上的不足,促进了英国经济的进一步发展。

(二)财政压力下的政策工具——起源于减税需求中的美国 PPP

公私合作在美国出现是由于政府资金不足,而在公路领域通过特许经营允许社会部门进行公路建设。美国公私合作的兴起是在 20 世纪 70 年代末 80 年代初。经济学家 Katharine Lyall 说:"需求是发明的动力"。[②] 美国当时的经济背景决定了公私合作的兴起。公共部门一直面临着减少项目投资的压力,这种压力在石油输出国组织于 1973 年将石油价格提高到四倍并且在接下来的八年里将石油的数量提高到三倍后极为明显。[③]

公众要求政府减税,限制政府预算。加利福尼亚 1978 年第 13 项提议是最早要求政府减税的、限制预算的文件。华盛顿在 1979 年第 62 项提议中也表达了相同诉求。[④] 以联邦资金为支持的城市建设由于经济僵局变得非常不稳定。许多州处于财政违约的边缘,出现了公共服务不到位,急需市政工程被推迟的情况。

解决问题的手段有限,吉米·卡特总统在 1978 年国家城市政策报告中提出要为私人投资城市建设提供新的机会。在具体的建议中,报告呼吁联邦政府除了对最困难的城市进行资金支持外,减少对城市建设的资金支持,鼓励地方政府

---

① See Esther Cheung Albert P. C. Chan Stephen Kajewski, Reasons for Implementing Public Private Partnership Projects, Journal of Property Investment & Finance, 2009, Vol. 27, Iss. 1, pp. 81—95.

② Katharine Lyall, Public-Private Partnerships in the Carter Years, in Public Private Partnerships: Improving Urban Life, Perry Davis, ed., Montpelier, VT: Capital City Press, 1986, p. 4.

③ See Paul Rivlin, World Oil and Energy Trends: Strategic Implications for the Middle East, Jaffee Center for Strategic Studies, www.tau.ac.il, accessed June 2008.

④ See Cory Sinclair, The Role of Public-Private Partnerships in the Development of Cultural Facilities, UMI Microform 3360946.

投资，特别强调社会部门投资。要求以公私合作的方式加快发展城市基础设施建设以及工程复兴。[①]

公私合作被认为是一种新的政策工具，由于政府资金有限，因此鼓励私营资本投资城市基础设施建设。卡特的城市政策包括通过修订联邦规章为企业以及消费者降低成本，使社会资本投资更容易。

1978 年，国家城市政策报告中重申了有关合作责任的重要原则：社会部门参与解决社会福利问题既是一种权利也是一种义务。报告表明，公私合作不仅仅是一个双方合意的契约，而且是一种可持续关系的开始。这种关系要求合作伙伴之间定期互动并且能够考虑到公共政策和规章。同时，联邦政府逐渐改变 20 世纪 60 年代“大社会”“大政府”的激进思想，社会部门对州和州政府的政策的影响也越来越大。[②]

美国公私合作的出现最重要的改变就是使得私人资本进入学校、图书馆、污水处理等公共领域，得到了社会的认可。1981 年，里根担任总统后，建立了有关社会部门的特别小组。特别小组是为了发展有利于解决公众需求的活动，有两个主要宗旨：第一是确认现有的成功的或有潜力的私人创新项目，同时给予这些项目全国性关注，从而促进其更广泛推广。第二是鼓励社会部门与政府合作，按照社会需求程度优先安排适当的人力和财力资源。[③]

随着公私合作在美国的发展，政府与社会都意识到这种模式的重要性，得到越来越多社会团体的支持。美国国家经济发展委员会通过颁布名为“公私合作：一个城市团体的机会”的政策声明来支持公私合作这种模式。委员会主要关注公私合作，并且建议政府机构通过设立企业的途径来实施公私合作。还呼吁私人部门参加社区服务，又一次提高了私人部门的社会责任。[④]

美国公私合作的出现有其特殊背景，即在财政紧缺的同时人们对于基础设施的需求不断提高的情况下出现的。政府无法通过提高税收减轻财政负担，反而要根据人们的需求减轻税负，在这种情况下，政府通过实施公私合作满足社会对于基础设施建设的需求。运用这种模式，政府解决了基础设施需求，私人部门参与公共服务的提供，也使得私人部门履行了其社会责任。此后，公私合作模式

---

① See Katharine Lyall, Public-Private Partnerships in the Carter Years, in Public Private Partnerships: Improving Urban Life, Perry Davis, ed., Montpelier, VT: Capital City Press, 1986, p. 5.

② See William Colman, State and Local Government and Public-Private Partnerships, New York: Greenwood Press, 1989, p. 62.

③ See Renee A. Berger, Private-Sector Initiatives in the Reagan Administration, in Public-Private Partnerships: Improving Urban Life, Perry Davis, ed., Montpelier, VT: Capital City Press, 1986, p. 18.

④ See Cory Sinclair, The Role of Public-Private Partnerships in the Development of Cultural Facilities, UMI Microform 3360946.

在美国的基础设施建设等方面发挥了巨大作用，芝加哥天际公路(伊利诺伊州)、JFK 机场 4 号航站楼都是运用 PPP 模式建立的。

(三) 城市建设中的政策指引——起源于政府推动的印度 PPP

在印度，伴随近年来人口的增加、经济的快速发展以及城市化水平的提高，基础设施服务提供与需求之间的矛盾日益突出，基础设施落后这一问题已经成为制约印度未来发展的一大障碍。[①] 印度政府自 1947 年独立后，就一直很注重基础设施建设。印度的“一五规划”中就提出要加大基础设施建设投资，不久之前的“十一五”规划中，政府也对公路、铁路、港口、机场、能源等领域提出建设目标。经过这些年的发展，印度国内基础设施建设仍然比较落后，政府对基础设施建设的关注与日俱增。

作为发展中国家，印度的经济发展受制于落后的基础设施。印度破旧的道路，影响了货物的运输，不发达的电力行业影响了经济生产。印度曾宣称要打造“印度制造”这样的生产大国形象，但是受交通运输等因素影响，这一梦想暂时无法达成。印度落后的基础设施使得印度城市化发展止步不前。城市的住房、水、电、能源和卫生等基础设施功能很差，政府缺乏合理的规划，无法满足市民基本生活需求。

印度新一任莫迪政府在接管印度经济时，面对经济困境，在首份财政预算案中，财政部长阿伦·贾特里宣称：“很明显，如果我们坚持渐进式的改变，我们将走投无路，我们必须考虑跨越式前进。”[②]印度政府认为，只有改变，社会才会前进。在这份财政报告中，主要强调政府将加大基础设施建设投入，这一内容也是贯彻了之前印度公布的第十二个五年规划(2012—2017)中的要求与目标。在规划中，政府对电力、公路、铁路、机场、港口等基础设施项目的建设都提出了详细的方案。但是，不管是在印度“十二五”规划还是 2015 年首份财政预算中，政府都强调要引入社会资本。印度政府鼓励采取 PPP 模式进行基础设施建设，鼓励社会资本参与基础设施建设。为此，政府还采取了很多措施，包括将海外投资者为基础设施项目融资所获得利息税从 20%降至 5%，外国公共机构投资者投资尤其是以基础设施为目标的企业债券的限额从之前的 50 亿美元上调至 250 亿美元。[③]

---

① 参见张立、王学人：《印度基础设施发展的问题、措施与成效》，载《南亚研究季刊》2010 年第 4 期。

② 观察者：《印度公布 113 亿美元基础设施建设投资预算》，http://news.21-sun.com/detail/2015/03/2015030215284142.shtml，2015 年 6 月 25 日访问。

③ 参见商务部合作司：《印度十二五基础设施发展规划》，http://www.cqgo.org.cn/UIlayer/web/ShowArticle.aspx?ArticleID=953，2015 年 6 月 25 日访问。

印度 PPP 模式是通过政策指引由政府主导的，印度政府财政赤字严重，政府为了改变落后的基础设施建设，促进经济发展，满足人们的基本需求，鼓励私人资本与政府进行合作。目前，整个印度推出了很多 PPP 项目，政府也出台了一系列政策。印度政府选择了 PPP 模式，对这一模式充满信心，印度现任政府认为，通过 PPP 模式改进基础设施建设，拉动经济增长，会促进印度经济的腾飞。

二、PPP 模式运用及其架构

政府引入社会资本参与基础设施的类型有很多，社会资本可以进行融资（finance）、设计（design）、建设（build）、运行（operate）、出租（lease）、维持（maintain）、管理（manage）、发展（develop）、转移（transfer）甚至最终拥有（own）设施或服务等行为，基于这些权利和义务的混合，可以产生一系列附属于 PPP 项目的合同类型。[①] 这些类型可以由政府根据不同需求来选择，主要包括 BOT（build-operate-transfer，建设—运营—移交），TOT（transfer-operate-transfer，移交—经营—移交），PFI（private-financial-initiative，私人主动融资）等类型。

（一）BOT

BOT 是指由社会资本或项目公司承担兴建项目设计、融资、建造、运营、维护和用户服务职责，合同期满后项目资产及相关权利等移交给政府的项目运作方式。合同期限一般为 20—30 年。[②]

BOT 融资模式出现于 20 世纪 70 年代末 80 年代初。目前，国际上公认的第一个 BOT 项目是 80 年代初期土耳其为建设火力发电厂而提出的。随后，土耳其又利用这一融资方式建设机场和博斯普鲁斯第二大桥。[③] 随着 BOT 模式被各个国家采用，也衍生出新类型：BOOT（build-own-operate-transfer，建设—拥有—经营—转让），BT（build-transfer，建设—转让），BTO（build-transfer-operate，建设—转让—经营），BOO（build-own-operate，建设—拥有—经营），BOOST（build-own-operate-subsidy-transfer，建设—拥有—经营—补贴—转

---

① See Public-Private Partnerships, American Journal of Comparative Law, Vol. 58. Issue-Supplement, 2010, p. 560.

② 参见中华人民共和国财政部：《关于印发政府和社会资本合作模式操作指南（试行）的通知》，http://ln.mof.gov.cn/lanmudaohang/zhengcefagui/201412/t20141226_1172977.html，2015 年 6 月 25 日访问。

③ 参见崔荫：《国际融资实务》，中国金融出版社 2006 年版。

让),BLT(build-lease-transfer,建设—租赁—转让)等形式。政府和社会部门根据 PPP 项目内容的不同,协商选择适合的模式。

(二) TOT

TOT(移交—运营—移交),是指政府将存量资产所有权有偿转让给社会资本或项目公司,并由其负责运营、维护和用户服务,合同期满后资产及其所有权等移交给政府的项目运作方式。合同期限一般为 20—30 年。[①]

TOT 可具体分为移交经营权的 TOT 和移交所有权的 TOT 两种,前者本质上是租赁关系,后者本质上则是买卖关系。由于公用基础设施移交给私人部门后一般需要进行一定程度的更新、扩建才能经营,因此 TOT 可分别用 LUOT(lease-upgrade-operate-transfer,租赁—升级—运营—移交)和 PUOT(purchase-upgrade-operate-transfer,购买—升级—运营—移交)表示。[②] TOT 项目一般不涉及项目的建设,但是在该模式中项目发起人会设立特殊目的载体或特殊目的公司(SPV,special purpose vehicle),发起人把移交项目的经营权或所有权转让给 SPV,以确保有专门机构对项目的管理、转让、建造等享有权利,并在项目实施中进行协调和管理,这一步骤也即建立所谓的项目法人责任制,保证融资资金的有效利用。[③]

(三) PFI

PFI 是指“私人主动融资”,即在公用事业中引入社会资本,最大限度地利用企业的技术、经营等能力,低成本、高质量地提高公共产品(服务)的模式。[④] PFI 最早产生于英国,由于英国政府财政赤字,因此鼓励社会资本参与基础设施建设,从而改变了基础设施等公共服务的建设与运营都是由政府进行的观念,将建设与运营分开,由政府向社会部门购买公共服务或者对社会部门进行补贴。

为了优化现有 PFI 模式存在的种种问题,英国财政部于 2012 年 12 月推出了二代 PFI—PF2(Private Finance 2),并公布了新的标准化合同指引——Standardization of PF2 Contracts(Draft)。日本对于 PFI 模式的发展也有重大意义,日本政府一直致力于运用 PFI 模式进行基础设施建设,是亚洲最先以法

---

① 参见中华人民共和国财政部:《关于印发政府和社会资本合作模式操作指南(试行)的通知》,http://ln.mof.gov.cn/lanmudaohang/zhengcefagui/201412/t20141226_1172977.html,2015 年 6 月 27 日访问。

② 参见王灏:《城市轨道交通投融资问题研究:政府民间合作(PPP)模式的创新与实践》,中国金融出版社 2006 年版,第 58 页。

③ 参见刘亚臣、常春光:《工程项目融资》,大连理工大学出版社 2004 年版,第 126 页。

④ 参见陈金亮:《PFI-公用事业的建设和运营模式》,载《经济管理》2008 年第 1 期。

律形式推行 PFI 的国家。1998 年 5 月,自民党在国会上提出《PFI 推进基本法案》,该法草案经过不断修订,最后形成 PFI 推进法,于 1999 年 9 月由日本国会正式颁布实施。[①]

(四) 特许经营

"特许经营"是一种市政公用产品或服务的市场化的供给模式,具体是指由政府部门授予企业在一定时间和一定范围内对某项市政公用产品或服务进行经营的独家权利,即特许经营权。[②]

《市政公用事业特许经营管理办法》第 2 条规定:"本办法所称市政公用事业特许经营,是指政府按照有关法律、法规规定,通过市场竞争机制选择市政公用事业投资者或者经营者,明确其在一定期限和范围内经营某项市政公用事业产品或者提供某项服务的制度。"特许经营是将政府应当提供的基础设施等公共服务转由社会部门提供,双方通过特许经营协议进行合作。

这些类型各有利弊:BOT 的主要优势是融资方式下债权人无追索或有限追索权,但是其融资风险高,主要运用于大型基础设施,要求具有可预见的现金流,像英国的海底隧道项目、我国的北京鸟巢体育馆等项目都是采用此种方式。TOT 项目主要通过转让已有项目的经营权或产权进行融资,优势是不涉及建设过程并且融资风险低,但是经常涉及国有资产的转移,需要对国有资产进行评估,如果评估结果过低,将会导致国有资产流失,损害公共利益;如果评估价值过高,就会打击社会资本的积极性。PFI 模式是英国撒切尔政府主要提倡的,主要是借助私人资本的高效率缓解英国基础设施的需求。特许经营主要是政府对于重要的基础设施领域授予社会部门特别的经营权。特许经营权的项目多数与公共利益有关。PPP 模式下有一系列不同合同类型,在进行基础设施建设时,选取合适的类型,有助于政府推进基础设施建设。

三、PPP 产生的价值与效应

随着社会的发展,政府普遍面临财政赤字,采取 PPP 模式可以减轻政府债务负担,使得政府以较少的资金投资更多的基础设施建设。这样,政府相对可用资金增加,可以解决更多社会问题。PPP 项目建设创造了众多工作岗位,可以

---

① 参见胡振、刘华、牛德华:《日本 PFI 事业发展及政府管制问题研究》,载《建筑经济》2007 年第 6 期。

② 参见大岳咨询有限公司编:《公用事业——特许经营与产业化运作》,机械工业出版社 2004 年版。

解决就业问题,提高社会就业率,拉动经济增长。国家引入社会资本参加基础设施建设,还可以调节市场经济,为社会资本提供新的投资渠道。最重要的是引入社会资本参与基础设施建设是具有高效率的,政府在基础设施建设方面低效、高成本,利用社会资本的技能、知识、专业、创新、效率、资金、管理等优势,可以实现双方合作共赢,为社会提供高水平的基础设施服务。

公私合作模式是为了解决20世纪70年代经济危机情况下持续增加的公共债务而改变政府采购模式发展起来的。[①] PPP主要是解决了政府在基础设施建设上的资金不足问题,随着PPP运用范围越来越广,PPP在社会发展中的作用越来越大。

(一) 有限政府——“小政府,大作为”

现代国家治理体系视角下,转变政府职能的关键就在于处理政府与市场以及政府与社会的关系。转变政府职能,必须以从“全能政府”到“有限政府”的观念转换和制度设计转换为目标,扭转政府直接控制生产、交换、分配的每一个环节,几乎垄断了资源配置收入分配方面所有职能的状况。[②] 政府应该“有所为,有所不为”。在政府进行职能转变后,引入社会资本,与社会资本相互合作,可以减轻政府的行政负担,精简政府机构的设置,降低行政管理的成本,减轻政府的财政压力。

PPP具有许多优势,可以减轻行政管理负担,避免低效官僚主义,政府可借助社会资本的灵活性,提高执政效率,促进资本市场发展。市场经济要求政府的干预必须在一定界限内,对于市场可以调节的或者市场调节效率更高的,就应当交由市场进行资源配置,而政府可以关注和解决更多的社会热点问题。

英国引入PPP与撒切尔夫人推行的小政府有关,撒切尔夫人奉行经济自由主义,认为市场调节更有效率,在其执政期间积极转变政府职能,政府管事,但不是什么都管,力求建设一个小而强大的政府。将社会资本引入基础设施建设可以减轻政府财政压力,受制于税收压力的政府必须提供更广泛、更高质量的公共服务,引入社会资本后,政府才可以将更多财政投资于健康、教育等社会问题。英国引入PPP的首要原因就是政府缺少资金。[③] 政府面对公共需求与财政的双重压力,只有引入社会资本,才能更好地为公众服务。

---

① See Ciaran Connolly, Tony Wall, The Global Financial Crisis and UK PPPs, International Journal of Public Sector Management, 2011, Vol. 24, Iss. 6, pp. 533—542.

② 参见杨建顺:《论政府职能转变的目标及其制度支撑》,载《中国法学》2006年第6期。

③ See Esther Cheung Albert P. C., Chan Stephen Kajewski, Reasons for Implementing Public Private Partnership Projects, Journal of Property Investment & Finance, 2009, Vol. 27, Iss. 1, pp. 81—95.

(二) 效率优先——从国家垄断到自由市场

基础设施领域一直以来是由国家建设并提供的,水、电、公路等基础设施建设都是国家垄断行业。政府采用 PPP 模式开放这些市场,引导社会资本进入,促进资本市场发展。PPP 项目在英国、美国等国家得到发展,其中一个重要原因就是经济危机。二战之后,发达国家一直奉行的高福利社会给政府财政带来极大压力。在美国,政府不仅要减税,还要提高人民的福利水平。长期处于财政赤字的美国政府,要满足其公共服务的职能。公众对公共服务的要求逐渐提高,仅靠政府财政支持已经不足以满足社会基本需求。为了解决经济危机,促进市场经济发展,与社会资本在基础设施领域进行合作后,政府对于基础设施只需要进行总体上的监督。

各国政府采取 PPP 模式有不同理由,经常被提到的一个理由就是效率。众所周知,相对于政府部门,社会部门可以更有效地提供某些服务或运营某些基础设施。激烈的竞争和自由市场鼓励社会部门提供高质量的服务,努力降低成本并且不断进行技术创新。社会部门的高效率会引导政府部门提高效率、注重质量。政府可以通过特许协议等形式要求私人部门在维持、运行项目过程中必须达到一定标准或者对项目等作出一定改进、承担指定项目的扩建等内容。政府也可以要求社会部门实行技术升级,如采用电子收费形式等。

引入社会资本不仅仅为社会资本提供更多的投资机会,更有利于市场经济的发展。基础设施领域一直是被国家垄断的,引入社会资本,用市场来调节,提高了资本运作的效率,避免了政府的低效与高成本。在经济危机中,将资本投入基础设施还可以解决就业问题,基础设施的建设可以提供大量劳动岗位,提高社会就业率。国家引入社会资本进行基础设施建设可以推动经济结构调整和发展方式转变。

(三) 以人为本——满足基本生活需求

PPP 模式得到推广的两个重要条件就是政府资金有限和公共基础设施落后。这是因为经济基础和公共服务提供之间有着历史的必然的联系。美国国家运输政策和税收研究委员会 2007 年报告称,为了升级和维护现有的地面基础设施,使其处于良好状态,在接下来的 50 年内,美国每一年都必须投资 22500 亿美元。落后的基础设施维修状况及费用会对公共安全和社会经济等产生影响。加之市政债券市场不景气、政府不愿意提高税收等原因,用于修护基础设施的费用极度短缺。PPP 模式允许政府利用私人部门的资金优势满足社会基础设施建设的需求。[①]

PPP 项目主要应用于基础设施建设，这是因为基础设施建设周期长、投资大，成本回收较慢，随着社会的发展，政府对基础设施的投资已经不能满足基本需求，人们的教育、出行、住宅、娱乐生活等都需要国家投资来改善。政府需要改变现有的基础设施投资模式，引入社会资本，从而更好地为人民服务。

基础设施建设的时间跨度大、周期长的特征也可以更好地发挥社会资本的优越性。很多政府基础设施项目在立项初期规划得很好，但是因为周期长，在建设过程中，政府既作为实施者又作为监督者，经常发生政府后期不注重项目质量，应付了事的情形。而引入社会资本的情况下，由于社会资本具有营利性，对于投资的项目，会进行谨慎的研究与规划，关注质量与成本，从而使得整个周期中项目质量得到保障。由社会资本参与基础设施建设、公共服务提供，政府可以通过向其购买服务等形式来满足其职能需求。在市场经济条件下，社会资本之间进行充分竞争，市场的调节使得政府可以以较低价格购买更高质量的公共服务。由市场进行资源配置，社会资本可以更好地了解、挖掘人们的需求，根据需求差异，投资不同领域，不仅及时、高效地满足了人们的需求，还最大限度降低了资源浪费。

（四）物有所值——以公共利益为核心

凯尔在 1998 年说过："公私合作可以提供一把广泛的保护伞，从社会部门带来潜在的投资和经济价值时也可以遮蔽和保护公共利益。"[②]尽管社会资本与公共部门相比要承担更多不利的利率以及税收负担，但是社会部门仍然拥有更高的效率。公私合作是公共部门借助社会部门的优势，利用物有所值原则进行风险分配，而不是简单地为了减轻政府财政负担。公共部门在与社会部门合作时可以更多地注重公共管理，而社会部门则可以更多地注重项目的效率与执行。引入社会资本进行公私合作具有极大优势，社会资本投资方会更注重项目的生命周期，关注鼓励创新来降低成本、提高投资回报率，在公共产品的分配上也具有更高的效率。[③]

在目前投资环境不景气的情况下，采用 PPP 可以降低政府投资基础设施的成本，提高政府投资回报率。英国国家审计署(2003)认为，从广义上讲，PFI (private finance initiative)合同为社会部门提供了物有所值的投资；绍乌尔

---

① See 2014 Colum. Bus. L. Rev. 420 2014.

② Nutavoot Pongsiri, Regulation and Public-private Partnerships, International Journal of Public Sector Management, 2002, Vol. 15, Iss. 6, pp. 487—495.

③ See 2009 Eur. Pub. Private Partnership L. Rev. 71 2009.

(1998)发现最开始的 12 家采用公私合作的医院的平均投资回报率达到了 58%。公私合作的优点在交通运输等基础设施方面也是很明显的。蒂明斯和怀顿(1998)表明，最初的英国四条采用 PFI 模式修建的道路相比传统的采购方式节约了大约 13%。① 波利特(2002)表明，由于预测到了公私合作模式的优越性，包括澳大利亚、新西兰、美国等国家都采取了 PPP 模式进行基础设施建设。

PPP 模式必须遵循物有所值原则。物有所值(value for money，VFM)，是指一个组织运用其可利用的资源所能获得的长期最大利益。② 物有所值原则是国际上普遍采用的评价传统上由政府提供的公共产品由政府与社会部门合作来提供是否更有效，是在 PPP 项目运行中必须要严格遵守的。通过评估可以预见，相对于传统提供方式，PPP 模式可以使得政府产生低投入、高回报的效用。

四、PPP 发展趋势及展望

PPP 模式在国际上已经被很多国家采用，英国通过 PPP 模式解决了经济危机中政府的财政压力并且满足了人们对基础设施的基本需求。美国也借助社会资本在税收降低、财政收入减少的情况下提高了公共服务的质量。印度、中国等发展中国家目前正在积极推进 PPP 模式，并出台了一系列政策支持 PPP 的推广。PPP 已经在全球范围内受到了重视，PPP 的经济效益已经逐渐出现，国际上也已经出现适合发展 PPP 的大环境。同时 PPP 可以应用的领域也会逐渐扩大，PPP 模式不是仅仅局限于某一行业，实际上，正在被私有化的服务行业或工业规模是巨大的，包括交通运输、卫生保健、教育、监狱、福利、工作培训、日常护理、电信、公园维护、防御培训等。PPP 只是一个总称，包括广泛的政府和社会部门之间关于向社会提供公共基础服务的协议。③ PPP 模式内容庞大，政府与社会资本的合作会更加广泛。

(一) 正在被泛化的 PPP 概念及用途

PPP 概念有广义和狭义之分，广义的 PPP 包括 BOT、PFI 等各种模式。狭

---

① See Robert Eadie Phillip Millar Rory Grant, PFI/PPP, Private Sector Perspectives of UK Transport And healthcare, Built Environment Project and Asset Management, 2013, Vol. 3, Iss. 1, pp. 89—104.

② 参见中华人民共和国财政部:《关于印发政府和社会资本合作模式操作指南(试行)的通知》，http://ln.mof.gov.cn/lanmudaohang/zhengcefagui/201412/t20141226_1172977.html，2015 年 6 月 27 日访问。

③ See Protecting the Public in Public Private Partnerships: Strategies for Ensuring Adaptability in Concession Contracts, 2014 Colum. Bus. L. Rev. 420 2014.

义的 PPP 仅是指公私合作。目前,PPP 的概念正在被泛化,公共部门与社会部门的合作基本上都可以纳入 PPP 模式的范围内。PPP 模式的主要作用领域是公共领域,因为公共产品的非竞争性和非排他性,要求由政府提供公共产品。政府提供公共产品的主要范围包括国防、外交、路灯、供水、供电等,这些基础设施关系着国家安全以及人们的基本生活需求。如果完全由私人来提供,就有可能效率低下或者产生“搭便车”的现象。PPP 具体适用于哪些领域,不同国家有不同的规定,主要集中在自然资源开发、基础设施建设和公共服务领域,具体包括以下几类:自然资源开采,如采矿、油、气及其加工处理或输送储存设施等;电厂、供暖或废水、废物处理厂;通信;公路、隧道或桥梁;铁路、地铁;机场、港口;学校、医院、文化体育、警岗、监狱等。[①]

英国较为成功地将 PPP 模式运用于学校、医院、监狱和防御设施、道路等领域;美国运用于交通、技术、水务、监狱、医疗、福利、城市重建等领域;印度“十二五”规划中也将 PPP 模式应用于公路、港口机场等。美国政府问责局(U. S. Government Accountability Office)已经确认了许多 PPP 项目的形式,包括 BOO(build-own-operate),即社会部门为了公共使用或者为了公共利益建立和经营一项基础设施,但是不将设施的所有权转移给政府部门的一种形式,DBO(design-build-operate),即政府与社会部门签订合同,由社会部门设计、建设、运营一项基础设施,虽然基础设施是以政府的名义运营、维护、管理,但是实际上是由社会部门完成的。[②]

PPP 模式现在被较多发展中国家应用于城镇化。城镇化是现代化的必由之路,工业革命以来的经济社会发展史表明一国要成功实现现代化,在工业化发展的同时必须注重城镇化发展。[③] 在城镇化发展过程中,要注重基础设施建设,基础设施建设是人民生活的基本保障。政府要优先发展公共交通,增加基本公共服务供给,建设安全、高效、便利的生活服务和市政公用社会网络体系,努力提高农村居民生活水平,让其共享现代化成果。

印度第二个五年规划中要求引入社会资本进行基础设施建设。印度对基础设施的投资资金有 2/3 来自社会资本。印度借助社会资本与政府合作发展电力、公路、铁路等基础设施。在发展中国家引入 PPP 项目主要是为了加大基础设施建设,发展中国家一般都是走在城市化道路上,国家基础设施虽然得到一定改善,但主要局限在城市地区,城市与农村基础设施水平相差较大,政府财政收

---

① 参见肖林、马海倩:《特许经营管理——城市基础设施存量资产资本化》,上海人民出版社 2013 年版,第 5 页。

② See 2014 Colum. Bus. L. Rev. 420 2014.

③ 参见《国家新型城镇化规划(2014—2020 年)》。

入有限，对于农村基础设施投入比例比城市小。因此，在农村进行基础设施建设过程中，引入社会资本，可以加快农村基础设施建设，提高农村人民的基本福利。公共服务具有普遍性，PPP 可以普遍提高国家的基础设施建设，加强城镇化建设，缩小城市与农村的差距。

（二）以制度理性引领 PPP 可持续发展

我国目前 PPP 项目的管理部门与法律规制都不是很完善。财政部和发改委都对这一项目发布了相关指导性规定。由于两个部门都进行管理，如果两个部门的规定发生冲突，就会影响 PPP 项目的运作。

许多国家的公私合作经验表明，无论在哪里，都需要通过规章制度保障公共利益和私人利益的平衡。规章制度应该被用来保护公共福利，保证公平竞争以及促进市场自律，而不应该采取不必要和不切实际的控制遏制市场。[①] 随着社会部门通过合作提供越来越多的社会服务，政府的相关规章制度应该减少，这似乎符合逻辑。不过实际上，这种合作关系导致相反的情况，在许多案子中，公私合作需要有效的政府规章，这种合作是基于稳定的、可信的、可预测的法律。法律内容涉及财产权、合同、争议和责任等方面。一个清楚的立法框架明确了公共部门和社会部门的角色、两者之间的关系以及合作的领域，这对实质合作关系的建立是至关重要的。[②]

从我国目前的 PPP 项目运行的实际情况来看，管理部门过多，每个部门都出台一些政策文件，导致 PPP 项目显得很繁荣，但是实际上却失去正确的指导方向。目前，我国 PPP 还未出台较高层次的立法，只有一些部门出台了一些指导性文件。PPP 项目缺少相关法律的指引，操作起来就会遇到很多困难。在 PPP 运作过程中应该努力做到有法可依，不能漫无目的、随心所欲，对于项目的立项、审批、监督、执行等过程都应当作出具体规定。应该努力完善 PPP 立法，保障项目的稳定与可持续性。

以制度理性引领 PPP 可持续发展，不仅要注重制度的建设，政府在进行 PPP 项目时，还要不能只顾眼前利益，而应关注可持续发展。PPP 项目应当是满足可持续发展要求的，PPP 合同要求社会部门在项目中投入时间和资本，考虑实现利益最大化和减少项目的负外部性。政府在进行 PPP 项目时，应该总揽全局，对于项目的规划要符合经济性，在项目进行过程中要注重保护生态环境。

---

① Cf. Nutavoot Pongsiri, Regulation and Public-Private Partnerships, International Journal of Public Sector Management, 2002, Vol. 15, Iss. 6, pp. 487—495.

② See Nutavoot Pongsiri, Regulation and Public-private Partnerships, International Journal of Public Sector Management, 2002, Vol. 15, Iss. 6, pp. 487—495.

可持续发展是复杂的和多方面的,涵盖广泛的主体,包括栖息地保护、能源消耗、利益相关者的满意度、财务结果等。[①] 政府在项目规划中,要合理分配社会资本在运作过程中的使用,不能前期过度宽松,使得项目到后期因为资金问题而终止。在采取PPP模式进行基础设施建设时,要特别注重城市规划和环境保护。基础设施的布局可以决定一个城市未来的发展,既要保证人们可以普遍享受到公共服务,也要考虑到城市的发展,对未来作出预估,使得基础设施可以满足城市的可持续发展。

政府在提供基础设施时也要考虑科技的发展,尽量采用先进科技。基础设施的使用非一朝一夕,如果采用落后的科学技术,那么基础设施的作用就无法满足人们的需求,随着科技的发展,这些基础设施很可能被淘汰。在项目进行过程中,政府也要督促社会部门在进行基础设施建设过程中注重环保,尽可能降低对环境的影响。PPP项目周期很长,政府不能局限于短暂的经济增长而不顾长远的公共利益,政府与社会部门应当始终贯穿可持续发展的理念。

(三)中国的路径选择与优化

中国在采用PPP模式时,要注意路径选择与优化。我国采取PPP模式是由基本国情决定的。我国政府财政压力较大,政府负债严重时,我国的基础设施由政府投资已经无法满足人们的基本需求。在采取PPP模式时,可以借鉴英国等国家的经验,如怎样对PPP模式进行评估,怎样对公私合作项目进行监督,在公私合作过程中怎样分配权力义务。

我国是由计划经济向市场经济发展的,基础设施建设一直由政府主导,政府由上而下进行基础设施建设规划,很多决定需要层层报批,手续繁多,效率低下。引入社会资本后,社会资本高效率要求政府有一套高效的决策机制。遇到问题,双方必须协商,共同解决。因此,在我国采取PPP模式时,建议将决策者、实施者、监督者等进行分开,设立专门的PPP机构,从而提高我国PPP模式的效率,更符合市场经济的要求。

我国政府目前推出了许多PPP项目,但是没有注重项目的质量。PPP项目适合那些政府资源受到限制而基础设施建设相当不足的国家,如果政府财政充足,就没有必要进行本身存在私有化风险的PPP项目。[②] 我们不能只求立项,对

---

① See Lei Zhou, Ramin Keivani, Esra Kurul, Sustainability Performance Measurement Framework for PFI Projects in the UK, Journal of Financial Management of Property and Construction, 2013, Vol. 18, Iss. 3, pp. 232—250.

② See Chandan Sharma, Determinants of PPP in Infrastructure in Developing Economies, Transforming Government: People, Process and Policy, 2012, Vol. 6, Iss. 2, pp. 149—166.

于基础设施不加区分就引入社会资本。要理性看待 PPP 模式，虽然引入社会资本参与基础设施建设，但是政府仍然要履行其基本职能，在 PPP 项目中，政府应当是主导，公共服务或产品的提供最终仍然由政府确定，对产品或服务的定价，政府也应当以公共利益为首位，不能任由社会资本提供方确定。

政府对 PPP 政策不能朝令夕改，在 PPP 项目中要加强政府信用。社会部门在进行公私合作时，会担心政府是否会滥用行政权力侵害其利益。政府应当通过立法将相关 PPP 政策进行确认，减轻社会资本的担忧。对于制定的政策，政府应当严格遵守，不能擅自改变。提高政府的信用，会吸引更多社会资本参加基础设施建设。政府的可选择范围也变大，从而降低政府的投资成本，提高社会效益。政府如果朝令夕改，社会资本会持观望态度，不敢参与公私合作。政府的信用是国家信用的核心，是创建国家信用环境的前提。[①] 良好的社会环境，稳定的法律，诚信的政府，可以促进资本市场的发展，使得私人资本投资更有保障。

五、总　　结

PPP 模式可以很好地改革政府执政方式，政府不需要庞大的机构进行基础设施建设，可以借助社会资本的人力、物力资源提供公共服务，但是政府的主导作用使得基础设施建设的整个过程仍然是以公共利益为中心。PPP 模式满足了当今社会对政府的基本要求：政府应当有所为，有所不为。基础设施中引入社会资本更具有高效率，社会资本具有较强的资金优势和技术优势以及竞争优势，而政府应该利用自己的组织协调能力，在 PPP 模式中与社会资本配合。PPP 模式的本质在于公共部门与私营部门间实现优势互补，使公共部门的社会权威、信誉与社会部门的资金、技术缜密结合，实现基础设施建设的帕累托最优。[②]

在中国，政府和社会正在如火如荼地进行各种 PPP 项目，立法方面也正在跟进，可以预见，不久的将来公私合作模式将会提高公共服务的质量，改善人们的生活。政府与社会资本合作共同参与基础设施建设，可以相互取长补短，利用对方的优势，更好地促进社会发展。PPP 模式应当被推广并且被更多国家采用。

PPP 的起源是社会经济发展的需要，是为了解决人们不断提高的基础设施需求水平与政府财政不足之间的矛盾而得到发展的。PPP 模式产生的社会原

---

① 参见范伯乃、张鸣：《政府信用的影响因素与管理机制研究》，载《浙江大学学报（人文社会科学版）》2009 年第 2 期。

② 参见马君：《PPP 模式在我国基础设施建设中的应用前景》，载《宁夏社会科学》2011 年第 3 期。

因有多种,包括加强城镇化建设、解决经济危机、提高投资效率等。PPP 模式被越来越多国家采用,其种类也在逐渐增多,范围变广,作用也在增强。不过,在采用 PPP 模式时,有一些问题需要注意,特别是我国目前正在全国范围内推广 PPP 模式,不能急于求成,可以借鉴其他国家的经验。PPP 模式的巨大优势可以促进社会经济的发展,基础设施水平的提高,具有重大作用。

PPP的公共性及其经济法解析

张守文*

一、问题的提出

在全面深化改革的背景下,公私合作模式(public-private partnership, PPP)①被视为公共服务供给机制的重大创新,②因其内含政治、经济、法律、社会等多维因素,涉及政府与市场关系的法律调整、政府职能的转变以及公共服务的质量和效率等视域而备受社会关注,与之相关的法律问题研究也已展开。③

PPP之所以被财政部、发改委等部门力推,无疑与当下国家经济下行和财政减收的"双重压力"、地方债务负担沉重、公共物品供给不足等有着直接关系。政府力图通过与社会资本合作,进一步缓解财政资金紧张、化解地方债务风险,并经由社会资本的投资替代,提升公共服务的质量和效率,从而达致切实保障社会公众需求和权益之目的。但是,在PPP的推进过程中,因涉及政府公信力与企业信赖利益保护,尤其是风险分担和利益分享的诸多细节,社会资本心存疑虑,故投入并不踊跃,以致PPP项目的整体进展落后于政府预期。④

---

* 张守文:北京大学法学院教授,博士生导师,法学博士。

① 公私合作模式又称"政府与社会资本合作",后者也是PPP的官方表达,但从理论和原意上说,称PPP为公共部门与私人部门的"公私合作"可能更具有延展意义。

② 参见《关于在公共服务领域推广政府和社会资本合作模式的指导意见》(国办发[2015]42号)。

③ 参见孙学工、刘国艳、杜飞轮、杨娟:《我国PPP模式发展的现状、问题与对策》,载《宏观经济管理》2015年第2期。

④ 财政部、发改委等主管部门一直在力推PPP,并进行了大量的宣传、推介和培训工作,但是由于社会资本对风险和收益等问题高度关注,以及对政府公信力存疑,故而使得PPP的现实推进相对缓慢。

相关法律制度不完善或落实不到位也是PPP推进缓慢的一个要因。PPP体现了多种法律制度的综合与融合,尽管公私合作模式由来已久,国内外的实践亦已积累了大量经验,但相关理论的提炼与制度建设尚待加强,尤需从经济法视角展开深入研讨。PPP的前两个"P"分别代表公共部门与私营部门,或者"公"与"私"两个方面,其中,在"公"的方面会强调社会公益性,在"私"的方面会重视个体营利性,而个体营利性与社会公益性的冲突正是经济法所要解决的基本矛盾,需要在更高层次上加以协调和解决,于是就有了第三个"P",即在法律框架下的"公私合作",这也是经济法的"高级法"特征的重要体现。尽管三个"P"都很重要,并由此可归纳出PPP的多个重要特征,但第一个"P"所集中体现出的公共性尤为重要,它是该制度得以存在和展开的重要前提和基础,①直接影响到与其相关理论的研究与制度构建,殊值研究。

事实上,在PPP的制度设计方面历来强调公共部门应当在公共领域依法正当行使公共权力,以有效地提供公共物品,保障公共秩序和公共利益。这些公共因素使PPP必然会呈现出突出的公共性特点。详言之,PPP的公共性应以尊重私人权利为基础,以公共权力的依法正当行使为保障,②同时,还要体现公意和公益,如此才能使该制度符合正义价值并具合法性,而且在协调个体营利性和社会公益性的过程中③有效地保障各类主体的利益,特别是公共利益。其实,PPP的出发点和落脚点就是公共性以及在此基础上对公共利益的追求。PPP的公共性与其制度目标和理论基础直接相关,并直接影响其应遵循的法律原则的形成;研究PPP的公共性,有助于我们认识政府在PPP领域的职责,以及特许经营及其协议的特殊性和复杂性。鉴于此,本文拟结合上述问题,从经济法视角对PPP的公共性加以解析,进而讨论与之相关的经济法理论与制度建设的一般问题。

---

① 有学者认为,公共性是政府的第一属性,行政的其他特性皆来源于政府的公共性,故公共性在政府活动中具有基础地位。参见杨海坤:《现代行政公共性理论初探》,载《法学论坛》2001年第2期;黄显中:《政府公共性理论的谱系》,载《湘潭大学学报(哲社版)》2004年第3期。

② 公共性是哲学、政治学、经济学、法学等诸多学科都要研究的重要问题。基于公共性,PPP应尊重个人权利,包括社会公众以及社会资本的个体权利;同时,公共性是公意和合法性的基础,PPP领域的各类公权力,如财政权、税权等的行使都要符合公益性所要求的合法性,这样才能更好地提供公共服务。参见杨仁忠:《论康德的"公共性"及其理论价值》,载《学海》2009年第1期。

③ 有学者认为,公私合作制是一种涉及基础设施的制度安排,而基础设施自产生之日起就陷入公共性与企业性(类似于社会公益性和个体营利性)的两难之中。参见〔英〕达霖·格里姆赛、〔澳〕莫文·K.刘易斯:《公私合作伙伴关系:基础设施供给和项目融资的全球革命》,济邦咨询公司译,中国人民大学出版社2008年版,"序"第1—3页。

二、PPP 的制度目标、理论基础与公共性

PPP 的制度目标是保障政府有效地提供公共物品，以满足公共需求。因此，支撑其制度建设的一个重要理论基础就是公共物品理论。该理论作为贯通社会科学领域的重要理论，为经济法研究提供了重要的分析框架，不仅有助于解释 PPP 制度存在的必要性，而且有助于揭示其蕴含的公共性，且必要性与公共性直接相关。

研讨 PPP 的公共性，需首先理解其存在的必要性。PPP 制度的存在与政府的职能密不可分。通常情况下，现代国家的政府职能被界定为宏观调控、市场规制、社会管理和公共服务，[①]而 PPP 制度往往被认为与政府的公共服务职能直接相关。依据传统的公共物品理论，公共物品可分为纯公共物品与准公共物品，这种分类与政府的上述职能大体存在如下对应关系：一方面，政府的宏观调控和市场规制职能要求政府亲力亲为、主动作为，以便更好地为市场经济提供良好的外部竞争环境，它们属于需要由政府提供的纯公共物品；另一方面，在强调多元治理与和谐共赢的背景下，政府的社会管理和公共服务职能并非必须或只能由政府单方面履行，而是可以辅之以必要的市场途径，故而这两项职能可归入准公共物品。

公共服务的提供可以经由市场主体的“参与”实现，这既是公共性的重要体现，[②]也是公私合作的重要基础，它使政府与社会资本合作成为可能，否则，PPP 的后两个“P”都不会存在。尽管如此，公共服务毕竟属于公共物品，政府仍需作为其主要的提供主体，才能更好地体现和保障公平、公开及公益，但若公共服务只是单一地由政府提供，则又可能影响公共服务供给的质量和效率以及相关主体的受益性。而通过公私合作的模式恰恰有助于合作各方各尽所能，各取所需，各得其所，从而可以兼顾公平与效率，实现共赢。[③] 这也是 PPP 自英国兴起后便被推广到许多国家的重要原因之一。

---

① 多年前，在明确政府职能时，我们主要强调的是宏观调节、市场监管、社会管理和公共服务，其中，前两项职能就是经济法所关注的宏观调控和市场规制，因而是与经济法最直接相关的经济职能。此外，经济法的有效调整同样有助于促进公共服务职能的实现。

② 公共性与公众参与内在相连，在 PPP 项目中引入社会资本，就是这种“参与”的重要体现。对于公共性与参与之间关联的分析，参见李友梅、肖瑛、黄晓春：《当代中国社会建设的公共性困境及其超越》，载《中国社会科学》2012 年第 4 期。

③ “公司合作制是公共部门与私营经济企业之间的一种长期互利共赢、服务公众的合作方式。它是国家现代化建设的重要基石。”李以所：《德国公私合作制促进法研究》，中国民主法制出版社 2013 年版，第 225 页。

依据上述理解，可以认为PPP是针对公共服务这种准公共物品的提供而作出的制度安排，在政府财政投入不足、效率不高的情况下，通过引入社会资本，达到合作共赢的目标，可实现一定时段市场主体对政府的投资替代，这有助于社会公众及时有效地获得相应的公共服务。这一制度设计具有突出的公共性，从此维度切入来研究PPP所涉及的准公共物品的提供问题，可以进一步丰富和发展传统的公共物品理论。

此外，依据公共物品理论，还有助于我们厘清或增进一些认识。比如，我国有规范性文件提出，政府是通过PPP提供公共产品和公共服务，[①]而如果把公共物品等同于广义上的公共产品，则公共产品就不应与公共服务相并列。[②] 又如，有规定将基础设施与公用事业相并列，[③]应该说这两者确有明显的区别，但从政府职能的角度看，它们又都可归于公共服务，因此，用广义的公共服务亦可将其涵盖。

总之，基于社会公众对公共物品的需求，PPP的存在有其必要性；同时，PPP虽然要引入社会资本，但这仅是手段，其核心目标仍是向社会公众提供公共服务，因而具有突出的公共性。将公共物品理论作为PPP的重要理论基础，有助于我们更好地理解PPP的公共性，以及与此相关的公共利益保障和公共权力行使等问题。

三、基于公共性形成的法律原则

PPP的制度目标是向社会公众提供公共服务，而公共服务的具体领域包括能源、交通运输、水利、环境保护、农业、林业、科技、保障性安居工程、医疗、卫生、养老、教育、文化等。可见，公共服务不仅涉及的范围广，而且与民生直接相关。这些向社会公众提供的公共服务，直接关系到公众的共同利益，具有公共性。而基于这种公共性，PPP制度理应符合公开性、公平性和公益性要求，由此又可提炼出其需遵循的法律原则。下文就以《关于在公共服务领域推广政府和社会资本合作模式的指导意见》(以下简称“《指导意见》”)为例略加说明。[④]

---

① 参见《关于在公共服务领域推广政府和社会资本合作模式的指导意见》(国办发[2015]42号)。

② 公共物品(public goods)有时被译为“公共产品”，这种广义上的公共产品包含公共服务。因此，如果将广义上的公共产品与公共服务相并列，就可能存在歧义。只有具有公共性的狭义的“产品”，才能作为与公共服务并列的公共产品。

③ 参见国家发改委、财政部等六部委于2015年4月25日联合发布的《基础设施和公用事业特许经营管理办法》。此外，在有的学者对基础设施作广义理解的情况下，基础设施也包含公用事业。

④ 《指导意见》由经济法上的三大调控主体财政部、国家发改委、中国人民银行联合发布，涉及上述主体所主管的财税、投资、价格、金融等领域，因而其中包含大量的经济法内容。

首先，从公开性的要求看，PPP制度和PPP项目都须向社会公众公布和开示，符合相关要求的主体都有权利参与其中，以便公共部门优中选优，确定最佳的合作主体，为社会公众提供优质的公共服务。为此，《指导意见》专门规定了公开透明的原则，强调"实行阳光化运作，依法充分披露政府和社会资本合作项目重要信息，保障公众知情权，对参与各方形成有效监督和约束"。

其次，从公平性的要求看，PPP制度和PPP项目只有向社会公众公开才能使相关符合条件的主体通过公平竞争，成为与政府合作的主体，使广大社会公众能够公平地享受到相应的公共服务。这里的公平性与竞争性直接相关，只有相关市场主体充分和公平地参与竞争，合作主体的确定才更公平。据此，《指导意见》规定："政府采取竞争性方式择优选择具有投资、运营管理能力的社会资本，双方按照平等协商原则订立合同，明确责权利关系，由社会资本提供公共服务，政府依据公共服务绩效评价结果向社会资本支付相应对价，保证社会资本获得合理收益。"这一规定强调，不仅对社会资本的准入控制要公平，而且对社会资本的收益获取也要公平，这皆为公平性要求的重要体现。

除此之外，公平性的要求还体现在其他诸多方面。比如，在PPP项目的实施过程中，相关公共服务的定价不可畸高畸低，以体现公平负担之精神；又如，PPP往往涉及大量政府采购问题，故保障政府采购的公平也非常重要；再如，由于PPP项目的实施具有长期性，可能跨越两代人，因而在制度安排上又需顾及"代际公平"。据此，《指导意见》强调，上述公共服务的价格要"按照补偿成本、合理收益、节约资源、优质优价、公平负担的原则，加快理顺公共服务价格"；上述政府采购要"保证采购过程公平、公正、公开"；上述公共服务的对价支付要"能够在当代人和后代人之间公平地分担公共资金投入，符合代际公平原则"。

最后，从公益性的要求看，只要是政府提供公共服务，就须考虑社会公益，所以公益性是PPP的应有之义，对社会公众而言，服务的公益性不可或缺。当然，在保证公益性的前提下，应适度体现合作方的收益性，但该前提要特别强调。因此《指导意见》特别规定要"提升公共服务的供给质量和效率，实现公共利益最大化"。

总之，虽然PPP领域需遵循的法律原则是多方面的，但基于其公共性，制度设计应主要体现公开性、公平性和公益性要求，进而确立制度应遵循的公开原则、公平原则和公益原则。"三公"原则对于PPP制度目标的实现至为重要。值得注意的是，基于PPP的公共性所形成的"三公"原则固然重要，但也并非是其应遵循的全部原则，因为公共性体现的只是PPP的一个侧面。比如，公共部门之所以要与私人部门合作，引入社会资本，是因为单纯由公共部门提供公共服务不够及时、便捷，在数量和质量等方面都不能充分满足社会公众的需要，只有在第一个“P”的基础上增加后两个“P”,才能够提高效率,因此,效率原则同样是公共服务提供或整体 PPP 制度都应遵循的重要原则。[①] 又如,PPP 制度综合了诸多领域的法律制度,涉及财政补贴、税收优惠、金融支持等,这些领域又都对法律依据有严格的要求,[②]因此,法定原则也应该是 PPP 遵循的原则。事实上,法定原则、效率原则都与公共利益直接相关,故与 PPP 的公共性也是内在一致的。

四、从公共性看政府的职责

政府的基本职责是提供公共物品,基于公共性特别是公益性的考虑,以往的公共服务往往主要由政府直接提供,对社会资本则存在准入限制,但基于公共服务的效率和质量的某些欠缺,以及政府资金的经常性短缺,基于政府职能的转变,以及政府购买服务的可能性,许多国家都曾经或正在探索通过政府与社会资本合作的方式提供公共服务,以实现各取所需,各尽所能,各得其所,既实现共赢,又能使社会公众真正享受到高效率、高质量的公共服务。[③]

有鉴于此,在 PPP 项目的实施过程中,公共部门和私人部门要分别担负不同的职责和义务。在我国,作为私人部门一方的企业、社会组织和中介机构,需要承担与公共服务相关的设计、建设、投资、融资、运营和维护等义务。而作为公共部门一方的政府,则要承担建立制度、培育市场、加强监管等职责,具体包括建立有效促进 PPP 发展的制度体系,培育统一规范、公开透明、竞争有序的 PPP 市场,加强市场监管和绩效考核等;同时,还要在财税、价格、土地、金融等方面加大支持力度,保证社会资本和社会公众能够共同受益。

可见,基于 PPP 的公共性,政府需承担的上述职责可以概括为保障与监管两个方面,即通过财税、价格、金融、竞争、规划等方面的保障和监管促进 PPP 的发展,[④]而这些方面皆需要在经济法制度中作出安排。我国近期为促进 PPP 的

---

① 效率原则有时也被称为经济性原则。在 2005 年德国《公私合作制促进法》颁布后,在相关预算法规范中就重申和强调了经济性原则,以确保公私合作的效率。参见李以所:《德国公私合作制促进法研究》,中国民主法制出版社 2013 年版,第 176—182 页。

② 基于法定原则,德国《公私合作制促进法》的核心内容就是通过修改反限制竞争法、公共采购条例、预算法、税法等重要的经济法规范确保公私合作制发展的合法性。

③ 以英国 20 世纪 70 年代的公共行政改革和民营化为发端,西方国家开始了所谓的“新公共管理运动”,核心是政府的“职能市场化、行为法制化、决策民主化、权力多中心化”,这对 PPP 领域的政府职责亦有直接的影响。参见〔美〕艾莉诺·奥斯特罗姆:《公共事务的治理之道》,余逊达、陈旭东译,上海三联书店 2000 年版,第 1 页。

④ 这突出体现了“促进型经济法”的重要功能(参见张守文:《论促进型经济法》,载《重庆大学学报(哲社版)》2008 年第 5 期)。此外,为了促进 PPP 的发展,一些国家和地区还制定了专门的 PPP“促进法”,如德国《公私合作制促进法》、韩国《基础设施吸引民间资本促进法》等。

发展，已制定了大量具体的经济法制度，明确规定了政府的保障和监督职责，例如，在财税保障方面，中央财政设立PPP融资支持基金，并落实和完善国家支持公共服务事业的税收优惠政策；同时，通过以奖代补等措施，引导和鼓励地方融资平台存量项目转型为PPP项目。在金融保障方面，国家鼓励开发性金融机构发挥中长期贷款优势，参与改造PPP项目，鼓励社保资金和保险资金按照市场化原则参与项目；金融监管部门按照风险可控、商业可持续原则支持PPP项目融资。在价格监管方面，主管部门制定不同领域的行业技术标准、公共服务技术规范，加强对公共服务质量和价格的监管。同时，健全公共服务价格调整机制，完善政府价格决策听证制度，通过各方面意见的听取，确保定价调价的科学性，保持公共服务的持续性和稳定性。

在以经济法的具体规定为依据落实政府的各类保障和监管职责时，还应注意各类经济法立法的内在关联。例如，PPP涉及大量财政资金的使用，因此，预算法、政府采购法及其配套法律法规（如《招标投标法》以及各类法律的实施条例等）、《国务院办公厅关于政府向社会力量购买服务的指导意见》（国办发〔2013〕96号）等包含的财政法规范，都是促进PPP发展的重要依据，而这些法律依据之间的效力位阶和适用范围也需加以关注。

固然上述经济法制度对政府履行保障和监督职责、促进PPP发展的作用突出，但是PPP发展对完善各类经济法制度的要求亦同样值得关注。[①] 例如，在财政法领域，由于在PPP项目的实施过程中，社会资本要得到合理收益，政府要为此支付相应的对价，因此，财政的支付能力或承受能力就是一个非常重要的问题。[②] 为此，应开展财政承受能力论证，统筹评估和控制项目的财政支出责任，促进中长期财政的可持续发展，这对于有效控制财政风险十分重要。上述财政支出责任通常包括股权投资、运营补贴、风险承担、配套投入等，[③]要依据必要、合理和可持续的财政投入原则，化解地方政府性债务风险，针对政府付费、使用者付费等不同支付机制，将项目涉及的运营补贴、经营收费权和其他支付对价等，纳入年度预算、中期财政规划，在政府财务报告中进行反映和管理，并向本级人大或其常委会报告，接受相关监督。另外，对使用财政性资金作为社会资本提供公共服务对价的项目，应当根据《预算法》《政府采购法》等法律法规规定，加强

① 国外的制度变迁也印证了这一点。例如，德国《公私合作制促进法》就直接带动了预算法、税法、公共采购法、反垄断法等多个经济法领域的制度变革。

② 主体能力是经济法主体理论的重要内容，在PPP项目的实施过程中，要考虑政府的财政承受能力、市场主体的承受能力等诸多主体能力问题，这些问题与定价、风险等问题密切相关。通过这些问题的研讨，有助于进一步丰富经济法的主体理论。

③ 参见2015年4月7日财政部印发的《政府和社会资本合作项目财政承受能力论证指引》第9条。

政府采购环节的监管,保证采购过程公平、公正、公开。同时,要引入价格和补贴动态调整机制,建立投资、补贴与价格的协同机制,为社会资本获得合理回报创造条件。

从上述各类制度安排中可以看到,正是基于PPP的公共性,政府需要承担更多的保障与监管职责,[①]而这些职责蕴含于财税、金融、价格、竞争、规划等诸多经济法制度中,只有实现各类经济法制度的有效调整,切实落实上述政府职责,才能够保障公共服务的有效提供,如此一来,才能够既有效保护社会公众的利益,又真正保护社会资本的利益。

五、典型PPP的经济法分析:以特许经营为例

基于公共性,在PPP领域形成了各类重要制度,其中以特许经营制度为代表,其所涉及的理论和实践问题需从不同的视角加以解析。下文就以特许经营这种典型的PPP形式为例,对与之相关的重要理论问题从经济法视角略作分析。

(一)特许经营的典型性和特殊性

在提供公共服务的过程中,涉及能源、交通运输、水利、环保、市政工程等基础设施和公用事业领域的特许经营活动,应按《基础设施和公用事业特许经营管理办法》执行。[②] 特许经营是国家力推的PPP的典型形式,而上述领域之所以需要特许经营,与PPP的公共性,特别是项目的公益性密切相关。

对于特许经营,以往行政法、民商法、国际经济法等领域的研究较多,其实还涉及大量的经济法问题,需增加经济法的研究视角,这对于进一步研讨特许经营的特殊性十分必要。例如,特许经营涉及的问题,与行政法或民商法所关注的一般问题有着诸多不同,对其特殊性可分别从"特许"和"经营"两个角度展开分析。首先,对经营的"特别许可"与许可是何关系?若属行政许可的一种,则与一般的行政许可又有何区别?为何要在某些领域实施"特许"?这些领域为何不能直接开放给市场主体?政府的准入限制是否构成垄断?这与公共利益保护、公共物品的提供、公共性有何种关联?其次,既然是特许的"经营",在经营过程中同样会涉及风险、收益等诸多问题,而风险的防范和收益的分配正是贯穿经济法各类

① 这些内容散见于各部委的多个规范性文件中。由于各类规定发布的主体不同,因而在制度安排上也各有侧重。由此也不难发现,对于PPP的管理体制确应加以协调,这又涉及经济法的体制法问题。

② 参见《基础设施和公用事业特许经营管理办法》第2条。

制度的基本问题,在特许经营方面尤需认真研究。

此外,对于特许经营的特殊性,以往行政法学、国际经济法学等主要基于政府与企业、公与私的二元结构展开讨论。与此相关联,依据经济法的主体理论,同样有助于分析特许经营的主体结构,并由此发现其结构的特殊性。例如,从经济法的视角看,特许经营主体首先是一个层级二元结构,即政府与市场主体,或者调制主体与调制受体。其次,在市场主体层面,则存在经营者与消费者的平面二元结构。上述的政府与经营者、消费者三类主体,在特许经营关系中,又可具体化为政府及其职能部门、特许经营的实施主体与特许经营者、公共服务的消费者之间的关系,并且政府、特许经营的实施主体、特许经营者之间的关系对特许经营的持续和成败会有特别影响。

(二)特许经营协议性质的经济法解析

对于特许经营协议的性质,学界一直存有争议,有学者将其视为行政合同,认为它以行政管理为主要内容或者与行政目的相关联;[①]有学者强调其民事性质,反对将其定性为行政合同,甚至完全否定行政合同的概念。[②] 上述两类典型观点,分别着重从"特许"或"经营"的某一个角度展开论证。其实,特许经营协议的性质较为复杂,因而也有人认为对其不能进行非此即彼的认定,强调将其视为一种"混合契约",或认为应"分段"认定其性质。这说明仅从一个角度或一个侧面来认识复杂的特许经营协议是不够的,尚需要从多个维度加以解析。若再进一步,跳出传统的"行政—民事"的二分,从更广义的"协议"的角度把"特许"和"经营"两个方面整合起来,从更高层次的公私合作的"整体"来分析,则可能会有新的认识。

从现实情况看,基于PPP的公共性,在"整体"的特许经营协议履行时,离不开经济法上的财政补贴、税收优惠、金融保障、产业扶持、竞争规制等诸多制度安排,甚至上述经济法制度会直接影响PPP项目的启动、持续和完成,而这些补贴、优惠、保障和扶持,体现了公共部门的职责,是公私两个部门能够合作的前提。与上述制度安排相对应的是经济法上的经济调制权,而非行政法上的行政管理权,因此,应超越传统行政法,从经济法的维度进一步认识特许经营协议的性质与定位。

值得注意的是,在强调合作和共治的时代背景下,在经济法的各部门法中,

---

① 参见邢鸿飞:《政府特许经营协议的行政性》,载《中国法学》2004年第6期。

② 参见阎磊:《行政契约批判》,知识产权出版社2011年版,第166—168页。

存在着多种以“合作”为基础的“合作协议”。[①] 例如,税法上的预约定价协议、财政法上的对口支援协议、反垄断法上的和解协议等,这些都是以合作为基础、以经济法为依据的协议,可称为经济法上的“合作协议”。不能因为上述协议涉及政府一方,就一概称为行政合同或行政协议。

事实上,特许经营协议的核心问题并非是行政管理,而是在经济法的调制保障和监管下提供公共服务,此类协议的履行与公共部门的财政支出以及多种经济法手段的运用密切相关。从此侧面看,它是体现公共性的经济法上的公私“合作协议”,即在公共部门进行市场准入规制以及相关经济法制度的保障和监管下,由公私两个部门合作提供公共服务的协议。因此,不能僵化、割裂地看待特许经营协议,应基于其特殊性和复杂性,从多种角度思考其性质,同时,还应重视经济法领域的各类“合作协议”的研究,这对于经济法理论的深入和细化亦甚为重要。

分析特许经营协议的性质,需具体考量协议的目的、手段及其准据等要素。PPP的公共性决定了公共部门与私人部门订立特许经营协议的最终目的是为了更好地提供公共服务,以解决市场失灵和政府失灵问题,而要实现上述目的,公共部门应综合运用各类具有经济法性质的保障和监管手段,同时,这些手段的准据也主要是经济法。因此,如果基于上述几个要素,动态、整体地考察特许经营协议,同样会发现其经济法性质。具体来说,特许经营协议与市场准入、财税贴补、金融扶持、政府融资、产业规划等都密切相关。其中,社会资本或各类企业能否进入相关领域,政府如何确定准入门槛,都涉及经济法上的市场规制问题;而社会资本一旦进入,就涉及在财政、税收、金融方面给予支持、优惠、扶持等保障,以及在价格、质量等方面加强竞争监管等,这些都可归入协议实施的手段,并且其实施以经济法的各类具体制度为准据;而采行上述手段之目的,则是为了实现特许经营协议之目标,即通过引入社会资本,解决政府财政资金短缺和“两个失灵”问题,从而更好地为社会公众提供公共服务,有效地保障公共利益和相关主体的利益。

总之,基于PPP的公共性,从经济法的维度对特许经营协议进行动态和整体的解析,将“特许”与“经营”的目的和手段结合起来,而不是仅仅局限于协议文本的某些侧面或片段,就可以发现其具有经济法性质,并可归入经济法上的“合作协议”。事实上,现代国家的经济调制或经济法调整,并非单一向度或固化不

① 同样,在经济法以外的部门法中,也存在着以合作为基础的合作协议。例如,在行政法领域,基于“合作国家”“合作行政”的思想,形成了“合作契约”的理论。参见詹镇荣:《民营化法域管制革新》,中国台湾元照出版有限公司2005年版,第33页。

移，而是可以通过不同领域的“公私合作”实现经济调制或法律调整的目标。对于特许经营协议这一 PPP 典型形式的重点解剖，尤其有助于超越传统法学的认识，推进经济法的研究。

六、结　　论

公共性作为 PPP 的重要特征，是 PPP 制度得以存在和发展的基础，从经济法维度对 PPP 制度展开解析，有助于我们理解 PPP 乃至整体经济法的公共性，并由此推进经济法理论的深入和发展。

揭示 PPP 的公共性可借助经济法理论中的公共物品分析框架，如此可以厘清 PPP 中的一些模糊认识；同时，基于公共性，PPP 制度须符合公开性、公平性和公益性要求，由此可确立其应遵循的重要原则；而基于公共性、公开性、公平性和公益性原则，政府在财税、金融、规划、竞争、价格等领域必须履行保障与监管职责，并严格依据经济法的规定行使其经济调制职权，以更好地保障各类主体的权益，特别是公共利益；基于特许经营在 PPP 领域的典型性、特殊性和复杂性，则需从经济法的视角展开研讨，从另一侧面理解特许经营协议作为经济法上“合作协议”的性质，而这一性质亦与公共性直接相关。

在关注 PPP 公共性的同时，也应思考整体经济法制度的公共性。① 其实，经济法的公共性与经济法自身的法律属性直接相关。在政府与市场的关系方面，凡涉及公共利益保护的，就会涉及经济法的调整。② 因此，经济法天然地具有公共性，对公共利益的保护，既是其自身合法性的重要基础，也是实现其正义价值的重要前提。作为公共性自然延伸的公开性、公平性、公益性应当贯穿于经济法的各类制度中，毕竟经济法本身就是一类重要的公共物品。因此，对 PPP 的研究不仅应体现在制度或技术层面上，也要体现在理论层面上，这对于推进整体的经济法研究非常有意义。

需要强调的是，在经济法领域，虽然可以存在公私“合作协议”，但是这并不意味着经济法是公法与私法的混合物。从公共性的角度看，经济法的出发点和落脚点仍是通过宏观调控和市场规制，不断解决个体营利性和社会公益性之间的矛盾，从全社会的高度解决“两个失灵”的问题，以促进经济的稳定增长，有效保障社会公共利益。因此，经济法的公共性与经济法的价值追求和调整目标是

---

① 经济法是从经济的角度，在经济领域提供公共物品，以体现政府的经济职能，这同从行政管理的角度履行行政职能并提供相关公共物品是不同的。因此，经济法与行政法具有不同的公共性。

② 从两大资源配置系统的角度看，政府的配置要着重解决公共利益的保护问题，对此经济法的调整十分重要。参见张守文：《政府与市场关系的法律调整》，载《中国法学》2014 年第 5 期。

内在一致的。

总之,PPP 的公共性乃至整体经济法制度的公共性,在相关制度建设和理论研究方面不应被忽视;上述公共性不仅有助于保障制度的发展方向和实施效果,而且有助于更全面地分析复杂的理论问题。因此,应重视公共性的维度,在经济法的多个领域进行拓展研究,以推进经济法理论的发展和制度的完善。

(本文发表于《法学》2015 年第 11 期)

公私合作制(PPP)认识误区之厘清

陈少英　吴凌畅*

一、PPP和政府购买服务的概念辨析

(一) PPP之源出引发出概念混淆问题

公私合作制(public private partnerships,PPP),通常还被译作公私合作伙伴模式、公私部门的伙伴关系等,目前官方将其翻译为政府和社会资本合作模式。但对于PPP的概念仍没有一个固定的标准,而这也是本文讨论的逻辑起点。

按照世界民营化大师萨瓦斯对PPP的理解,可以从三种意义上使用这一术语:首先,从广义上界定,系指公共部门和私营部门共同参与生产、提供物品和服务的任何安排。其次,指一些复杂的、多方参与并被民营化了的基础设施项目。最后,指企业、社会贤达和地方政府官员为改善城市状况而进行的一种正式合作。[①] 萨瓦斯并没有给出PPP的准确概念,仅从三个层次表明了PPP可能适用的范围,同时也表示第一层次的适用将所有公私部门之间的关系均囊括其中未免有些夸大。这种夸大不得不引起我们的重视,因为在现实中常因某个概念内涵的扩大而使其与其他概念相互混淆。

---

* 陈少英:华东政法大学经济法学院教授,博士生导师,主要研究方向为经济法与财税法。
吴凌畅:中国人民大学法学院博士研究生。

① 参见〔美〕E. S. 萨瓦斯:《民营化与公私部门的伙伴关系》,周志忍等译,中国人民大学出版社2002年版,第105页。

另两位国外学者对PPP的定义作了如下安排:私营实体参与或为基础设施供给提供支持,PPP项目的结果是“在达成的合同项下,私营实体为公共基础设施提供服务”。因此,他们认为,PPP的本质在于公共部门不再是购买一项资产,而是按规定的条款和条件购买一整套服务。[①] 如根据上述对PPP概念的理解,将其视为向社会购买服务,则易与当前所推进的“政府向社会力量购买服务”(以下简称“政府购买服务”)改革界限不分,这一困惑在财政部文件中有所体现[②],更因萨瓦斯在第一层次对PPP概念的适用而有所加深。

党的十八大强调,要加强和创新社会管理,改进政府提供公共服务的方式。因此,《国务院办公厅关于政府向社会力量购买服务的指导意见》(国办发[2013]96号)中明确要求,在公共服务领域更多利用社会力量,加大政府购买服务力度,以求进一步转变政府职能、更好发挥市场在资源配置中的决定性作用,从而改善公共服务供给。2014年底,财政部、民政部、工商总局所发布的《政府购买服务管理办法(暂行)》(财综[2014]96号)对“政府购买服务”提出了明确的定义:通过发挥市场机制作用,把政府直接提供的一部分公共服务事项以及政府履职所需服务事项,按照一定的方式和程序,交由具备条件的社会力量和事业单位承担,并由政府根据合同约定向其支付费用。

政府购买服务,究竟能不能视为公私部门之间的合作?属不属于PPP模式的范畴?本文以下部分拟解决这一关键问题。

(二) PPP之考察抽象出概念共性特征

该问题的焦点在于,PPP中的“合作”是否包括“购买”这一行为要式?

合作,按照《现代汉语词典》的解释,为互相配合做某事或共同完成某项任务。[③] 剑桥在线字典中对partnership的解释与此大致相同。[④] 可见,仅从字面意思无法对该问题进行准确的回答。

虽然上述对PPP概念的阐释,不仅无益于二者(PPP与政府购买服务)概念的辨析,反而是概念混淆的根源。但欲从内涵层次对二者进行有效区别,仍须从基本概念入手。因此,我们需要扩大范围,对PPP的概念进行细致的再考察。

美国PPP国家理事会认为,PPP是一个公共机构与私营部门实体之间的协

---

① 参见〔英〕达霖·格里姆赛、〔澳〕莫文·K.刘易斯:《公私合作伙伴关系:基础设施供给和项目融资的全球革命》,济邦咨询公司译,中国人民大学出版社2008年版,第5页。

② 《关于推广运用政府和社会资本合作模式有关问题的通知》(财金[2014]76号)第1条第3款指出:政府和社会资本合作模式的实质是政府购买服务。

③ 参见《现代汉语词典》(第5版),商务印书馆2005年版,第550页。

④ 参见 http://dictionary.cambridge.org/dictionary/essential-british-english/partnership,2015年7月5日访问。

议。通过该协议,公私两部门彼此的技术、资产得以共享,从而为公众提供服务和设施;除了共享资源外,他们还须共同承担提供服务和设施带来的风险与收益。①

国外学者 Kernaghan 认为,PPP 是指为了实现共同目标和互惠共利,公共部门与私人部门权力共享、共同经营、维护以及信息共享而形成的合作关系。②

国内也有学者提出,PPP 是指政府公共部门与民营部门合作过程中,让非公共部门所掌握的资源参与提供公共产品和服务,从而实现政府公共部门的职能,并同时为民营部门带来利益。③

综上,无论是机构还是专家,对于 PPP 仍未形成一个完全一致的概念表述,但在众多概念中,我们可以看到以下共同的特征:其一,概念中均包含"合作"这个关键词,该合作是公私部门之间的合作,是 PPP 存在的前提;其二,合作的方式为利益共享、风险共担,通过风险利益捆绑的方式形成统一体,以谋求行动上的一致性,从而减少摩擦,达到双赢;其三,合作的目标,是通过公私部门之间的合作,为公众更好地提供公共服务。

从上述 PPP 的共性来看,合作,须先"合"再"作"。"合"的部分,如果仅仅是因双方有共同的目标而进行合作,则该合作体只具备道德意义上的黏合力,难免陷入合作双方"面上和气,私下争利"的尴尬困境。因此,在制度设计上需要以激励机制为主线,通过利益和风险的捆绑使得合作双方具有共同的趋利避害诉求,在共同诉求的激励下双方的行动便自然保持一致,以达"合作"之本意。由此反观政府购买服务,并无此等利益共享、风险共担的制度安排。如普通的服务合同一样:社会力量作为社会公共服务供给的甲方,承担了服务供给过程中的风险及利益;而政府作为服务接受的乙方,仅履行接受符合约定标准服务后的支付义务。无利共享,无险共担,则无合作之实。因此,政府向某一供应商购买服务,即便是长期购买,这些事务的处理也并不表明合作关系的真实存在。

(三) PPP 与政府购买服务之区分标准

一般认为,公共产品(抑或说是公共服务)需要具备"两性"——非竞争性与非排他性。非竞争性是指,一个人对公共产品的消费不减少或不影响其他人对这种产品的消费;而非排他性则指,该产品生产出来,可以同时为一个以上的个

---

① 参见 http://www.ncppp.org/ppp-basics/7-keys/,2015 年 7 月 1 日访问。

② 转引自贾康、孙洁:《公私合作伙伴关系(PPP)的概念、起源与功能》,载《财政研究》2009 年第 6 期。

③ 参见贾康、孙洁:《公私合作伙伴关系理论与实践》,经济科学出版社 2014 年版,第 4 页。

人联合消费,无论个人对这种产品是否支付了价格,排除他人消费是不可能的。①

萨瓦斯进一步对公共服务进行了分类,认为有必要区别公共服务中三个基本的参与者:消费者、生产者、安排者或提供者。服务的生产者直接组织生产,或者直接向消费者提供服务。服务安排者(亦称“服务提供者”)指派生产者给消费者、消费者给生产者,或选择服务的生产者。由于服务提供和生产之间的区别,我们可以据此确定公共服务的不同制度安排,如下图所示:②

生产者	安排者	
	公共部门	私人部门
公共部门	政府服务 政府间协议	政府出售
私人部门	合同承包 特许经营 补助	自由市场 志愿服务 自我服务 凭单制

按照上述萨瓦斯对公共服务的分类,PPP 和政府购买服务的生产者均为私人部门、安排者均为公共部门,有区别的二者无法在这一分类标准下加以区分。依据上文,PPP 的特征在于公共部门和私人部门之间利益共享、风险共担,风险共担意味着对于成本负担责任的共同应对。在传统模式下,公共服务的成本应全部由公共部门负担。政府购买服务模式下,政府自己并不直接生产服务,而是将其委托给社会力量,但支付相应费用的行为表示公共部门并没有转移成本负担责任。而在 PPP 模式下,同样是由私人部门提供公共产品的供给责任,但公共部门将一部分成本负担责任通过风险转移的方式转移给私人部门,作为补偿允许其可与自己共享 PPP 项目所带来的利益,以这种方式做到“利益共享、风险共担”。

在此,我们发现区别公共服务的两个维度:其一,供给责任,即公共服务由谁生产供给;其二,负担责任,即谁来承担公共服务的成本。因此,可以用“供给责任”与“负担责任”作为分类标准,对公共服务作出以下分类:

---

① 参见〔英〕达霖·格里姆赛、〔澳〕莫文·K. 刘易斯:《公私合作伙伴关系:基础设施供给和项目融资的全球革命》,济邦咨询公司译,中国人民大学出版社 2008 年版,第 26 页。

② 参见〔美〕E. S. 萨瓦斯:《民营化与公私部门的伙伴关系》,周志忍等译,中国人民大学出版社 2002 年版,第 68—70 页。

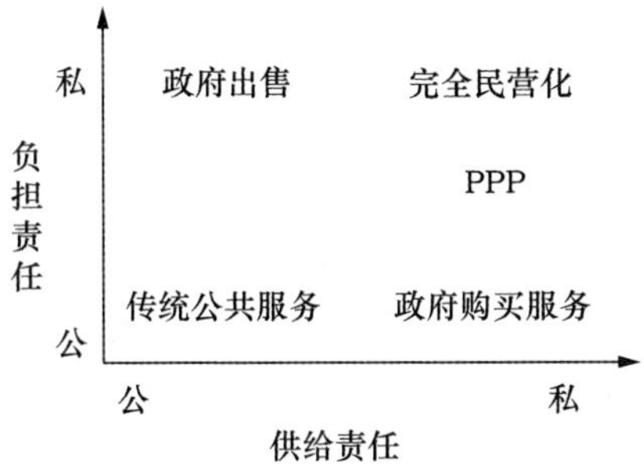

在此种分类中,相比于传统公共服务中公共部门既承担供给责任又承担负担责任而言,政府购买服务仅是公共部门向私人部门转移了供给责任,负担责任依然由公共部门自身承担。与此相比,PPP 虽然也是由私人部门承担供给责任,但并非全部由公共部门承担负担责任,由此便可将政府购买服务与 PPP 区别开来。需要说明的是,PPP 模式中,政府只是部分地转移了负担责任,因此位于 Y 轴的中列。公共部门向私人部门转移供给责任的同时完全地转移了负担责任,是对公共服务的完全民营化,此种做法与 PPP 并不尽然相同,也是当前对于 PPP 容易产生的认识误区。

二、PPP 从属于"政府采购"的法律性质驳论

《国务院办公厅关于政府向社会力量购买服务的指导意见》(国办发[2013]96 号)中明确提出,购买工作应按照政府采购法的有关规定,采用公开招标、邀请招标、竞争性谈判、单一来源、询价等方式确定承接主体。尽管如此,关于政府购买服务是否适用于《政府采购法》在学界并未达成共识。"肯定论"者认为,将政府购买公共服务纳入政府采购,不仅因为有现成的制度,更是因为其中有内在的逻辑关联,二者在主体本质、资金来源、供应商要求上都存在着一致性。[①] "否定论"者则宣称,政府购买服务难以适用《政府采购法》,因为政府购买服务在适用范围、法律主体、程序关注及监督制度上均与政府采购存在着明显的不同。[②] 对此,本文无意深入探讨,只想基于 PPP 和"政府购买服务"之间的关系,探讨 PPP 和"政府采购"之间的关系,进而对随之衍生出来的 PPP 协议的法律性质予以认定。

① 参见正泽:《政府购买公共服务应纳入政府采购》,载《人民日报》2014 年 8 月 13 日。
② 参见常江:《美国政府购买服务制度及其启示》,载《政治与法律》2014 年第 1 期。

(一) PPP 的法律性质因从属于“政府采购”而受连带

政府采购,国内多数学者比较认同的概念是:政府采购也称公共采购,是指各级政府及其所属机构为了开展日常政务活动或为公众提供公共服务的需要,在财政的监督下,以法定的方式、方法和程序,对货物、工程或服务的购买。[①] 我国《政府采购法》对之定义与此类似,但更注重于实践性而非目的性阐述。[②] 关于政府采购的法律性质,有民事行为说、行政行为说、公私法兼容说等,但最终被立法所认可的是民事行为说。[③] 在民法学者看来,政府从事私法行为(如向私人承租房屋、购买物品)时,因非基于公权力的地位,故属于私法行为。[④] 就连某些经济法学者也认为,“政府采购合同虽然其一方总是国家机关或行使国家权力的事业机构,但并不属于行政合同,其民事合同的特点鲜明。首先,政府采购合同追求的主要是效率。其次,合同的订立是基于社会市场竞争机制,合同的内容以等价有偿和平等互利为基础”[⑤]。

其实,对于政府采购合同法律性质的关心,肇始于 PPP 和政府采购之间的关系探究及随之衍生的 PPP 协议法律性质的逻辑延续。如认为政府采购合同为民事合同,若 PPP 从属于政府采购,则 PPP 协议亦为民事合同,这是一个正确的三段论推理过程。而事实上,学界及实务界的推进也符合这一思维过程。就 PPP 项目与政府采购的关系而言,学界早有探讨,目前已初具共识,即 PPP 项目虽然不属于传统意义上的政府采购,但是可将其归入广义政府采购的范畴。[⑥] 典型的理解为,公共财政支出在本质上而言就是采购。与传统的政府采购“付出现金、即刻提货”不同,PPP 政府采购的重要特征是:政府“描述产出要求”,与私营企业签订长期采购合同,私营企业按合同生产本该由政府生产、提供的产品(服务),企业主要承担财务与市场风险,而政府则将短期投资变成长期向企业购买服务。[⑦] 这种逻辑的推演最后在官方层面的确认始于《关于推广运用

---

① 参见楼继伟:《政府采购》,经济科学出版社 1998 年版,第 1 页。

② 《政府采购法》第 2 条规定:本法所称政府采购,是指各级国家机关、事业单位和团体组织,使用财政性资金采购依法制定的集中采购目录以内的或者采购限额标准以上的货物、工程和服务的行为。

③ 《政府采购法》第 43 条规定:政府采购合同适用合同法。采购人和供应商之间的权利和义务,应当按照平等、自愿的原则以合同方式约定。

④ 参见王泽鉴:《民法总则》,中国政法大学出版社 2001 年版,第 13 页。

⑤ 杨汉平:《政府采购法律制度理论和实务》,西苑出版社 2002 年版,第 153 页。

⑥ 参见孙洁、苏京春:《PPP 项目纳入政府采购管理的重要意义》,载《中国经济时报》2015 年 4 月 24 日。

⑦ 参见李明哲:《PPP 的认识误区与公共服务改革》,载《技术经济》2012 年第 6 期。

政府和社会资本合作模式有关问题的通知》(财金[2014]76号)[①],成于《政府和社会资本合作项目政府采购管理办法》(财库[2014]215号),且在新近出台的文件中亦进行了强调。[②] 在《政府和社会资本合作项目政府采购管理办法》中,“政府和社会资本合作”与“政府采购”同时出现,从概念上对PPP与政府采购的从属关系予以明确;更是将“政府和社会资本合作项目政府采购”简称为“PPP项目采购”,且对其下了定义,[③]并依照先前所言的逻辑推理过程,对PPP协议的性质进行了定性,即“项目实施机构和中标、成交社会资本在PPP项目合同履行中发生争议且无法协商一致的,可以依法申请仲裁或者提起民事诉讼”,从而确定了PPP协议的民事合同性质。

(二) PPP的法律性质与法律体系内部的自相矛盾

看似完美的步步推演,却遭遇法律体系内部的自相矛盾——财政部发布的这一系列规范性文件,与2014年年底修改的《行政诉讼法》及新近出台的《行政诉讼法司法解释》存在矛盾。新修改的《行政诉讼法》第12条第1款第11项规定:人民法院受理公民、法人或者其他组织提起的认为行政机关不依法履行、未按照约定履行或者违法变更、解除政府特许经营协议、土地房屋征收补偿协议等协议的诉讼。而与之配套出台的《行政诉讼法司法解释》第11条强调:行政机关为实现公共利益或者行政管理目标,在法定职责范围内,与公民、法人或者其他组织协商订立的具有行政法上权利义务内容的协议,属于《行政诉讼法》第12条第11款规定的行政协议;并重申了公民、法人或者其他组织就政府特许经营协议提起行政诉讼的,人民法院应当依法受理。

当前,政府特许经营协议作为PPP协议的一种重要形式,却在不同的法律部门中遭遇迥然不同的性质定性,使得原本看似清晰的问题变得更加地模糊不清,这不得不引起我们的困惑和深思。对于秉持公私法二元划分传统的国家来说,合同的法律性质究竟属公还是属私,直接关系到合同的规则适用和司法救济

---

① 该文件第3条第3款规定:地方各级财政部门要会同行业主管部门,按照《政府采购法》及有关规定,依法选择项目合作伙伴。

② 《关于进一步做好政府和社会资本合作项目示范工作的通知》(财金[2015]57号)第1条第2款规定:项目采购要严格执行《政府采购法》《政府和社会资本合作项目政府采购管理办法》(财库[2014]215号)等规定,充分引入竞争机制,保证项目实施质量。

③ 该文件第2条规定:本办法所称PPP项目采购,是指政府为达成权利义务平衡、物有所值的PPP项目合同,遵循公开、公平、公正和诚实信用原则,按照相关法规要求完成PPP项目识别和准备等前期工作后,依法选择社会资本合作者的过程。

管道的选择,更关涉其整体价值取向和具体制度的设计。[①] 因此,对于该问题不可不慎重视之。

(三) PPP 的法律性质须从"政府采购"正本清源

解铃还须系铃人,欲解决 PPP 的法律性质问题,还须回到逻辑推演的起点,即 PPP 与政府采购的从属关系及其连带的法律性质。

对政府采购而言,虽然《政府采购法》已明确政府采购合同适用合同法,但立法上的定论并不是检验某一学术观点正确与否的终极标准。对于"政府采购民事行为说"的对立面——"政府采购行政行为说",也应加以分析,方可做到兼听则明。

"政府采购行政行为说"所持的主要观点是:第一,从法律关系的主体地位来说,双方法律地位不对等。政府采购法律关系的主体一方是政府机关等,在政府采购中占据主导地位,单方享有解约、修改合同等权利,这些足以说明政府采购双方当事人之间的法律地位的不平等。第二,从行为目的来看,政府采购的目的是为了实现公共利益。尽管政府采购也考虑投入产出,注重减少开支,但不是为了营利,其主要目的是向政府部门提供消费品或向社会提供公共服务。第三,从意思表示来说,民法上契约自由的原则并不完全适用,因为政府采购合同的条款是由采购方单方拟定的,供应商没有意思表示的自由。第四,行政法论者还试图从采购资金的来源是财政拨款以及其他公共借贷的角度说明政府采购行为的行政性。[②]

对于以上观点,笔者认为:首先,从主体地位来看,采购人在采购活动中的主导地位主要来自于对供应商的选定,而在供应商选定后的合同履行阶段,双方的地位应该是平等的;其次,从行为目的来看,采购人进行采购的目的是为了保证其公共职能的实现,在采购的过程中亦肩负着宏观调控的职能,[③]但这些目标均在列明采购标准或选定供应商时即已达成;再次,从意思表示来看,可视为采购人针对采购发出特定要约,供应商对于特定要约是否承诺具有意思表示的自由,这种限定在一定条件之下的意思表达自由在当今社会已较为常见;最后,从资金来源来看,公共财政意义下资金来源的公共性即决定了其支出目的的公共性,与行为目的的考量殊途同归。

---

① 参见李霞:《公私合作合同:法律性质与权责配置——以基础设施与公用事业领域为中心》,载《华东政法大学学报》2015 年第 3 期。

② 参见姚文胜:《政府采购法律制度研究》,法律出版社 2009 年版,第 50—51 页。

③ 如《政府采购法》第 9 条规定:政府采购应当有助于实现国家的经济和社会发展政策目标,包括保护环境,扶持不发达地区和少数民族地区,促进中小企业发展等。

从以上论证可以发现,大多数学者之前对于政府采购的观察未免有着单一化的倾向。政府采购其实可以分为两个阶段:就制定采购标准及选择采购合同相对人而言,此过程肩负着公共利益的实现及宏观调控职能等一系列重大使命,实为公法调整之范围;而就订立合同及合同后续履行事项来看,采购人作为平等主体与合同相对人发生民事关系,则属私法规制之范畴。此种对政府采购这一行政过程的二分法,并非笔者之首创,在相关文献中可发现端倪。德国行政法学者罗尔夫·斯特博认为,在行政法中,存在着私法和公法并列适用的二级法律关系,此种二级法律关系由两个相互分离的法律程序段组成,其中第一个法律程序段("是否"的问题)始终属于公法,第二个法律程序段("如何"的问题)既可以具有公法的性质,也可以体现为"私法的特征"。① 我国专门研究政府采购的学者肖北庚亦认为,政府采购常常分为前契约阶段和契约阶段,在此过程中,前契约阶段双方当事人的法律关系可以视为行政法律关系。②

至此,可初步理顺政府采购法律性质的二分法思路。政府采购分为两个阶段——前契约阶段和契约阶段。在前契约阶段,采购人制定采购标准及选择供应商,为行政法律关系;而于契约阶段,采购人与供应商就采购合同本身所发生的法律关系,为民事法律关系。《政府采购法》无论是在"政府采购方式"上的规定,还是在"政府采购程序"上的规制,在本质上均属于对政府采购前契约阶段事项的调整。而"政府采购合同"虽然具有"政府采购合同适用合同法"这一指向性条款,但诸多规定可视为政府采购主体对政府采购合同的一种法律上的事前约定,③同样可归属于前契约阶段的调整。

三、PPP借用"政府采购"二分法之性质分析

从二分法的角度正确认识政府采购公私法混合的属性,有利于对政府采购法律性质的正确把握;鉴于官方文件一再肯认PPP与"政府采购"的从属关系,我们不妨借用"政府采购"法律性质的二分法考察PPP的法律性质。

(一) 二分法视野下PPP的性质

依据财政部发布的《政府和社会资本合作模式操作指南(试行)》(财金

① 参见〔德〕罗尔夫·斯特博:《德国经济行政法》,苏颖霞、陈少康译,中国政法大学出版社1999年版,第249页。

② 参见肖北庚:《政府采购法关于行政诉讼受案范围规定之缺失》,载《行政法学》2005年第2期。

③ 如《政府采购法》第49条规定:政府采购合同履行中,采购人需追加与合同标的相同的货物、工程或者服务的,在不改变合同其他条款的前提下,可以与供应商协商签订补充合同,但所有补充合同的采购金额不得超过原合同采购金额的百分之十。

[2014]113号,以下简称“《操作指南》”),PPP模式的整体步骤可分为项目识别、项目准备、项目采购、项目执行、项目移交五个阶段。参照上述对政府采购采取的二分法,可将五个阶段中的“项目识别、项目准备、项目采购”列为前契约阶段,将“项目执行、项目移交”视为契约阶段。

依据《操作指南》,项目识别,是财政部门(政府和社会资本合作中心)会同行业主管部门对项目进行评估筛选、定性评价及定量评价的识别工作,是对项目及项目合作人的选择工作,具有明显的公法特征;项目准备,主要内容为项目实施机构组织编制项目实施方案,及政府和社会资本合作中心对项目实施方案进行物有所值和财政承受能力验证,亦属行政主体内部的行政行为,具备公法属性。而项目采购,本文之所以没有将其按照政府采购的概念进行二分法分析,是因为按照《政府和社会资本合作项目政府采购管理办法》对“PPP项目采购”的定义,只是指政府为了达到一定目的、遵循某些原则和规定,依法选择社会资本合作者的过程。因此,此处的项目采购并不跨越前契约阶段和契约阶段两个过程,故其只具有前契约阶段中“选择相对人”的特征。而PPP模式中的“项目执行”及“项目移交”均包含在PPP协议之中,对其公私法属性的考察,实质是对PPP协议当属民事合同还是行政合同的探寻。

“合同”与“契约”等价使用,历来习惯性地认为其属于私法范畴,基于契约之上的“意思自治”乃私法中最根本的原则。但合同作为整个文明发展的产物,其实并无所谓“公”与“私”之分。尽管历史上公私法的二元划分使合同制度出现分野,合同渐被民法学者视为私法之“独占物”。但事实上合同一直亦是公法上的概念,“契约”常被用于各种政治哲学与法学的辩论,政治哲学先贤们运用“社会契约”的观点有力地正当化政治社会的存在。[①] 行政法上,行政法学学者基本认可了行政合同的存在,对行政合同的含义也达成了基本共识。例如,“行政合同,是指行政主体以实现行政管理为目的,与行政相对方就有关事项协商一致而达成的协议”[②]。

具体到PPP协议,有学者早在上个世纪就提出PPP协议中最具广泛影响力的BOT特许权协议是行政合同——“BOT政府特许的法律特征,是在给予许可的行政机关和接受许可的当事人之间形成以公告义务为主要内容的特定权利义务关系,即行政合同关系”[③]。近些年来,学者们的研究也倾向于将PPP协议

① 参见李霞:《论特许经营合同的法律性质——以公私合作为背景》,载《行政法学研究》2015年第1期。

② 姜明安主编:《行政法与行政诉讼法》,北京大学出版社1999年版,第251页。

③ 于安:《外商投资特许权项目协议(BOT)与行政合同法》,法律出版社1998年版,第28页。

认定为行政合同,[①]民事合同说越来越遭到学者们的批判与摒弃。笔者认为,PPP协议归属于行政合同是对PPP模式性质的准确把握以及对PPP当前现状的正确认识。合同,虽然规定了双方的权利义务,但根据双方权利义务来源的基础属性来判断合同的性质是恰当的。例如,在商品买卖合同中,双方之所以可以进行商品之买卖,是由于所有权的存在,所有权具备私法属性,所以该合同为具备私法属性的民事合同。就PPP协议而言,其最终目的是为了提供公共服务。公共服务本属于政府的职责,“创造和供给公共产品是政府经济行为供给的全部范畴或内容”[②]。在尚未放开限制的公共服务领域,提供公共服务,是政府的职责,亦是其自然垄断的领域——这种垄断,来源于公众对政府的公共信任及由此而产生的公共权力。因此,政府在很多PPP项目中允许社会资本进入以解决政府在基础设施建设中的融资问题,实际上是以基础设施建设自然垄断的放开为交换筹码的。这种交换是PPP协议的应有之义,从侧面印证了“在行政合同中,行政主体一方的权利(力)不仅直接源于合同本身,而且通过法律授权获得的权力作为基础”[③]。再者,如前文所提及,PPP的本质特征在于“利益共享、风险共担”,公共部门并非将全部负担责任转移至私人部门,通常是以财政补贴的方式保留部分负担责任。由于财政补贴是公共财政资金的支出,具有公共性,使用这部分资金的合同自然也应归为行政合同。那种主张PPP协议属于民事合同的观点,其理念是基于行政合同对人民个体权益保护的强烈不信任。若对PPP协议中双方事实上的不对等地位视而不见,片面强调意思自治,将使得处于弱势的相对人的利益在契约自由的原则下受到损害。[④] 反之,若正视PPP协议中行政主体出于公共目的动用公共资源的实质,则可“通过事先对契约内容的限定、有效的行政程序和救济,来保障处于劣势的相对一方当事人自由表达意思”[⑤],是对PPP协议中合同相对人权益更好的保护。

(二)PPP与政府采购的差别性

在尝试运用二分法分别对政府采购和PPP的法律性质进行分析后可以得知:政府采购前契约阶段呈现公法属性,契约阶段则是私法特征,呈现的是一种

---

① 参见湛中乐、刘书燃:《PPP协议中的公私法律关系及其制度抉择》,载《法治研究》2007年第4期;邓敏贞:《公用事业公私合作合同的法律属性与规制路径——基于经济法视野的考察》,载《现代法学》2012年5月;李霞:《公私合作合同:法律性质与权责配置——以基础建设与公用事业领域为中心》,载《华东政法大学学报》2015年第3期。

② 何翔舟:《政府成本理论研究》,科学出版社2012年版,第100页。

③ 王旭军:《行政合同司法审查》,法律出版社2013年版,第35—36页。

④ 参见李霞:《论特许经营合同的法律性质——以公私合作为背景》,载《行政法学》2015年第1期。

⑤ 余凌云:《行政契约论》,中国人民大学出版社2006年版,第13页。

“公＋私”的属性分布;而相比之下,PPP 前契约阶段的公法属性与政府采购相同,契约阶段所签订的协议为行政合同,呈现的是“公＋私”的属性架构。因此,我们不能将 PPP 与政府采购等同视之,那种简单地将 PPP 视为《政府采购法》第 2 条规定的“采购服务的行为”,是错误的。

PPP 与政府采购,只是国务院规范性文件中概念上的耦合,即官方在内涵理解上将 PPP 视为政府向社会长期购买服务(但在这项服务的供给中政府并未完全退出),这也成为我们同时采用二分法对 PPP 和政府采购进行考察的逻辑基础。考察的结果发现,PPP 与政府采购内在属性不同,并不具备适用上的照搬性。根据前一部分的分析我们可以知道,PPP 项目的实施具有项目识别、项目准备、项目采购、项目执行、项目移交五个阶段。《政府采购法》中规定的采购方式及采购程序,仅可对“项目采购”阶段中对项目合作人的选择起到一定的帮助。我们不仅要认识到 PPP 与传统政府采购的不同以求得在选择合作人方式程序上的改进,更应该认识到当前法律制度在 PPP 其他四个阶段中的整体缺位。如果认为以《政府采购法》为基石的政府采购领域的法律体系已基本健全,PPP 项目目前已具有强大的法律保障,诸如此类的观点是错误且危险的。

结　　语

理论是实践的纲领,而清晰的概念界定更是为实际操作指明了前进的方向。目前,PPP 领域概念混乱,影响到法律法规的适用问题。故厘清对于 PPP 的认识误区,将其与政府购买服务、政府采购进行有效区分,具有重要的理论意义和实践意义。本文的贡献在于:从 PPP 的内在特征及性质分析出发,试图从一个更高的角度对 PPP 的内在精神进行梳理,并予以重新定位。在此抛砖引玉,以期为政府职能转变、国有企业改革及新一轮财税体制改革尽绵薄之力。

论公私合作制的理论突破与路径完善

欧阳天健*

公私合作制在我国已有20余年的实践历史。在党的十八大上，中央强调要加强和创新社会管理，改进政府公共服务提供方式。尤其近年来，伴随着《关于创新重点领域投融资机制鼓励社会投资的指导意见》《基础设施和公用事业特许经营管理办法》等规范性文件的出台，实务界和理论界的目光再度聚焦在公私合作制上。的确，由于地方政府财政困局频出，公私合作制强大的融资功能迎合了地方政府的需求，同时我国的政策土壤和公私合作制自身发展的法理基础也是其蓬勃发展的重要原因。但我们对公私合作制的制度蕴含还需进行深层次理解，不应将其仅定位于融资工具层面来考虑，而应在财税体制改革、混合所有制改革的宏观视野下审视公私合作制，进而对其未来的发展路径作出构建。

一、概念厘定：公私合作制与政府采购的分野

(一) 公私合作制的概念界定

公私合作(PPP)又称"公私协力"或"公私部门合作伙伴关系"，指的是公共和私营部门共同参与生产和提供物品和服务的任何安排。[①] 通常表现为政府和私营部门之间的各种协议安排，包括但不限于合同承包、政府间协议、政府出售、

---

* 欧阳天健：华东政法大学博士研究生，研究方向为经济法、财税法。

① 参见〔美〕E. S. 萨瓦斯等：《民营化与公私部门的伙伴关系》，周志忍等译，中国人民大学出版社2002年版，第105页。

特许经营、补助、凭单等。[①] 从广义上理解,公私合作制所包含的内容相当丰富。按照美国政府会计处(US Government Accounting Office)的研究分类,公私营机构合作的设立形式多种多样,就其常见的类型而言,主要包括:兴建—发展—经营(BDO:build-develop-operate),兴建—经营—转移(BOT:build-operate-transfer),兴建—转移—经营(BTO:build-transfer-operate),兴建—拥有—经营(BOO:build-own-operate),购买—兴建—经营(BBO:buy-build-operate),设计—兴建(DB:design-build),设计—兴建—注资—经营(DBFO:design-build-finance-operate),设计—兴建—维修(DBM:design-build-maintain),设计—兴建—经营(DBO:design-build-operate),发展商融资(DF:developer finance),经营、维修及管理服务合约(operate maintain & managing contract),免税契约(duty-free contract),全包式交易(whole-transaction)等。[②]

从1980年到1990年,我国政府开始BOT方式管理的试点工作,并鼓励国外资本对我国基础设施项目的直接投资。1995年1月,为了满足发展需求,原外经贸部颁布了《关于以BOT方式吸收外商投资有关问题的通知》,这是我国第一部相关的管理规定。随着市场经济向纵深发展,公共事业民营化政策障碍也逐渐取消,2002年12月建设部以正式文件的形式确定了允许外资和民资同时进入,公平竞争供水、供气、供热、公共交通、污水处理、垃圾处理等市政公用设施项目。2003年10月,中共十六届三中全会指出,要清理和修订限制非公有制经济发展的法律法规和政策,消除体制性障碍,放宽市场准入,允许非公有资本进入法律法规未禁入的公共事业领域。2008年5月,国家发改委法规司发布《基础设施特许经营立法研究概述——基础设施特许经营立法前期研究报告之一》,明确指明要建立完备的基础设施特许经营法律体系、理顺监督管理体制、规范特许经营合同和确立科学合理的定价机制。这也再一次反映出政府对促进PPP在中国发展的决心和积极态度。

在当前经济增速下行压力较大、投资又受制于地方债务限制的情况下,中央和地方积极倡导PPP模式。2013年底,全国财政工作会议专门召开研讨PPP模式的会议。而后,财政部成立政府和社会资本合作(PPP)工作领导小组,王保安担任领导小组组长。2014年5月26日,财政部党组成员、副部长王保安主持召开PPP工作领导小组第一次会议,研究PPP管理机构设立方案,讨论完善PPP工作指导性通知,明确各成员单位职责分工,部署下一阶段工作。财政部

① 参见〔美〕E. S. 萨瓦斯等:《民营化与公私部门的伙伴关系》,周志忍等译,中国人民大学出版社2002年版,第88—89页。

② 参见陈徐等:《PPP模式在我国公共事业项目中的应用研究》,www.cff.org.cn,2016年1月15日访问。

部长楼继伟称，推广使用PPP模式，不仅是一次微观层面的“操作方式升级”，更是一次宏观层面的“体制机制变革”。PPP模式已经被提升到国家治理现代化、市场发挥决定性作用、快速转变政府职能、建立现代财政制度和推进城镇化健康发展等机制变革的高度。

(二) 公私合作制的理论分野

长期以来，公私合作制与政府采购二者之间的关系始终存在误区。存在这一误区的一大根源在于我国相关法律体系内部的自相矛盾。一方面，根据《国务院办公厅关于政府向社会力量购买服务的指导意见》(国办发[2013]96号)(以下简称“《指导意见》”)的规定，购买工作应按照政府采购法的有关规定，采用公开招标、邀请招标、竞争性谈判、单一来源、询价等方式确定承接主体。据此，许多学者常常将公私合作制与政府采购二者之间画上等号。但在另一方面，《行政诉讼法》及其司法解释中对这一问题却有着截然不同的说法。《行政诉讼法》第12条第1款第11项规定：“人民法院受理公民、法人或者其他组织提起的认为行政机关不依法履行、未按照约定履行或者违法变更、解除政府特许经营协议、土地房屋征收补偿协议等协议的诉讼。”同时，《行政诉讼法司法解释》第11条规定：“行政机关为实现公共利益或者行政管理目标，在法定职责范围内，与公民、法人或者其他组织协商订立的具有行政法上权利义务内容的协议，属于行政诉讼法第12条第1款第11项规定的行政协议。”并重申了“公民、法人或者其他组织就政府特许经营协议提起行政诉讼的，人民法院应当依法受理”。将政府采购中发生的纠纷界定为行政诉讼无疑为政府采购打上了“公法”的烙印。而《政府与社会资本合作法(草案)》第49条规定：“开展政府和社会资本合作，社会资本与实施单位就合作协议发生争议并难以协商达成一致的，可以依法提起民事诉讼或仲裁。”这又将公私合作的纠纷解决纳入“私法”轨道，使得二者之间的界限变得模糊不清，这不得不引起我们的困惑和深思。[①] 对于秉持公私法二元划分传统的国家来说，合同的法律性质究竟属公还是属私，直接关系到合同的规则适用和司法救济管道的选择，更关涉其整体价值取向和具体制度的设计。[②]

应当说明的是，公私合作制的确与政府采购之间存在着千丝万缕的联系，但二者绝非同一概念，那么二者的关系究竟如何？笔者以下将就二者的联系与本质区别进行分析。首先，公私合作与政府采购在其法律属性上有耦合之处。应

① 参见陈少英、吴凌畅：《公私合作制(PPP)认识误区之厘清》，载《公私合作制(PPP)的法治保障论文集》，第33页。

② 参见李霞：《公私合作合同：法律性质与权责配置——以基础设施与公用事业领域为中心》，载《华东政法大学学报》2015年第3期，第141页。

当指出,公私合作也好,政府采购也罢,均不能被简单地归入绝对的公法领域或私法领域。二者均是公法与私法的结合。以政府采购为例,正如有学者所说的,在二分法的视阈下,“政府采购分为两个阶段——前契约阶段和契约阶段”[①],前契约阶段指的是采购人制定采购标准以及选择供应商,这一行为与民法中的要约行为相类似,但显然要约方与受要约方并非平等的民事主体关系,而是行政机关与民事主体之间的关系,故前契约阶段为行政法律关系;而在后契约阶段,采购人与供应商就采购合同本身所发生的法律关系为民事法律关系。公私合作亦是同理,因此二者在法律性质上有耦合之处,但我们还不能因此将二者画上等号。其次,政府采购是通过公开招投标的方式购买现成的产品或服务,遵循“一手交钱、一手交货”的购买原则;公私合作是指私营企业按照签订的合同,进行项目的设计与管理,完成在政府采购制度下政府应该完成的生产和服务。公私合作最为关键之处在于“公”与“私”之间的共担风险、共享收益,甚至公共部门总是尽可能大地承担自己有优势地方的风险,而让对方承担的风险尽可能要小。最为明显的例子就是,在隧道建设中,如果因车流量不够而导致民营部门达不到基本的预期收益,这时公共部门对其进行现金流量补贴,这种做法基本上消除了民营部门因车流量不够而引起的经营风险。而政府采购中,公共部门总是让自己承担尽可能小的风险,想办法让对方承担尽可能大的风险。公私合作的风险共担说明了二者的合作关系,政府采购中风险单方承受说明它仅是单纯的前契约行为与后契约行为的组合。最后,回归到法律文本,前述《指导意见》只是在公私合作立法前起过渡性作用,在缺乏完善立法体系的前提下,“暂借”政府采购法律体系对公私合作制进行规范,不宜简单地对《指导意见》中的法律条文进行过分解读。公私合作项目的实施具有项目识别、项目准备、项目采购、项目执行、项目移交这五个阶段,《政府采购法》中规定的采购方式及采购程序,仅可对“项目采购”阶段中对项目合作人的选择起到一定的帮助。伴随着《政府与社会资本合作法(草案)》向社会公众征求意见的结束,这一过渡阶段也将走到尾声,二者“混同”的局面也将结束。

---

① 陈少英、吴凌畅:《公私合作制(PPP)认识误区之厘清》,载《公私合作制(PPP)的法治保障论文集》,第33页。

二、现实吁求：公私合作制是纾解地方财政困局的优选路径

（一）“后分税制”时代的地方财政困局

自1994年分税制改革以来，我国财政总体面临着“事权下放，财权上收”的局面。财权与事权不匹配的问题始终困扰着地方政府。各级地方政府承担着繁重的提供公共服务的职能，正如社会法学者所说：“在任何一个特定的国家中都存在着一个能够向他人施加物质性强制的个人或者个人群体即政府，由此我们可以认为，权力并不是权利，而纯粹是一种行为能力。”①这种行为能力在现代社会即体现在提供公共服务上，尤其对于地方政府而言，由于其更接近民众，更为了解民众的偏好，也就需要承担更多的提供公共服务的职能，这也就意味着地方政府的财政支出更多。但目前，我国现行财政体制却无法赋予地方政府所应有的财政收益权。

一般来说，地方政府的财政收入主要由税收收入、行政规费、国有资产收益与地方债务构成。在税收收入层面，分税制改革之后，地方政府税收收入锐减，至于一些传统意义上的地方税种如物业税、遗产税和赠与税等又未在我国开征，加之“营改增”改革的全面铺开，地方政府收入缺乏主体税种支撑，组织财政收入的功能有限；②同时，由于“营改增”导致部分企业的税负不减反增，各级地方财政还要拿出一笔专项资金对这些企业进行补贴，无疑加重了地方政府的财政负担。在行政规费层面，“费”更多地体现为行政机关乃至于行政首长的意志，容易被行政机关滥用，且行政规费的征收影响了资源有效配置，加重了企业和社会的负担，加剧了社会分配不公、滋生腐败等消极现象，③影响我国经济发展的可持续性，因此在新一轮改革浪潮之下，清费利税以及行政审批制度改革等措施都使得地方政府行政规费收入锐减。至于国有资产收益，在市场经济转轨时期，绝大多数地方国有企业已经改制或破产，我国现已基本完成从“资产国家”向“税收国家”的转变，国有资产收益占财政收入之比较低。而地方债则更是使得地方政府深陷债务危机的泥淖之中。虽然1994年《预算法》禁止地方政府发债，但地方政

---

① 〔法〕狄骥：《公法的变迁》，郑戈译，商务印书馆2012年版，第43页。

② 参见陈少英：《可持续的地方税体系之构建——以税权配置为视角》，载《清华法学》2014年第5期。

③ 参见王志刚、龚六堂：《财政分权和地方非税收入：基于省级财政数据》，载《世界经济文汇》2009年第5期。

府仍然变相融资，各类隐性债务层出不穷，国家审计署的审计结果显示，从 2001 年至 2013 年的 12 年间，地方政府债务规模增长了近 12 倍，截止到 2013 年底，各级地方政府所负担的有偿还责任的债务总额为 108859.17 亿元，具体各类目如下表所示。[①] 在严峻的还款压力下，虽然新《预算法》对地方债“网开一面”，但地方政府对发行新债依旧慎之又慎。面对日益增长的公共服务开支与有限的财政收入，各级地方政府不禁开始思考如何破解这一困局。

表 1　地方政府债务规模表

单位:亿元

政府层级	政府负有偿还责任的债务	政府或有债务	
		政府负有担保责任的债务	政府可能承担一定救助责任的债务
省级	17780.84	15627.58	18531.33
市级	48434.61	7424.13	17043.70
县级	39573.60	3488.04	7357.54
乡镇	3070.12	116.02	461.15
合计	108859.17	26655.77	43393.72

与日益紧缩的财政收入不适应的是地方政府财政支出日益扩张，地方政府所承担的职能十分广泛。通过对《宪法》文本的解读，地方政府所要承担的职能包括经济、教育、科学、文化、卫生、体育事业、城乡建设事业和财政、民政、公安、民族事务、司法行政、监察、计划生育等。[②] 且承担这些职能所要付出的支出责任在不断下移，面对如此重的财政负担，基层政府往往疲于应付。据统计，县一级财政仅“基本建设、支农和农业事业费用、教育事业费、医疗卫生、社会保障、行政管理费和公检法司支出”这七项费用就占到本级财政年度支出的 60.53%。[③] 虽然地方政府面临着沉重的负担，但是从公共财产理论层面而言，这些公共服务由地方政府来承担其实并没有太大争议，都属于地方政府的“刚性支出”。

自从中国共产党第十六次全国代表大会以来，我国政府逐渐向服务型政府转型。在 2002 年召开的中共十六大第一次会议上，公共服务正式成为政府职能的四大组成部分之一。2004 年，温家宝总理正式提出了“建设服务型政府”的口号。所谓服务型政府，归根结底，是要求政府职能应当主要集中于“公共物品”的

---

① 数据来源:国家审计署 2013 年《全国政府性债务审计结果》。

② 参见陈少强:《中央代发地方债研究》，载《中央财经大学学报》2009 年第 7 期。

③ 参见宋立:《各级政府事权及支出责任划分存在的问题与深化改革的思路及措施》，载《经济与管理研究》2007 年第 4 期。

充分、有效、合理的供给。[①] 此处的公共物品内涵十分丰富，不同的学者对此定义有所不同。但是，不论对此作何种解释，我们都应当清晰地看到，服务型政府所负责提供的绝大多数公共物品的受益范围都有着天然的地域限制，属于地方性公共物品。依据著名经济学家马斯格雷夫的观点，地方政府较之于中央政府，在生产和提供地方性公共物品方面更有优势。此处所谓的“地方性公共物品”大致包括基础设施、社会服务、文化与传播媒介、社会管理四个方面。[②] 这四个方面实质上包括了上文所说的若干方面。同时，为了顺应公共治理的发展趋势，保证地方性公共物品的充分、有效供给，就必须推进公共服务的重心“下移”，因此，地方政府承担大量的公共服务职能从本质上来说是资源合理优化配置的题中应有之义，因而如何在既有的、规模相对较小的财政收入的情况下保障公共服务提供的数量和质量，就成为摆在地方政府面前的一道难题。

（二）公私合作制为化解地方财政困局开启新局面

古人云：“财者，为国之命而万事之本。国之所以存亡，事之所以成败，常必由之。”面临财政困局与债务危机，公私合作制成为地方政府纾解困难的重要途径。

1. 公私合作制拥有化解财政困局的历史源脉

回顾历史，我们可以发现公私合作制最初就是作为缓解财政困难的工具而诞生的。英国是公私合作制的母国，在20世纪中叶，英国政府推行的是凯恩斯主义和费边主义相结合的国家干预经济、国有化和福利政策，这不仅无法消除资本主义经济制度固有的缺陷，反而陷入“滞涨”的泥潭，导致生产力低下，经济停滞不前以及财政赤字剧增。1979年，保守党领袖撒切尔夫人上台后，推行了货币主义和自由化经济政策，大力推行私有化，政府逐渐退出部分基础设施领域，同时制定各项优惠政策以鼓励私营企业进入。这一政策经由时任财政大臣的拉蒙特完善，现代公私合作制就此产生。这一制度有效缓解了英国政府的财政困难，推动了英国经济的发展。

相类似地，上世纪七八十年代，日本、美国以及欧洲其他国家也都面临着公共部门开支过大、政府财政困难的窘境，例如1983年荷兰公共部门开支就高达GDP的67%，美国从上世纪60年代至90年代的30余年里政府支出增长了3倍多，人均政府支出增加了2倍。在维持基本福利水平不改变的情况下，为了提高效率，减少财政支出，在全球范围内掀起了一股公私合作的浪潮。尤其对于大

① 参见朱一飞：《税收调控权研究》，法律出版社2012年版，第250—251页。
② 参见高培勇：《公共经济学》（第二版），中国人民大学出版社2008年版，第340页。

多数预算制度现代化的国家而言,公私合作制能够有效突破当期预算约束,跨期优化配置资金,解决当期公共投资不足的困境,在很大程度上纾解了财政困难。在长期的实践中,公私合作制便成为节省公共财政,化解财政危机,尤其是地方政府财政危机的重要工具。

2. 公私合作制改革与减少财政支出化解债务危机的目标相契合

正如上文所述,我国地方财政面临着严重的财政困局。在不断加快的城镇化步伐中,原有公用事业设施随着使用年限的增加,设备老化、管网失修,而公用事业企业无力改造和更新,成为地方政府的巨大包袱,同时新建基础设施又需要大量的财政资金,使得各级财政左支右绌,难以为继。而公私合作制则可以起到“四两拨千斤”的作用,既能开源,也能节流。一方面,社会多元投资主体进入基本公共服务建设领域后可以明显减少地方政府对基本公共服务的投入。一般来说,公私合作项目中,国有资本占比约为20%—50%。同时,社会资本的进入也将使得这些合作项目的管理现代化,有利于促进基础设施的运营扭亏为盈。以山东省潍坊市自来水公司的公私合作制改革为例,通过20年的改革,该公司自来水供水量增长近两倍,政府财政补贴减少近400万元。① 另一方面,公私合作制的改革过程能有效提升财政资金的利用效率。公私合作带来了管理体系和治理结构的创新,突破了原有国有企业效率低下的局面。在英国,据抽样调查测算,通过合理的风险分担,平均使样本项目总成本节省了约60%。② 这样可以使政府在不增加财政投入的同时向民众提供更为优质的公共服务。

就地方债而言,从近年来地方政府债务支出投向类别来看,市政建设、土地收储、交通运输设施建设、保障性住房以及农林水利五项就占到全部支出的78.8%,③而这五项恰恰是目前公私合作制的重点开展领域。二者的契合意味着这一部分的财政支出责任可以通过公私合作的方式部分转移给私人部门。在未来化解地方债务危机的路径上,公私合作制能有效控制政府支出、减少新债发行,并与资产证券化等手段形成“组合拳”化解地方债务危机和财政困局。

三、理论超越:公私合作制改革有力推动了制度创新

西方国家对于公私合作制经历过一个不断实践与认识的过程,最终将公私合作制改革视为推动财政体制改革、政府职能转变与法治化改革的重要推手。

---

① 王广起:《公用事业的市场运营与政府规制》,中国社会科学出版社2008年版,第234页。

② 财政部政策研究室:《从PPP的三个特点看治理地方政府债务》,载《预算管理与会计》,2015年第5期。

③ 参见闫胜利:《PPP模式:地方政府债务治理新选择》,载《经济论坛》2014年第7期。

就我国而言，在现实的吁求之下，公私合作制逐渐发展起来。但我们在理论上对于公私合作制的认识不能仅停留在地方政府的融资工具与公共服务供给的层面。许多地方政府的短视行为阻碍了改革进程，他们对公私合作制的认识仅停留在融资层面，改革目的较为功利。待政府感觉压力不大的时候，就很可能又回过头来摆脱民间资本。[①] 最为典型的当属福建泉州“刺桐港大桥”项目的戏剧性结尾。[②] 为此，我们应当超越浅层认识，理解公私合作制中所蕴含的制度供给与理论创新。

（一）公私合作制是混合所有制改革的重要途径

在十八届三中全会后，混合所有制改革被提升到一个新的阶段，成为我国经济跨越式发展的重要方式。首先应说明的是，混合所有制改革与公私合作制改革并非同一概念，所谓混合所有制改革主要是针对国有企业，通过产权变更的方式实现国企与民企的融合，其核心是将部分国有产权转化为私有产权。而公私合作制改革的核心则在于将部分生产要素的控制权赋予私人或各种自负盈亏的经济组织，让其成为基础设施建设领域的经济活动主体。从某种程度上来说，公私合作制是混合所有制改革的一个组成部分或一个阶段。

1. 公私合作制与混合所有制改革的目标相一致

从混合所有制改革的具体目标来看，在混合所有制的背景之下，我们对于经济发展不应仅局限于“国进民退”还是“国退民进”的争论之中，而应将发展的目标定位于“国民齐进”。而公私合作制恰好是混合所有制改革背景下“国民齐进”的重要途径。对于国有资本而言，私有资本的加入会增加资本总量，进而放大国有资本的功能，提高政府资金利用效率；就民间资本而言，对于一些偏好于长期稳定回报的企业，可以更好地在市场经济的舞台上通过 PPP 找到适合自己生存发展的空间。[③] 同时，民间资本还可以通过获得政府授权提供相关配套服务，拓展利益链条或者以捆绑私人产品的形式，配补收益来源。在许多国家的公私合作制项目中，民间资本都可以通过项目优化收益结构实现盈利，这一盈利既包括货币收益，也可包括声誉提高、潜在收益等非货币盈利。

---

① 参见贾康、苏京春：《PPP 与混合所有制改革创新的内在联通》，载《中国财经时报》2015 年 2 月 17 日第 5 版。

② 1994 年，泉州市人民政府与民间资本以 60:40 的出资比例建设泉州刺桐港大桥，该桥于 1997 年建成投入使用，起初运营效益良好。但 2002 年以后，泉州市政府为了获取更多的过桥费，陆续在刺桐港大桥周边修建新的跨海大桥，造成了刺桐港大桥“以一敌七”的局面。同时，泉州市政府还在大桥与高速公路、国道的衔接问题上设置阻碍，造成刺桐港大桥在完全符合施工条件的情况下始终无法与高速公路和国道相连接，造成刺桐港大桥运营收入锐减，民间投资方损失惨重，被迫要求政府回购大桥。

③ 参见贾康：《发挥 PPP 模式在改革创新中的正面效应》，载《地方财政研究》2014 年第 9 期。

另外,在此模式之下,可以形成国有资本控股,以股权为纽带连接民间资本的多元化混合所有制经济体系,在这一体系中实现公私双赢。混合所有制改革的战略目标是提升我国的社会生产力、消除"短缺经济",①而公私合作制所要解决的恰恰是公共产品的提供短板问题。

2. 公私合作制与混合所有制改革的手段相协同

目前,公私合作制的主要应用领域是新建基础设施建设。"经营城市"理论是公私合作制的主要理论基础之一,在当代社会,城市已经变成地方政府可以经营的最大资产,在此理论之下,公私合作制主要将目光放在城市经济资源的有效配置和合理开发层面,也就是聚焦于对增量进行改造。而混合所有制则聚焦于改造存量,即对现存的国有企业进行改造。例如,重庆提出在未来的3至5年内,要将2/3的国有企业发展为混合所有制,江西提出,在未来的5年内,要使混合所有制企业在全体企业中的比重超过70%;浙江提出到2017年,国企混合所有制占比达75%。这些目标都主要集中于改造现行国有企业的股权制度。因此,公私合作制改革与混合所有制改革并行将对国有资本的存量和增量部分共同进行变革,以达到整体改革目标。

同时,国务院近日颁布的《关于深化国有企业改革的指导意见》中明确提出,根据国有资本的战略定位和发展目标,结合不同国有企业在经济社会发展中的作用、现状和发展需要,将国有企业分为商业类和公益类,实行分类改革。其中,公司股份制改革是商业类国有企业的改革路径,而对于公益类国有企业,国务院明确提出要"推行投资主体多元化",也就是通过公私合作的方式完成改革。由此我们可以看出,公私合作是国有企业混合所有制改革的重要组成部分,为公益类国有企业以及新建基础设施项目提供重要的改革工具。

(二)公私合作制是构建现代政府的重要契机

政府职能转变和简政放权已经成为我国政府架构变革的主旋律。长期以来,经济学理论都把基础设施视为应由政府投资的禁脔之地,是公共财政承担责任的领域,社会资金不宜介入,政府只基于政府与公民之间的政治契约承担提供公共服务这一单一职能。但这一理论在现代社会中已经受到了挑战,公共选择理论主张打破政府的垄断地位,将政府的一些职能释放给市场和社会,建立公私之间的竞争,通过外部的政府与市场关系的重组改革政府。②

---

① 参见卫兴华、何召鹏:《从理论和实践的结合上弄清和搞好混合所有制经济》,载《经济理论与经济管理》2015年第1期。

② 参见〔美〕布坎南:《民主财政论》,穆怀朋译,商务印书馆2009年版,第73页。

1. 破除行政垄断,提升政府效率

公私合作制必然消解行政垄断,“民营化的一种更为专门的形式旨在改善政府作为服务提供者的绩效。这包括打破不必要的政府垄断,在自来水供应、街道清扫、垃圾收集处理、公园和树木维护等公共产品或服务供给中引进竞争”①。而行政垄断恰恰是政府行为或准政府行为不效率的主因。有数据表明,由于责任不明确、产权不清晰以及决策程序过于复杂等原因,在英国公私合作制改革之前,英国公共服务企业的劳动生产率整体上低于该国各产业的平均劳动生产率。而公私合作制的一大特点即是以解决问题为导向,能有效提高政府的行政效率。在合作机制下,民间力量在一定程度上被赋予项目决策者的地位,资本的融合带来人才与知识的融合。许多体制外具有专业知识背景的人才得以进入项目审议和决策过程当中,能够以较高的效率提出具有创造性且切实可行的方案。② 从这一意义上来讲,公私合作制可被视为激励合同,因为它鼓励民间资本超越身份限制来思考,并以便于今后运营和维护的方式精心建设,可以为项目建设提供更好的动力和更明确的责任范围,③进而提升政府在提供公共服务时的行政效率。不可否认,公私合作制改革在消解原有的行政垄断后有可能产生新的私人垄断,但这是由基础设施建设过程中的非开放性所决定的。在改革的同时如能建立有效的监督机制、法律体系以及理顺政府、投资者和民众三者之间的关系即可规避新的私有垄断产生。

2. 促进职能转化,降低交易成本

根据制度经济学理论,一套有效的制度,包含相辅相成的两方面内容,首先,制度应具有内在的激励性,并由此形成动力,使产品的生产数量的扩大和质量的提高可持久进行;其次,制度应具有内在的节约交易成本的倾向,特别是在“外部性”普遍存在的现代经济中,降低整个社会的交易成本具有特别的意义。公私合作制就是这样一套有效的制度,它反映了公共服务领域政府职能的调整和市场价值的回归。④ 在公私合作制改革的过程中,政府的角色从单一职能转向多重职能。原先政府只是作为公共服务的提供者,改革后,政府除了扮演政策制定者、运行监管者的角色外,还是合作合同的当事人。在世界各地的实践中,各国政府或制定法律或以合作指南的形式设立合同样本,对合作合同中所应包含的

---

① 〔美〕E. S. 萨瓦斯等:《民营化与公私部门的伙伴关系》,周志忍等译,中国人民大学出版社 2002 年版,第 17 页。

② 参见〔美〕朱迪·弗里曼:《合作治理与新行政法》,毕洪海、陈标冲译,商务印书馆 2010 年版,第 40 页。

③ 参见〔英〕达霖·格里塞姆、〔澳〕莫文·K. 刘易斯:《公私合作伙伴关系:基础设施供给和项目融资的全球革命》,济邦咨询公司译,中国人民大学出版社 2008 年版,第 137 页。

④ 参见李砚忠:《关于我国公共服务市场化若干问题的分析》,载《社会科学》2007 年第 8 期。

要素作出规定，明确划分公、私双方的权利义务界限，建立完善的风险防范机制以及约定争议解决方式。在此基础上，政府与民间资本以平等主体的身份参与合同制定与履行过程当中，政府作为项目合同当事人，不同于行政合同，应当具有平等的契约意识，遵守合同约定，履行合同职责，承担违约责任，并且政府不得因行政权的优势地位而制定不公平条款或任意修改合同内容。政府作为公共产品或服务的购买者，应当按照法律规定、合同约定的条件和价格支付公共产品或服务费用。

四、体系构建：以完善公私合作制立法为基础

(一) 完善法律制度，确定政府职能

目前，我国公私合作制出现的一大问题即是政府在职能转变的过程中，承担了多重角色，但由于法律规范的缺失，政府在扮演这不同角色的过程中其权力义务关系不明确，容易滥用权力或放弃权力、疏于监管。同时，由于公私合作制的特殊形式，突破了传统公私法律部门的划分界限，在法律适用上极易混淆，以致出现不同法律制度相互抵牾的情形。考察海外公私合作制的立法实践，一般来说有两种模式：一是制定专门的法律法规，如韩国 1994 年制定的《基础设施吸引民间资本促进法》以及我国台湾地区 2002 年制定的“促进民间参与公共建设法”；另一种是以标准契约和发展指南的方式指导公私合作制发展，最为典型的即为英国和欧盟。不论是哪一种模式，其核心都在于协调不同法域之间的冲突，以制度规范促进公私合作制的发展。

就我国而言，有融合两种模式之趋势，一方面，国家发改委通过《政府和社会资本合作项目通用合同指南》的方式指引公私合作制开展；另一方面，也制定了大量的法律规范，形成了一套法律规范为主、合同指南为辅的指导体系。这是符合我国实际情况的，因为我国行政机关的合同起草能力与商事谈判能力较为薄弱，只有“通过立法的方式方可促进行政机关快速进步”①。但不足的是，我国目前对于公私合作制的立法模式过于开放。由于性质差异，《政府采购法》与《招标投标法》仅能对公私合作项目提供程序性指引，无法理顺政府、民间资本与公众三者之间的利益协调问题。在缺乏顶层设计的情况下，国务院的规范性文件以及部门规章成为公私合作制开展的主要法律依据。从数量上看，自 2014 年以来，各部委共颁布了 29 部规范性法律文件，的确体现了公私合作制立法的“如火

① 詹镇荣：《论民营化类型中之“公私协力”》，载《月旦法学杂志》2003 年第 11 期。

如荼”,但同时大量低层级的法律规范也给公私合作制的发展带来了不必要的混乱。在我国台湾地区的早期实践中,就有过前车之鉴,由于法律架构的缺陷,时常会出现一些极端情况。有时政府因一己私利“欺负守法老实的民营企业”,有时“碰到一些不守法、不讲理的民营企业,政府却对他们没辙”。[①] 因此,我们应当在法治框架下构建一套完善的公私合作制体系,在必要的时候应制定统一的《公私合作促进法》,作为平衡政府与民间资本二者之间的支点。具体来说,这一法律体系主要应由两部分组成:一部分是基于公私合作制合同,规范政府与民间资本作为平等民事主体所享有的权利义务;另一部分是以公众利益为基础,对政府公法上的监督职责作出规定,既确保项目运营接受有效监督,又确保政府权力不被滥用。在法律制定之后,可授权国务院发展改革部门或财政部门发布《合同指南》,以指导具体工作的开展。

政府在参与公私合作的不同阶段有着不同的职能,职能定位关系到项目的顺利运营,定位不准将无法协调政府与民间资本之间的关系。这就需要法律对政府职权作出厘清。一般来说,公私合作项目可分为开发阶段与实施阶段两部分。在开发阶段,政府以项目策划者和合同缔约者双重身份出现。作为项目策划者,政府主要负责选定合作项目与制订合作计划。在不同的地区,对于公共服务的需求也有所不同,各地方政府有权依据人民之偏好制订合作计划;审查基础设施建设项目的可行性,对具体 PPP 项目的社会效益作出评价。引入社会资本进行基础设施建设时,政府部门事先的把关作用必不可少,包括建设基础设施的选址,确定服务辐射的范围,经济发展、环境保护作用的预判等。这一阶段政府开展职能必须严格依照我国《招标投标法》中的相关规定进行。此外,政府作为合同缔约者与民间资本签订合作合同,成立 SPV(特殊目的公司)运营项目。在实施阶段,项目将由 SPV 负责执行,政府主要承担以绩效评价为手段、以公众利益为核心的监管职能。

(二)强化监管职能,明确监管主体

公私合作存在着较大的寻租空间,民间资本为获取合作机会会产生较为激烈的竞争,由此就产生腐败,高昂的寻租成本势必会影响合作项目的结果,进而影响公共利益。美国 1989 年公私合作建设廉租房项目中的权钱交易致使纳税人损失近 60 亿美元便是很好的例证。尤其在我国,决策不透明、项目建设缺乏监督是长期以来的顽疾。据国家有关部门对 78 个国家项目稽查发现,其中真正

---

① 参见黄日灿:《“公私合作与法律治理”研讨会会议综述》,载《月旦法学杂志》2014 年第 1 期。

实行公开招标、投标的只有5%,而95%的项目招标失灵。[①] 因此,诚如台湾地区法学家翁岳生先生所说,不能因为公私合作跳脱出原有的行政法律关系,就“放弃政府公法上的监督义务”[②]。

曾有学者提出,为加强公私合作监管,应当设立独立的监管机构,笔者认为,这一举措与我国现正开展的以“简政放权”为核心的行政体制改革相悖。公私合作的政府监管一般来说有三种模式,一种是以权威为依托的等级制纵向协同模式,一种是以“部际联席会议”为代表的横向协同模式,第三种为围绕专项任务开展的条块间横向协同模式。[③] 我国目前采取的是第三种模式。财政部[④]、发改委[⑤]以及具体项目建设的发起部门(如交通部[⑥]等)均对公私合作项目负有监督职能,不同机构具有不同的利益,利益无法协调时,就导致太多的权力内耗,这是所有官僚机构运作的逻辑。[⑦] 因此,有必要整合众多机构分散的监督职能,廓清各部门的职责权限。目前,公私合作监管最主要的两只力量是财政部门与发展改革部门。笔者认为,发展改革部门的职能应定为在宏观调控层面,即合理引导国家财政性建设资金与民间资金的流向,从总量与结构上给予原则性指导。而监督职能主要由财政部门负责,财政部门承担PPP项目开展的监管职能,理由有以下三点:第一,PPP模式的本质是引入社会资本建设公共基础设施,激活社会闲置资金,减轻国家和地方财政压力,这一点最能体现财政部门的职能价值。对于国家资金投入、公私资本比例、资金运用效率等都具有直接的利害关系,财政部门具有监督的压力和原动力。第二,财政部门将国家财政资金投放入PPP项目中,但由于行业限制,虽然牵头但并不过多地参与公共基础设施的立项、招标、建设、运营、维护、转移等各个环节中,具有相对的独立性。财政部门掌握着“钱袋子”,在实质上具有监管的权力。第三,财政部门积极推进PPP示范项目,“是财政部门规范推广PPP模式的重要抓手”,并通过示范项目确定典型,积累

---

① 参见李砚忠:《关于我国公共服务市场化若干问题的分析》,载《社会科学》2007年第8期。

② 黄日灿:《“公私合作与法律治理”研讨会会议综述》,载《月旦法学杂志》2014年第1期。

③ 参见周志忍、蒋敏娟:《中国政府跨部门协同机制探析——一个叙事与诊断框架》,载《公共行政评论》2013年第1期。

④ 《关于印发政府和社会资本合作模式操作指南(试行)的通知》(财[2014]113号)第22条规定:各级人民政府财政部门应当加强对PPP项目采购活动的监督检查,及时处理采购活动中的违法违规行为。

⑤ 《国家发展改革委关于开展政府和社会资本合作的指导意见》(发改投资[2014]2724号)第五项规定:加强政府和社会资本合作项目的规范管理:(一)各省区市发展改革委要建立PPP项目库,并从2015年1月起,于每月5日前将项目进展情况按月报送国家发展改革委。

⑥ 《关于在收费公路领域推广运用政府和社会资本合作模式的实施意见》(财建[2015]111号)第三项规定:实施要求:……各地财政、交通运输部门要加强组织实施,积极统筹协调,研究建立议事协调及联审机制,有力有序推进PPP推广工作,建立对PPP项目的监督机制。

⑦ 参见郑永年:《不确定的未来——如何将改革进行下去》,中信出版社2014年版,第219页。

了一定的开展指导和监督工作经验。因此，财政部门可以承担PPP项目的监管者职能。

五、争议解决：以完善公私合作民事诉讼与仲裁机制为依托

通过上文分析可知，在公私合作项目中，民间资本的保护成为我国公私合作制落地生根乃至开花结果的重要因素。在我国目前的合作环境下，如无法给予民间资本良好的保护，则类似于泉州刺桐港大桥的失败案例将不断涌现。笔者认为，加强民间资本保护的手段有很多，其中重要的一个环节即为建立完善的争议解决机制。如前文所述，我国公私合作的争议解决机制在很长一段时间内出现过民事诉讼与行政诉讼之争，且在司法实践中出现了较多的行政诉讼案例。[①]同时，由于在不同的法律规范上出现过不同的指引，导致司法实践的混乱。但伴随着公私合作性质的逐渐厘清以及《政府与社会资本合作法(草案)》的出台，我们对公私合作的争议解决机制又有了新的认识，正如有学者所说："对于特许经营协议引发的法律纠纷的解决，不应过多纠缠于该选择行政诉讼还是民事诉讼方式寻求解决，应当认真反思我们现有的民事诉讼、行政诉讼以及民事仲裁制度等正式的法律纠纷解决机制是否完善，是否能有效地解决当事人之间的法律纠纷。受特许经营协议的公法和私法双重性质的影响，除在合同履行过程中，由于行政主体方通过行政行为方式侵害私人部门权益等个别情形外，应当允许当事人自由选择通过公法或者私法方式来解决由此引发的法律争议，包括选择仲裁和调解方式，这也是尊重特许经营协议中当事人合意选择的要求。"[②]因此，笔者认为，完善我国公私合作纠纷解决的路径在于充分尊重纠纷当事人的意见，让其自主选择诉讼以及仲裁途径，并在诉讼过程中区别公私合作中的不同阶段，选择行政诉讼与民事诉讼程序解决争议。

(一) 仲裁

笔者认为，公私合作争议的仲裁解决是一种优于诉讼途径的争议解决方式。这不仅是因为仲裁解决可以回避民事诉讼与行政诉讼的争议，更在于仲裁尤其

---

① 较为典型的行政诉讼案例有"长春汇津公司诉长春市人民政府案"：2000年3月，长春市排水公司与外方汇津公司成立合作企业，长春市政府专门出台《长春市汇津污水处理专营管理办法》，授予合作企业污水处理专营权。但2003年2月，长春市政府作出《关于废止〈长春市汇津污水处理专营管理办法〉的决定》，收回专营权，汇津公司遂起诉该文件无效，后原告方败诉。

② 湛中乐、刘书燃：《PPP协议中的法律问题辨析》，载《法学》2007年第3期。

是约定第三地仲裁可以最大限度地回避地方政府对争议解决结果的干扰,做到真正的中立与公正,同时程序的专业与高效也是诉讼程序所不能比拟的。目前,越来越多的公私合作项目在项目合同签订之初就选择仲裁为争议解决方式,并拟定详细的争议解决条款。

以某市奥林匹克公园内国家体育场项目特许经营权协议约定的争议解决程序为例。[①] 该项目合作合同第 1 条规定了协商程序,即因协议引起的或与协议有关的任何争议、争论或索赔,包括但不限于有关协议的适用、解释、执行、效力、违反、终止或无效的任何问题,市政府和项目公司应首先努力通过友好协商解决。一方将存在的争议书面通知另一方后双方应随即开始协商。第 2 条规定了专家程序。如根据协议的规定某一事项需要由一位专家作出决定,则专家的委任须得到市政府和项目公司的一致同意。如果在任何一方委派专家的要求提出之日起若干日内,市政府和项目公司未能议定受委托担任专家的人选,则应由市政府和项目公司各指定一家独立的中介机构并由该两家中介机构在若干日内共同协商确定专家人选。为体现中立性和公正性,该专家应具备足够的处理相关事务的资历及国际经验。专家在受聘之日起若干日内应根据市政府和项目公司议定的职责范围等对有关事项作出决定。专家应以专家地位而不以仲裁人地位行事。如果任何一方对专家的决定有异议,可以按照规定提交仲裁。第 3 条规定了仲裁程序。倘若任何争议在协商开始之日后若干日内仍未能通过协商解决或倘若任何一方在上述协商的推定开始之日后的若干日内拒绝进行协商或持续拖延进行协商,或按照上述规定某一事项需要由一位专家作出决定,而市政府或项目公司对专家所作的决定有异议,则任何一方均有权将争议提交仲裁。任何争议将只能被提交至中国国际经济贸易仲裁委员会(以下简称"贸仲")并根据"贸仲"届时适用的仲裁规则进行仲裁。仲裁裁决应为终局的,并应对市政府和项目公司均具有约束力。若市政府和项目公司同意受该裁决约束并按该裁决行事,可向有管辖权的任何法院申请对裁决作出强制执行令。

在国际惯例中,公私合作的仲裁争议解决通常有两种模式,一种是通过普通的仲裁机构解决;另一种是在公私合作监管机构之下设立具有准司法权性质的仲裁组织,它有权依法裁决公共事业运行过程中发生的企业、个人及其他利害相关者之间的权益纠纷,当然,若对监管机构作出的裁决不服,当事人有权向法院提起诉讼,寻求进一步的救济。[②] 这一做法在英美法系国家较为普遍。如英国

① 参见李亢:《论我国特许经营合同规制的制度设计》,载张守文主编:《经济法研究(第 13 卷)》,北京大学出版社 2014 年版,第 29 页。

② 该种模式与我国劳动仲裁的模式相类似。

1989年通过《自来水法》成立“自来水服务监管办公室”和“国家江河管理局”；美国“加利福尼亚公用事业监管委员会”的建立则可以追溯到1911年“宪法修正案”建立的铁路委员会，而其1912年通过的《公用事业法》，将委员会扩大到天然气、电力、电话、自来水和海洋运输等领域，这些监管机构自身都具有仲裁解决纠纷的职能。[①] 在我国未来的发展过程中，笔者建议采用第一种模式，这是因为：第一，后者最大的优势在于依托公私合作监管机构，仲裁员队伍专业化程度高，但在我国的法律实践过程中，伴随着大量公私合作纠纷的仲裁案件的产生，业已产生了一批专业素质较高的从业人员和仲裁人员，足以满足现有仲裁机构的智力需求；第二，我国成立专业的公私合作监管机构遥不可期，更遑论设立专业的仲裁机构了，因此利用现有的仲裁机构开展解决公私合作纠纷是当下最为适当的选择。而现有的民事诉讼制度无法很好地将公私合作中的“公共利益”因素纳入案件的考量范畴，因为过分关注公共利益易削减法律对私人利益的保护，如何平衡公共利益与私人利益，在我国的民事审判过程中还有很长的路要走。

（二）诉讼

我国目前公私合作的仲裁解决机制已经较为成熟，但这并不能完全取代诉讼的地位。公私合作纠纷的司法解决还存在许多困难，一是民事诉讼与行政诉讼之争仍未解决；二是现行的行政诉讼制度与民事诉讼制度均存在不足之处，行政诉讼本身有诸多不足，如没有调解制度等，这实际上是将公与私对立或者说简单地归之于行政，仍然是维系公共部门的特权，没有将公私双方置于平等地位，这无疑会助长政府任意以行政手段处理经济问题，也会影响有效、公正的司法，在一定程度上制约了当事人双方在解决纠纷过程中积极性、主动性的发挥。显然，行政诉讼难以保护当事人的合法权益，不能解决纠纷。[②] 因此笔者认为，解决这一问题首先需要将行政诉讼与民事诉讼二者的分野划清，二者的界限在于上文所提及的公私合作中的契约行为与前契约行为的划分。在前契约阶段，公私二主体之间处于不平等的地位，在此期间发生的纠纷符合行政诉讼的受案范围之列，而进入后契约阶段，公共部门以平等民事主体的身份与民间资本签订契约，在此期间发生的纠纷自应适用民事诉讼的相关规则。其次，在民事审判阶段应当通过立法或司法解释等途径制定出平衡公共利益与契约利益的纠纷解决规则，在审理过程中，不能将公的因素与私的因素割裂，而需统筹考虑合同双方的

---

① 参见仇保兴、王俊豪等：《中国市政公用事业监管体制研究》，中国社会科学出版社2006年版，第26—27页。

② 参见李亢：《论我国特许经营合同规制的制度设计》，载张守文主编：《经济法研究》（第13卷），北京大学出版社2014年版，第29页。

财产性质的权利义务与体现公共政策的政府意志的关系。同时,还需建立起专业素质较高的审判人员队伍,以保证案件的审判质量。

六、结　　语

在地方财政危机的吁求之下,公私合作制迅速发展,但只有站在社会发展的全局视野下观察,才能看到公私合作制背后所蕴含的巨大制度供给,进而能够准确把握公私合作制未来的发展方向。通过分析,本文拟得出如下结论:首先,我们对公私合作制的作用、职能要有准确的定位,不可否认,它是纾解地方财政困局的优选路径。与此同时,它还是制度创新的有力推动,与混合所有制改革、供给侧改革一道组成了我国政府职能转换、调整经济发展结构的重要途径。其次,财政问题并非一个孤立的系统,它与政治、经济、法律等方面都有着千丝万缕的联系。公私合作问题也是如此。公私合作制的发展不仅仅需要制度本身的完善,还需要法律制度的支撑,这也是全国人大加速制定《政府与社会资本合作法》的主要原因,但目前公布的法律草案还有诸多不足,需要进一步完善。再次,从公私合作制在中国近年来的实践情况来看,其中暴露出了很多问题,最为严峻的即是在合作过程中,民间资本未能得到很好的保护,公共部门凌驾于民间资本之上的情形时有发生,公私合作制度中所蕴含的契约平等精神无法得到落实。为解决这一问题,一方面要完善立法体系,在法律框架下建立良好的监督和制约机制,另一方面要完善仲裁与诉讼等纠纷解决机制,让司法成为守住公平正义的最后一道防线。

政府融资的法律轮回

——公私合作制视角下的刚性需求与柔性法治

吕铖钢*

十八届三中全会提出,“进一步简政放权”,“使市场在资源配置中起决定性作用”,肯定了市场力量参与公共项目建设的可能性。“允许社会资本通过特许经营等方式参与城市基础设施投资和运营”更是直接将公私合作制作为基础设施和公用事业改革的路径和方向。公私合作制(PPP)以资源的优化配置为导向,在公共部门和私人部门合作的基础上为社会提供公共产品和服务,是政府融资方式的制度创新。PPP 中市场要素的引入不仅是提高公共服务供给效率的有效途径,更是开辟新型融资渠道缓解地方政府财政压力的重要方式,通过社会参与的方式为公共项目的实施提供了新型路径。在法治理念被广泛推崇和认可的今天,法治与国家治理开始紧密结合。尽管学者们对法治的定义有着众说纷纭的解释,但是对法治的核心与内涵却有着不谋而合的理解,即法治是国家治理的重要工具。在以法治为基础的国家治理体系建构中,法治兼有工具主义的同一性与价值主义的差异性。价值主义的差异性主要表现为空间意义上的场境差异、时间意义上的处境差异和人文背景下的意境差异。[①] 法治的差异性可以理解为特定时期的法治建设应契合时代背景与具体国情,法治随着社会经济的发展而不断变迁,法治的变迁服务于经济制度的变迁。在分税制改革以后,地方政府的融资需求开始获得释放。1994 年《预算法》明令禁止地方政府自主发债融

---

* 吕铖钢:华东政法大学 2015 级经济法学博士研究生。

① 参见江国华:《法治的场境、处境和意境》,载《法学研究》2012 年第 6 期。

资,在融资刚性需求的压力下,地方政府常常采用“城投债”等隐性方式进行融资。在政府融资混乱、地方债务倒逼和民间资本无序的三重压力下,地方政府融资的刚性需求愈发强烈。地方政府向私人部门融资的强制性禁止已为现实所不取,地方政府融资的柔性法治成必然之势。围绕着地方政府融资的制度需求,公共服务的供给模式渐次向市场本性回归,PPP法律制度也将不断走向柔性法治。

一、中国语境下公私合作制的成因拷问:政府融资的制度需求

在“财政乃庶政之母”思想的指导下,政府从未停止对财源孜孜不倦追求的步伐。政府是事权和财权的集合体,事权与财权的平衡是政府平衡的基础,事权与财权的不对称则会导致政府系统的紊乱。分税制后,我国形成了“事权下放,财权上移”的独特财政格局,这也是中国特色社会主义制度的产物。在分税制的催化下,地方政府的发展史演变成地方政府的融资史,PPP正是地方政府融资方式的一种创新。当前,PPP制度的发展恰逢其时。综观外部环境,简政放权的制度创新背景给PPP的发展提供了制度土壤;综观内部需求,政府融资的混乱和民间资本的无序都有待破局与优化,地方债务的压力更是逐渐将地方政府推上了中国版“财政悬崖”。

(一)政府融资的混乱

分税制后,地方政府融资的历程演进折射出地方政府融资的普遍性与混乱性。根据中国人民央行发布的《2010年全国金融稳定报告》,2008年国际金融危机以来,绝大多数省级政府、地市级政府甚至县市级政府都将投融资平台作为财政收入的重要方式。投融资平台迅猛的发展呈脱缰之势,带来了诸如负债过多、缺乏监管、运作违规等问题。[①] 地方政府融资局面十分混乱,包括融资方式的混乱和融资管理的混乱。

1. *融资方式的混乱*

地方政府融资方式的混乱主要表现为变相融资。根据国家审计署于2013年发布的《全国政府性债务审计结果》,地方政府变相融资的方式主要有信托融资、售后回租融资、理财产品融资、BT(建设—移交)融资、融资租赁融资、垫资施

① 参见中国人民银行金融稳定分析小组:《中国金融稳定分析报告2010》,中国金融出版社2010年版,第95页。

工融资和违规集资等七种。以信托融资为例,信托因其权能分割设计能够轻易跳脱法律规制的范围,逐渐成为政府融资工具中的一种。[①] 一些地方的基础设施建设的周期远远大于信托项目,信托项目在这些基础设施建设过程中充当了借新款还旧债的媒介。根据信托业协会发布的数据,信托业仍在很大程度上充当地方政府的“钱袋子”。(见表 1)

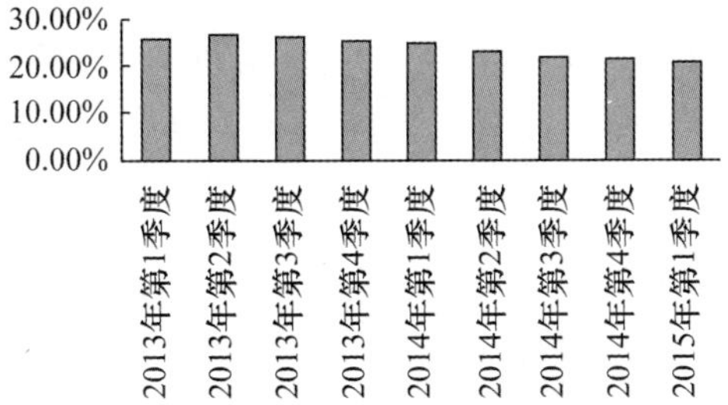

表 1 信托对政府主导产业配置比例图

数据来源:中国信托业协会官网,http://www.xtxh.net/xtxh/。

从表 1 可以看出,尽管信托业对政府主导的产业配置的资金呈逐年下降之势,但是政府的信托融资仍然占据很大一部分信托资金。除此之外,地方政府还会通过银行发行理财产品。

2. 融资管理的混乱

隐性融资、违规融资带来的必然后果定是地方政府的部分资金脱离预算的监督、审计的监察与法律的规制。在融资平台混乱的治理体系下,不仅有债务增长过快的问题和资金使用混乱的问题,也有资金闲置的问题。地方融资平台的一个突出特征便是缺乏科学的治理机制,地方政府的负责人常常是融资平台公司的负责人,决策权、执行权、经营权和监督权无法实现有效的分离与制衡。[②] 这不仅仅是融资平台公司治理规则的问题,更是地方政府融资管理的问题。一方面是财政部、发改委、人民银行、银监会等发布的清理和规范地方融资平台的通知,另一方面是地方政府债务违约的风险和巨大的融资需求,地方政府权衡取舍的结果只能是在高压政策下打“擦边球”。因为诸多的规范性文件不仅无法消灭地方政府巨大的融资需求,反而带来了巨大的资金压力,其结果是融资平台的规范治理之路渐行渐远。

---

① 参见吕铖钢:《信托受托人行为异化论》,载《南方金融》2015 年第 1 期。

② 参见顾功耘、胡改蓉:《如何规制地方融资平台》,载《上海国资》2012 年第 4 期。

(二) 地方债务的压力

密集的禁止性立法未能阻挡地方政府融资的需求。1994 年《预算法》第 28 条规定:除法律和国务院另有规定外,地方政府不得发行地方政府债券。1995 年《担保法》第 8 条规定,国家机关不得在未经许可的情况下提供担保。1998 年《非法金融机构和非法金融业务活动取缔办法》第 5 条规定:任何单位和个人不得在未经中国人民银行许可的情况下设立金融机构或者从事金融业务。然而,诸多法律法规在地方融资平台面前形同虚设。根据《全国政府性债务审计结果》,截至 2012 年底,有 3 个省级、99 个市级、195 个县级、3465 个乡镇政府负有偿还责任债务的债务率高于 100%。(见表 2)

表 2　地方政府债务规模表　　单位:亿元

政府层级	政府负有偿还责任的债务	政府或有债务	
		政府负有担保责任的债务	政府可能承担一定救助责任的债务
省级	17780.84	15627.58	18531.33
市级	48434.61	7424.13	17043.70
县级	39573.60	3488.04	7357.54
乡镇	3070.12	116.02	461.15
合计	108859.17	26655.77	43393.72

数据来源:国家审计署 2013 年《全国政府性债务审计结果》。

地方债不仅整体规模庞大,其增长速度也不容忽视。根据审计署的数据,2010 年地方政府直接负债额为 6.71 万亿元,而到了 2013 年 6 月底,地方政府的负债额为 10.9 万亿元,两年半的时间内地方债就增长了 62.44%。在严峻的地方债形势面前,地方政府的刚性融资需求将不断扩大。融资平台传统的融资模式已无法满足地方政府的融资需求,其积聚的风险亦不应再扩大。

(三) 民间资本的无序

在全民所有制时代,民间资本难以有所作为。伴随着改革开放和社会主义市场经济体制的建立,民间资本获得了长足的发展。严格的管制和不完善的制度使得民间资本始终无用武之地,大量的民间资本流向地下钱庄。截至 2011 年 6 月,内蒙古鄂尔多斯市拥有地下钱庄 1000 多个,借贷规模在 2000 亿左右。而据央行温州支行上半年进行的一项调查显示,温州民间借贷市场规模达到 1100 亿元,有 89%的家庭或个人、59.67%的企业参与,当地民间借贷规模占民间资本总量1/6左右，相当于温州全市银行贷款的1/5。① 为了正确引导民间资本的发展，国务院于2010年发布了《国务院关于鼓励和引导民间投资健康发展的若干意见》，鼓励和引导民间资本进入基础产业和基础设施领域、市政公用事业和政策性住房建设领域、社会事业领域、金融服务领域、商贸流通领域等。民间资本并没有因此迎来春天，始终徘徊在市政、铁路、能源等垄断行业的门外。国家鼓励和支持小额贷款公司的设立，力图将涌动在地下钱庄的民间资本合法化，此项举措也收效甚微。一方面，地方政府资金缺口巨大，大有捉襟见肘之感；另一方面，民间资本无序发展，对政府资金的刚性需求却是有心无力。如何正确引导民间资本进入公共领域，参与公共基础设施建设，实现资源的优化配置，将是公私合作应重点考虑的。

二、公私合作制是纾解融资困境的优选路径

对PPP发展过程与历史演变的归纳总结并无多大意义，重要的是PPP对于转型中国的现实意义。有学者通过对亚洲104个PPP项目的考察，得出PPP是对旺盛的基础设施建设需求和拮据的公共财政的回应的结论。作为最大的发展中国家，中国的基础设施建设需求同样十分巨大，地方政府的财权也十分有限。旺盛的资金需求和拮据的财政现状共同催生了地方政府对融资的刚性需求。中国语境下的PPP制度是纾解地方政府财政困境的优选途径，原因有二：其一，PPP模式下公共部门和私人部门的合作机制可以有效配置资源，塑造良好的“政府—市场”关系；其二，PPP作为地方政府融资工具，有其无可比拟的优越性，是政府与市场的共同选择。

（一）互动合作机制：政府与市场的关系新解

政府与市场的关系并非一成不变的，而是随着经济的发展不断变化。古典经济学派提倡经济自由主义，反对政府干预。② 新古典经济学派认为周期性的经济危机是市场机制之弊，强调政府对市场的干预。③ 新自由主义学派推崇一定框架内市场的自由竞争，主张政府的有限干预。④ 李昌麒教授认为，政府与市

① 参见李小晓：《民间借贷双方都渴望阳光：资本存量占去年GDP总量64%》，载《中国经济周刊》2012年第10期。

② 参见〔英〕亚当·斯密：《国民财富的性质和原因的研究》（下卷），郭大力、王亚南译，商务印书馆1974年版，第27—28页。

③ 参见〔英〕约翰·凯恩斯：《就业、利息和货币通论》，高鸿业译，商务印书馆1999年版，第332页。

④ 参见〔奥〕弗里德里希·冯·哈耶克：《哈耶克文选》，冯克利译，江苏人民出版社2007年版，第28页。

场应是互为作用的关系。

顾功耘教授认为,政府必须从市场参与者的身份中退出,强化社会管理和公共服务的职能,实现由管制政府向服务政府、由职能政府向责任政府的转变。刘文华教授认为,我国经济法的研究中,侧重强调政府的主导型地位,而忽略了政府与市场的互动与对话机制。陈乃新教授亦认为,政府与市场的关系不应被定位为"干预",而应定位于"合作"。[①] 通过对比国外学者的历时性考察和国内学者的共时性考察不难发现,政府与市场不再是强势和弱势的关系,不再是管理和被管理的关系,公权与私权的对立关系被逐渐弱化,取而代之的是互助与合作的关系。政府对市场的作用方式将不再是"干预"[②]"协调"[③]"调节"[④]和"管理"[⑤],而是法律框架内的良性互动。PPP 制度是政府与市场合作关系的实践,是公共部门和私人部门取长补短的互利机制,在合作的基础上共同分配资源、共担风险和共享收益,是市场机制回归和政府职能转型的优选路径。

(二) 政府融资工具:政府与市场的共同选择

强调政府与市场的合作关系,并非意味着权力将由政府向市场转移。公共部门与私人部门的合作关系仅限于资金关系而绝非权力关系。简政放权是"权力瘦身"而非"权力转移","简政"是减少行政审批程序,释放市场活力。"放权"包含两层含义:"权力下放"和"利益下放"。"权力下放"指的是将上级政府的行政审批权下放到"下级政府","利益下放"指的是放松对市场主体的管制,将原本属于政府的垄断利益返还给市场。有时候,私人部门在 PPP 模式下的基础设施建设过程中,会获得收费的权力,例如"过路费"和"过桥费"。虽然私人部门在完成公路建设后可以向过往车辆收取费用,但是并非基于政府的授权。因为公共部门在提供服务后向大众收取费用的行为是平等关系的民商事行为。是故,PPP 模式下的公私合作,并不意味着公共权力的私人参与,而只是基于资金关系的互利合作。

PPP 在为政府融资的同时,也通过公私合作的机制为公共服务的提供模式打开了新的局面。对于政府而言,PPP 不仅可以为政府提供充裕的资金支持,更是通过私人部门的共同参与,将部分的风险转移给私人部门。基础设施的建设往往是一个长期的过程,在这个过程中需要管控的风险可分为三类:宏观风

① 参见胡改蓉:《经济发展方式转变背景下经济法的理论创新与制度完善》,载《法学》2011 年第 12 期。
② 李昌麟主编:《经济法学》,中国政法大学出版社 2002 年版,第 400—405 页。
③ 杨紫烜主编:《经济法学》,北京大学出版社 2001 年版,第 7—22 页。
④ 漆多俊:《经济法基础理论》(第三版),武汉大学出版社 2000 年版,第 350 页。
⑤ 顾功耘主编:《经济法教程》(第二版),北京大学出版社 2006 年版,第 45 页。

险、中观风险和微观风险，包括宏观经济风险、建设运营风险、市场环境风险、政府干预风险以及股东合作风险等。[①] 私人部门的参与不仅可以为风险的承担与转移提供多元化的渠道，而且可以直接承担部分风险。此外，PPP 模式还有助于将私人部门的效率性与创新性等因素融入公共服务的提供之中。私人部门的竞争与逐利的意识将与公共部门的社会责任意识相结合，达到互补的效果。对市场而言，PPP 模式的设立为私人部门开辟了新的投资领域。在风险的承担上，尽管公共部门与私人部门采取的是共担风险的方式，但私人部门不可能承担政治风险等与私人投资无关的风险。私人部门承担的风险以合同约定的为准，以其出资额为限，提供技术和咨询服务的私人部门，还应对其技术和服务承担相应的风险。因此，对于私人投资主体来说，公共部门是信用良好的商业合作伙伴，有极强的风险分担能力。此外，公私合作的服务提供模式优于公共部门或者私人部门单一的服务提供模式，可以有效地确保投资收益。[②] PPP 模式可以有效弥合政府与市场的缺陷，发挥政府与市场各自的优势，在公私合作、互补、互利的基础上提供公共服务，是政府与市场共同的选择。

三、法律轮回：政府融资的法律解释

（一）法律与社会：法因社会发展而动

“法者，天下之公器也；变者，天下之公理也。”[③]法律在社会发展中的作用已日渐成为共识，法律发展对社会发展的作用也日益受到重视。法律的发展不应局限于法律内部的定义与解释，还应放眼于外部的社会和经济变化。法律是社会的组成部分之一，应随着社会经济的演进而不断变迁。法律的发展不在于立法、执法和司法的过程，而在于契合社会与经济的发展。法律服务于社会经济秩序，作为经济基础的社会经济制度发生变化，法律制度必然也会发生相应变化。法律具有滞后性，但法律的变化不会永远滞后于社会经济的变化。

法律是经验的，也是先验的。在传统经济中，法律总是滞后于社会经济的发展。在现代经济中，法律的职能获得空前的加强，“先从法律上构想出经济交往的模式，再为现实的经济关系服务。也就是说，法律不仅被动地服务经济，它也

① See Li Binga, A. Akintoyea, P. J. Edwardsb, C. Hardcastlea: The Allocation of Risk in PPP/PFI Construction Projects in the UK, International Journal of Project Management, Volume 23, Issue 1, January 2005, pp. 27—28.

② See Moszoro, M., Gasiorowski, P., Optimal Capital Structure of Public-Private Partnerships, IMF Working Paper, 2008, p. 11.

③ 《梁启超全集》，北京出版社 1999 年版，第 14 页。

创造经济利益"[①]。

法律与社会的作用力是双向的,社会变迁促进法律的发展,法律的发展可以进一步推动社会的变迁。法律可以直接或者间接地推动社会的变迁。法律直接影响社会变迁的方式有三种:第一,通过法律的强制性规定引导私人部门的行为方式;第二,通过改变和调整政府职能,重构社会关系和结构,改变公权主体行为方式;第三,以特定的政策目标为导向形成司法审判体系,通过司法的裁量权促进社会变迁。[②] 法律间接影响社会变迁的方式主要是法治理念的普及,法的理念间接作用于人与制度,缓慢地实现社会的变迁。有学者认为,法律对社会的能动性作用十分有限,法律只是对人们生活经验和交易习惯的总结与升华,是一种保守力量而非改革力量。[③] 法律在一定的范围内是对人际关系的调节与修正,在一定的范围内是对政府间关系的调整,是对公权主体与私权主体关系的调整。在调整人际关系时,法律表现出的谦和性不会对社会制度产生太大影响。但在调整公权关系时,法律所表现出的强制性将对社会变迁产生巨大影响。正如庞德所言,随着社会的发展,法律对社会的控制力逐渐加强,法律发展主导着社会制度的变迁。[④]

笔者认为,法律制度是社会整体制度的组成部分,法律发展与社会变迁互为因果。社会变迁时,法律制度不可能偏安一隅,必然会作出适应性的变化。法律发展时,牵一发而动全身地促进社会的变迁。

(二)公私合作制:法因融资需求而变

本文没有设定法律的完美蓝图,不再强调法律的好坏与优劣,而将法律置于历史循环的大背景下进行讨论,认为现行法律的变革只是对时代作出的适应性变革而非对过去"坏"的法律的替代。正如自由主义与凯恩斯主义的不断轮回是对经济危机不断轮回的反映,法律也在轮回中寻找自己的历史地位与现实需求。法律是开放的系统,在当下经济转型与社会变迁的中国,应注入更多时代的内容与要求。法律应与政府的融资需求相适配,政府融资需求为刚性时,法律为柔性,政府融资需求为柔性时,法律为刚性。

随着社会经济的发展需要,法律通过不断改变规则促进公共服务提供模式的转变。以英国为例,由于准入管制较少,伦敦私营公司的供水服务持续了400余年。私营公司间的互相竞争促进了供水服务与质量的提升,95%的伦敦居民

---

① 尹伊君:《社会变迁的法律解释》,商务印书馆2010年版,第335页。

② 参见季卫东:《社会变迁与法制》,载《社会学研究》1993年第4期。

③ 参见苏力:《变法,法治建设及其本土资源》,载《中外法学》1995年第5期。

④ See Roscoe Pound: Social Control Through Law, Oxford University Press, 1942, pp. 62—87.

接受私营公司的供水服务。但是,技术的进步导致了激烈的价格竞争与产业合并,供水服务的价格也因此不断攀升。用水需求的增加又引发了生活污水等问题。最终,议会通过立法对私营公司进行规制,在1908年将全部私营公司国有化。1980年前后,在全国性的私营化进程中,伦敦的供水服务又恢复了私人供给。[①] 英国供水服务经历了从私营到国营,再从国营到私营的法律轮回。

经济新常态下的中国,地方政府的融资需求正在不断加强。对地方政府融资的立法管制的态度开始逐渐转变,从禁止地方政府发行债券到允许地方政府发行债券,从规范融资平台到鼓励设立PPP。前文已经论述PPP在当前中国的主要作用是为地方政府融资。因此,PPP法律框架的构建也应围绕地方政府的融资主线,在承认PPP模式融资属性的前提下界定PPP模式的协议属性,制定风险的防范与分担机制。当然,基于不完全契约理论的准入与退出机制是PPP法律制度建设的重中之重。

四、公私合作制法律制度构建的理念:安全、效率与公平

坚定的政治承诺是PPP制度改革的保障,改革的持续性与公共部门使用资金的效率在很大程度上依赖于政治承诺而非有效管制与竞争政策,但政治承诺很难获得最终的有效落实。[②] 政治承诺终归无法引领PPP制度健康稳定的发展,唯有法律框架的搭建才是PPP长久治理之道。完善的法律体系可以减少行政寻租行为,提高PPP项目的质量。[③] 影响PPP项目的因素有很多,完善的PPP法律制度不可或缺,我国PPP模式尚处于初级阶段,更需法律制度的探径引路。

PPP作为未来政府融资的重要工具,将是未来金融系统的重要组成部分。对PPP的法律规制应遵循金融的治乱循环,在轮回中回应政府对资金的变化性需求。邢会强博士提出"三足定理",在金融效率与金融安全的基础上增加消费者保护,用以指导金融立法、监管与改革等。[④] 冯果教授对"三足定理"进行了修正与提升,认为金融安全、金融效率与金融公平的耦合可以最大限度地推动金融

---

① See The World Bank: Making Services Work for Poor People, Oxford University Press, 2004, p.167.

② See Estache, A., Serebrisky, T., Where Do We Stand on Transport Infrastructure Deregulation And Public-Private Partnership?. World Bank Policy Research Working Paper, 2004, p.25.

③ See Hammami, M., Ruhashyankiko, F., Yehoue, E., Determinants of Public-Private Partnerships in Infrastructure. IMF Working Papers, 2006, p.1.

④ 参见邢会强:《金融危机治乱循环与金融法的改进路径——金融法中"三足定理"的提出》,载《法学评论》2010年第5期。

市场的发展。[①] 笔者认为,在地方政府融资需求驱动下的PPP项目与金融秩序息息相关,PPP法律制度的构建可以结合金融法的相关理念。

(一)金融安全:监管部门的有序监管

在公益性与营利性交织的市场环境中,政府以各种身份参与到市场经济的运行之中,因此常常遭遇角色定位的混同与错位。例如,在国有企业中,政府"出资人"与"监管者"[②]的身份便常常无法区分。在PPP模式中,公共部门与私人部门的合作关系更为紧密,政府的角色定位亦更加难以区分。1990年以来,发达国家和发展中国家的PPP发展遵循了一条相似的路径,即私人部门在工作一段时间后,公共部门因为经济振动而回归到监管者、所有者和投资者的身份。[③] 对PPP模式的监管主要包括价格监管、治理监管、准入监管等。[④]

在党的十八届三中全会提出"允许社会资本通过特许经营等方式参与城市基础设施投资和运营"之后,各部委或联合、或单独发布了与PPP有关的政策文件。在追捧PPP模式的同时,多头监管的问题将逐渐浮出水面。可以预见的是,在国有企业参与PPP项目之后,国资委可能与其他主体存在监管重合的问题。此外,地方政府还涉及自我监管的问题。PPP模式的可持续性在很大程度上依赖于监管环境,孱弱的监管机构将会带来质量产出的不确定性与风险的增加,高风险又会进一步减少PPP的私人参与。[⑤] 因此,以金融安全为目标,实现PPP模式的有序监管,是当前PPP模式监管的主要目标。

(二)金融效率:公私部门的有效合作

1. 融资渠道的开通

提高政府融资的效率,需要公共部门与私人部门配合与互助。民间资本的引入,可以发挥资源的优化配置作用,而在公私合作制的互助机制建立之前,民间资本的准入依然是"老大难"问题。政府部门向民间融资并非没有先例,在分税制之后,地方政府便开始想方设法向民间融资。其方法包括设立信托、发行理财产品等。但这些都是游走在法律灰色地带的隐性融资,在合法性问题上还有待商榷。在PPP模式实施之后,不如放开对民间资本的准入限制,使得民间资

---

① 参见冯果:《金融法的"三足定理"及中国金融法制的变革》,载《法学》2011年第9期。

② 顾功耘、胡改蓉:《国企改革的政府定位及制度重构》,载《现代法学》2014年第3期。

③ See Estache, A., Serebrisky, T., Where Do We Stand on Transport Infrastructure Deregulation And Public-Private Partnership?, World Bank Policy Research Working Paper, 2004, p. 1.

④ Ibid., 2004, pp. 19—24.

⑤ See Hammami, M., Ruhashyankiko, F., Yehoue, E., Determinants of Public-Private Partnerships in Infrastructure, IMF Working papers, 2006, p. 8.

本可以在PPP项目中获得充分的释放。

2. 风险的分配

如何在PPP的公共部门与私人部门间配置风险，是PPP项目实现效率的根本所在。PPP中参与主体关系的特殊性决定了PPP风险分配的立法取向有别于民法和行政法，PPP风险配置的最高准则是在法律的框架内激励私人部门的参与。PPP中公共部门遭遇的风险是基础设施建设过程中固有的风险，而私人部门遭遇的风险则是源于对PPP的投资，在利益共享机制的驱动下，私人部门的投资将处于不确定性之中。PPP项目中风险的承担与地方债模式下风险的承担有所不同。

在地方债模式中，地方政府发行债券，私人部门购买债券，地方政府将融资所得的资金用于公共基础设施建设，公共基础设施建设的风险全由地方政府承担。而在PPP项目中，私人部门势必要对公共基础设施的建设承担一定的风险。

笔者认为，PPP项目中风险的分配不仅要遵从于市场的金融安全，更要遵从市场金融效率。风险配置将依据“能者多劳”的原则，公共部门对风险的预防与抵抗能力十分强大，应承担与其能力相匹配的风险。风险配置还应考虑风险与投资回报的匹配程度，如果私人部门的风险明显大于其投资回报，私人部门的投资积极性将会大受打击。

根据前文对风险的分类分析，公共部门应当承担所有宏观风险，包括政治风险、宏观经济风险、法律变动风险、社会变动风险和自然灾害风险；公共部门应承担部分中观风险，如项目资金风险、建设风险和运营风险等；私人部门也应承担部分中观风险和全部的微观风险，包括关系风险和第三方主体侵害等。将这种风险分担模式进一步简化则是，仅涉及资金关系的私人部门仅需承担私人风险，涉及其他关系的，如参与经营、提供技术的私人部门需要承担相应的责任和风险。风险的承担可分为强制风险分配（依法律规定），自愿风险分配（合同约定）。

（三）金融公平：私人部门的平等参与

金融公平指的是金融参与主体平等地参与金融投资、平等地进行金融交易与平等地获得金融收益。PPP项目中的金融公平主要体现在公共部门与私人部门共同分配资源、共担风险和共享收益。在金融公平的法治蓝图中，公共部门与私人部门的关系应被简化为融资主体和投资主体的关系。笔者在此要对金融公平作一些扩充性的解释，主要是对象上的扩充解释：第一，金融公平的对象不应局限于公共部门和私人部门，更应包括广大公众；第二，在公私合作制面前，公众有两种身份:投资者和公民。作为投资者的公众将与公共部门一起共担风险和共享收益,作为公民的公众将平等地接受PPP模式下地方政府提供的公共服务,同时,公众不因PPP公共服务的提供而受到侵害。金融公平不仅应包括私人部门的权益保护,更应包括公共部门的社会责任。

混合所有制、公共事业PPP及市场准入法的改革研究

刘大洪　段宏磊*

一、混合所有制与PPP改革的政策解读

(一) 混合所有制:重启而非创新

众所周知,十八届三中全会昭示了我国在经济体制改革上即将择取若干重要的改革步伐。这其中至关重要的一点即为国企改革的再启动。2004年,由于"郎顾之争"中顾雏军受到郎咸平指责借收购活动侵吞巨额企业国有资产,此一系列事件引发了决策层对以管理层收购(MBO)促进国企改革活动过程中造成巨额国有资产流失的警惕,在那之后,国有企业MBO偃旗息鼓。而从2008年开始,出于预防经济危机影响的考虑,从中央到地方层面的合计数十万亿投资计划过多地倾注到了国有企业当中,而这是与本世纪初头几年的调整国有经济比重和减持国有股计划截然相反的,"我国推行的各种经济刺激方案和产业振兴规划明显地表现出了'政府主导'的特色,并且是通过选择重点产业和重点支持国有企业的方式推动经济的增长……造成危机结束后市场竞争结构的强烈扭曲"①。果不其然,危机过后,投资计划所产生的"国进民退"现象遭受到来自经

* 刘大洪:中南财经政法大学法学院教授,博士生导师,主要研究方向为经济法学与法经济学。
段宏磊:中南财经政法大学法学院经济法学博士研究生,主要研究方向为规制与反垄断。

① 应品广:《经济衰退时期的竞争政策:历史考察与制度选择》,载罗培新、顾功耘主编:《经济法前沿问题(2011)》,北京大学出版社2011年版,第96—97页。

济学界的诸多批评。[①] 这一系列影响乃至停滞国企改革的局面直至十八届三中全会的召开才完全打破,国企改革明确了以国有资本、集体资本、非公有资本等交叉持股、相互融合的“混合所有制”经济为方向,被视为“有利于国有资本放大功能、保值增值、提高竞争力,有利于各种所有制资本取长补短、相互促进、共同发展”[②]。

一个极容易引起误解的情况是,混合所有制被想当然地看作为我国国企改革方略的重大创新。但事实上,从1993年我国确立社会主义市场经济体制的基本改革方向,并将国企改革的目标定位为建立现代企业制度之时,混合所有制的改革方向便已昭然若揭。[③] 毕竟在现代公司治理结构之下,股份制的落实和实行是以投资来源的多元化为前提的,否则无法在“股东会—董事会—监事会”的三元结构之下真正落实公司的科学治理。因此,与其说混合所有制是一种新时代国企改革的制度创新,不如说是国企改革在因为遭遇挫折而经历接近十年的停滞期后,在原有的既定方针之下再次开启稳步推进之路。当然,这并非表明混合所有制改革的提法是“炒冷饭”,恰相反,现阶段混合所有制改革的推进,已与上世纪末大相径庭——从1993年以来,混合所有制的经济形态已逐渐深入到我国市场经济竞争性行业的多数领域,[④]这些已经高度实现了混合所有制的大部分行业已不是本阶段改革所聚焦的领域。本轮改革所触及的实际上是国企改革的“深水区”,即在政治习惯或意识形态上长期保持国有资本控制性局面的特殊行业。而除此之外的一般行业,混合所有制已经是普遍的现实表现,自无需在此轮改革环节耗费精力。这一结论也具有十八届三中全会相关政策语境的实际支撑,比如“废除对非公有制经济各种形式的不合理规定,消除各种隐形壁垒,制定非公有制企业进入特许经营领域具体办法”。“鼓励非公有制企业参与国有企业改革”,并且要“鼓励发展非公有资本控股的混合所有制企业”,“允许社会资本通过特许经营等方式参与城市基础设施投资和运营”。[⑤] 由此表明,在特殊行业推进混合所有制,成为本轮国企改革的中心任务。

---

① 对“国进民退”相关观点的争议和案例表现可参见钱凯:《关于“国进民退”问题的观点综述》,载《经济研究参考》2010年第60期。

② 参见《中共中央关于全面深化改革若干重大问题的决定》。

③ 主要政策文本依据为1993年11月中共十四届三中全会通过的《中共中央关于建立社会主义市场经济体制若干问题的决定》,它明确提出我国国有企业改革的目标为“建立现代企业制度”。而反应现代企业制度精神的《公司法》也在随后的1993年12月底通过。

④ 这一结论存在2010年数据调研的支撑:即使是将混合所有制企业的概念外延严格限定为第一大或第二大股东必须为国有性质,在此基础上对样本总量为950家的改制国有企业进行统计分析,发现其总数也已经达到了735家,占样本总量的77.3%。参见张文魁:《中国混合所有制企业的兴起及其公司治理研究》,经济科学出版社2010年版,第50页。

⑤ 参见《中共中央关于全面深化改革若干重大问题的决定》。

十八届三中全会后，混合所有制改革的一个重要趋势便是公共事业中 PPP（公私合作制）的提出，这在近两年的政策动向中可以显见。2014 年以来，以发改委、财政部等为主导，在城市基础设施投资和运营商实施 PPP（公私合作制）方面的政策性法规已达二十余部，这实际上是在过去非公资本投资门槛近乎最高的公共事业建设中纳入混合所有制改革的一个重要体现。

（二）特殊行业：基本外延的政策解读

“特殊行业”其实多次出现在我国相关的高级政策文本、法律法规乃至政治教育教材当中。在这些文本中，对于这类特殊行业范围的概括通常没有采用罗列具体行业的形式，而是使用了一种性质上的概括。最典型的界定方式即为我国《反垄断法》第 7 条的规定，它将特殊行业定义为“国有经济占控制地位的关系国民经济命脉和国家安全的行业以及依法实行专营专卖的行业”。对于这种界定所实际涵盖的具体范围，需要在法律文义解释的基础上，结合若干我国的政策文本进行分析。对于“关系国民经济命脉和国家安全”的行业，国资委在《关于推进国有资本调整和国有企业重组的指导意见》中将其范围明确为至少包含军工、电网电力、石油石化、电信、煤炭、民航和航运七个领域，①主要为传统上的自然垄断行业。在 2011 年出版的国家社会科学基金重大招标项目“贯彻落实科学发展观与深化垄断行业改革研究”的阶段性成果中，被明文纳入国有资本“一股独大”的垄断行业除前述七大领域外，尚包括邮政、铁路、公交、自来水、垃圾处理、有线电视、机车车辆制造等行业，②这些领域已有众多属于即将开展 PPP 的城市公共事业领域，未来将成为混合所有制改革的重点地区。而对于“依法实行专营专卖的行业”，则可根据我国相关的专营专卖立法与政策进行界定，如《烟草专卖法》《食盐专营办法》等，这起码包含烟草、食盐、化肥、彩票等行业。③

通过前述对相关文本的研究可发现，“特殊行业”的具体范围起码可以被明确为十几个行业，而这显然没有穷尽这一概念的全部外延。这便意味着，本阶段国企的混合所有制改革尽管并非普遍着力于社会经济各领域，但所辐射的行业范围也堪称广袤，而且这类特殊行业“基本还延续着行政命令控制体制进行资源的配置和管理，行业外的竞争力量无法进入行业内参与竞争……在一个缺乏充

---

① 参见许小年：《解析“七大行业”》，http://www.infzm.com/content/1951，2014 年 12 月 2 日访问。

② 参见戚聿东主编：《垄断行业改革报告》，经济管理出版社 2011 年版，“前言”。

③ 从近期披露的中央改革部署来看，盐业专营即将面临全面改革，待结束过渡期后，从 2016 年开始，中国将结束两千多年历史的食盐专营制度，届时国有资本在这个行业的一元化局面也将面临较大调整。参见吴婧：《政府不管“咸事”：2600 年食盐专营谢幕》，http://finance.qq.com/a/20141201/002898.htm，2014 年 12 月 2 日访问。

分竞争的封闭体制内必然导致利益集团通过寻租来维持垄断地位和阻碍市场机制的导入”①。因此,改革过程中如何与这些利益集团进行博弈以实现改革阻力的破除,很可能成为未来很长一段时间的疑难问题。若这一改革屏障无法破除,国有资本在这些行业的控制性局面将难以改变,“鼓励发展非公有资本控股的混合所有制企业”也将根本不可能。

二、傲慢与偏见:非公资本进入特殊行业的市场准入法障碍

(一)市场准入法:基本逻辑与立法特质

市场准入制度,是有关国家和政府准许公民和法人进入市场,从事商品生产经营活动的条件和程序规则的各种制度和规范的总称。它是商品经济发展到一定历史阶段,随着市场对人类生活的影响范围和程度日益拓展和深化,为了保护社会公共利益的需要而逐步建立和完善的。而与此相关的对市场准入制度的条件、标准、方式、程序和责任等的法律规定所形成的体系即为市场准入法。② 毫无疑问,市场准入法是市场规制法的重要组成部分,从某种程度而言,它构成了市场规制法律体系的“脖颈”。毕竟作为政府对市场进行规制的若干措施之一,准入规制的典型特征即在于其重要的政策壁垒效果。它通过赋予或禁止特定经营者对特定市场的进入,直接实现对市场经营行为最源头的规制,不符合准入规制要求的经营者甚至索性被排除在特定行业活动范围之外,而被剥夺了直接的经营资格。正因为如此,在对市场规制法范域内的规制措施进行类型化过程中,有学者得出了准入规制的刚性程度最高的结论。申言之,在市场规制的三种基本样态——信息规制、标准规制和准入规制——当中,政府干预市场自由的程度并不相同。信息规制只要求经营者披露特定事实而不限制其行为,其对市场自由程度的干预最轻;标准规制则对经营者的经营行为施加一定的目标、性能或规格上的标准,其对市场自由的干预居中;而准入规制则要求经营者必须获得事前审批或授权,否则被禁止从事特定领域的经营行为,属于最重的规制工具。③

正是由于准入规制在政府干预市场上的刚性效力,我们必须时刻注意市场准入法律制度设计中的“双刃剑”效应。即应当根据特定行业的具体情况,设定

① 参见戚聿东主编:《垄断行业改革报告》,经济管理出版社2011年版,第16页。

② 参见刘大洪主编:《经济法学》,中国法制出版社2008年版,第401页。

③ See Anthony I. Ogus. Regulation: Legal Form and Economic Theory, Oxford: Hart Publishing, 2004, pp. 150—151.

与之程度相当的准入规制方案，既不应当由于准入规制的过于松懈而造成不合格的经营者进入，引发市场失灵；更不应当设置过于刚性的准入规制措施，从而影响市场上经营者的合法经营自由。因此，根据市场经济的基本行业状况和准入规制的基本方式，我们可以对市场准入法的制度设计作出如下的类型化：其一，谦抑的准入规制。即对于大多数市场竞争程度高、市场失灵很少或没有的行业，市场准入法的制度设计应当保持谦抑，尽量不设计过多的准入壁垒。这也是十八届三中全会以来，落实市场在资源配置中应当发挥决定性作用要求的体现。2013年新《公司法》已经取消了对于注册成立有限责任公司的最低注册资本限制，这便是进一步减少乃至取消准入规制的体现。其二，适度的准入规制。即对于涉及公共利益或自然垄断，尤其是提供的产品具有强烈公共物品属性的行业，市场准入法不能缺位，此时应当设置必要的准入规制措施。这一方面能够防止在自然垄断的行业中由于过多的经营者进入而产生资源浪费或过度竞争，另一方面也能够设置对具有公共服务属性的经营行为的必要规制，防止不具有资格要求的经营者进入市场，从而保护消费者的合法权益。在实务中，这种准入规制经常会以授予特许经营权的形式，以行政审批的方法将经营权赋予特定法律主体。其三，刚性的准入规制。即在必要时，国家基于产业政策、国家安全等特殊需要，可以设置最严格的市场准入制度，以至于在特定行业只保持独占经营的状态。比如我国在彩票、烟草等行业进行的专营专卖制度、在铁路行业实行的中国铁路总公司独家经营的状态，等等。

在实际立法中，市场准入法表现出极强的碎片性和非体系化，非但不可能存在一部囊括全部领域准入规制措施的法典，甚至连立法位阶和形式的统一性都无法得到保证。尽管有些市场准入法表现为人大及其常委会的立法，但也确实存在以地方性法规、行政法规乃至地方政府规章、规范性文件设置准入规制措施的情形。这方面最极端的例子莫过于知名的“馒头办”事件：郑州市以地方政府规章《郑州市馒头生产销售暂行管理办法》为馒头的生产和销售设置了准入规制。[①] 严重的非体系化增加了市场准入法适用和遵守的成本，但期望以法典化的形式予以解决，又是十分不现实的。根源在于：其一，市场准入法的多部门交叉性。从政府规制的角度来看，它属于经济法中市场规制法的重要组成部分；但从行政权的类型化来看，它又是典型的行政许可法律制度；而其所涉及的商事经营行为，又明显在民商法的关注范围之内。其二，准入规制配置过程中强烈的实

① 这一时间曾经引发社会大众对政府干预市场过程中行政权力扩张和行政性垄断问题的激烈讨论，相关论述可参见方三文：《“馒头办事件”的本质》，http://www.people.com.cn/GB/guandian/26/20010330/429333.html，2014年12月2日访问；盛洪：《郑州“馒头办”的启示》，载《中国改革》2001年第7期。

践理性。不管是谦抑的、适度的还是刚性的准入规制,其具体的制度设计都有赖于对特定行业精密的市场考察和实践经验,这便决定了市场准入法的制度渊源本身即是碎片化和非系统性的,与其以法典的形式予以落实,它更适合渗透进各行业、各领域单行部门法的无数夹缝中。若忽视这种现实,强行地设定独立的单行法典,反而有可能会由于行业需求的不同,而造成频繁的修法,徒增制度改进成本。

(二) 混合所有制与 PPP 改革的制度障碍:中国市场准入法的傲慢与偏见

上述分析表明,一个良性的市场准入法律体系,应当根据不同类型和领域的市场竞争状况分别设计出谦抑的准入规制、适度的准入规制和刚性的准入规制。依此逻辑透视我国的特殊行业,即可发现它们几乎一体化地施加了刚性的准入规制,以至于严重阻却了民营资本或外国资本进入其中,从而构成了国有资本的“一股独大”局面,这一现状若不破除,本阶段混合所有制与 PPP 改革的目标即有可能落空。

从中国准入规制的实践来看,市场准入立法存在“显性”和“隐性”两种不同的表现。所谓“显性”即在中国各经济行业或领域的具体法规中对落实相应的准入规制,比如《证券法》对证券市场准入的规定,《商业银行法》对商业银行市场准入的规定,等等。而所谓“隐性”的准入规制,即虽然没有明文的市场准入立法,但却存在政策惯例、政府设置的实际障碍乃至政治意识形态上的潜在准入壁垒,它们虽然缺乏具体的法规文本作为支撑,但却不能否认其实际具有的规范性作用。比如我国的银行业,尽管《商业银行法》第 12 条、第 13 条设置了较为明确的市场准入条件,但中国实际的商业银行市场准入却是高度管制式的,符合立法的规定并不必然获得准入执照,中国国有资本之所以能在银行业持久具有一定的垄断性地位,也是大大得利于这些潜在隐性准入规制对外资和民营资本的准入限制。[①]

无论是显性还是隐性的准入规制,中国的市场准入都表现出对非国有资本长期存在的歧视性。与国有资本相比,非国有资本的投资广度和深度都受到了明显限制。以民航业为例,从显性的市场准入法来看,直至 2002 年,民航局才通过《外商投资民用航空业规定》对外国资本开放民航业投资,而对民营资本开放投资则直到 2005 年出台的《国内投资民用航空业规定(试行)》才正式开启。尽管如此,这两个文件所开放的投资范围都极为有限,外国资本对民航业的投资

① 参见赵园园:《银行业反垄断法适用问题研究——以银行业结构规制为视角》,复旦大学出版社 2012 年版,第 34—35 页。

中，对于机场、运输等主体性民航业务，都必须由中方控股或相对控股；[①]对民营资本的投资限制更是通过单列“投资准入”一章对民航业各个领域进行诸项规定。[②] 在这种有限的投资夹缝中，非国有资本依然面临着各种隐性的准入规制：在作为主管机关的民航局对国有资本的庇护下，非国有资本控股的民航企业经常会受到各种政策排挤，最为极端的例子便是2007年整体民航国有企业经济形势窘迫的背景下，民航局索性于7月出台通知，暂停2010年前受理新设立航空公司的申请，[③]从而为国有企业减少潜在竞争的压力。对民用航空市场来说，航班时刻是具有自然垄断性质的非常重要的紧缺资源，[④]非国有资本在进入民航业市场过程中，经常会由于难以获得重要航班时刻的市场准入而面临隐性准入壁垒，这成为当前民营资本经营民航业的捉襟见肘之处。[⑤] 前文已述，市场准入立法本身具有碎片化和非体系性特征，因此对寄望进入特定市场的经营者来说，其守法成本会因为法规查询和遵从的纷繁而提高，而在这种“防不胜防”的隐性准入壁垒之下，经营者甚至无法准确地预估自己进入某一市场时所应投入的沉没成本，这种“刑不可知，则威不可测”的逻辑，是法治之殇。

另外，在具有“经济宪法”之称的《反垄断法》中，亦存在与准入规制有关的立法，这便是著名的《反垄断法》第7条：“国有经济占控制地位的关系国民经济命脉和国家安全的行业以及依法实行专营专卖的行业，国家对其经营者的合法经营活动予以保护，并对经营者的经营行为及其商品和服务的价格依法实施监管和调控，维护消费者利益，促进技术进步。”“前款规定行业的经营者应当依法经营，诚实守信，严格自律接受社会公众的监督，不得利用其控制地位或者专营专卖地位损害消费者利益。”从法律解释的角度看，第7条实际上以一种宣誓性的

---

① 参见《外商投资民用航空业规定》第6条。

② 参见《国内投资民用航空业规定(试行)》第5条至第11条。

③ 参见《民航总局关于调控航班总量、航空运输市场准入和运力增长的通知》(民航发[2007]101号)。

④ 正是基于这个理由，国外对于航空公司的并购，通常会附加限制性条件，要求其转让部分航班时刻，欧盟在2013年批准星空联盟整合部分跨大西洋航线时，即附加了此类条件。See European Commission, Antitrust: Commission Renders Legally Binding Commitments from Star Alliance Members Air Canada, United and Lufthansa on Transatlantic Air Transport Passenger Market. http://europa.eu/rapid/press-release_IP-13-456_en.htm? locale=en, 2014-07-04 available at 2014-12-02。

⑤ 相关报道可参见佚名：《航班时刻受限，民营航空被逼退居》，http://www.ly.com/airinfoshow_7655.html，2014年12月2日访问。

语言建立了对特殊行业进行国家干预的框架性条款,[①]这一框架几乎囊括市场规制法律制度的所有基本手段,如准入规制("专营专卖")、价格和标准规制("对经营者的经营行为及其商品和服务的价格依法实施监管和调控")、反垄断规制("不得利用其控制地位或者专营专卖地位损害消费者利益")等。通过这种立法,准入规制措施实现了与反垄断规制的制度对接,从而构成了一个针对特殊行业的周延的市场规制法律体系。但是,前述具有资本歧视性的准入规制逻辑却在这条中得到了一以贯之的体现,甚至索性明确了在特殊行业中国有经济"控制地位"的合法性,即以刚性准入规制的形式在《反垄断法》中确立了特殊行业的垄断地位,这不得不说是一种讽刺。作为市场规制的基本法,《反垄断法》通常被认为在效力位阶上要高于其他规制立法,这便意味着第7条的规定将成为市场准入法的一个原则性条款,国有资本在这些行业的控制地位变成了难以撼动的高度准入壁垒。非国有资本欲在这种准入规制框架下进入特殊行业,实现混合所有制的改革目标,则根本不可能。

如果说难以寻得明文规定的隐性准入规制为非国有资本设置的壁垒是一种"傲慢",那么《反垄断法》第7条及其他市场准入法规所设置的显性规制便是一种赤裸裸的"偏见"。在特殊行业实现混合所有制以及公共事业建设中推进PPP的本阶段国企改革目标,就在这种市场准入法的傲慢与偏见中,遭遇到了前所未有的制度困境。

三、特殊行业推进混合所有制与PPP及市场准入法改革的联动

(一)改革联动的必要性和可能性

将特殊行业的市场准入法律制度改革与混合所有制和PPP的推进相联动,具有极强的现实必要性。一方面,在市场准入法律制度未能破除资本歧视性的前提下,特殊行业的混合所有制改革目标将难以实现。毕竟人大层面的立法《反垄断法》第7条确立了特殊行业准入规制的原则性条款,其在效力位阶上高于任

---

① 参见张杰斌:《特定行业的〈反垄断法〉适用问题研究——〈中华人民共和国反垄断法〉第七条评析》,载《北京化工大学学报(社会科学版)》2007年第4期。在《反垄断法》刚出台时,曾经一度盛行将此条解释为反垄断适用除外的观点,典型论述可参见王茂林:《论我国反垄断法适用除外制度》,载《西部法学评论》2009年第2期;吴宏伟、金善明:《论反垄断法适用除外制度价值目标》,载《政治与法律》2008年第3期。对此种观点,笔者基于法律文义解释的角度予以反对,毕竟第7条通篇不见类似于"适用除外"的明文表达,且第2款存在"不得利用其控制地位或者专营专卖地位损害消费者利益"的语句,这显然是反垄断执法精神的正面肯定。

何级别的政策性文件；如果忽略这一立法与改革的冲突而强行推进混合所有制，将意味着改革成果随时面临着合法性风险的威胁。另一方面，混合所有制在特殊行业的推进将成为市场准入法律体系变革的实践样本，它与我国深化经济体制改革和响应国际上的放松规制趋势一脉相承，是我国市场准入法实现整体优化的现实回应。二者的改革联动将共同达成中国市场竞争结构的优化，从而有利于实现市场在资源配置中发挥决定性作用的目标，这恰恰正是致力于处理政府与市场关系的经济法所欲长期解决的问题。申言之，必须在顺应市场竞争的基本规律前提下谨慎发挥国家干预对经济的正向作用，即"谦抑干预"：在市场没有发生失灵的情势中，不应当进行国家干预；在市场确实发生失灵的情势中，国家干预也要依附于市场机制发挥作用；在市场停止失灵或失灵程度降低的情势中，国家干预应及时退出或相应限缩其强度；在既有经验和理性无法判断某一领域是否市场失灵时，应假设市场未发生失灵，暂不进行国家干预。① 改革联动符合这一价值要求，即将市场准入立法回归为以促进竞争和效率为目的，而非变相维持国有资本在特殊行业的控制地位，在非必要的情况下，不得以准入壁垒的形式妨碍民营资本和外国资本的正常进入。要进一步扩大谦抑的市场准入法律制度，限缩适度的市场准入法律制度，大幅度减少刚性的市场准入法律制度，使市场准入立法符合谦抑的国家干预品性之要求。

另外，在进一步深化改革的背景下，改革联动也具有现实的可行性。我国之所以长期对特殊行业保持极高歧视性准入规制，其原因不外乎如下两方面：从政治角度，我国以公有制为主体的意识形态似乎成为特殊行业屏蔽改革的政治正确的"尚方宝剑"；而从经济角度，由于特殊行业多数表现出自然垄断属性，国有资本进驻其中并占据垄断地位便似乎具有了正当性，这也正是过去公共事业建设中一直拒绝PPP的原因所在。但如今看来，两方面的原因都已不复存在：首先，十八届三中全会将混合所有制明确为"基本经济制度的重要实现形式"②，这便打破了长期存在的意识形态上的担忧。事实上，从国企改革的基本历程来看，这种担忧本身就是杞人忧天的，相比纯粹的私有化，混合所有制的本土发展一直都因为具有政治安全性而更易接受，国有资本实际上也可以在这一过程中实现用较少投入控制较多资产的目的，这实际上是在发展而非限制国有经济。③ 对国企改革的历史考察也证明，它的实践"可以在一定程度上缓解国有企业内部人对所有权改革的抵触"④。其次，当代经济学的革新也不再支撑自然垄断行业必

① 参见刘大洪、段宏磊：《谦抑性视野下经济法理论体系的重构》，载《法商研究》2014年第6期。
② 参见《中共中央关于全面深化改革若干重大问题的决定》。
③ 参见朱锦清：《国有企业改革的法律调整》，清华大学出版社2013年版，第171—172页。
④ 张文魁：《中国混合所有制企业的兴起及其公司治理研究》，经济科学出版社2010年版，第79页。

须由国有资本控制的理论。自然垄断并不是一个所涉及的行业范围恒定的词汇,而是具有相对性,“如果市场需求足够大,那么竞争厂商就有可能和有必要进入,因此,市场需求的增长能打破原有的自然垄断”。另外,科技进步也“可能会使原有的花费巨资的基础设施一文不值,比如无线电通讯技术的产生结束了长途有线通讯的垄断地位”[①]。近年来对自然垄断的深入研究亦表明,在技术上完全可以实现竞争性业务与垄断业务的剥离,而前者并不需要寡头或独占经营,更不需要保持国有资本的控制地位,完全可以实现适度竞争,比如民航业中的机场网点属于自然垄断业务,但航线经营许可却可适度引入竞争。这恰恰证明在自然垄断行业开放非国有资本准入的必要性,它能促进适度竞争,打破由于国有资本一元化局面而造成的竞争性不足的现状。当然,由于自然垄断行业通常涉及公共物品的提供问题,非国有资本在这类行业中取得控股地位容易引起社会公众对公共服务难以获得或成本过高的顾虑。但这完全可以通过优化 PPP 企业的公共控制手段来解决,比如西方国家中的黄金股(golden shares)制度,它确保了公益性目标和法令约束在私有化企业中的实现,[②]这被称为国有资本“特殊权利”(special rights)。[③] 因此,无论是政治上还是经济上的保持特殊行业市场准入壁垒的理由都已不复存在,改革联动的规划已经具有现实操作的可能性。

(二)改革联动的具体方案

在推进特殊行业混合所有制和市场准入法改革的联动方案中,二者的改革规划应当合力推进,彼此辅助执行:后者能为前者提供制度基础,前者能为后者提供实施保障。具体方案规划如下:

首先,要对既有的市场准入法律体系进行一次系统的清理和修正。一方面要对显性的市场准入立法进行去资本歧视性的改革,即对其中涉及的针对民营资本和外国资本的歧视性法律规范进行修正甚至废除。这涉及庞大的法律规范群,既包括《反垄断法》第 7 条中原则性的市场准入法律规范,又包括各行业单行立法中的准入规制条款,还包括以法规、规章乃至规范性文件存在的市场准入制度,是一个系统性的工程。当然,破除准入规制的资本歧视性并非意味着对国有

---

① 刘大洪、谢琴:《自然垄断行业改革研究——从自然垄断行业是否为合理垄断的角度出发》,载《法学论坛》2004 年第 4 期。

② 参见〔美〕热拉尔·罗兰主编:《私有化:成功与失败》,张宏胜等译,中国人民大学出版社 2013 年版,第 31 页。

③ 特殊权利(special rights)指代西方国家在国企私有化过程中对部分控制权的保留,它往往通过政府在企业保留极少数乃至一股的形式来实现,但这些极少的国资股却被赋予了若干特权,拥有“黄金般的价值”,因此被称为“黄金股”。详情可参见张立省:《黄金股研究综述》,载《首都经济贸易大学学报》2012 年第 1 期。

资本和非国有资本的准入规制应当完全一视同仁。应当区分准入规制在社会性规制体系和经济性规制体系中的不同作用,对于涉及公共利益乃至国家安全的社会性规制领域,对非国有资本施加一定限制是必要的,比如禁止其具有控股地位、要求投资的非国有资本必须履行公益性目标,等等;而对于涉及以促进竞争和实现效率为目标的经济性规制领域,则不应当对非国有资本存在歧视。应当防止在社会公共利益的幌子之下以准入规制的形式为维护国有资本垄断利益背书,而对于真正具有社会公益性需求的领域,对非国有资本施加区别性的准入规制,是具有合理性的。比如在民航业中,对于空中交通管制系统的投资和运营即具有显著的社会公益属性,如果对这一领域开放外国资本控股性质的投资,则显然对我国国防安全造成极大威胁,此时施加准入规制的限制即是必要的;但是,对于民航运输业,则完全可以向非国有资本开放准入,引入适度竞争,从而实现民航业效益和作为乘客的消费者福利的提升。另一方面,还要在清理和改革显性市场准入法律的同时,对作为"潜规则"存在的隐性准入规制进行改革,这与其说是法律制度的革新,毋宁说是社会观念和执政理念的重塑。即要实现对市场规制机关的"再规制",填补市场规制过程中可能存在的法外空间,实现对任一行业或领域准入规制政策的文本化[①]和透明化。

其次,在市场准入法进行系统清理和修正的同时,要逐步开展对特殊行业放松规制、引入非国有资本的改革过程。由于市场准入法的改革涉及众多法律文本和立法位阶,是一个长期的系统性工程,而特殊行业混合所有制的实现也必然难以在三五年内完成,理想的改革方案是二者同时进行,在改革过程中彼此实现相互补充和促进。应当制定特殊行业推进混合所有制改革的时间表,从而满足社会大众对改革的知情权,亦能有效落实改革过程中的政府责任;另一方面,改革时间表的精密设计还可以解决特殊行业中利益群体的信赖利益保护问题,即为改革提供一个衡平多方利益主体的缓冲期,实现社会经济体制的平稳变革。在这一过程中,市场准入法律制度的因应改革将起到稳固混合所有制改革成果的重要作用,而混合所有制的逐步推进也能对准入规制的系统变革发挥助推器效应。

---

① 之所以没有使用"法治化"而用"文本化"一词,是因为鉴于准入规制制度必然存在的碎片化和非系统化问题,以正式法律之外的规范性文件予以规定的形式是在所难免的。因此,对于市场准入制度不可强求必须立法,只需实现以文本予以明确和公开即可,若超越规制实践强行以正式法律的形式将所有准入规制纳入其中,反而会由于法律修正不能过于频繁的特征而逐渐使准入规制落后于社会现实的需求。

四、结　　语

我国市场准入的理念和制度是在计划经济向市场经济转轨的过程中,伴随着对内改革、对外开放的进程,逐步形成并发展的。由于长期计划经济体制的影响,以及市场经济的发展还需要一个过程,我国的市场准入及其制度,还显然存在一系列亟待解决的问题。[①] 在特殊行业混合所有制改革,尤其是从去年陆续进入探讨范围的 PPP 这一问题上,市场准入立法的这些系统性缺陷即得到了整体性的暴露,若不进行这一法律体系的系统修正和变革,混合所有制在特殊行业这一"深水区"的推进将时刻面临着合法性的威胁和钳制。因此,在重启国企改革的背景下,将特殊行业混合所有制的推进和市场准入法律制度的改革进行联动,迫在眉睫,势在必行。

"市场经济就是法治经济",真理往往蕴藏在这些老生常谈的话语中。从改革开放开始,特殊行业即时刻游走在与一般竞争性行业改革步伐相异的空间中,它在三十余年来总是游刃自如地与市场机制擦肩而过,总是向不够谦抑的政府干预暗送秋波,由此构成了我国计划经济的最后一道壁垒。而我国渐进式改革的"中国经验",尽管屡遭挫折,却也总是执着地从竞争性行业的浅水区向特殊行业的深水区进发。任何行业都不能构成法外空间,都应当在规范市场竞争的法律体系下实现公正和效益的整合。愿非国有资本在这次改革中能真正获取与国有资本相等同的投资地位与资格,愿不同所有制来源、不同控股结构的企业能在特殊行业实现同台竞技,使经济生态焕发出多样性的溢彩。

---

① 参见刘大洪主编:《经济法学》,中国法制出版社 2008 年版,第 434 页。

PPP的机遇与挑战

——以台湾BOT法制与实践为例

王文宇*

一、前　　言

公共建设的良窳,关系着国民基本生活质量的好坏,而公共建设的投资,更是奠定国家经济建设根基的关键。在所谓"政府和社会资本合作"(public-private partnerships,PPP;或译"公私协力")理念下,政府的角色由过去的公共服务直接提供者(supplier),逐渐淡化成为管制者(regulator),其与民间的关系也由过去公共建设指挥监督关系,逐渐转变成公共建设的合作伙伴关系。

顺应此一理念,中国政府也积极落实PPP模式。2015年5月,国务院办公厅转发财政部、发展改革委、人民银行《关于在公共服务领域推广政府和社会资本合作模式的指导意见》中指出:在能源、运输等公共服务领域,鼓励采用PPP模式,吸引社会资本参与,为广大人民群众提供优质高效的公共服务。2015年4月,财政部等六部委联合发布《基础设施和公共事业特许经营管理办法》,明确了特许经营范围五大领域,即能源、交通运输、水利、环境保护、市政工程等特许经营活动。此一发展也获得国际的肯定。最近,英国基础设施局为中方撰写《如何为中国PPP发展创造有利环境——从国际视角分析》报告,指出欲引入社会资本,就要清晰地向投资人展示项目的成本和利益,并分享英国实施PPP模式的经验。

---

* 王文宇:中国台湾大学法律学院教授。

观诸国际上推动民间参与公共建设顺利的国家,英国经验的确极具功效。然而,中国的国情特殊,因此引进先进国家的经验时,允宜依国情加以调整。举例言之,中国虽已开展了数千个PPP项目,但其中大多是公共部门和国有企业双方签订,这种合同的潜在风险移转方式不同于公共部门和私营企业之间签订的合同,与国际通行的PPP模式迥异。因此,诚如该报告所指出,PPP模式在中国这样的转轨经济下,实施难度相当大,需要通过强大的中央管控方能克尽全功。在此方面,其他发展中经济体引进PPP模式的经验,即具参考价值。

有鉴于此,本文以PPP模式的挑战为题,探讨中国台湾地区推动民间参与公共建设的法制与经验,供各界参考。其中,第二部分扼要说明PPP模式与BOT法制的关联。第三部分介绍台湾地区促进民间参与公共建设法的重要内容。第四部分检讨两个BOT争议案件——南北高速铁路与台北市大巨蛋球场,突显推动BOT案件之不易。第五部分为结语。

二、PPP模式与BOT法制的关联

近30年来,民间参与公共事务的程度与扮演的角色日益重要,加上各国财政日益困窘,如引进民间资金与企业,不但可提升经营绩效,而且可减轻政府的财政负担。因此,许多发展中经济体(如泰国、马来西亚等)均推动"兴建—营运—移转"(build-operate-transfer,简称BOT)模式,台湾地区亦然。另一方面,英国于1992年开始实施民间融资提案(private finance initiative,简称PFI)制度,进一步扩大民间参与公共建设之机制。至今,英国已将PFI大量应用于学校、医院、道路、交通等自偿率较低之公共建设。

英国推动的PFI制度与台湾地区采行的促进民间参与制度(以BOT模式为代表,以下简称"促参制度")两者之间最主要的差别何在?简言之,PFI制度是政府委托民间机构建设、营运或管理公共建设,进而支付费用向民间机构购买公共服务,兴建成本与风险由民间机构承担,政府则负责支付营运费用,属稳定型的费用收费方式,民间机构因此可避免营运风险;而且台湾地区促参制度较倾向采"特许权"制度,即由政府特许民间兴建营运公共建设,并以收取"权利金"作为对价,民间机构于特许期间承担全部营运责任与风险。更重要的是,英国PFI制度具有公帑节省价值(value for money,VFM)之特色,系政府决定是否使用民间参与公共建设之关键因素,于评估公帑节省价值大于0时,方采用民间参与公共建设模式,使政府获取较以往采购方式更便宜之高公共服务质量;而台湾地区现行之促参制度,主要系以计划是否具高自偿性为采用民间参与与否之关键,在制度取舍条件上有很大的不同,也造成民间参与公共建设类型有范围大小的差异。

三、台湾地区的促参法简介

台湾地区于 1994 年制定“奖励民间参与交通建设条例”(简称“奖参条例”),以推动民间参与重大交通建设,更以 BOT 等方式选定 22 项重大公共建设促进民间参与投资。然而,参奖条例仍有许多不足之处。例如,其适用范围限于交通建设,不足因应其他重要公共建设亦有借重民间投资之需要。

为促使民间力量参与公共建设,弥补奖参条例之不足,台湾地区“行政院”乃拟定“促进民间参与公共建设法”(简称“促参法”),并于 2000 年通过。本法基于“民间最大的参与”和“政府最大的审慎”两大原则,采“促进”之意以求达成民间充分参与而免遭“假民营真公营”之讥,而就公共建设兴建计划之形成、厂商之甄选乃至兴建、营运之监督,皆强调政府公权力之妥善作用。以此调和民间力量及政府管制,平衡业者追求利润之私益及政府谋求人民福祉之公益,达到业者与政府“双赢”甚至“多赢”的目标。

(一) 促参法之特色

促参法之目的在于建构一个推动民间参与公共建设之基本法制,以进一步取代“奖参条例”。故就适用范围而言,“奖参条例”仅限于交通建设,而“促参法”并不以交通建设为限,还包括其他公共建设(“促参法”第 3 条)。

此外,“促参法”沿袭“奖参条例”采取通案立法之方式,即不就个案量身定做而分别立法。此种立法方式固然可以避免相关法规叠床架屋之弊,但主要还是基于立法成本的考量。尤其因立法效率不彰,采取通案立法似乎是不得然的方式。然而,通案立法固然可以将所有民间参与公共建设之案件“一以贯之”,但此种立法方式难免因其普遍适用的要求而模糊了个案的特性,无法针对个别不同类型公共建设及民间投资模式适用的情况作更精致的设计。故在通案立法的法制架构下,除了主管机关的执行能力必须更有弹性及效率外,如何透过作业准则与各项合约因应个案之需求作补充规定,亦显得更为重要。

再者,“促参法”明文将特许合约(即兴建营运合约)定性为民事契约(“促参法”第 11 条),对实务争议已久之问题作了明确规定。但此是否就为特许合约“公”“私”法性质之争议画下句点,则仍有疑问。

(二) “促参法”之立法目的

“促参法”可谓当前最重要的财经法案,尤其政府在政策上明示以 BOT 模式推动重大公共建设之决心,使得该审查被列为立法院之重点法案,因此仍尽速予以通过。“促参法”明揭其立法目的为“促进民间参与公共建设,提升公共服务水平,加速社会经济发展,以增进人民福祉”(“促参法”第1条),其立法理念为制定符合国际规范之基本法,加强核定计划之融资可行性,强化民间参与意愿,建立政府配合之有效机制。

(三)公共建设之适用范围

就适用“促参法”公共建设之范围而言,“促参法”系采广义之概念,以供公众使用或促进公共利益之建设为适用对象,其适用范围包括交通建设在内的十二种例示之公共建设。此外,就所谓“重大公共建设”,除以“性质重要且在一定规模以上”之不确定法律概念加以定义外,并将其范围界定之权委由主管机关会商“内政部”、“财政部”及中央目的事业主管机关决之,亦在强调相关政府机关之行政决策权。

(四)主管机关及主办机构

本法明定主管机关为“行政院公共工程委员会”,并于第6条规定其职责。而主办机关,则指主办民间参与公共建设相关业务之机关。主办机关依本法办理之事项,得授权所属机关(构)执行之。为使各有关机关间得相互协调,且得进一步统筹规划、执行,充分发挥行政效能,亦规定主办机构得基于实际需要,经其上级机关核定,委托其他政府机关执行本法之事项。

(五)公共建设之规划

政府基于公益之代表,本应扮演公共建设蓝图之擘画者的角色,不因民间投资者之参与而使政府置身事外。尤其在公共建设筹划之前阶段,政府必须具有相当之筹划能力,在民间参与建设案前即大致描绘出整体建设之轮廓,否则任由民间机构统包的结果,可能导致建设结果与公共规划不符、民间机构藉此谋求私利等不良结果。例如,“机场捷运线”一案,政府在投标之初不规划固定路线,以鼓励民间发挥创意,随即引发出“机场捷运”扩张为“城乡捷运”后是否符合该公共建设之基本目标,以及是否违反投标厂商间公平竞争的争议。故政府在公共建设之先期仍必须投注相当心力,从事各项规划事宜。于最近公布之“民间参与公共建设申请与审核作业注意事项”中,规定在开放民间机构申请前,应先办理可行性研究、先期规划及必要之前置作业,并拟定申请人资格条件及投资计划书之评决方法。足见主管机关已注意到其“筹划者”角色之重要性,值得予以高度肯定,但在实际运作上,政府是否有足够的能力、经验及人才进行筹划之工作,必须再进一步加以观察。

传统上,公共建设多由政府规划,民间主动规划亦无不可。针对前述政府能力、经验或有不足之问题,由民间主动规划公共建设之内容,再由政府加以审核不失为一解决之道。根据联合国工业发展组织之研究,国际上甚多成功之 BOT 计划,均由民间规划,故"促参法"第 7 条规定,公共建设之规划,得由民间为之,此项规定即在宣示上开意旨。

(六) 民间参与公共建设之模式(如 BOT)

所谓政府与民间机构合作模式,意指民间机构参与公共建设时,关于兴建、营运及移转之权利义务关系,区分其不同归属主体而作类型化的观察。本法系参照联合国 BOT 指导原则,区分民间参与公共建设之投资方式,主要包括 BOT、BTO(build-transfer-and-operate)、ROT(rehabilitate-operate-and-transfer)、OT(operate-and-transfer)、BOO(build-own-and-operate)几种方式,其中以 BOT 模式为最重要。

所谓 BOT 系指由民间兴建、营运公共建设再移转所有权予政府之方式,此为民间参与公共建设最为普遍之方法,其优点在于将公共建设较困难之兴建、营运阶段交由民间机构负责,使政府负担最小的成本及风险。BOT 模式中政府所负之责任小,但相对而言,民间机构所承担之风险亦较大,故对自偿率较小之建设案,政府必须提供其他诱因,如融资及租税优惠、土地开发之附加利益等,方能吸引民间机构前来投资。而 BTO 系指公共建设由民间机构投资兴建完成后,政府即取得所有权,并将该公共建设委由民间经营,营运期满后营运权归还政府。ROT 系指由政府委托民间机构,或由民间机构向政府租赁现有设施,予以扩建、整建后并自为营运,营运期间届满后,营运权归还政府。OT 系指由政府投资兴建完成后,委托民间机构营运,营运期间届满后,营运权归还政府。BOO 系指由民间机构投资兴建,拥有所有权,并自为营运或委托第三人营运(参照"促参法"第 8 条第 1 项第 1 款至第 6 款)。

此外,为保持适用上之弹性,避免局限于上述五种模式,"促参法"第 8 条第 1 项第 7 款更规定,其他方式经主管机关核定后亦得适用本法。此项概括规定考量民间参与投资多样化之可能,殊值赞同。

(七) 投资契约之内容

BOT 投资案中,契约被称为"王"(contract is King),因为整个投资之风险与责任多系透过各种契约分散,其中尤以兴建营运合约为最,该合约即为"奖参条例"第 7 条与"促参法"第 11 条所称之"投资契约"(或称"兴建营运契约")。兴建营运契约具有规定政府与民间机构间基本权利义务关系、规范其他参与投资者的关系及整个项目计划的协调与统合中心的性质。固然在BOT投资案中契约为王,但“依法行政”乃系行政行为中最基本之原则。契约内容亦不得逾越法律之授权范围,且不应于议约时滥用行政裁量权,否则无异以议约之名行立法之实,而逾越行政与立法之分际。

“促参法”之立法理念系采通案立法,如前所述,此系符合立法经济及我国政治生态,然通案立法无法针对个案需求作设计,故此时投资契约之内容即格外重要。“促参法”较“奖参条例”对于投资契约之内容有更详尽之规定,然而尚有其不足之处。例如,未明确政府是否提供最低营收保证;强制接管时接管条件及补偿条件亦影响民间机构之投资意愿;移转阶段应包括软件之移转,这些均宜于契约中明定之。此外,应规定投资契约中之重要事项,得要求特许公司于公司章程中载明,使未来加入项目公司之大众股东得有机会知悉投资契约之重要内容,俾事先评估风险并减少纷争。

(八) 投资契约之性质

“促参法”第12条将投资契约定性为私法之民事契约,其目的一方面在于宣示政府与民间平等合作之伙伴关系,另一方面亦可纳入较为灵活细致之私法规范。此项观点固值赞同,但宜注意公共建设所具有之强烈公益性,如过分强调其私法性,可能产生矫枉过正的后果。例如,实务上关于“强制接管”与“强制收买”之争议,即为适例。

四、台湾地区BOT法制的重大争议

(一) 台湾地区高铁的财改争议

本案背景如下:私有的台湾地区高铁公司于1997年参与南北高速铁路项目竞标,得标后于1998年与台湾地区“交通部”签署“兴建营运契约”,2000年高铁公司与25家联贷银行团签署联合授信合约,授信额度为新台币3233亿元;此外,高铁公司、联贷银行团与“交通部”签署三方契约,台湾地区政府承诺于必要时照价收买,间接对联贷提供保证。尽管高铁于2007年1月开始顺利营运,但是由于当初对载客人数和财务规划过于乐观,加上政府应配合办理事项之延宕,导致高铁公司财务状况一直是“债大于资”。“交通部”希望高铁公司五大原始股东增资,但他们以无利可图婉拒。近年,高铁公司财务濒临破产,“交通部”乃于2015年初推动“财务改善方案”,希冀透过减资、增资及延长40年特许期间,并由泛公股主导，让高铁公司得以永续经营。但本方案未获台湾“立法院”通过，经“交通部”提出修正版方案后，终于在2015年5月21日经“立法院”通过。未来如财改顺利完成，高铁公司将改为政府主导、民间经营的型态。

以下为第一次财改方案未通过后，修正版财改方案通过前，笔者于台湾地区《经济日报》公开发表之评论文章（全文照登）：①

高铁财务陷入困境，“交通部”财改方案未获“立法院”通过，一切回到原点。审议中各政党意见分歧，莫衷一是，但坦白说高铁是历史共业，互推责任意义不大。于今之计，在于超越蓝绿、权衡利害，协商出一套符合全民利益的可行方案。

平心而论，财改方案沟通不足与单一选项，确有缺失。内容方面，各界批评多围绕“图利他人”主题，可惜意见流于空泛，无法透过理性论辩加以改善。举例言之，依财改方案原始股东负担6成减资损失，此举是否图利？如是，应否提高至8成甚至全数承担？此外，为吸引新股东须提供适当报酬率，是否方案设定比例过高构成图利？如是，如何降低方不致构成图利？再者，财改方案是否图利特定企业？专业层次的对话也显得不足。整体而言，耸动辞令淹没了财经专业，颇有“项庄舞剑，意在沛公”的味道。

尽管财务方案不无缺失，至少具有一项优点，就是可避免破产带来的更不利后果。各界对于高铁是否即将构成法律上或会计上破产，争论不休；此事系于法院判决等变量，本不易断言。但不容否认，考量高铁财务状况恶劣，股权债权比例严重失衡、官民共治貌合神离等因素，的确令人难以高枕无忧。尤其高铁涉及公共利益营运不能中断，我们总不能看见棺材才开始流泪。

有人指出政府不让高铁倒它就不会倒，例如由政府向债权银行提出保证或协调展延还本付息，或透过行政指导说服具有准债权人身份的特别股股东让步，但此举将使政府财务愈陷愈深，使公私关系更为纠结。何况银行债权人何辜，又置公营行库公司治理于何地？因此后果未必更佳。既然破产不是危言耸听，我们就应未雨绸缪。

如高铁不幸破产，后续将如何发展？依照法令与契约规定，接着启动接管与收买机制。关于接管，虽然政府有接管金融机构的经验，但是接管类似BOT高铁则无前例可依，所以接管办法研拟10多年至今仍未定案。为确保顺利营运，相关法制须厘清接管单位/董事会的权限划分，以及政府/员工的征用关系。从政策面来看，接管后将转换公营还是另外招商？亦是值得关注的重点。

---

① 详见王文宇：《超越蓝绿 拆除高铁路障》，载《经济日报》2015年1月13日第4版，http://money.udn.com/money/story/5629/638914-%E8%B6%85%E8%B6%8A%E8%97%8D%E7%B6%A0-%E6%8B%86%E9%99%A4%E9%AB%98%E9%90%B5%E8%B7%AF%E9%9A%9C。

最令人忧心的是本案的收买机制。由于当初政府议约时的疏失，订立以兴建成本为计算基础的收买条件，因此不但得给付近4000亿元收买价金，还得应付另案约3000亿元的赔偿争讼。回顾当初原始股东已透过关系人交易赚取不少利益，如政府还要再负担巨额损失，造成全民皆输结果，实非事理之平。

回归基本面，本案真正关键问题有二：面对目前亏损，究竟政府与原有股东之间应如何分担损失？以及原始股东应否退出经营？这当然涉及高铁颠簸旅程中的诸多纷争。例如，关于运量人数与开发利益，当初评估均过于乐观，前者可归责于政府，后者归责于民间，责任相对清楚。但有些争议，如政府协助取得融资的角色等，双方仍有争执。虽然这些纷争不易彻底厘清，但拟定解决方案总须依据某些客观评价，以取信于民。例如原始股东当初承诺政府零出资，不无低价抢标之嫌，理应承担部分损失。

综上所论，台湾朝野面对高铁困境，积极谈判寻求解决方案。财改方案虽不完美，但总比接管收买方案为佳，因此可以作为一个参考。如果支持“原始股东分担部分损失并退出经营”的大方向，自可依此方案做调整；反之，如认方案条件对原始股东过苛，亦可据理协商出替代方案。如因循怠惰，恐非全民之福。

(二) 台北市大巨蛋等争议

本案背景如下：台北市于国民党执政期间推动5大BOT或类似案件，包括大巨蛋棒球场案，由民间企业远雄集团得标兴建。2014年年底，无党籍的柯文哲医师当选市长后，认为该案可能涉及官商勾结，影响公共利益与公共安全，因此组成廉政委员会进行调查并提出报告，该报告指出本案过程出现诸多疑点与不当之处。

以下为本案调查报告出炉后，笔者于台湾地区《经济日报》公开发表之评论文章(全文照登)：[①]

近日北市廉政会公布大巨蛋调查报告，引发各界热烈讨论。笔者长期研究并参与(但不包括五大争议案)，谨回归BOT法制精神，从通案角度评析相关争议。

BOT源于政府引进民间资源(资金技术等)，以推动公共建设。目前财政窘困，欲建设基础设施，此举乃不得不然。然而迄今BOT成功案例少，甚至出现蚊子馆等浪费案件，显见推案浮滥，允宜改进。可行性评估是关键，以大巨蛋为

① 详见王文宇：《四帖药方回归BOT法制精神》，载《经济日报》2015年5月13日，http://money.udn.com/money/story/5629/898970-%E5%9B%9B%E5%B8%96%E8%97%A5%E6%96%B9-%E5%9B%9E%E6%AD%B8BOT%E6%B3%95%E5%88%B6%E7%B2%BE%E7%A5%9E。

例，如当初专业评估得当，如今许多争议均可避免。特别是工程建设涉及沉没投资，覆水难收，启动后衍生的争议必然棘手。

BOT 法制具特殊性，主要法律包括促参法等，多属原则性规定。它建构公私伙伴关系，以发挥市场活力，性质与以往编列预算发包的僵化方式迥异。它仰赖契约机制，强调灵活弹性。对民间而言，依契约做交易乃天经地义、驾轻就熟之事；然而此种因案而异机制却对政府带来巨大冲击。追根究柢，民间惯于精打细算、损益权衡，反之政府职权为照本宣科、依法行政。再者 BOT 期间长，动辄数十年，风险与不确定性均高。欲建构明确完整的权利义务关系，本非易事。

BOT 案涉及规划、甄审、议约等阶段，关关难过。以甄审而言，传统采购多采最低价标，标准客观易操作，但复杂 BOT 案更重视质量与技术良窳，往往采最有利标。制订合理甄审标准相当困难，如 ETC 电子收费的红外线或微波系统，不同技术与成本间如何取舍？此外当初大巨蛋案远雄变更厂商成员，应否废标？也是难解争议。虽然竞争愈有效愈易成功，但实践常背道而驰。

按理说引进民间活力，自应提供厂商合理利润机会，但政府基于业绩考量，往往推动自偿性不足案件。此时正规厂商考量无利可图，自然裹足不前，但胆大企业却勇往直前。它们并非想做赔钱生意，而是采骆驼进帐棚策略，先排除异己成为最优申请人，再拖到政府迫于时程压力，或透过贿赂官员，以修改契约条件。如原以交通转运为主、商场住办为辅，进帐后却主辅对调，其差异不可以道里计。

在法制发达地区，类似弊端较易避免。第一，依法设计多阶段甄审与平行议约机制，先谈妥重要交易条件，才敲定承做者。第二，政府专业佳，有能力与厂商周旋议约。第三，政府推案时已设停损点，不致陷入泥沼，但在台湾政治环境下，及时喊卡未必容易。

大巨蛋案重要争点为：修改契约有利远雄（如下调权利金为零）是否适法？如涉案官员收受贿赂涉及刑责，自不待言。再从依法行政言，契约修订是否符合行政裁量（或判断余地）的标准？涉及裁量依据：在程序面此种判断透过何种机制做出？会议成员及独立性又如何？从实体面而言，让步正当性如何？是否有替代方案？是否为保障公共利益所必要？让步动机究竟是厂商利润不足藉机争取、勉强让步；还是已有暴利仍锦上添花、图利他人？都是影响法律评价的因素。

至于学者专家能否于甄审中发挥功能？端视个案参与者的专业、操守与投入而定，很难一概而论。重要的是，未来应更重视委员的专业性与独立性，可精简人数但提高待遇，同时加强专业咨询与幕僚效能。甚至针对大型案件，得延揽境外专业人士参与，以建立 BOT 公信力。

综上讨论建议如下：一、修改 BOT 法令，纳入多阶段甄审与平行议约机制，并强化规划与甄审职能，以免落入且战且走的陷阱。二、BOT 赋予行政机关宽广裁量权限,决策者于程序面与实体面宜更细致,以接受公评。三、增加案件透明度,但宜依循适当标准。四、处理争议回归 BOT 法制与契约,考量个案情况(如是否不法或暴利)进行协商,谋求符合公共利益的解决方案。

五、结　　语

PPP 模式为公共建设注入新血与活力,的确值得借鉴。英国推动 PPP 成功的关键,在于完善相关法制与有效市场机制的配合。反观台湾地区实施 BOT 法制的经验,举凡事前规划、竞争投标、议约协商、透明监督、政商分际等,不时出现难解争议,显见对发展中经济体而言,PPP 是一种"知易行难"的模式。

最近,中国政府制订政策和法律,积极推动 PPP 模式,是正确的改革路径。但是中国国情特殊,仍需按部就班,成功地营造有利的法规与市场条件,包括明确中央和地方政府权限、厘清公共部门和国有企业角色、建立私有部门融资体系等。[①] 唯有如此,PPP 模式才能在中国发展茁壮。

---

① 融资为推动 BOT 项目的关键,在市场经济中,私营部门不但提供项目资金,而且针对项目进行市场监督,故有将 BOT 解读为 bankable or turn town,亦有称之为"由私人提供融资的基础建设计划"(privately financed infrastructure projects)。

公私合作制协议分析

PPP 协议的性质与合同法规制

徐　琛*

合同在公用事业公私合作领域的应用,“旨在指向现在状况并规划未来之最佳法律关系之形成”①。一方面,能确认政府部门与私人企业的法律关系,以及合作期限、合作模式等当前的法律状况;另一方面,确认公共部门与民间机构在合作期内,双方的具体权利与义务。此类合同具有以下特征:第一,合同履行期很长,一般达 20—30 年;第二,私人部门要承担一定的合作风险;第三,不同的合作模式意味着政府与私人企业承担的风险程度不同。从某种角度来看,公私合作制是以特许经营权为核心、公私合作合同为纽带的制度,是行政部门与私人企业之间涉及特许经营权的特殊合同安排。合同的目的,对政府而言,是实现相应的行政管理目标,对企业而言,是实现一定的经济效益,双方均具有履行合同、达到合同目的的责任。合同形式与传统的命令行政相比,由约束企业的单方行为,

* 徐琛:华东政法大学经济法学硕士研究生。

① 台湾地区行政法学会:《行政契约与新行政法》,元照出版有限公司 2003 年版,第 40 页。

变为约束企业与政府的双方行为,体现了民主与公平,对于限制行政权力与保护投资者的合法权益,甚有裨益。[①] 公私合作制,是政府社会管理手段的创新。

PPP协议双方具备合同的一般成立要件,其成立方式也是通过政府发出要约邀请(招投标公告),私人部门要约(投标),政府承诺(中标)。从其基本特征来看,PPP协议应该适用《合同法》。不过,因协议主体的公私混合性、客体的准公共性、内容的广泛性的特征,其权利义务关系包含"公益性""行政优先性"等限制性原则,意思自治和权利本位思想在此被修正,合同的效力、合同的变更与转让、合同的解除、合同权利义务的终止、违约和侵权责任等都有其特殊规定,有别于现有的《合同法》内列举的15种合同类型。

一、PPP协议性质

(一) PPP法律特征

PPP法律特征有以下几个方面:主体身份的公私混合性、客体的准公共性、内容的广泛性等。

1. 主体身份的公私混合性

PPP协议主体一方为承担一定职能的政府部门或者其授权的机构,另一方为私营企业或非营利机构等。其中,政府部门具有双重身份,一方面以平等主体的身份与私营企业签订协议,让渡项目建设、经营权;另一方面又以主权者的身份,承担制定规则和通过公开竞争选择合作者的职责,为了社会公益对项目建设和项目运营实施监管等。如何界定和区分政府部门的行政职能和PPP协议主体功能是PPP协议的核心问题。

私人部门的双重身份表现在,一方面以追求利润的平等市场主体的角色进入PPP项目,与政府部门签订合作协议,双方的权利义务关系具有平等性,权利义务内容具有协商的任意性,以及承担责任的民事救济性。这是民事协议主体的身份。另一方面,在PPP过程中,执行政府制定的规则,接受政府部门财务监管和合同执行监管,接受政府的指令等,具有明确的行政相对方身份。同时,公私合作提供公共服务,私人部门成为一个需要承担更大社会责任的民事主体,盈利虽然还是其参与的动力,但是由于其提供的产品或服务的公共属性,使其兼具公共利益和私人利益两重责任,而且其私人利益的取得应以公共利益不受损为前提条件。因此,在公私合作制中,私人部门必须受到比一般民事活动更多的限

---

① 参见余晖、秦虹:《公私合作制的中国试验》,上海人民出版社2005年版,第78页。

制,如服务价格的制定、利润的获得、财务状况的监督、公司运营信息的公开等。

2. 客体的准公共性

从经济学角度定义,如果一种物品具有非竞争性,具有排他性,这种公共物品称为俱乐部物品,或者排他性物品。如果物品具有非排他性,在一定条件下又具有竞争性,称为竞争性公共产品。如果一些物品既具有私人物品的特性,又具有公共物品的特性,称为混合物品。准公共物品就是指俱乐部物品、竞争性物品和混合性物品。这里涉及电力、城市供水、污水处理、天然气供应、有线电视、公共交通、城市道路桥梁等诸多产业。其中,都是可以实行 PPP 的公共基础设施项目。这些项目有以下共同特征:地域性,即在一定范围内可以实施的,小到一个社区,大到一个城市、一个省、一个城市群等;公益性,即为一定时间和区域内经济社会发展的必需品;以及生产经营的规模性、消费上的兼容性、可排他性(亦即价格机制仍起一定调节作用)。像公共基础设施项目既具备运营阶段引入竞争所需要的条件,又具备供给阶段进行垄断经营的基础,既有民营化的可能,又有管制的必要。这些项目属于政府应该提供或安排的公共基础设施项目,具有规模大、投资多、收益周期长等特点,可以通过适当的制度安排引入市场机制。客体的准公共性特性决定了其民法调整的特殊性要求,必须贯彻公益性原则,如土地使用权转让限制、固定资产设置担保或其他负担行为的限制、产品和服务价格的限制等。

3. 内容的广泛性

PPP 协议涉及的参与方数量多,各方的权利义务关系复杂。简单来看,就是政府部门向私人部门让渡基础设施的建设权、经营权,取得提供给公众的基础设施服务和产品。私人部门获得基础设施的建设、经营、收益权,负有提供公共服务和产品的义务。

4. 公众

协议双方的权利义务还涉及第三方——公众,公众在其中扮演利益相关者角色,即法律上所谓的第三人。从委托代理的角度看,在 PPP 协议中,公众将与私人部门缔约的权力委托给政府,政府行使的是代理权,所以从理论上讲,一般的 PPP 协议都必须经立法机构批准,获得授权才能正式签订协议。同时,公众有权利提出质询,对协议的执行进行监督,对公共服务或产品提出意见、要求赔偿甚至提起诉讼。

PPP 所具有的民主必需性、公共利益性、不同程度的自然垄断性、公共物品属性以及政府及私营机构的责任和权利,使 PPP 合同具有区别于一般建设工程合同的特性。

(二) PPP 协议性质

PPP 协议的性质相对比较复杂,在理论界,存在行政合同、民事合同、经济合同的说法。在确定法律性质的时候,应当考虑合同的目的和合同签订者的意愿。

其根源在于,此类合同融合了公法与私法因素,是公权力与私权利相互作用、相互配合的结果。PPP 协议同时具有公法与私法属性。其中,公法因素主要体现在:主体一方是具有公权力的公共行政部门,而合同的标的又涉及具有公益性质的公用事业的投资与运行。私法因素主要体现在:合同一方主体是追求私人利益最大化的私人企业,而合作期间也要体现双方的合意。为此,对此类合同进行规制的时候,既要考虑公共利益的实现,又要兼顾私人利益的保护。所有规则既要反映市场交易的要求,又要反映政府平衡和协调各方利益的要求。[①]

普通民事合同是行政合同概念的起点和基础,而行政合同是受契约自由和依法行政两大公、私法理念共同支配下的法律行为,因而其是一种确立、变更和消灭公法法律关系的合同。在行政契约理念起源地的大陆法系国家如德国及法国,PPP 协议被视为行政合同,而在英美法系国家如美国、英国等,PPP 协议一般趋向于被认为是私法意义上的契约。联合国贸易法委员会在其编撰的《私人融资基础设施项目法律指南》中也充分认识到不同的法律传统之间所存在的差异,指出:"在属于民法传统或受民法传统影响的许多法律制度中,公共服务的提供可能要受一些称作'行政法'的法律的管辖,而另一种普通法制度中的方式是,政府可以根据管辖私人商业合同的法律签订私人合同。这两种合同之间的差别可能是很大的。"

1. 民事合同说

有的学者认为,在 PPP 法律关系中,国家或地方政府是以民事主体身份而非统治者或管理者的身份出现的,其交易内容来自于双方的合意,交易双方应处于平等的地位。[②] 因此,PPP 协议属于民事合同。

有学者认为,没有必要建立专门的行政合同、行政法院体系或是寻求建立新的经济合同机制,对于特许经营合同原则上适用民事合同法的规定,除非政府基于社会公共利益才可依法作出调整,如同一般合同中对不可抗力的约定。[③]

我国台湾地区 2000 年颁布的"促进民间参与公共建设法"中,将其性质定为

---

① 参见顾功耘:《和谐社会的构建与中国经济法的使命》,载《法学》2007 年第 3 期。

② 参见邓小鹏、申立银、李启明、袁竞峰:《基于行政法学角度的 PPP 合同属性研究》,载《建筑经济》2007 年第 1 期。

③ 参见袁晓晗:《公私合伙制法律问题研究》,湖南师范大学 2006 年硕士学位论文。

民事契约。

民事合同说的观点有：王泽鉴认为政府从事私法行为（如向私人承租房屋、购买物品）时，因非基于公权力的地位，故属于私法行为。此观点意在强调政府部门处于非公权力的地位即公私双方地位平等是民事合同的重要因素；还有学者认为PPP协议的最终形成，是基于双方意思表示一致的结果，意在强调契约自由也是民事合同的重要因素。

2. 行政合同说

行政合同又称行政契约，是指行政主体以实施行政管理为目的，与行政相对一方就有关事项经协商一致而达成的协议。行政合同以合同的方式强化和落实责任，调动和发挥了行政管理双方的积极性。

行政合同是公法私法化的典型代表，行政合同体现了契约精神在公法领域的介入，弱化了行政行为的单向性、命令性，强化了行政主体与相对方的沟通与合作，既兼具契约之自治性、自主性、双方合意性，又有限度地体现着行政行为的优先性。

英国学者一般认为PPP协议是政府契约，适用普通法上的私法规范，但又根据其自身的特殊性创造了“契约不能束缚行政机关自由裁量权”的判例，法国则将其视为政府执行经济计划的一种方式，因此称之为“行政合同”，并通过行政法院的判例，发展了一整套关于行政合同的法律规则和法律制度。在国内，有的学者认为PPP法律关系与一般民商事交易行为不同，其本质是一种行使国家管理权的行为，在制度层面上，我国现有的规范民事合同的法律法规，如《民法通则》《合同法》等并不足以涵盖PPP合同，所以应属于行政合同。

从表面看，PPP协议符合行政合同的特征：

第一，PPP协议一方是行政主体，即公共部门，且是居于主要地位的当事人。

第二，PPP协议的内容是为了公共利益而执行公务，即建设或经营关乎公共利益的基础设施，为集体消费。

第三，PPP协议以双方意思表示一致为前提，并非单方行政行为。

第四，合同权利义务配置上行政机关保留了某些特别权力。

但如果将特许协议定性为行政合同，那它适用的救济方式就是提起行政复议或行政诉讼，这其中存在着几种障碍。

首先，政府可以不经私人投资方同意，依自己对公益和情势的断定来修改、废除合同，这无疑增加了合同风险和政府行为的随意性，增加投资者的担忧。同时，行政赔偿的范围小，程序复杂，不利于投资者权益保障。另外，行政复议和行政诉讼这两种救济制度都已被设计成单向性的救济方式，即这两种制度只解决因行政主体单方意思表示而成立的具体行政行为，也就是行政相对人寻求救济的途径，而行政主体是不能成为复议中的申请人或诉讼中的原告的，当私人部门不履约时，政府部门如何寻求救济尚未明确。目前，我国及各地有关公私合作制的专项立法均回避了违约救济问题。

其次，虽然PPP协议涉及公共利益，确实要受到一些公法的支配，但这并不能说明它就是行政合同，因为对于现实中存在的许多合同，诸如一般的建设合同，都要受到环保法、房地产管理法等公法的支配，但它们不是行政合同。

再者，实践中，行政合同与民事合同的差别已经越来越小了。对行政优益权的强调是行政合同发展起来的原因，但随着行政合同的民主化、平等化日趋强烈，如何有效约束政府行使行政权力，充分保障私人权益越来越受到关注。现在法国的行政合同已由行政为第一因素改为合同为第一因素。行政机关在行政合同中的特权受到很大的限制，行政主体在行使所谓特权时要受到合同束缚，只能基于实现公益目的行使权力，同时，还得为行使这些权力而付出代价，如行政机关基于公共利益变更或者终止合同时，通常要补偿私人因此而遭受的损失。土地使用权出让合同一直被视为典型的行政合同，但我国国土资源部、国家工商行政管理局发布的《土地使用权出让合同》范本中提供了在合同双方当事人发生争议时可选择的两种救济途径，或向法院起诉或仲裁，这明显不同于行政合同应采取的行政复议或行政诉讼途径。

3. 经济法合同说

有的学者根据经济法理论提出，PPP合同是“大民事”合同或经济法合同。[①]

有学者提出，需要将这类公私融合——融当事人意思自治、财产因素等与公共性、国家意志性、政策性等因素为一体的合同界定为经济法上的合同。[②] 这不代表“经济法上的合同”一说比行政合同说、民事合同说更科学，但把公私合作合同置于经济法的视角，可为此类合同的法律规制路径的选择，提供一个新的理论进路。公用事业公私合作合同作为国家规范公用事业公私合作活动的重要形式，与经济法的产生具有内在的一致性，是公私法融合的产物，具有经济法的属性。我们可以尝试从经济法产生的维度寻找公私合作合同的法律规制路径。经济法的产生有两个维度：一是公法私法化，二是私法公法化。从公法私法化维度来看，公用事业公私合作合同作为政府规范公用事业公私合作活动的形式，是契约精神在公法领域渗透的结果，体现了公法在发展中注重私法手段的使用。这

---

① 参见邓小鹏、申立银、李启明、袁竞峰：《基于行政法学角度的PPP合同属性研究》，载《建筑经济》2007年第1期。

② 参见史际春、肖竹：《公用事业民营化及其相关法律问题研究》，载《北京大学学报》(哲学社会科学版)2004年第4期。

要求公共部门不断注重权力与权利的均衡，以及国家利益与私人利益的协调，既注意规范公权力的运行，又重视保障私权利的行使与保护私人利益。从私法公法化维度观之，尽管私法以维护与实现私人利益为落脚点，但私法手段——合同——进入公法领域，则要求私法主体在追求私人利益时，遵守相应的公法规范，不应损害他人与社会公共利益，应该在一种合规的秩序下追求自身利益。

4. 混合合同说——一种兼有行政法和民法关系的混合协议

合同的本质是合意和承诺。合意强调的是双方当事人的意思自治的契合，而承诺强调的是以对价获取权利义务变更的稳定可预期性。如果从民事合同的构成要件来考察 PPP 协议的基础，可以发现：首先，PPP 协议是双方当事人意思表示一致的协议。PPP 协议则具有一般合同的基本属性，即合同必须由双方当事人达成合意方可成立，任何一方都不能把自己的意志强加给另一方。第二，PPP 协议双方当事人任何一方均拥有选择谈判是否继续、合同是否订立、合同具体内容是否需要更改的权利。同时，PPP 协议的绝大部分内容是具有可妥协性的。救济途径和方式的协商性，体现了协议双方在一定层次上权利义务的平等性。如在 PPP 协议中规定是采取诉讼的形式还是仲裁的形式，诉讼和仲裁机构的选择等救济途径方面的协商，以及采取补偿、赔偿或者合同延期、所有权转让、特许权转让等救济方式的协商。当然，任何合同中体现出的契约自由都是相对的，必须在国家法律的约束框架内。第三，PPP 协议内容的实质是一种对价交换，即政府将特定基础设施项目的用益物权和经营收益权在一定时期内与私人投资者的资本和技术进行交易。在交换过程中，无论政府还是私人部门都遵循着市场经济制度下的等价有偿原则。第四，在 PPP 协议的权利义务变更过程中，公共部门并非以统治者身份出现，也没有直接运用行政强制力，双方当事人之间并不存在隶属或强制关系。

PPP 合同是政府与私人机构双方利益交换、不断竞争和不断妥协的结果，通过这一过程，PPP 合同在内容上满足或协调了各种利益主体的不同需要。因此，PPP 合同中政府与私人机构的合作就构成了互惠互利、互相制约、相辅相成的博弈态势。①

政府或公共部门是否可以作为民事契约的主体？在普通法系国家，政府机构以民事主体身份签订合约或应诉是平常的事实，而德国法学家奥托·迈耶也曾经提出过著名的国库理论："当国家作为财产主体参与民事经济事务并因而受私法调整时，国库就是国家的私法主体，或民法观念上的国家。"事实上，从合同

---

① 参见邓小鹏、申立银、李启明、袁竞峰：《基于行政法学角度的 PPP 合同属性研究》，载《建筑经济》2007 年第 1 期。

法角度看,在 PPP 协议的达意过程中,公共部门是作为与私人部门对等的民事主体与之进行协商和交易的。"Partnership"一词本身就含有"共同承担责任义务的合伙人"或"合作伙伴"的意思,如果公共部门和私人部门在合作过程中不能作为平等的合作伙伴,那么双方合作也就不成其为 PPP 了。因此,尽管公共部门本身享有的公权力特征使公共部门在交易过程中客观上更拥有强势的影响力,但这并不防碍双方当事人在法律意义上平等地位的确立。

公私部门在 PPP 协议签署时法律意义上的平等地位意味着 PPP 协议适用合同法关于平等、对价、承诺和意思自治的一般原则,要求在公私合作模式中拥有相对强势影响力的公共部门应平等对待相对人并尊重相对人意志,减少特权性诉求,要求公共部门承认相对人的权利及其对正当利益的诉求,要求公共部门的权力受到承诺法律后果的约束。PPP 协议中反映了公共部门与私人部门之间对于公共服务的买卖合同关系,还反映了私人部门作为公共服务的生产者和经营者与公共部门作为公共服务市场的监管者之间的管理与被管理关系。①

需要探讨的是:在 PPP 法律关系中或者说 PPP 特许权协议中存在的行政性因素是否足以影响其民事因素而导致性质发生改变。

第一,PPP 法律关系中契约自由并没有受到限制。从 PPP 运作实际出发,在 PPP 特许权协议签订之前存在一个政府部门选择私营部门的阶段,政府部门通过招标程序选择优秀的私营部门,私营部门可以自由选择是否投标,这实际上是一个双向选择的过程,体现了契约自由;而相反的是,政府部门行使政权力是单向的,行政相对方没有选择的自由。即便是行政合同,也只是具体行政行为的另一种表现形式,行政相对人在此处的选择权仅限于具体行政行为的方式、程度等,绝不能选择不接受具体行政行为。

第二,PPP 法律关系中政府部门与私营部门法律关系平等。从 PPP 的本质出发,PPP 实质上是政府部门向私营部门购买一整套服务,这与一般的买卖关系没有什么区别,只是因为"这套服务"是政府部门有义务提供的公共服务,与公共利益相关,所以需要特许权协议授予私营部门特许权、政府部门行政优先权。所以,政府部门在 PPP 协议中的行政权力是建构在民事合同基础上的,政府部门和私营部门在法律地位上是平等的。另外,政府部门行政优先权都经过合同的确认,以合同权利的形式出现,在实施上也没有按照具体行政行为的实施程序执行,从侧面上反映了公私双方的平等性。

基于以上两点理由,PPP 法律关系在性质上是带有行政因素的民事法律关系,PPP 协议是带有行政因素的民事合同,属于兼具公法和私法性质的混合合

---

① 参见湛中乐、刘书燃:《PPP 协议中的法律问题辨析》,载《法学》2007 年第 3 期。

同，双方当事人应同时受到公法和私法原则约束。该结论对研究 PPP 模式中政府部门和私营部门的权义配置有如下两点意义：(1) 对 PPP 模式中公私双方的权义配置要在民事法律关系的框架下进行，以合同权利义务的形式出现；(2) PPP 法律关系中政府部门行政优先权滥用的限制是研究双方权义配置的重要内容，通过合同权利义务的方式对行政优先权滥用进行限制具有可行性。①

PPP 协议的公私法属性，要求其在政府权力与契约精神之间寻求最佳契合，以在促成 PPP 协议所预期的特定行政目的或特定公用事业行业公共利益实现的同时，能最大程度地实现合作企业的利益。PPP 协议的公私法属性，决定了此类合同既要受到公法规制，也应接受私法约束。

二、解构 PPP 协议的权利义务、风险分配

（一）PPP 协议权利义务

在 PPP 的法律关系中，主要包括公共部门、私人合作者、公众（消费者）、为公共设施的建设和运营提供产品或服务的供应商、融资提供方（贷款银行）等。既有经济法的决策主体、管理主体，又有生产经营主体、消费主体，以及监督主体。其中最为核心的法律关系即公共部门与私人部门之间的法律关系，其权利义务关系的互动将直接影响整个 PPP 模式所涉及利益主体之间的权益关系。双方的这种合作不仅通过合同建立并明确双方权利义务，同时基于双方合作的社会公益性明确公共部门监管、私人部门被监管的法律地位。

PPP 具有三重契约关系：公共部门通过竞争性的机制选择私人合作伙伴，双方签订合约、共同分担风险、合作提供公用设施与公共物品，这是其外显的契约关系；政府作为公众利益的代表，维护公众权益和社会公共利益，对社会公众承担政治责任，这是其内在的契约关系；私人部门履行合约，向公众提供符合要求的设施与服务，公众接受服务并适当付费，这是其运行的契约关系。

在公私合作的三重契约关系中，政府、营利性组织和社会公众均扮演着多重的社会角色：政府既是公私合作的参与者、契约方，又是社会公共利益的代表者、社会不同利益的协调人；社会公众是基础设施使用者或公共服务的双重消费者，一方面向公共部门表达自己的利益诉求，由公共部门汇聚并通过公私合作等方式予以满足和实现，另一方面，接受私人部门的具体服务，并合理付费，但并不是

---

① 参见李陆昕：《论 PPP 模式中政府部门和私营部门的权利义务配置》，华东政法大学 2013 年硕士学位论文。

公私合作契约的直接参与者;私人部门既是合作的参与者、契约方,又是具体服务的提供者,这种服务的依据是与政府签订的契约,服务对象却是社会公众。政府是政府与私人部门契约关系、政府与公众契约关系的直接参与者,私人部门与公众契约关系的监管者,理想状态的政府应该是"公共和服务需求的确认者、精明的购买者、对所购物品和服务有经验的检查者和评估者、谨慎的支出者,适时适量地对承包商进行支付"。

1. 政府(公共部门)

PPP合作模式的全过程可以划分为协议签署阶段和协议履行阶段。PPP合作模式的特殊性在于,一方面,在协议签署阶段,公共部门以交易对象的平等地位与私人部门签订协议,即政府作为私法主体从事私法活动;另一方面,在PPP合作协议履行过程中,公共部门又必须从公共利益维护者和行政权拥有者的角度,有义务也有权利对项目公司运营和提供服务的全过程进行管理、监督,从而导致公共部门在整个PPP合作模式中拥有第二重地位。公共部门在PPP模式合作过程中的行政监管主体地位意味着公共部门在遵循合同法的一般原则的同时,还应当遵循与其行政职能相适应的公共利益优先和主动监督原则。

公共部门在PPP合作模式中,具有平等民事主体、行政监管主体、产品责任担保主体等三重定位,公共部门这三种不同的角色定位是三位一体、并行不悖的。政府部门制定规则、授予特许经营权、财务监管、合同执行监管、发布指令等属于行政行为,政府应该承担的义务是提供政府保证、承诺及承诺的兑现,是行政主体身份。监管中也包含负有监管职责的非合同参与方的政府机构,一般为政府的部门。与私人部门签订PPP协议,让渡项目建设权、经营权、承担协议义务等,属于平等主体的民事行为。

显性契约中的政府角色:(1) 公私合作的契约签订方。政府是公私合作合同的一方当事人,必须遵守合同的约定,履行合同中的义务,信守合同中作出的承诺,并承担违反合同所带来的法律后果。政府是社会公共利益的代表者和维护者,但并不能因此而随意修改合同,甚至不履行合同内容,如因公共利益需要或社会情势变化确需变更合同内容或终止合同履行的,应本着友好协商、依法处理的原则处理并对私人部门由此造成的损失合理赔偿。(2) 公共服务的购买者。公私合作中政府将公共服务的生产职责全部或部分转移给私人部门,本质上是在代表社会公众购买某种公用设施或公共服务,在这一过程中,公共部门有责任选择拥有良好履约能力的生产者。公共部门应尽可能地通过招投标等竞争机制的引入降低服务成本,减少公共财政和消费者的经济投入;制定科学合理的技术标准,选择高效的公共物品和公共服务的生产者,保证公众获取的服务物有所值。(3) 公私合作制度的建构者与实践者。公私合作制中,政府的角色由传统的全能公共物品直接提供者转变为制度安排者。在宏观层面上，政府需要建立对私人部门既有吸引力又符合社会公共利益的法律框架，为保证各方权益提供法律基础，为公私合作提供稳定的制度环境。在操作层面上，政府需建构一系列具体的、可操作的、相互协同又行之有效的制度，签订详尽合约把公私合作落到实处，真正发挥公共部门与私人部门的优势，建立互补性的合作关系，实现生产与资源配置效率的最优。

内在契约中的政府角色：(1) 民意的汇聚与表达者。社会公众需求复杂多样，公共部门必须通过制度化的机制在众多的公众需求中甄别选择，确认需提供公共物品和服务的类型、数量与质量标准，通过规范、公正、透明的程序选择合作对象，以合约方式明确双方权利义务，监管生产服务过程，确保公众根本利益。(2) 社会公平与正义的维护者。享受基本的公共服务是社会公众的基本权利，是社会公平与正义的起码要求。对于公众来说，很多公共设施和服务是生产生活的必需品，具有“不可拒绝性”，而私人部门为获取利润最大化，极易转嫁成本，选择性服务，侵害消费者尤其是社会弱势群体的基本生存权益。无论面对政府还是私营部门，分散的社会公众始终处于弱势地位，政府有责任和义务通过制度设计降低消费者维权成本，加强对生产者和公共机构的监管，保证普遍服务及服务的非歧视性和可承受性，实现政府、消费者与生产者间的均衡与社会整体福利的最大化。(3) 最终责任的承担者。公私合作制转移给私人部门的是公共物品的生产权，政府向社会公众提供公共物品与服务的责任并没有随之转移。一旦私人部门无法履行职责，政府必须继续设法提供各个服务，并承担由此而来的责任。

公共部门是私人部门履约的监管者、私人部门与公众争端的仲裁者。公私合作最终表现为私人部门向社会公众提供服务，公共部门必须依法、依合约及时评估私人部门的服务状态，适时纠正私人部门的不当行为。当私人部门与消费者发生争议时，依法公正处理，维护双方合法权益。

首先，公共部门在 PPP 合作模式中的三重定位分别相对于不同的对象。相对于 PPP 协议另一缔约方私人部门来说，它是平等的民事主体；相对于公用事业运营方来说，它是行政监管主体；相对于准公共产品的消费者来说，它是产品质量的责任担保人。

其次，公共部门在 PPP 合作模式中的三重定位分别侧重作用于不同的阶段。在 PPP 协议缔结阶段，尽管也同样考虑公共利益，但作为合同缔约方，公共部门与私人部门都是平等民事主体，公共部门通过公开、平等、竞争的方式选择合适的私人合作伙伴；在 PPP 协议的执行阶段，公共部门作为行政监管主体，必须履行对公用事业的监督、管理责任；在准公共产品提供时，相对于公众消费者，公共部门必须承担起“先行赔付”的责任担保义务。

最后,PPP协议本身就是公法和私法相互渗透、公法精神和意思自治精神结合的成果,它既不同于其他具体行政行为,也不同于一般的民事合同;它既适用合同法的一般原则,又适用行政法的相关规定。20世纪中期以后,“面对着利益的调整,私法出现了公法化倾向,另一方面,行政法也出现了公法私法化倾向”。事实上,法学是一个整体的知识系统,普通法系和大陆法系也有相互融合学习的趋向,如果我们抛开生硬的界限划分、放弃人为的割裂,也许能更容易找到法学完整的内在逻辑。

基于保护公共利益的目的,一些国家在坚持实行私法合同规则的同时,由法院发展了一些处理此类合同的特殊法律规则,如英国的“契约不能限制行政机关自由裁量权”原则、美国的“政府便利的终止”规则以及德国行政法“公共利益具有优越于契约的拘束力”的规定。这种改变,合乎公共利益要求,但对合同关系双方权利义务的保护而言却并不应支持。尽管政府在PPP项目实施过程中因保障公共利益而需要享有充分的行政特权,然而,公共利益优先并不是说私人的合法利益可以随意侵犯。如果对行政权力的行使没有有效的约束,极有可能导致行政权力在PPP模式运行过程中的滥用。因此,PPP模式中公共部门的权力应区分为合同约定的权力和法定权力,法定权利应该必须是有限的和受到规范的,必须受到严格的程序限制,并且非因对方过错行使行政权力造成合同相对方的损失时,必须依法给予补偿或赔偿。①

2. 私人部门

私人部门在PPP中执行政府制定的规则、接受财务监管和合同执行监管等,具有明确的行政相对方的身份。但是,这并不妨碍其作为协议平等民事主体参与PPP项目,不过其承担公共利益和私人利益双重责任,并且公共利益优先。

作为公私合作供给中的一个自主经营主体,私人部门的主要责任是,利用自身在理念、技术等方面的优势,负责公共服务的具体生产和提供。在此过程中,自身可以吸引各类专业人才资源,引进先进的管理技术,最大限度提高资源的利用效率,保证向公众生产符合标准的高质量的公共服务。在此前提下追求合理利润,以达到公私双方在合作供给模式中的共赢。对于在提供过程中出现的问题,私人部门要根据合同承担相应的责任。私人部门的权利是获得回报,要求补偿,要求兑现承诺等。

承担部分保障公用事业公益性的公法义务。合作企业承担一定的公法义务是其享有特定公用事业投资与经营权的对价。合作企业在进入公用事业合作领

① 参见陈晓:《论我国PPP公私合营模式的法律框架》,中国政法大学2010年硕士学位论文。

域前，是个纯粹的民事主体，但通过竞争获取特许经营权，成为公用事业的经营者亦即政府的合作企业以后，尽管没有转变为行政主体，却由于其从事的是具有公共利益属性的公用事业，为了维持公用企业所提供的产品与服务的公益性，满足广大市民的需要，私人部门在提供服务、获取报酬的同时，应承担相应的公法义务，如普遍服务、持续经营、价格平等。

私人部门承担部分原属于政府的公法义务。政府以合同方式把公用事业的投资或运营业务转移给合作企业后，保留了一定的公权力以监督合作企业履行合同义务，把本应由自己履行的公共服务委托给合作企业。为保障合作企业履约而派生的新的义务与原先的义务不同。为了防范公私合作后政府公法义务的缺失，合作企业在接受履行公共服务的委托以后，也应当承担由政府原先承担的与公用企业的公共性密切相关的公法义务，如需实行信息公开、履行正当法律程序、经营决策过程中的自由裁量权需接受司法审查等。

私人企业享有一定的特权。在特定区域中，出于公共服务的目的，公用企业可以根据公共服务之需要行使有限的特殊权利。这些特殊权利根源于合作企业所从事的服务的公务性质，具有权力的某些特征，是权力社会化在公用事业公私合作中的体现。在行使这些特殊权利时，企业更多地具有“准公共机构”的性质。例如，依据法律授权并通过合理的补偿来“征用”私人或企业财产，或者对这些财产的形态进行改变，以便用于公共服务。再如，为了架设管道而对私人或者企业的土地（房产）合法进入、进行物理形态的改变或征用，或者在突发事件发生时紧急进入私人领地等，以保证公用企业能够为公众提供充足和连续的服务。此外，为了促进私人企业参与合作，政府往往会给予合作企业享受特定税收或用电优惠等权利。

同时，对私人企业私法权利具有公法限制。权利具有利己性——权利人总是为了追求私人利益的最大化而不停地努力和奋斗。由于公用事业的公益性，为了最大限度地让权利在合乎公法的秩序下行使，合作企业的权利同样应受到必要的限制，这也是合同的公法属性使然。譬如，合作企业所获得的特许经营权不能随便转让，其经营期间受限制，不能自由处分公共事业基础设施，不得以公共服务名义把征用的土地资源挪作其他商业用途等。

3. 公众

公众是PPP合同里提供的产品或服务的最终消费者，服务质量的最终裁判人。如果一座桥梁或饮用自来水出现类似的情况，公众能选择的余地就非常小。由于公用事业天然的公共性和长期性，公众无法选择公共产品或服务的提供者，对于公共产品和服务也只能被动接受，公众作为服务最终消费者，对运作PPP模式提供的公共产品和服务具有天然的监督权，应当成为PPP法律关系中重要的一方。

其实,在所有的PPP项目中都有着公私利益的冲突,不可避免。基于共同的公共服务项目,双方只有在公开、公平、透明的条件下签订合同进行合作,通过一定的规则和契约的博弈,达成共同的目标,或者说在实现各自目标的同时实现对方的目标。如果企业一方面为公众提供的是优质高效的公共产品和服务,另一方面又能在市场经济中源源不断获得利于自身的长远发展,这样的结果才能达到政府、公众和整个社会所期待的公私利益平衡的多赢治理效果。

(二)风险分配

从民法的角度看,风险的分担就是各方谈判和博弈的过程,具体到协议中,表现为各方的权利义务的承担。因此,必须对项目风险进行分类和区分,以便进行合同设计和谈判。

合理的风险分配是PPP模式主体达成一致、项目成功的一个关键点。一般而言,风险应当由最有控制力的一方承担,这样既能减少风险发生的概率和风险发生时的损失,又能保证用于控制风险所花费的成本是最小的,因此,政治风险、政策变更风险、国有化风险则需要由更有控制力的公共部门承担,因为公共部门作为政府的代表,有能力影响规章制度、政策、法律和其他规定,处在比私营部门更有利的位置来识别、评价和控制这些风险。私营部门应该承担的风险包括信用风险、建设和开发风险、市场和运营风险。而PPP模式下,还存在一些双方都不具有控制力的风险,如不可抗力。对于双方都不具有控制力的风险,分配时则应综合考虑风险发生的可能性、政府减少风险发生后所导致的损失和私营部门承担风险的意愿。此外,还应考虑到某些风险可能会出现双方意料之外的变化或风险带来的损害远远超过双方预计的情况,不能让某一方单独承担这些接近于无限大的风险,否则必将影响这些大风险的承担者管理项目的积极性。在由于情况变化而影响了协议双方的权利和义务平衡时,允许协议双方重新审定协议并调整部分条款,以求再次达到双方的权利和义务的平衡。①

综上所述,PPP项目的风险分配应该遵从三条原则:由对风险最有控制力的一方控制相应的风险,即分配给最适合对风险因子进行反馈并以此降低该风险发生时产生的影响的一方,最适合预测风险是否发生的一方,能以最小代价吸收已发生风险的成本的一方;承担的风险程度应与所得回报相匹配;承担的风险不能无限。

双方通过协商,将风险分配的共识反映到合同当中。合同最优的设计要在

---

① 参见陈晓:《论我国PPP公私合营模式的法律框架》,中国政法大学2010年硕士学位论文。

治理环境上强调透明、清晰和以追求公共利益为最终目标的公私部门合作。[①]

三、规范、建议

(一) PPP协议:原则的遵循

过分强调政府的行政优益权和自由裁量权或者过分强调公平平等的合同属性而忽视公共利益,都将导致PPP项目的失败或效率的降低。因此,在合同的设计中应遵循以下原则:

1. 权利本位原则

政府有权利维护公众利益,行使自己的行政优益权,同时也有义务促进项目的顺利运行并合理兼顾私营机构的利益;而私营机构拥有行使PPP协议的权利,从而获得正常收益,但也有义务考虑项目对公众的影响。

2. 行政优益权适度原则

政府在PPP项目实施过程中因公共利益的需要有必要行使行政特权以维护公共利益,但这种行政主体的特权又必须是有限的和受到规范的,必须受到严格的程序限制。

3. 比例原则

行政权力追求公共利益有凌越私人权利的优越性,但必须符合法定目的,并力图将对公民权益造成的损害减到最小比例。

4. 信赖利益原则

该原则要求作为行政主体的政府能够尽可能照顾或者维护信赖利益,以维持法律关系的稳定性和诚信政府形象。政府要尊重契约精神,以最大诚信履行合同义务,如果非因不可抗力等情况而违反合同义务,应当承担相应的民事法律责任,如继续履行、支付违约金、赔偿损失等。[②]

为使合同遵循以上原则并具有可操作性,通常可以采取如下措施:第一,政府通过参股的形式,使特殊目的公司(SPV)决策时更多地兼顾公众利益;第二,设定一个商业可行及使用者的负担能力方面亦取得平衡的价格机制;第三,建立起政府与私人企业之间的沟通机制,着眼于长久利益,达成相互谅解,形成良好的合作关系。

---

① 参见陈琤:《公私部门合作中的风险分配:理想、现实与启示》,载《公共行政评论》2010年第5期。

② 参见邓敏贞:《公用事业公私合作合同的法律属性与规制路径——基于经济法视野的考察》,载《现代法学》2012年第3期。

(二) PPP 立法:法律冲突的剔除

PPP 模式是社会经济领域特别是公共领域的重大变革。由于 PPP 模式是政府与私人部门之间基于契约所为的长期、互利共赢、服务公众的合作方式,各国政府都非常重视运用法律手段建立政府与私营部门的合作伙伴关系,通过 PPP 立法,为公私合作双方达成最合适和互利的协议设置基本的法律框架。这包括两种截然不同的方式:一是以契约文本的方式,确立 PPP 契约的基本内容;通过 PPP 立法,为公私合作双方提供合理的契约基础和分配契约蕴含的风险。例如,英国政府为了促进 PPP 模式的发展,不断推出各种契约文本或指南用以引导 PPP 模式在英国改革领域的应用。另一方式是制定单独的 PPP 模式的法律,统一规范 PPP 模式在公共领域的实践,如韩国 1994 年的《基础设施吸引民间资本促进法》,我国台湾地区 2002 年的"促进民间参与公共建设法"等。

不管是以规范的契约文本或指南,还是以单独的成文法律,有关 PPP 模式的法律实践除了规范 PPP 模式各类合同文本的基本内容和排除效力外,一个重要的任务就是剔除不同法律在 PPP 模式应用中的相互冲突。PPP 模式既不同于政府提供公共资源与公共服务,也不同于公共建设项目完全委托给私人部门,作为第三条道路,政府与私人部门在本应由政府负责的项目的设计、策划、生产、融资、管理、运营和投入使用等方面进行的合作,必然会引发各种各样的深层次矛盾和法律障碍。PPP 模式法律实践的核心在于以创新的方法拓展 PPP 模式发展空间,化解 PPP 模式引发的利益冲突并为其提供必要的法律支持和优惠措施。我国 PPP 模式多为地方政府融资使用,其依据也表现为部委规章或地方性法规,如建设部《市政公用事业特许经营管理办法》和《北京市城市基础设施特许经营条例》等,缺乏统一的法律支持。这种过于开放式的构架不利于国家对 PPP 项目的统一管理,也使得各级地方政府浪费大量时间在许多相同目的和效果的事件上,可能忽略了不同项目的差异性,也不可能突破现有法律的限制,有必要统一公私合作制立法,制定不同类型公共资源与公共服务 PPP 模式的规范文本。①

重视顶层和框架设计。PPP 法律框架的建立必须遵守透明、公正和长期承诺的原则。立法的内容包括但不限于:PPP 模式的定义,应用范围与领域,主管部门,准入条件,公平和平等的竞争机制,项目评估,当事人涉及的法律关系,各

---

① 现在很多地方在做 PPP 后,都出现了与合同法、会计法相矛盾的地方,普遍的解决办法是报发改委、报国务院,所以对于 PPP 模式的立法很重要的一条就是要明确 PPP 法律的法律阶次,以保证其以较高的法律阶次清除 PPP 模式的法律障碍,并对构成其障碍的其他法律条款加以修改,如日本在推行《PFI 法》时就修改了与该法律不一致的 12 部其他法律。

类合同的性质,公私双方的权利、义务,合同示范文本,风险分担机制,政府担保的条件,争端的解决机制,合同履行中的财务监管、再谈判等。[①]

(三) PPP 契约:政府责任和权利保留

PPP 契约机制并不仅仅限于正式生效的文本或补充文本,而是涵盖了项目谈判、确认到终止、转移或清算各个环节,贯穿于 PPP 项目的整个过程,律师在 PPP 契约机制中发挥着重要的作用,不仅参与项目谈判、起草契约文本,还必须负责把抽象的公共政策、公共利益转变为具体的 PPP 项目目标和具体的私营主体行为准则。[②] 在美国,律师负责的 PPP 项目契约可能是法院裁决 PPP 纠纷的最重要的依据,除非契约条款违背公共政策或公共利益,否则,所有的契约条款都会获得法院的认可和支持。

契约细化和权利保留是公共利益实现的保障。PPP 模式中的公共利益在具体实践中往往由抽象的目标转化为具体的私人合作方行为准则,律师在草拟公私合作协议时,以契约方式细化或固化公共利益目标,并将其转化为私人合作方的基本义务,设定具体的行为标准,并将私人合作方落实公共政策的能力作为考量选择的标准。[③]

政府在 PPP 契约机制中负有广泛的责任。鉴于 PPP 模式涉及公共资源控制权的转移和公共产品或服务的供给风险,政府在项目设计、定义、融资、建设、经营等整个过程扮演着积极的角色。

从契约机制角度看,政府在 PPP 模式契约机制中所承担的第一个责任是引入竞争性谈判。政府的第二个责任是保持 PPP 项目公开,保持其透明度,让所有的符合条件的私人机构依据公开的程序参与 PPP 项目,有助于降低基于复杂性引发的风险,也有助于形成公开、公平、有序、竞争的格局。在选定私人部门合作方后,政府在 PPP 契约机制中的责任和参与并不会因为有一个负责具体经营的私人部门合作者而终止。政府作为代表公共利益的合作方,仍对确保居民能够获得充分的服务和私人机构的契约履行负有责任。监督任务可能包括“监督服务质量,解决合同纠纷和客户投诉,实施制裁和业绩奖励”,以及在合同终止和续签时重新谈判合同条款。

政府在 PPP 契约机制中基于公共政策或公共利益的需要,也保留了除监督权以外的相应权利。

---

① 参见陈晓:《论我国 PPP 公私合营模式的法律框架》,中国政法大学 2010 年硕士学位论文。

② See Nestor M. Davidson, Values and Value Creation in Public-private Transactions, Iowa Law Review, March, 2009.

③ Ibid.

首先,保留使用费率设置和实施权。PPP模式的基本价值在于在政府管制下引入市场竞争、提高公共产品市场的供给效率。这些公共产品价格或收费标准并不能完全交由市场决定,不能完全等同于私人产品。尽管公共产品与国计民生关联程度有所差异,但政府保留以PPP模式提供的公共产品使用费率设置和实施权,仍是PPP模式的惯例,其核心在于为公众提供持续优质的公共产品或服务。

其次,保留接受公共投诉并调查处理的权利。以PPP模式提供的公共产品和服务本应由政府依法提供,其法律属性不会因所提供方式的改变而发生变化,因此,以PPP模式供给的公共产品和服务仍是社会公共产品和公共服务的组成部分。即使政府引入市场机制、选择私人部门或者与私人部门共同供给,但政府在PPP契约机制仍然保留着接受公众投诉并调查处理的权利,对没有履行PPP契约义务或者提供公共产品和服务达不到契约要求的私人部门实施处罚。

再次,保留信息获取权。在PPP模式中,私人部门尽管拥有根据契约独立经营的权利,但提供的公共产品和公共服务,事关公共利益和公共福利,政府不可能放任其自由经营,保留获取与PPP项目有关的各种信息的权利,有助于促使私人部门严格履行PPP契约义务,提升公共产品与服务质量。

最后,保留PPP关系协调权。合作持续时间长和复杂的系列交易构成了PPP模式的基本特点,以PPP模式建立的合作伙伴关系,不仅是一种经济交易关系,也是一种社会交易关系,即使是最完备的契约,也会因时间的推移、交易条件的变化、客观外在情势的变更等导致PPP契约的不适应性,补充和完善这种契约的不适应是保障PPP契约目标实现的关键。政府保留合作伙伴关系调适权,基于各种不确定因素,确实改进风险与收益共享,为公私各方提高更加优惠的条件,有助于提高公私合作的效用。

(四)私人部门利益保护机制

应建立投资者利益保护和补偿机制。由于私人投资者在PPP合同中相对于公共部门处于弱势地位,有必要适当突出投资者利益保护机制,赋予私人投资者或项目企业足够的经营自主权和合同违约救济权。从我国司法实践看,私人投资者起诉政府的诉讼请求很少得到支持,政府部门往往以“公共利益”为特权理由,修改合同甚至毁约,使私人部门的前期成本沉没。这成为私人投资参与公用事业的最大担心,从而影响公用事业的长远发展。至少应赋予投资人事先知情权、书面申辩权、提起行政复议权等。

(五) 争端解决机制

争端解决机制作为法律框架中的最后一环，也是公共部门和私人部门双方对于纠纷处理、各自权利救济的保障。公共部门也是 PPP 框架中解决纠纷的重要一环，非常有必要建立相关机制予以协调，如投诉接收机制、处理机制、反馈机制等，并且明确可通过诉讼或仲裁程序解决。[①] 对于 PPP 协议引发的法律纠纷的解决，不应过多纠缠于该选择行政诉讼还是民事诉讼方式寻求解决，应当认真反思现有的民事诉讼、行政诉讼以及民事仲裁制度等正式的法律纠纷解决机制是否完善，是否能有效地解决当事人之间的法律纠纷。受 PPP 协议的公法和私法双重性质的影响，除在合同履行过程中，由于行政主体方通过行政行为方式侵害私人部门权益等个别情形外，应当允许当事人自由选择通过公法或者私法方式解决由此引发的法律争议，包括选择仲裁和调解方式，这也是尊重 PPP 协议中当事人合意选择的要求。

关于政府部门如何更有效地在 PPP 模式中发挥监管及法律纠纷处理的职能，国外特别是英美法系国家，通常是通过立法成立独立性管制机构实现。如英国 1989 年通过《自来水法》成立“自来水服务监管办公室”和“国家江河管理局”。在美国等国家，公用事业监管委员会通常同时具有准立法权、准司法权和行政权。其中的准司法权即监管机构有权依法裁决公共事业运行过程中发生的企业、个人及其他利害相关者之间的权益纠纷，当然对监管机构作出的裁决不服，当事人有权向法院提起诉讼，寻求进一步救济。

中国可借鉴英美等国家的有益经验，尝试依法设立一些独立于行政机关的监管机构，由其履行公用事业的监管及相关法律纠纷的裁决职能，与普通行政机关的执法活动和人民法院的审判活动相比，这将会是更符合国际惯例、更高效、更专业化的监管及纠纷处理机构。

小　结

随着社会不断发展，合同形态仍在继续发展，合同不断丰富，长期的、复杂的、无名的、非典型的合同越来越多，混合型合同不断丰富。商业社会下，应以开放心态构建开放的体系。

---

① 参见陈晓：《论我国 PPP 公私合营模式的法律框架》，中国政法大学 2010 年硕士学位论文。

特许经营与政府采购在PPP模式下的区分与适用

魏　艳*

一、问题的提出

PPP(public-private partnership)模式在中国已不是新生事物,在经历了上个世纪90年代BOT模式的兴起,2002年之后以住建部推进市政公用事业特许经营而带来的热议,再到2008年后金融危机导致的反思与沉寂,在2013年岁末,以《中共中央关于全面深化改革若干重大问题的决定》为标志,PPP模式再次被定调为市场化改革的重要制度,引起广泛的热议。进入2014年,一系列规范性文件密集出台,主要包括《关于推广运用政府和社会资本合作模式有关问题的通知》《关于规范政府和社会资本合作合同管理工作的通知》《国家发展改革委关于开展政府和社会资本合作的指导意见》《国务院关于创新重点领域投融资机制鼓励社会投资的指导意见》(国务院60号文件)《PPP项目合同指南》等。2015年,随着《基础设施和公用事业特许经营管理办法》由国务院常务会议通过,国务院办公厅5月份又连续转发了《关于妥善解决地方政府融资平台公司在建项目后续融资问题的意见》(国办发40号文)和《关于在公共服务领域推广政府和社会资本合作模式指导意见的通知》(国办发42号文),标志着PPP模式的改革路线得到了国家层面的肯定和支持。

从这些文件中我们可以总结出两条线:一条是由财政部主推的政府与社会资本合作模式,另一条是由国家发改委牵头的特许经营模式。这两个模式的法

* 魏艳:上海大学法学院讲师,香港大学法学博士。

律规范分别是由发改委等六部委联合颁布的《基础设施和公用事业特许经营管理办法》，以及由财政部力推的PPP立法，即《政府和企业合作法》。[①] 从概念上看，这两种模式似乎是前者被后者所包含。但是，随着财政部宣布将PPP模式纳入政府采购管理，[②]二者的关系也因此转变为特许经营和政府采购的区分与适用。在公用事业和基础设施领域政府采购项目与特许经营项目如何区分？政府与合作主体或被授权主体签订合同的性质如何？特许经营合同是否与"政府采购公共服务合同"是同一种合同，适用同样的规则？很显然，没有清晰的定位必然会带来法律适用的交叉和多头监管问题。在PPP项目爆炸式增长之前，本文试图对二者的本质与适用加以辨析，并认为目前我国的特许经营立法存在不足，对PPP制度的推行造成阻碍，应该从概念和适用上加以厘清。

二、理论基础

PPP模式，即公私伙伴关系，泛指公共和私营部门共同参与生产和提供物品和服务的任何安排，[③]通常表现为政府和私营部门之间的各种协议安排，包括但不限于合同承包、政府间协议、政府出售、特许经营、补助、凭单等。[④] PPP模式不是一个法律概念，而是一个经济理念，是政府和社会资本在基础设施及公共服务领域建立的一种长期合作关系。这种伙伴关系强调利益共享、风险分担。PPP理念或机制的引入不仅有利于减轻政府财政压力，使社会公众得到更高质量的公共工程和公共服务的有效供给；而且可以培育契约精神，使市场主体在市场体系中更好地发挥其优势和创造力。

PPP模式在本轮的各种规范性文件中的表述，其融资功能被大大强调。这与解决地方政府负债危机不无关系。[⑤] 根据《APEC区域基础设施PPP项目实施路线图》，APEC成员国强调利用PPP等融资方式吸引长期融资和撬动民间资本，以解决目前亚太各国面临的基础设施融资缺口问题。在财政部下发的《关

---

① 参见秦晶：《企业政府合作法或于2016年前颁布实施》，http://www.legaldaily.com.cn/index/content/2015-01/19/content_5933997.htm?node=20908，2015年7月10日访问。

② 2015年2月25日，财政部发布了《2015年政府采购工作要点》，大力开展政府购买服务工作，推进各地有序开展政府与社会资本合作（PPP）项目政府采购活动。

③ 参见〔美〕E.S.萨瓦斯：《民营化与公私部门的伙伴关系》，周志忍等译，中国人民大学出版社2002年版，第105页。

④ 同上书，第88—89页。

⑤ 国家审计署数据显示，截至2013年6月底，地方政府性债务余额已经高达近18万亿元，主要聚焦在基础设施建设为主要债务来源。张亮：《多部委联手力推PPP，民间资本尴尬"入局难"》，载《中国经营报》2015年5月18日第A5版。

于推广运用政府和社会资本合作模式有关问题的通知》(财金[2014]76 号)中，PPP 模式被指称为政府和社会资本的合作模式，力求拓宽城镇化建设融资渠道，促进政府职能加快转变，完善财政投入及管理方式。在《地方政府存量债务纳入预算管理清理甄别办法》中，要求地方各级政府大力推广 PPP 模式，减轻政府公共财政压力。2015 年 5 月 15 日，国务院办公厅下发财政部、人民银行、银监会《关于妥善解决地方政府融资平台公司在建项目后续融资问题的意见》，明确安排已签合同贷款额不能满足建设需要，且适宜采取政府和社会资本合作模式 PPP 的融资平台公司在建项目，优先采取政府和社会资本合作模式，弥补在建项目增量需求。另外，允许对特许经营项目开展预期收益质押贷款，鼓励以设立产业基金等形式入股提供项目资本金，支持项目公司成立私募基金，发行项目收益票据、资产支持票据、企业债、公司债等拓宽融资渠道。

抛开融资功能的外衣，PPP 模式的理论基础在于解决市场失灵问题，重新定位政府与市场关系。通过引入竞争机制，重新配置资源，提高公共服务供给的质量和效率。在减轻政府财政负担的同时，满足公众对公共服务日益增长的需求和实现多元化的选择，实现公共服务的有效供给和公共资源的有效配置。在具有共同的理论基础时，特许经营与政府采购两种框架应该如何区分?

(一) 特许经营的概念

特许经营可分为三大类型，即基础设施和公用事业的特许经营、自然资源领域的特许经营和商业领域的特许经营。其中，基础设施和公用事业领域的特许经营(concession)最早起源于 1777 年，巴黎市政府将建设给水设施的特许经营权授予佩里兄弟公司；[①]自然资源特许经营最早起源于 1901 年，英国英伊石油公司在伊朗取得了石油特许经营权；商业领域的特许经营(franchising)最早起源于 1865 年，典型的例子如麦当劳、肯德基等特许加盟店。

我们这里讨论的基础设施和公共服务领域的特许经营，是指特许经营权人从政府那里获得专属的权利来经营管理公共事业，并通过“使用者付费”及必要的“政府付费”获得合理投资回报，而政府部门负责基础设施及公共服务价格和质量监管，以保证公共利益最大化。[②] 其中，使用者付费是特许经营区别于合同外包的主要特征。特许经营最初的设计是将由政府垄断的公用事业通过特许经营的模式授权给私人部门经营，由后者排他性或垄断性地向社会公众提供产品

---

① See M. Kerf et al, Concessions for Infrastructure—A Guide to Their Design and Award, World Bank Technical Paper, No. 399, p. 12.

② See Wei Yan, Regulating Municipal Water Supply Concessions-Accountability in transitional China, Springer Publishing, 2014, pp. 21—22.

或服务。

从行政法上看，特许是指行政机关代表国家向被许可人授予某种权力或者对有限资源进行有效配置的管理方式。主要适用于有限自然资源的开发利用、有限公共资源的配置、直接关系公共利益的垄断性企业的市场准入，如出租车经营许可、排污许可等。[①] 虽然特许的概念尚未由立法确认，但是特许的内容已经在《行政许可法》《行政诉讼法》中作出了规定。《行政许可法》第12条第2项规定：特许的事项是“有限自然资源开发利用、公共资源配置以及直接关系公共利益的特定行业的市场准入等”。从该条的内容看，特许的基础是国家处分资源所有权或垄断经营权的一种形式，是对行政相对人赋权的行为，是对被许可人本来没有权利的赋予，是授益行为。[②] 特许的功能是分配由政府垄断的稀缺资源，资源的有限性决定了特许数量的有限性。但是，由于“有限自然资源”“公共资源”和“公共利益”这三个不确定的概念，实践中如何确定设立特许的标准，哪些行业应该赋予经营者垄断的权利变得非常模糊。这也是导致特许经营与政府采购适用范围模糊的原因之一。

对于基础设施和公用事业的特许经营，我们认为应该从行政特许和特许经营合同两个层次理解：第一个层次是行政机关依照规定的权限和程序作出是否特许的决定，属于行政行为；第二个层次是为了执行该决定，而与被特许经营权人签订特许经营合同。对于特许经营协议的法律性质和争议解决的路径，2014年修订的《行政诉讼法》和《最高人民法院关于适用〈行政诉讼法〉若干问题的解释》[③]通过立法肯定了特许经营合同的行政合同性质。

从经济学上看，德姆塞兹的“特许权竞标”理论为特许经营提供了理论支撑。该理论认为，单一供应商也可以提供合理的生产成本，而无须政府为防止垄断价格而进行监管。政府需要做的就是设计特许权竞标制度以选择合适的服务提供

---

① 参见杨景宇：《关于〈中华人民共和国行政许可法（草案）〉的说明》，http://www.law-lib.com/fzdt/newshtml/20/20050822232439.htm，2015年7月10日访问。

② 参见〔德〕H. Maurer：《行政法学总论》，高家伟译，元照出版有限公司2002年版，第201页。

③ 《行政诉讼法》第12条规定：行政诉讼的受案范围包括，“认为行政机关不依法履行、未按照约定履行或者违法变更、解除政府特许经营协议、土地房屋征收补偿协议等协议的”。《最高人民法院关于适用〈中华人民共和国行政诉讼法〉若干问题的解释》第15条规定：“原告主张被告不依法履行、未按照约定履行协议或者单方变更、解除协议违法，理由成立的，人民法院可以根据原告的诉讼请求判决确认协议有效、判决被告继续履行协议，并明确继续履行的具体内容；被告无法继续履行或者继续履行已无实际意义的，判决被告采取相应的补救措施；给原告造成损失的，判决被告予以赔偿。原告请求解除协议或者确认协议无效，理由成立的，判决解除协议或者确认协议无效，并根据合同法等相关法律规定作出处理。被告因公共利益需要或者其他法定理由单方变更、解除协议，给原告造成损失的，判决被告予以补偿。”

者。[①] 波斯纳是该理论的拥护者,他们认为事先对进入市场的竞争有利于减少监管者的监管动机,且有助于形成竞争性的服务价格。[②] 为了准确理解德姆塞兹的"特许权竞标"理论,普里斯特强调该理论内涵有两个前提条件:第一,法律制度赋予政府有权授予或拒绝授予特许经营权给企业;第二,根据所有权结构,政府拥有企业的资本设备,而将经营管理权竞标。他认为,只有当在位特许经营权人对资本设备没有所有权时,第二轮经营权的竞标才有可能实现。[③] 由此我们看到,特许经营狭义的含义,是指经营权的特许,经营者不承担投资的职责和风险,即基础设施运营和维护的外包与租赁(operations and maintenance contract or lease)。[④] 该种理解为欧共体法所采用。[⑤]

但是,上一轮我国公用事业特许经营的改革实践中,特许经营实际上采用了广义的概念,几乎跟 PPP 模式混同使用。无论使用者付费项目、政府付费项目,还是政府补贴项目,都称为"特许经营"。尤其对于市政公用事业而言,特许经营权人通常是公私合营的机构,甚至是完全国资的主体[⑥],这就使得特许经营的概念变得模糊。2015 年的《基础设施和公用事业特许经营管理办法》仍然采用了包含投资在内的较为宽泛的特许经营概念,即"政府采用竞争方式依法授权中华人民共和国境内外的法人或者其他组织,通过协议明确权利义务和风险分担,约定其在一定期限和范围内投资建设运营基础设施和公用事业并获得收益,提供公共产品或者公共服务"[⑦],具体形式包括 BOT、BOOT、BTO 和国家规定的其他形式。[⑧]

---

① See H. Demsetz, "Why Regulate Utilities?" (April 1968) 11 Journal of Law and Economics 55—65.

② See R. A. Posner, "Natural Monopoly and Its Regulation" (1969) 21 Stanford Law Review 548—643; R. A. Posner, "The Appropriate Scope of Regulation in the Cable Television Industry" (1972) 3 The Bell Journal of Economics and Management Science 98—129.

③ See George. L. Priest, "The Origins of Utility Regulation and the 'Theories of Regulation' Debate"(1993) 36 Journal of Law and Economics 289.

④ 参见〔美〕E. S. 萨瓦斯:《民营化与公私部门的伙伴关系》,周志忍等译,中国人民大学出版社 2002 年版,第 255 页。

⑤ See Commission Interpretative Communication on Concessions under Community Law [Official Journal C 121 of 29. 04. 2000]; See also Impact Assessment of an Initiative on Concessions, SEC (2011) 1588 final of 20 December 2011, p. 1

⑥ 比如,在市政供水领域,当地的水务集团通过引入私人资本变身特许经营权人,如兰州水务集团、深圳水务集团。

⑦ 参见《基础设施和公用事业特许经营管理办法》第 3 条。

⑧ 参见《基础设施和公用事业特许经营管理办法》第 5 条。

(二) 政府采购的概念

政府采购(public procurement),是指政府及其所属实体为政府消费的目的而以法定方式、方法、程序使用公共资金购买所需商品、工程和劳务的行为。随着2015年《政府采购法实施条例》的颁布和实施,政府为社会公众提供的服务被纳入政府采购服务的概念范围内。如果将“政府与社会资本合作”纳入政府采购法律框架下,政府购买公共服务(或公共服务的公私合作)与政府特许经营公共事业将遭遇适用范围上的模糊。

根据我国《政府采购法》第2条的定义,“政府采购,是指各级国家机关、事业单位和团体组织,使用财政性资金采购依法制定的集中采购目录以内的或者采购限额标准以上的货物、工程和服务的行为”。根据上述定义,政府采购具有如下特征:(1) 政府采购所支出的资金是公共资金,属于公共财政的范畴;(2) 政府采购的目的具有非盈利性,过程和操作具有公开性,对象具有广泛性;(3) 政府采购体现了国家的政策,比如执行扩大内需、保护民族产业、调整经济结构、保护自然环境、促进贫困地区经济发展等政策要求。

因此,相较于特许经营,政府采购与其区别在于:

(1) 政府采购的对价是国家财政资金。从政府是否出资上看,特许经营项目是社会组织得到政府的特许,自筹资金投入建设和开展服务。而政府购买公共服务,是政府出钱通过招投标方式选出社会组织为公共建设服务。因此,只有政府使用依法纳入预算管理的财政性资金购买或出资成立项目公司提供特定货物、工程或服务的行为才属于政府采购。

(2) 政府采购更强调物有所值(value for money)。美国在其政府采购法中明确:联邦采购系统的任务是在及时的基础上,为使用者提供最好价值的货物或服务(value for money),以实现公共利益和公共政策目标。联邦采购系统应当依照成本、质量条件满足使用者的要求,并适时地交付货物或提供服务,促进竞争,以最小化行政操作成本,引导诚信、公平和公开的商业行为,实现公共政策目标。[①]

(3) 政府采购项目的竞争性更大。由于公共资金的使用和政府作为代理人的代理成本问题,政府采购的制度化意在克服权力的腐败,以公开、透明的市场竞争机制和竞争厂商的监督机制促进采购资金的有效利用和公共资源的优化配置。《联合国贸易法委员会货物、工程和服务采购示范法》也在序言中明确了政府采购的目标是:使采购尽量节省开销和增加效率;促进供应商和承包商为供应

① See Federal Acquisition Regulations System, 1.102, http://www.amet.gov/ietf/dtd.html.

拟采购的货物、工程或服务进行竞争。根据公共产品的非排他性和非竞争性的标准,理论上,特许经营适用于垄断性质较高,竞争性很低的行业,比如能源、市政基础设施的管网部分。相比较而言,政府采购合同的标的往往并不是考虑资源的有限性和行业的垄断性,而是考虑工程、货物、服务的质量和价格,行业的自然垄断性较弱。根据上节的分析,我国急需通过立法对特许经营适用的"公共资源"领域予以明确,是否采用特许方式,应当具有明确的标准,或者根据资源的有限性、公益性以及可竞争性等个案分析。

(4) 就政府采购行为的性质,有民事行为和行政行为两种争论。①从我国《政府采购法》看,政府采购合同适用合同法的规定,应该认定为民事行为。由于特许经营合同已经纳入行政诉讼的受案范围,政府采购还是特许经营的判定将直接影响投资人争议解决的手段和利益保护的措施。

三、可竞争性与项目选择

在谈到特许经营或公私伙伴关系时,制度设计通常把竞争机制或竞争性投标作为主要原则。② 事实上,从特许经营的本质上看,竞争是非常有限的。这种有限性也被实践的做法加以印证。③ 针对特许经营的经济学基础,威廉姆森认为德姆塞兹的"特许权竞标"理论有很多的不确定性。首先,首次授权的标准带有虚假性和模糊性;其次,特许经营实施过程中存在各种不确定因素,包括价格成本、绩效以及政治因素;第三,在特许期满重新招标时,新进者和在位者的竞标实力不对等,竞争难以实现。④ 另外,再次招标会产生较大的资产重置和资产评估问题。具体而言,特许权竞标就算可以得到最低价格的投标(这里指服务价格),但是由于未来的不确定性和服务本身的复杂性,这种最低的价格是虚假的,带有任意性的,政府的招标行为也因此具有冒险性。这种授权标准的虚假性从根本上来讲还是执行中的不确定性造成的。长期合同的执行都存在各种不确定的因素,比如价格方面,由于科技、供需、通胀等发生变化都会导致最初投标的成本价格发生变化。通常情况下,中标者在日后会与特许人重新谈判以签订更加有利于自己的合同条款。另外,当特许期满再次招标时,在位者比新进者对系统

---

① 参见肖泽晟:《论政府采购的性质》,载《南京大学法律评论》1999 年秋季号。

② 《基础设施和公用事业特许经营管理办法》第 15 条规定,特许经营项目应当通过招标、竞争性谈判等竞争方式选择特许经营者。《PPP 办法》也有竞争性选择采购合作人的条款。

③ See Wei Yan, Award of Water Supply Concessions in China, Hong Kong Law Journal, 2013, part 2.

④ See Oliver E. Williamson, Franchise Bidding for Natural Monopolies—in General and with Respect to CATV, 7 The Bell Journal of Economics (Spring, 1976).

的认识更具有优势地位，阻碍了有效的竞争。与理论的分析相呼应，法国的实践经验似乎验证了这种分析。在法国，很多特许经营采用的是协商程序，在续约阶段的非竞争性更大。1997 年的一份统计报告揭示了供水行业存在“有组织的竞争”(organized competition)和以“协商程序规避竞争”的问题。[①] 而私人部门通过与当地公营部门或公营部门投资的企业合作是规避竞争的最好办法。

从竞争有限性上看，特许经营适用范围较政府采购要窄得多，通常是垄断性质的行业或环节。2015 年新颁布的《基础设施和公用事业特许经营管理办法》中提到水利、能源、市政工程、交通、环保五大领域。这些领域与政府采购存在交叉，分界点在于特许经营适用于自然垄断性质更强、无法通过明确的技术指标从多个竞争者处选择公共服务的领域，比如市政工程的管网项目部分。以市政供水为例，供水具有一定的地域性，传统上为地方国企所垄断，地区之间不存在竞争。比如，2002 年后实施的以各地水务集团为特许经营权人的特许经营项目，多以产权多元化改革为先，这种模式的特许经营只需“申请”特许经营权而无需通过竞争取得。而对于像科教文卫、社会保障、环境保护与市政管理(比如道路养护、市政绿化等)等建设运营自身不具备自然垄断性质的，市场上存在多个竞争者，可以通过合同详细约定服务标准、质量、规格，以及易于对服务进行监测的项目，应该采用政府采购方式。

针对目前 PPP 项目多以项目公司和合营公司形式存在的问题，欧盟的规则可以为我们提供一种借鉴和参考。欧盟《关于公私合作制和公共合同与特许经营共同体法的绿皮书》(the Green Paper on Public-private Partnerships and Community Law on Public Contracts and Concessions)将公私合作制(PPPs)分为纯合同的公私合作(PPPs of a purely contractual nature)和制度化的公私合作(PPPs of an institutional nature，IPPP 模式)。纯合同的公私合作是指公私部门仅通过合同关系进行合作。而制度化的公私合作指公私部门在一个独立的实体内合作。后者就是我们通常所说的合营公司或项目公司。根据 2008 年欧洲共同体委员会颁布的《有关公共采购和特许经营的共同体法适用于制度化公私合作制的解释》(Interpretative Communication on the Application of Community law on Public Procurement and Concessions to Institutionalised Public-Private Partnerships)，IPPP 可以有如下两种形式，第一种是公私部门共同出资成立另外一个实体。第二种是私人资本加入现有的国有实体并获得特许经营权。

根据欧盟规则，当 IPPP 模式伴随公共合同或特许经营时，竞争规则和透明

---

① See Cour des Comptes (1997), pp. 95—97, in Emanuele Lobina and David Hall, “Problems with Private Water Concessions: a Review of Experience”, www. psiru. org.

度原则容易被订约者的垄断地位所歪曲。因此,竞争的替代性措施被规定在很多规范性文件中。比如,在2011年欧洲议会与欧洲理事会授权特许经营合同的指南建议中规定,竞争被排除在以下领域适用,其中包括电子通信,直接授予联营公司的,具有独占权或专有权的特许经营,以及授予合营企业或由签约一方投资的合营企业。“具有独占权或专有权的特许经营”指,将服务特许经营授予的经营者本身根据中央立法或行政法案是合同签约的行政机关或具有独占权的经营者。结合我国现在实践,如果有公私合营的项目公司被授权独占或专有一定时期公共服务的垄断专营权,或者直接通过政府与公营公司签订合同获得独占特许经营权的,应该适用特许经营规则,即适用有限竞争下的经营者选择程序与规则。

至于BOT、BOO等项目,有观点认为其属于政府采购项目。[①] 实践中也有不少地方政府由于基础设施特许经营的立法缺失而参照政府采购法选择BT项目投资人的情况。[②] 在新颁布的《基础设施和公用事业特许经营管理办法》中,BOT、BOOT、BT等是重点力推的特许经营形式,但是根据本文前述对于特许经营概念内涵的分析,特许经营如果想要利用竞争机制,则必须是经营权的特许,政府保有项目投资的所有权。而BOT等这些项目的特点在于利用了私人的资金,除非BOT项目本身可以脱离管网向用户提供服务,否则并没有改变政府—公民二元的服务结构(比如,城市供水项目中BOT水厂项目),政府需要对民营BOT项目付费。这类项目重在融资,实为政府采购,应当纳入财政预算体系。

四、投资者或经营者的选择程序

根据上述分析,特许经营和政府采购适用不同的经营者选择程序。特许经营适用以竞争性谈判与单一来源为主的投资者选择程序,而政府采购适用招投标为主的经营者选择程序。单一来源(或直接协商)适用于竞争不具有普遍意义的领域,以降低投标成本,尤其是在转让资产的价值低于投标成本的情况下。在特许期满续约时,如果上一期特许经营非常成功,单一来源有助于维护与前任特许经营权人的伙伴关系。针对公共工程合同、公共服务合同和公共采购合同,欧盟指令2004/18/EC第28条中非常详细地规定了适用协商程序的条件和场合。而除了2004/18/EC规定的适用协商程序这些情形之外,政府当局还是可以在公布合同通知后适用协商程序来授予其他公共合同和特许经营。在2011年欧

① 参见肖泽晟:《论政府采购的性质》,载《南京大学法律评论》1999年秋季号。
② 参见王霁虹、谢颐:《政府采购程序下的BT项目需要提供担保》,载《中国律师》2012年第12期。

洲议会与欧洲理事会授权特许经营合同的指南建议中规定，竞争被排除适用的领域包括电子通信，直接授予联营公司的，具有独占权或专有权的特许经营，以及授予合营企业或由签约一方投资的合营企业。

相比较而言，政府采购所适用的选择程序更多，包括招投标、竞争性谈判、竞争性对话、单一来源等。我国政府采购法规定了公开招标、邀请招标、竞争性谈判、询价、单一来源五种采购方式，并授权监管部门认定新的采购方式。2014年，财政部印发了《政府采购竞争性磋商采购方式管理暂行办法》（以下简称《磋商办法》），规定了竞争性磋商这种新的采购方式。竞争性磋商是一种“先明确采购需求，后竞争报价”的两阶段采购模式。竞争性磋商与竞争性谈判，在流程设计和具体规则上既有联系又有区别：在明确采购需求阶段，二者关于采购程序、供应商来源方式、磋商或谈判公告要求、响应文件要求、磋商或谈判小组组成等方面的要求基本一致；在竞争报价阶段，竞争性磋商采用了类似公开招标的综合评分法，区别于竞争性谈判的最低价成交。这样设计的原因是为了在需求完整、明确的基础上实现合理报价和公平交易，并避免竞争性谈判最低价成交可能导致的恶性竞争，将政府采购制度功能聚焦到物有所值的价值目标上来，达到质量、价格、效率的统一。同时，《磋商办法》规定了五种适用情形：一是政府购买服务项目；二是技术复杂或者性质特殊，不能确定详细规格或者具体要求的；三是因艺术品采购、专利、专有技术或者服务的时间、数量事先不能确定等原因不能事先计算出价格总额的；四是市场竞争不充分的科研项目，以及需要扶持的科技成果转化项目；五是按照招标投标法及其实施条例必须进行招标的工程建设项目以外的工程建设项目。前三种主要适用于采购人难以事先确定采购需求或者合同条款，需要和供应商进行沟通协商的项目；第四种情形主要适用于科研项目采购中有效供应商不足三家及需要对科研创新进行扶持的项目；第五种情形主要适用于政府采购工程类项目，并与招投标法律制度和《政府采购非招标采购方式管理办法》作了衔接。这些法定采购方式能够比较好地适用于 PPP 项目采购中公开竞争、选择性竞争和有限竞争的情况，并充分实现物有所值的目标。

我国现在的地方 PPP 新规大部分都参考了《政府采购法》中规定的几种程序作为选择社会投资人的方式。河南、福建、安徽等省只规定了“招标”一种方式，而浙江省和湖南省则放宽至“公开招标、邀请招标、竞争性谈判、竞争性磋商和单一来源采购等政府采购方式”，四川、江苏两省仅要求“公开、公平、规范”地进行 PPP 项目采购。根据上述分析，我们需要对 PPP 项目进行特许经营还是政府采购的分析后，才能把握其适用的选择程序与规则。

结　语

抛开PPP模式融资功能的讨论，本文侧重对社会资本参与基础设施和社会公用事业领域适用特许经营和政府采购的辨析。笔者认为，从严格意义上讲，特许经营的适用范围应该是那些自然垄断特性明显，沉淀资产具有不可置换性，或政府可以保有完全的沉淀投资，只将经营权授予的行业和领域。而究竟哪些行业或环节属于应该设立特许经营的，需要立法技术的改进，对于每一个可设立特许经营的事项进行具体的评估与分析。特许经营项目适用单一来源或竞争性协商为主的投资者或经营者选择程序。而对于其他自然垄断性、资源稀缺性较弱、市场上可供选择的服务提供者较多的公共服务或公共事业，适用政府采购的规则。政府采购项目则以招投标为原则选择私人合作方。因此，为了促进现有公用事业和公共服务领域社会资本参与经营的有效实施，国家层面的立法应该进一步明确、区分特许经营和政府采购的概念、适用范围，竞争以及排除竞争的合作规则。

PPP特许经营协议的法律性质

陈阵香　陈乃新*

PPP(public-private partnership)即公私合作模式，是公共基础设施中的一种项目融资模式。该模式鼓励私营企业、民营资本与政府进行合作，参与公共基础设施的建设，让非公共部门所掌握的资源参与提供公共产品和服务，从而实现合作各方达到比预期单独行动更为有利的结果。PPP通常由政府的公共部门与私人部门以特许经营协议的方式进行全程的合作，共同对项目运行的整个周期及结果负责。2015年6月1日起施行的《基础设施和公用事业特许经营管理办法》从特许经营协议的订立、特许经营协议履行、特许经营协议变更和终止、监督管理和公共利益保障、争议解决、法律责任等方面对特许经营作出了专门规定，并认为特许经营协议是公私合作经营合同。

其实，对于特许经营协议的性质认定，学界一直存在争议，如何认清PPP特许经营协议的性质是顺利推进PPP项目的关键，作为公私合作经营合同，如何正确认识"经营"与"经营权"的含义，是破解特许经营协议法律性质的前提。对此，笔者试作分析，以期促进公私共赢之健康发展。

一、传统公法私法视野界定特许经营协议法律性质之不足

党的十八届三中全会提出，要"允许社会资本通过特许经营等方式，参与城

* 陈阵香：澳门科技大学法学院博士研究生。
陈乃新：湘潭大学法学院教授。

市基础设施投资和运营”,《基础设施和公用事业特许经营管理办法》出台后,特许经营已在各地各部门普遍展开。这种经济活动的双方通过协议形式明确各自的权利义务,但是对特许经营协议的法律性质是民事合同、行政合同、商事合同还是经济法上的合同,学界一直有认识上的分歧,成为理论研究的一个难点,而突破此难点将有助于该经济活动更好地、依法有序地开展。具言之,一方面,厘清特许经营协议的法律性质可防范行政权力过度干预经济和社会资本利用其与政府合作的便利过度追逐利润,损害其他市场主体的利益和社会公共利益;另一方面,明晰特许经营协议各方的权利义务,可促使政府与私营企业、民营资本的合作产出更好的社会经济效益,并以此为媒介实现双方共赢。

目前,学界对特许经营协议法律性质的认识主要有如下几种:一是授权说;①二是行政合同说;②三是民事合同说;③四是公法与私法兼备说;④五是信托说;⑤六是经济合同说(公法与私法融合说)。⑥ 据此,可以将特许经营协议的性质大体分为三类:第一类是私法说,上述的民事合同说、信托说归于此类;第二类是公法说,上述的授权说、行政合同说归于此类;第三类是公法、私法混同说,上述的公法与私法兼备说和经济合同说(公法与私法融合说)归于此类。依此分类不难看出,除了“经济合同说”强调公法与私法融合有可能突破公法与私法视野外,其他几种实际上都是在公法与私法视野范围内研究特许经营协议的法律性质的。即便是“经济合同说”强调公法与私法的融合,看似可能成为超越公法与私法视野的一种观点,但其仍未能真正弄清特许经营协议法律性质的本质。

1. 特许经营协议“私法说”之辨

有学者认为,特许经营协议作为公私合作经营合同,实际上是一种财产关系合同,其法律规定所确认的特许经营权属于财产权。《基础设施和公用事业特许经营管理办法》第1条是其法律依据,规定要“保护特许经营者合法权益”。另据其第5条第3款“特许经营者投资新建或改扩建基础设施和公用事业并移交政府后,由政府授予其在一定期限内运营”的规定,显然特许经营者是指与政府一方相对的私营企业。那么,特许经营者合法权益就应当是指私营企业这一方的

---

① 参见虞青松:《公私合作契约的赋权类型及司法救济——以公用事业的收费权为视角》,载《上海交通大学学报》(哲学社会科学版)2013年第5期。

② 参见邢鸿飞:《政府特许经营协议的行政性》,载《中国法学》2004年第7期。

③ 参见辛柏春:《BOT项目协议的法律性质》,载《行政与法》2005年第5期。

④ 参见邓敏贞:《公用事业公私合作合同的法律属性与规制路径——基于经济法视野的考察》,载《现代法学》2012年第3期。

⑤ 参见赵意奋:《公用事业特许经营协议性质之辨考》,载《经济体制改革》2010年第6期。

⑥ 参见史际春、肖竹:《公用事业民营化及相关法律问题研究》,载《北京大学学报》(哲学社会科学版)2004年第4期。

合法权益。这种合法权益通常被理解为财产权益。因此,特许经营协议的“私法说”从《基础设施和公用事业特许经营管理办法》的这一条款规定来分析,是成立的。

但问题在于,根据《基础设施和公用事业特许经营管理办法》第1条“保障社会公共利益和公共安全,促进经济社会持续健康发展”的规定以及第3条特许经营须通过“政府采用竞争方式依法授权”的法定方式的规定,据此法益目的和法定程序,我们又有足够的理由认为特许经营协议的“私法说”不能成立,因为上述规定无疑在强调特许经营协议的公法属性。

2. 特许经营协议“公法说”之辨

有学者认为,特许经营是政府利用社会资本从事基础设施和公用事业建设,特许经营者既要服从政府依法授权程序,又要为保障社会公共利益和公共安全,促进经济社会持续健康发展服务,所以特许经营的法律规制就是要保障该法益目的的实现和法定程序的公平。

但是“公法说”有可能排除与政府进行合作的特许经营者一方在合作经营中的利益,若以盈利为目的的特许经营者在特许经营合作项目中无法获取其自身利益,那么公私合作经营公共产品和公共服务就难以顺利进行;如果政府以行政权力强制特许经营者,那么就会违背市场经济的基本规律,阻碍市场经济的正常运行。这是因为作为特许经营者的私营企业不是政府的附属物,也非公益组织,而是享有合法财产权并进行逐利竞争的市场主体。若无利益之驱动,断不会作为特许经营者参与特许经营项目的合作。

3. 特许经营协议“公法、私法混同说”之辨

据上分析,囿于传统公法与私法视野界定特许经营协议的法律性质无法正确理解其所蕴含的内在机理。对“公法、私法混同说”而言,首先是“公法、私法兼备说”,它把特许经营协议的不同主体(政府与特许经营者)按照公法与私法规定分别规范,对政府用公法进行规制,对特许经营者用私法进行规制。此一观点回避了公益与私益该如何兼容的问题,故存在适用上的困难。其次是“公法、私法融合说”,即经济合同说,此说考虑到了私益与公益的兼容问题,国家实行基础设施和公用事业特许经营,在“保护特许经营者合法权益”的同时,也“保障社会公共利益和公共安全”,目的就是使私益与公益在有更多经济利益的前提下相互兼容。

但问题在于,公益与私益兼容一般只是在利益归属的意义上使公私利益不相冲突,而据《基础设施和公用事业特许经营管理办法》第1条之规定,基础设施和公用事业的特许经营更重在“提高公共服务质量和效率”,也就是说,更关注创造增量利益,并在此基础上使公私双方的利益得到兼顾。若非如此,PPP模式

便无存在之必要。“经济合同说”之所以被《基础设施和公用事业特许经营管理办法》认可,就在于其反映了公私利益的兼容,从利益归属上科学地说明了特许经营的立法目的,但遗憾的是,“经济合同说”却未能从利益增量的意义上说明特许经营的立法目的。前者是利益均衡的问题,后者是利益多少的问题,而这皆与经营有关。由此推知,《基础设施和公用事业特许经营管理办法》不是贯彻“不患寡而患不均”的传统法律精神的制度,而是体现发展才是硬道理、发展公平的现代法律精神的制度。所以,“经济合同说”还需在正确解析经营与经营权后,方可真正呈现特许经营协议的法律性质。

二、理清特许经营协议之经营与经营权的思路

特许经营协议作为公私合作经营合同,按照《基础设施和公用事业特许经营管理办法》第3条的规定,政府与特许经营者应当“通过协议明确权利义务和风险分担”。显然,对双方主体而言都是围绕着经营来设定权利义务和风险分担的。《基础设施和公用事业特许经营管理办法》以第二章特许经营协议订立(共计17条)、第三章特许经营协议履行(共计11条)、第四章特许经营协议变更和终止(共计4条)对这种公私合作经营合同作了专门的规定。根据这些规定,围绕公私合作中的经营展开研究,并由此进一步正确认知公私合作中的“经营权”,便可明晰特许经营协议的法律性质。

但是,要真正廓清公私合作中的“经营”与“经营权”,就需要挑战传统公法与私法理论视野,弄清以经济法为代表的现代法调整增量利益关系的本质,以全新的视角对之展开研究。[①]

(一)特许经营协议之“经营”

关于基础设施和公用事业特许经营协议之“经营”,按照《基础设施和公用事业特许经营管理办法》第3条的规定,“是指政府采用竞争方式依法授权中华人民共和国境内外的法人或者其他组织,通过协议明确权利义务和风险分担,约定其在一定期限和范围内投资建设运营基础设施和公用事业并获得收益,提供公共产品或者公共服务”。据此可知,特许经营协议中的“经营”包含如下几层意

① 参见陈乃新:《论劳动力权是经济法的基本权利范畴》,载《上海财经大学学报》(哲学社会科学版)2008年第4期。关于法域,古罗马法学家乌尔比安提出了公法与私法的二分法理论。但随着社会的发展,法也可作传统法与现代法之区分。其中,传统法是指在过去以个体生产为基础的自然经济社会已有的法(包括传统的私法和公法),它主要调整既得利益关系;现代法是指近代以来,在以社会化生产为基础的市场经济社会才出现和发展起来的法(包括现代的私法和公法),主要调整发展(增量)利益关系。

思:一是参与特许经营项目的经营者是政府(通过实施机构)和特许经营者(依法授权中华人民共和国境内外的法人或者其他组织);二是特许经营项目的经营内容是基础设施和公用事业;三是特许经营项目的经营目标是提供公共产品或者公共服务并获得收益。因此,它的特征是:其一,参与特许经营项目的经营者,是特许经营协议法律关系的主体,双方主体都应就基础设施和公用事业进行合作经营,即各尽其能地付出劳动;其二,特许经营项目的经营内容仅指基础设施和公用事业,具体包括我国境内的能源、交通运输、水利、环境保护、市政工程等项目,即以劳动创造并实现财富;其三,特许经营主体经营特许经营项目,是为了实现为社会提供公共产品或者公共服务,并获得收益的目标,该目标应以公私合作的优势创造与分享较预期单独行动更多的增量利益,即共享这一合作所创造的更多的增量利益。故特许经营协议之"经营"问题既非传统私法上的财产归属问题,也非公法上的行政管理问题,而是经济法上公私合作创造与分享增量利益的问题。[①]"经营"之本质在于创造利益增量,而要创造利益增量就须解决所创造增量利益分享的公平问题,于是设定相应的经营权成为必要。

(二)特许经营协议之"经营权"

对于什么是经营权,多年来学界的研究并无突破性进展。经营权的规定最早出现在《民法通则》中,该法第82条规定,"全民所有制企业对国家授予它经营管理的财产依法享有经营权,受法律保护",且被置于《民法通则》第五章"民事权利"的第一节"财产所有权和与财产所有权有关的财产权"中,可见经营权是被归入财产权范畴的一种权利。1988年《全民所有制工业企业法》第2条第2款规定:企业的财产属于全民所有,国家依照所有权和经营权分离的原则授予企业经营管理。企业对国家授予其经营管理的财产享有占有、使用和依法处分的权利。学界多据此把"经营权"解释为对国家所有财产的"占有、使用和依法处分的权利"。后来的《物权法》在"用益物权"编中规定了用益物权是"用益物权人对他人所有的不动产或者动产,依法享有的占有、使用和收益的权利"(第117条),同时该编的第11章又规定了土地承包经营权是"土地承包经营权人依法对其承包经营的耕地、林地、草地等享有占有、使用和收益的权利,有权从事种植业、林业、畜牧业等农业生产"(第125条)。由此可见,《全民所有制工业企业法》中所规定的

---

① 参见杨紫烜:《国家协调论》,北京大学出版社2009年版,第361—362页。杨紫烜教授提出,经济法的基本原则之一是"经济法主体的依法作为和不作为对于经济社会的发展做出了贡献,就依法获得相应的利益,即在增量利益的总和之中占有一个相对合理的比例,以实现经济法主体之间利益关系的配合适宜,而并不要求经济法主体之间利益的相等、均等或大致均等",并且这里的经济法主体包括进行市场监管和宏观调控等从事国民经济管理的政府这一主体在内。

经营权与《物权法》中所规定的用益物权并不同义，前者规定的经营权的权能是对国家财产享有"占有、使用和依法处分"的权利，后者规定的用益物权则是对他人所有的不动产或者动产依法享有的"占有、使用和收益"的权利。同时，《物权法》中"土地承包经营权人依法对其承包经营的耕地、林地、草地等享有占有、使用和收益的权利"之规定，显然是对土地承包经营权人的用益物权的规定；而后半句"有权从事种植业、林业、畜牧业等农业生产"规定中的"有权"，应当是指土地承包经营权人作为用益物权人可享有从事农业生产的经营权。此处所指的从事农业生产的经营权，显然就是农户运用自身的劳动力，在已经取得用益物权的土地上创造农产品，并获得相应收益的权利。这种权利的行使并不改变土地的归属权，即土地的所有权仍属于集体，农户对集体土地的用益物权也没有改变，同时，在取得集体土地用益物权的基础上，农户付出劳动所创造的全部增量利益都归属于他。依此分析，笔者认为经营权实际上并不属于财产权，而是属于劳动力权。

将经营权归属于劳动力权基于如下理由：第一，经营权是指对财产经营的权利，它并非对财产本身的权利。当然，主体要经营财产必先取得财产权，未拥有对财产的权利，也就谈不上经营财产。这就是说，要么主体对财产享有自物权（所有权），那么主体对属于他所有的财产当然享有经营权；要么主体对财产享有他物权（包括取得用益物权和担保物权），主体才能对他人所有的不动产或者动产行使经营权。第二，主体对财产享有经营权，其在经营中可能会改变财产的物质形态，但不改变财产的归属关系。这种经营权的权能主要有三项：(1) 主体运用自己的劳动力进行劳动以对财产进行物质变换的权利。(2) 将经过物质变换的产品在交易竞争和竞争交易中实现其价值的权利。(3) 获得其实现的价值扣除所投入财产价值的剩余（增量利益）的权利。这是一种在生产中付出、在竞争中实现并在消费中再生的权利，属于劳动力权的范畴。[①]

但是，对于经营权属于劳动力权的属性，迄今学界尚难达成共识。首先，从法学原因上说，主要是因为学界仍然囿于传统公法和私法视野，不了解公法私法还可以作传统法与现代法之划分，即既有传统的公法私法，又有现代的私法公法，已有的民法和行政法等属于传统的私法公法，其主要调整既得利益关系，保护既得利益，维护社会稳定；而近现代才出现的经济法与社会法则属于现代的私法公法，其主要调整增量利益关系，保护发展利益，促进经济社会持续健康发展。而特许经营的法律属于调整增量利益关系的现代法。其次，从经济学基础的原

① 参见陈乃新：《劳动能力权导论——科学发展与和谐社会的经济法保障》，湘潭大学出版社 2010 年版，第 35—119 页。

因上说，是因为人们对民法中财产的理解过于宽泛，实际上，民法所指的财产是狭义的。应当认为，人类进行物质财富的生产需要三大物质性要素：一是民法所称的财产（主要是指作为主体的人之外存在的、主体可控的、对主体有用的物质要素）；二是劳动力（主要是指作为主体的人之内存在的、主体可控的、对主体有用的物质要素，包括个人的智力和体力，以及集体的智力和体力）；三是作为主体的人不可排他性控制的自然资源与环境。中外学者对财产权利的研究较多，近年来就主体对不可排他性控制的自然资源与环境的权利的研究也日渐深入，惟独缺失对主体劳动力权利的研究。增量利益的两个来源，一是天然孳息，二是劳动力孳息（人工孳息）。① 对主体劳动力权利的保护关系到对劳动力孳息这种增量利益或发展利益来源的重视，而主体劳动力权利研究之欠缺，不利于推动经济法等现代法之完善，最终影响到经济社会的持续与健康发展。因此，我们在研究特许经营协议法律性质的时候，应当更多地从劳动力权的意义上来认知"经营权"。

三、特许经营协议法律规制的系统分析

厘清了特许经营协议中的经营与经营权问题，就可对特许经营协议的法律规制作出系统分析了。这里，首先需要提及的是，除了《基础设施和公用事业特许经营管理办法》第 3 条专门对"经营"作出规定外，并没有对"经营权"作出明确的规定。一方面，在"通过协议明确权利义务和风险分担"的规定中，其中的权利显然是包含了经营权的；另一方面，在《基础设施和公用事业特许经营管理办法》的规定中还用了特许经营者的权益，以及经营权益等范畴，如第 1 条"保护特许经营者合法权益"、第 27 条"依法保护特许经营者合法权益"的规定，以及在第 19 条中还出现了"经营权益"的范畴。权益是主体依法正确行使权利得到相应利益的简称，因此无论是经营者权益还是经营权益，都包含经营权。不过，由于经营者权益中的权利是以主体来定位的权利，所以它还包括经营权之外的其他权利，如财产权等。

（一）规制特许经营协议法律的调整对象

如前所述，规制特许经营协议的法律，不属于民事合同法，其调整的对象不

① 参见〔德〕马克思：《资本论》第 1 卷、第 2 卷、第 3 卷，人民出版社 1975 年版。马克思认为，人的劳动力不但能生产出劳动力商品的价值，还能生产出剩余价值。我们把人的劳动力能生产出剩余价值理解为劳动力孳息。

是民事财产流转关系，而是增量利益关系，即财富的创造、实现与分享关系；也不属于行政合同法，因为行政合同法调整的行政合同关系是服从关系，而特许经营协议（公私合作经营合同）的法律调整的是合作经营关系。合作经营关系的调整与经营和经营权的保护相关，而行政合同关系的调整，则与行政和行政权的规制相关；前者指向增量利益和在增量利益基础上私益和公益的兼顾，后者指向的是公益和行政优益。

（二）规制特许经营协议法律的制度体系

一是主体制度。在规制特许经营协议（公私合作经营合同）的法律中，双方当事人的其中一方是政府，另一方是依法授权的中华人民共和国境内外的法人或者其他组织。双方皆为特许经营协议（公私合作经营合同）法律关系的主体。政府的主体资格依有关法律直接取得，而另一方当事人的主体资格则须通过政府依法授权确定。政府这一方的主体，通常由项目提出部门和实施机构代表。根据《基础设施和公用事业特许经营管理办法》第 9 条之规定，项目提出部门是指县级以上人民政府有关行业主管部门或政府授权部门；第 14 条则规定，实施机构是指县级以上人民政府授权的有关部门或单位。项目提出部门按照有关规定取得代表权（代表政府），或者通过政府授权取得代表权；实施机构须通过县级以上人民政府授权取得代表权，行使实施机构代表权的可以是有关部门，也可以是有关单位（非政府组织）。

政府与项目提出部门、实施机构之间的法律关系属于行政关系，由行政法调整，而不是由特许经营协议（公私合作经营合同）的法律调整。同理，另一方当事人即依法授权的中华人民共和国境内外的法人或者其他组织，作为特许经营者从事公私合作经营活动而与其他主体形成的关系，如项目提出部门与展开特许经营评估的第三方机构的关系，以及特许经营项目完成后的移交和投资的收回关系等，都属于民事流转关系，亦不由特许经营协议（公私合作经营合同）的法律调整，而由相关的民商事法律调整。因此，这些主体都不是特许经营协议（公私合作经营合同）法律关系的主体。

二是行为制度。法律是通过确认和设定主体的权利义务构建行为制度的。按照《基础设施和公用事业特许经营管理办法》第二章、第三章、第四章的规定，特许经营协议（公私合作经营合同）法律关系主体的权利义务，是根据第 4 条[①]

---

① 《基础设施和公用事业特许经营管理办法》第 4 条规定："基础设施和公用事业特许经营应当坚持公开、公平、公正，保护各方信赖利益，并遵循以下原则：（一）发挥社会资本融资、专业、技术和管理优势，提高公共服务的质量效率；（二）转变政府职能，强化政府与社会资本协商合作；（三）保护社会资本合法权益，保证特许经营持续性和稳定性；（四）兼顾经营性和公益性平衡，维护公共利益。"

所确定的四项原则来配置的。根据这四项原则，其一，特许经营协议（公私合作经营合同）法律关系的主体即双方当事人，都有义务提高公共服务的质量和效率，即提高社会整体效益。否则，PPP模式就失去了存在的意义。其二，政府一方当事人有与社会资本（实际上是指社会资本的拥有者）协商合作的义务。其三，政府一方当事人有保护社会资本（实际上是指社会资本的拥有者）合法权益的义务。此外，政府一方当事人还有保证能带来更高社会整体效益的特许经营持续稳定进行的义务。其四，双方当事人既有通过特许经营项目获取经营利益的权利，又负有维护公共利益的义务。对于特许经营活动，国家实行行政监管与社会监管并重的监管体制，其中，行政监管包括审计监督在内，如此方可保障社会公共利益的实现。

三是行为后果制度。特许经营协议（公私合作经营合同）法律关系的主体即双方当事人正确行使经营权利、切实履行经营义务的，国家保护其应得利益。未正确行使经营权利和未切实履行义务的，应当承担补偿等违反公私合作经营合同的法律责任，同时还应当继续承担保障公共产品或公共服务的正常提供的责任。除此之外，双方当事人如有违反行政法的行为，需依法承担行政责任；如违反刑法构成犯罪的，需依法承担刑事责任。

（三）规制特许经营协议法律的价值目标

规制特许经营协议（公私合作经营合同）的法律有其独特的价值目标，与规制民事合同（包括在民法与商法合一下的商事合同）和规制行政合同的法律有所不同。民事合同法调整的是财产流转关系，其价值目标是保障契约自由，实行等价有偿原则，维护当事人合法的私权益；行政合同法调整的是行政管理关系，其价值目标是实行行政优益原则，维护公共利益。而规制特许经营协议法律的价值目标，既要维护特许经营者合法的私益，也要维护政府所代表的公益，并且不仅仅只是兼顾公私利益，而是要在特许经营能够创造出更多增量利益的基础上，兼顾公私利益，或者说其所遵循的是合作共赢原则，体现的是增量利益或发展利益的公平，以及发展的自由。故此，规制特许经营协议的法律正是一种促进共赢、防范共输的经济法上的合同法。

四、结　语

PPP特许经营协议既非民事合同，也非行政合同。根据《基础设施和公用事业特许经营管理办法》对特许经营协议的规定，作为一种公私合作经营合同，它旨在提高社会经济效益，以为社会提供更多良好的公共产品、最终实现公私合作共赢为目标,因此,兼顾公私利益,并注重增量利益中的公私利益是其本质所在,也是界定其法律性质的关键。基于此,PPP 特许经营协议应该是关于劳动力孳息同创共享的经济合同。循此思路来实施有关法律,不仅可以推动要素驱动和投资驱动向创新驱动的转移,而且可以更好地发挥公私双方的能力,为经济社会的持续健康发展服务。

(本文发表于《法学》2015 年第 11 期)

基础设施和公用事业特许经营协议的经济法解读

刘云亮*

2008年金融危机后，我国采取一系列激进型投资政策，加大基础设施和公用事业投入，也急剧扩大政府债务规模。为了化解政府债务风险，我国已采取一系列措施，如国务院办公厅2013年9月发布《关于政府向社会力量购买服务的指导意见》，2014年8月修订《预算法》，加大对地方政府举债的限定要求，国务院2014年9月出台《关于加强地方政府性债务管理的意见》，2014年12月财政部和国家发改委分别发布《关于印发政府和社会资本合作模式操作指南（试行）的通知》（财金[2014]113号）（以下简称"《操作指南》"）和《关于开展政府和社会资本合作的指导意见》（发改投资[2014]2724号）（以下简称"《指导意见》"）等。其目的是引入政府与社会资本合作模式，盘活有关政府债务和相关基础设施和公用事业资产，从根本上满足民生需求。李克强总理在2015年政府工作报告中已指出，提供基本公共服务尽量采用购买服务方式，第三方可提供的事务性管理服务交给市场或社会去办。② 为了更好地规范政府和社会资本合作模式，2015年4月，国家发改委等六部委联合发布《基础设施和公用事业特许经营管理办法》（以下简称"《管理办法》"）等，较全面明确特许经营原则、方式、经营期限、监管机制、协议订立履行、公共利益保障、争议解决及其法律责任等内容，尤其规范基础设施和公用事业特许经营协议（以下简称"特许经营协议"）订立、履行及其变更终止等重要事项，这对理解和掌握特许经营协议的法律属性及其特征有很

---

* 刘云亮：海南大学法学院教授。

② 参见李克强：《2015年政府工作报告》，载《人民日报》2015年3月17日。

大益处。本文试从经济法视角,探讨特许经营协议的法律内涵、宗旨、法律特征及其法律价值等问题。

一、特许经营协议属性的经济法界定

多年来,政府投资基础设施和公用事业,致力改善民生,提高社会公共服务水平。在如何经营、运营和管理这些基础设施和公用事业方面,却是很难有妙计。英国在 1982 年推出公私合营模式,即 PPP(public-private partnership,公私合伙或合营),指政府与私人签订合作协议,将政府已投资建设完工的基础设施和公用事业,授权私人从事营利性经营活动,政府依协议收取或给予相应费用或补贴,并规定向公众提供公共服务的公私合作模式。PPP 模式成为缓解和化解政府财政支出问题的重要方式之一,有助于盘活国家城市基础设施和公用事业资产,提高公共产品服务质量及供给效率,促进国家政府投资良性循环等。PPP 模式本身是一个内涵非常宽泛的概念,产生于国家政府基础设施和公用事业大量基金投入,而又面临如何将其资产盘活和增值的矛盾之中。事实上,在基础设施和公用事业投资与经营管理问题上,国家政府投资与民间私人资本则具有互补性,可以发挥各自优势,实现互相取长补短,共担风险、共享收益,充分彰显 PPP 模式优势。该模式已成为上世纪 90 年代以来,许多国家经营城市和经营管理基础设施、公用事业的一种时尚理念。

在分析 PPP 协议法律定性问题上,似乎总是绕不开将其划定为民事合同,还是行政合同的争议。有些学者还提出 PPP 协议是属于公法性质还是私法性质的问题,大陆法系国家和普通法系国家存在不同的认识,联合国贸易法委员会编写的法律指南也指出其存在的差异。[①] 如果特许经营者是国外法人或经济组织,那么 PPP 协议还将涉及是国内协议还是国际协议问题之争,进而也将涉及 PPP 协议是适用国内法还是适用外国法的法律适用问题。如此可见,对 PPP 协议的定性不同,则将产生协议适用的法律规则、法律适用、救济途径和争议解决等方面不同的选择,将直接涉及特许经营者权益维护和社会公众的公用权、共益权保障救济等问题。

主张将 PPP 协议定性为私法意义上的合同或契约,其主要理由认为 PPP 协议中双方主体处于平等的法律地位。尽管政府这一方实施 PPP 项目作了许多前置性审批程序,但其审批内容无非是 PPP 协议条款中的标的等事项内容,这恰恰是民事合同中的邀约邀请内容。PPP 协议另一方主体依自愿原则,应对

---

① 参见湛中乐、刘书燃:《PPP 协议中的法律问题辨析》,载《法学》2007 年第 3 期。

上述邀约邀请发出有意向参与特许经营项目建设、经营、管理和提供服务的邀约，经过招投标或竞争方式等公开公平程序，选中特许经营者，才最终签订PPP协议。如此程序充分尊重市场竞争规则，当事人双方都有签约自由，这与民事合同意思自治原则完全吻合。其实，还有一个更务实的理由便是，将PPP协议定性为私法意义上的合同或契约，将更加有利于特许经营者通过私法救济途径，维护和保障其特许经营的合法权益。因为尽管目前我国法院已设有行政审判庭，可以适用行政诉讼法审理行政案件，但事实上现行的行政诉讼程序适用于行政合同纠纷时，仍存在许多障碍，特许经营者能否因PPP协议纠纷提起诉讼，仍未有相关依据。《管理办法》第51条所指也仅仅是具体行政行为侵犯特许经营者合法权益，并非是PPP协议纠纷问题。[①] 特许经营者若能启动私法救济途径，则更加便捷和实惠了，这也与特许经营者立场观点相吻合。

主张将PPP协议定性为公法意义上的合同或契约，其主要理由认为PPP协议中有一方是政府，使PPP协议双方主体处于不平等法律地位。政府在PPP协议中享有强势特权，是政府特权许可经营者经营管理和提供公共产品服务，政府在PPP协议中具有双重身份，既是协议订立当事人，同时又是协议履行的监督者，是PPP项目中的公共利益维护者。再者，订立和履行PPP协议的根本目的在于建设和管理公共基础设施，经营公用事业，最终服务社会公众。政府许可特许经营者经营，只许可其在有利或微利条件下，去实现社会公众共益和国家利益。如此可见，PPP协议实质上是行政管理的形式和手段，是一种行政合同。同时，由于PPP项目通常涉及水、电、交通、卫生等基础设施、公用事业或公共服务，政府对特许经营者的经营活动享有监督检查权，在法定情形或特殊情况下，即使不属于PPP协议所列收回特许权情形范围，只要合乎公共利益需要，政府仍有权提前收回特许项目，这是民事合同所不能容忍的单方解除情形。这足以表明，PPP协议根本不是私法意义上的合同或契约，尽管政府也应承担因行使行政权，单方解除PPP协议而必须依约给予投资人一定补偿或赔偿的义务，但这种补偿或赔偿却不是民事意义上的协商确定，往往是政府单方规定标准和程序，特许经营者诉求无门。事实上，若据此将PPP协议定性为行政合同，其表面理由似乎很充分，其实则不然。因为行政合同的根本实质，在于行政主体与行政相对人之间的双方行为，是行政主体的特殊行政行为、弱权力行政行为、弱强制性行政行为和弹性行政方式。而若将PPP协议特许经营者定位为行政相对人，

① 国家发展和改革委员会、财政部、交通运输部等2015年4月25日发布《基础设施和公用事业特许经营管理办法》，第51条规定："特许经营者认为行政机关作出的具体行政行为侵犯其合法权益的，有陈述、申辩的权利，并可以依法提起行政复议或者行政诉讼"。

既不公平,也不切合实际,更缺乏相应法律依据。传统意义上主体对等与否,成为界定是否是行政合同的重要标准,如德国行政法鼻祖奥托·梅耶(Otto Mayer)认为在公法领域国家与公民签订合同是不可能的,因为合同以法律主体对等为前提,而公法却因国家的优越地位而得以确定。[①] 然而,如今行政合同得以广泛应用,得益于行政民主化发展迅猛,行政机关依据其法定权限,通过契约形式,主动实施行政目标。事实上,许多法律法规已明文规定,必须采用合同方式代替行政命令。因此,在依法行政理念和符合行政目的性原则的支配下,契约自由在行政契约中的适用空间要受到一定的限制,但没有从实质上被否定。[②] 如此之下,PPP 协议属性甄别难度加大了。

行政法学者看来,PPP 协议属于行政合同的一种。其理由是法国和日本等国家都主张如此,且已有立法和司法上的例证。[③] 在美国,即使政府采购也认为是政府合同最常应用的领域,联邦法院已经将行政法原理适用于政府采购的特殊情形,并使其成为政府合同的单独判例法。将 PPP 协议作为一种行政合同,打破了私法对合同的“独占”,融化了大陆法系公法和私法之间的划界,并努力将现代行政国家冠之以“契约国家”称号。[④] 在界定 PPP 协议属性问题上,提出三个标准情形,足以判定其属性为新的行政合同种类。[⑤] 这种主张和分析,有一定法理依据,也意识到行政权的社会化和私人化发展趋势,具有相应的法律价值。然而,如此主张仍存有困惑。在 PPP 协议中,行政权特许引入私人等社会资本介入公共产品领域,并不是政府实施机构简单凭借行政权或授权参与订立 PPP 协议,更重要的是政府实施机构借机通过订立和履行 PPP 协议,实现干预国家基础设施、公用事业和公共产品的经营管理事务活动。其直接干预行为,更准确的表达是政府参与微观经济活动,实现政府有形之手干预、调控、引导或协调经济活动。PPP 协议的初衷和归宿,既不是化解政府基础设施和公用事业的巨额债务,盘活市场经济活力,也不是满足特许经营者盈利追求,而是最大化和最优化满足社会公众对基础设施、公用事业等公共产品服务水平的需求,体现出经济法公法属性价值所在,这也是社会公共利益所需。维护社会公共利益,是经济法

---

① 参见〔德〕哈特穆特·毛雷尔:《行政法总论》,高家伟译,法律出版社 2000 年版,第 360 页。

② 参见余凌云:《行政契约论》,中国人民大学出版社 2000 年第 1 版,第 25 页。

③ 转引自应松年:《当代中国行政法》(下卷),中国方正出版社 2005 年版,第 1004 页。

④ 参见〔美〕朱迪·弗里曼:《合作治理与新行政法》,毕洪海、陈标冲译,商务印书馆 2010 年版,第 493 页。

⑤ 参见李霞:《论特许经营合同的法律性质》,载《行政法学研究》2015 年第 1 期。即以行政主体作为缔约一方的合同有以下三种情形之一,应认为属于行政合同:存在行政主体滥用事实和法律上的优势地位,以合同方式侵害相对方合法权益之虞的;存在行政主体以合同方式试图“遁入私法”,逃避公法规制,出卖公权以谋私利之虞的;公民、法人或其他组织在利用公共资源的过程中有值得保护的公平竞争权益的。

的重要理念，却不是唯一的理念，也不是经济法的宗旨。[①] 基于此，主张 PPP 协议具有经济法属性的合同，也是有充分的经济法理论依据的，也是政府转变管理服务理念，向社会力量购买服务所需，这将更加适应和迎合基础设施和公用事业特许经营活动发展需要。

二、特许经营协议特性的经济法释义

PPP 模式将所有者、经营者、管理者和受益者等主体之间的权利义务，通过 PPP 协议维系起来，在强调基于受益者最低最基本的公共利益和服务秩序要求之下，并规制和调节经营者、管理者所涉及基础设施和公用事业的投资、经营、管理和服务受益等事项的权利、义务和商业利益等。PPP 模式最为核心的是特许经营协议，正因为如此，《管理办法》用了 2/3 篇幅，即第 9—40 条专门规定有关特许经营协议的内容，足见特许经营协议的重要性和影响力。《管理办法》第 3 条所界定的“基础设施和公用事业特许经营”，是指政府采用竞争方式依法授权中华人民共和国境内外的法人或者其他组织，通过协议明确权利义务和风险分担，约定其在一定期限和范围内投资建设运营基础设施和公用事业并获得收益，提供公共产品或者公共服务。据此权所签署的协议即是特许经营协议，具体指政府或代表政府的授权机构，提供竞争方式与我国境内外的法人或其他组织签订，规定特别许可其投资建设运营基础设施和公用事业，向社会公众提供所规定的服务活动，并明确依约收取经营管理所得收益和经营管理服务活动期限等内容的协议。它实际上是对任何一种公共部门和私人部门之间达成的特许经营协议的统称，也可视其为是公共部门把服务外包给私人部门的一种形式，具体包括公用事业特许经营、设立合资企业、合同承包、管理者收购、管理合同等。[②] 实质上，PPP 协议系由政府授权许可私人在一定期限内建设、经营政府专属的公共基础设施并获得合理收益，特许期满后将项目设施无偿移交政府的契约文件或合同。要真正了解掌握 PPP 协议的法律内涵，可从以下几点着手：

一是 PPP 协议主体资格的显形主体和隐性主体问题。《管理办法》第 9 条和第 11 条明确规定，县级人民政府有关行业主管部门或政府授权部门，可以作为 PPP 特许经营项目建议提出部门，并负责提出特许经营项目实施方案，可以委托具有相应能力和经验的第三方机构，开展特许经营可行性评估，完善特许经

---

① 参见杨紫烜：《国家协调论》，北京大学出版社 2009 年版，第 340—341 页。经济法的宗旨是，维护市场经济秩序，防止和消除经济运行中的总量失衡和结构失调，优化资源配置，保障国家经济安全，推动经济发展和社会进步，以实现经济法主体利益的协调发展。

② 参见余晖、秦虹主编：《公私合作制的中国试验》，上海人民出版社 2005 年版，第 36 页。

营项目实施方案。在具体参与 PPP 协议签订主体上,第 14 条规定,县级以上人民政府应当授权有关部门或单位,作为实施机构,具体负责特许经营项目有关实施工作,并明确具体授权范围。由此可见,我国 PPP 协议签订的政府机构这一方主体资格限定较少,只要能经县级以上人民政府有关行业主管部门或政府授权部门,即可作为 PPP 特许项目建议提出部门。事实上,特许项目提出部门,仍未必是 PPP 协议签约主体,真正签约的显形主体是获得县级以上人民政府授权有关部门或单位,作为特许项目实施机构。作为 PPP 特许项目真正决定权和提出权的机构部门,却不是显形的签约主体,而成了具有实质权限的隐性主体,这将成为我国 PPP 协议政府这一方主体特色。依《管理办法》第五章"监督管理和公共利益保障"规定,县级以上审计机关应当依法对特许经营活动进行审计,并接受社会公众监督。尽管不能因此主张县级以上审计机关为 PPP 协议政府这一方的隐性主体,但其监督作用将影响到 PPP 项目营运持续性,甚至还直接引发变更特许经营者。关于 PPP 协议特许经营者主体资格,《操作指南》和《指导意见》均未作出具体明确的规定或限定性条件情形的规定。但是《管理办法》第 15 条规定:"实施机构根据经审定的特许经营项目实施方案,应当通过招标、竞争性谈判等竞争方式选择特许经营者"。至于特许经营者条件和要求,则规定"应当通过招标方式选择特许经营者"。关于是否要求成立特许经营项目公司,则在第 16 条规定"实施机构应当在招标或谈判文件中载明"。依《管理办法》第 3 条有关 PPP 的内涵界定,签订 PPP 协议的特许经营者是获得依法授权的我国境内外的法人或者其他组织,应当符合内外资准入等有关法律、行政法规规定。

二是 PPP 协议客体对象的公共性和秩序性问题。PPP 协议所涉及特许经营的客体是能源、交通运输、水利、环境保护、市政工程等基础设施和公用事业,根据《指导意见》所列项目,主要是政府负有提供责任又适宜市场化运作的公共服务、基础设施类项目。具体如燃气、供电、供水、供热、污水及垃圾处理等市政设施,公路、铁路、机场、城市轨道交通等交通设施,医疗、旅游、教育培训、健康养老等公共服务项目,以及水利、资源环境和生态保护等项目,各地的新建市政工程以及新型城镇化试点项目等等。PPP 协议所适用的这些特许经营项目,都具有公共性,其产品服务内容与私人产品服务内容有根本差异,其目标在于满足社会民众对公共领域服务的大众化需求,也是政府满足公众公共需求的社会公共责任和义务。特许经营项目的公共性,不能因为政府通过 PPP 协议形式,将责任和义务转移给特许经营者而灭失。相反,更要强化特许经营者确保所经营项目的公共需求责任和义务。同时,明确政府对特许经营者实施 PPP 协议的监督责任。为了保障社会公众对特许经营项目的公共服务需求,有必要设置相应程序规则,确保和维护特许经营项目的公共性,即要求政府提供特许经营 PPP 项目要遵循“公开、公平、公正”原则，签订PPP协议有序公开，信息透明，广泛吸纳公众参与，接受社会监督，杜绝“暗箱操作”。在确定和编制PPP项目实施方案、特许经营可行性评估、招标方式选择特许经营者、特许经营协议内容公示等，更需严格依法定程序而行，充分彰显订立PPP协议合法性、程序性和正当性。

三是PPP协议具体权责利的保障性和限定性问题。PPP协议所涉及政府与特许经营者之间权利义务、责任和利益等事项，由于PPP协议所涉及标的是公共产品，具有共益性，政府对其负有法定监管职责，并保障其正常运行和发挥其公共服务功能。特许经营者依PPP协议获得公共产品经营管理权，负有提供公共产品的正常服务活动的义务，并相应享有经营管理服务受益所得，有权抗辩PPP协议之外所增列权益限定。在PPP协议中，政府给予特许经营者享有一般市场经营者所无法享有的特权优惠，使特许经营权益得到相应持续稳定的保障。如《管理办法》第21条规定：“政府可以在特许经营协议中就防止不必要的同类竞争性项目建设、必要合理的财政补贴、有关配套公共服务和基础设施的提供等内容作出承诺，但不得承诺固定投资回报和其他法律、行政法规禁止的事项。”政府不仅通过PPP协议约定，许可特许经营者向公共产品用户收费等方式取得收益，而且还给予特许经营者在产业发展基金、融资方面的政策倾斜扶持，如第24条明确规定国家鼓励通过设立产业基金等形式入股，提供特许经营项目资本金等，以调动特许经营者投资经营服务的积极性，使特许经营者利益得到相应保障，最终确保特许经营者提供优质、持续、高效、安全的公共产品或者公共服务。同时，在PPP协议中，政府享有应有的行政特权，对特许经营项目负有单方强制性监管权，督促特许经营者依PPP协议和相关法规，履行提供公共产品服务义务，对特许经营者作出限定性规定。然而，《管理办法》对此规定较少，甚至还不如此前地方法规规定，如北京市有关的地方法规对此有详细规定。[①] 基于公共利益的需要和公共产品的公益性优先理念，有必要强化政府此方面的权限和执法责任。

四是PPP协议订立履行中的公众参与性和监督性问题。一般协议订立履行只存在双方主体，而PPP协议却存在较为突出的是公众参与的问题。由于PPP协议标的的公共产品属性，政府对其负有特别监管权，使PPP协议主体具有非对等性，特许项目实施机构与特许经营者在订立和履行PPP协议过程中，都要吸纳公众参与，实现程序公平正义，体现公众民意性，彰显公共产品的共益价值。在如何发挥和扩大公众参与PPP协议订立和履行活动作用问题上，《指

① 《北京市城市基础设施特许经营条例(2005修正)》第32、35、40、41条等，分别就行政部门对特许经营者的监督检查权、制裁权、单方终止权等作了相关规定。

导意见》和《操作指南》都未能作出相关规定。《管理办法》第4条第4款“兼顾经营性和公益性平衡,维护公共利益”的原则性规定,强调PPP协议内容宗旨的公众性。将特许项目的提出部门与实施机构分离,引入和委托具有相应能力和经验的第三方机构进行特许经营可行性评估,并通过招标方式选择特许经营者,而且规定向社会公示依法选定的特许经营者。《管理办法》不仅要求PPP协议订立过程如此,而且还规定履行过程应当依法对特许经营活动进行审计,并定期对特许经营项目建设运营情况进行监测分析,要求将社会公众意见作为监测分析和绩效评价的重要内容。明确政府应当将PPP项目的有关政策措施等信息向社会公开,社会公众有权对特许经营活动进行监督等。这些规定集中体现出订立和履行PPP协议中公众参与的重要性和监督作用,但仍未能详细规定公众参与的具体环节、作法和措施。事实上,针对PPP协议不同标的客体,公众积极性也有差异,如经营性项目、准经营性项目和非经营性项目,其公众参与程度要求也该有所不同,这都有待进一步明确和完善。

三、特许经营协议利益的经济法协调

PPP模式是公共服务供给机制的重大创新,即政府采取竞争性方式择优选择具有投资、运营管理能力的社会资本,双方按照平等协商原则订立合同,明确责权利关系,由社会资本提供公共服务。它既能有效推进政府转变职能,实现政企分开、政商分开,又能更好地打破行业准入限制,引入特许经营者,激发经济活力和创造力,还能提高财政资金使用效益等,促进有助于提升公共服务的供给质量和效率,实现公共利益最大化。正是如此,从PPP项目提出部门、编制项目方案、第三方机构可行性评估、项目实施方案、招标等竞争方式选择特许经营者、向社会公示特许经营者,到PPP协议签订、履行,再到PPP协议监督管理、公共利益保障及争议解决等过程当中,政府放开公共产品服务市场,引入特许经营者,实施PPP项目模式,实现PPP协议法律价值。

在经济法视野中,政府推行并与特许经营者订立PPP协议,保持随时监督特许经营者的立场态势。在PPP协议中,政府既当指挥员,又当运动员,还当裁判员,其角色立场不定,似乎违背“守夜人”职责。进入21世纪,现代国家的职能和角色已走出了“守夜人”局限,市场失灵需要国家以社会利益为本位而对经济进行积极干预,社会高度经济化和经济高度社会化迫使国家卸下“暴力的面具”

而与私人合作发展，政府采取合同形式进行经济调节已成为新常态。[①] 这使PPP协议直接体现政府意志，由政府规定基本合同条件为协议主要内容，并以经济法的理念、原则、宗旨和价值来指导缔约、履行、监管及其纠纷解决等。PPP协议订立主体、内容、客体及其诸要件等，较集中地反映和体现了经济法的价值光芒，展示经济法规制PPP协议的主要价值和规范特许经营者权利义务的特色之处，并在如下方面探寻和协调诸关系之间的价值平衡：

一是PPP协议中政府权力与私人利益之间的价值协调。国家治理，重在政府治理。政府治理先治权，打造政府政务服务“四单一网”将成为核心内容。[②] 实施PPP模式，通过特许经营、购买服务、股权合作等方式，助推政府放权，转型服务，从公共产品的直接“提供者”转变为社会资本的“合作者”以及PPP项目的“监管者”，最大化发挥市场配置决定性作用。通过PPP协议，政府权力与私人利益优势互补，相互融合，促进投资主体多元化，发展混合所有制经济，实现利益共享。政府在PPP协议中权势至高，从PPP项目提出、可行性评估、特许经营者选取、履行及其变更等环节，都有强权，社会私人资本处于弱势状态。若不给予特许经营者更多惠顾和利益，则难以签订PPP协议。正是如此，《管理办法》第10条规定了特许经营项目实施方案，第18条规定了PPP协议应当有“政府承诺和保障”内容，尤其是第19、20、21、22、23、24、25条等就收费、调价、涉及垄断与反垄断竞争措施、申办手续程序、信贷政策、产业基金融资、财政扶持措施等事项，还专门向特许经营者作倾斜性或保障性规定。此意在于多方式满足特许经营者利益需求，实现PPP协议双方主体利益的协调与平衡。这些措施充分彰显经济法手段和机制，在促进特许经营者介入PPP项目方面的激励效益和价值功能。私人资本对其利益最大化的需求，是经济法维护社会整体利益发展的重要动能和策源地。通过规制政府权限及程序，限制或刺激某些私人资本，给予和保障其个体经营盈利自由，则会极大地促进和推动经济法的社会整体利益发展。因此，PPP协议寻求政府权力有限与私人利益之间的价值平衡，是经济法协调机制的重要功能。同时，还要将PPP协议订立、履行和监督机制公开化、透明化，严防政府权力寻租和权力腐败。

二是PPP协议中社会资本和公共利益之间的价值协调。社会资本是市场经济运行的重要因素之一，其利益性和流动性是相互的，简单通过行政权划拨和设限规制其倾向性，有悖市场配置决定性作用要求。“社会公共利益作为经济法

① 参见陈鑫艳、林树杰：《风电特许权协议研究》，载《郑州大学学报》（哲学社会科学版）2012年第1期。

② 参见《浙江发布全国首张政府责任清单》，载《人民日报》2014年11月2日。“四单一网”，即权力清单、责任清单、企业投资负面清单、财政专项资金管理清单和政务服务网，成为政府治理的重要内容。

所追求的价值,是经济法的终极目的所在。追逐私人利益是人的本性,这种本性不应根除但必须有所约束,否则,就会蜕变为洪水猛兽,破坏社会公共利益”[①]。PPP 模式的核心内容,就是引入社会资本,让国有资本与社会私人资本共舞,通过政府权力运行调控及监管,依据相关法律法规规定,共同接受 PPP 协议约定,实现基础设施、公用事业和公共产品服务等公共利益最大化。为此,《管理办法》一方面给予特许经营者享有 PPP 项目合法权益和救济保障机制的同时,另一方面防止特许经营者唯利是图,损伤社会公共利益。如属第 38 条规定情形,政府可以提前终止协议。[②] 此条旨意在于明确政府基于社会公共利益需要,有权采取单方终止 PPP 协议的行为,彰显公共利益价值的重要性。但就目前第 38 条所规定内容,与《北京市城市基础设施特许经营条例(2005 修正)》的相关内容相比,已显倒退之势,政府干预和限定私人资本利益追求难度更大了,这值得反思《管理办法》的初衷。作为经济法价值之一的社会公共利益,是一种整体利益、公众利益、公平利益和社会福利的综合利益。社会私人资本利益最大化,是社会公共利益的天敌,调和与协调两者之间的矛盾,实现相对和谐的平衡,则是经济法所追求和实施的要务。

三是 PPP 协议中特许经营者自主权与政府公权之间的价值协调。十八大以来,我国实施简政放权,转变职能,深化行政体制改革,建立权力清单制度,目的在于明晰行政机构设置、职能定位、职责分工、运行机制,防治权力“越位”“缺位”“叠位”“寻租”等问题。[③] 政府治理,关键是规范政府权力。权力无边,权欲难控。政府公权过大,将会损伤经营主体权益,挫伤经营主体积极性。应赋予、确认、维护和保障市场主体自主权,政府也应转变职能和服务市场主体的根本要求。政府履行五种职能,应限制在法律所规定的领域和范围。原先市场提供不了的某些公共产品,现在市场可能有能力提供了,政府也要适时退出领域。[④] PPP 特许经营者参与公共产品经营服务,应有其经营自主权,赋予其享有内部事务管理和经营自主权,《管理办法》第 27 条虽涉及特许经营者合法权益保护,不得干涉其合法经营活动,但该条内容过于单薄,缺乏许多具体款项实质性规

① 参见邱本:《经济法总论》,法律出版社 2007 年版,第 193 页。

② 《基础设施和公用事业特许经营管理办法》第 38 条规定:“在特许经营期限内,因特许经营协议一方严重违约或不可抗力等原因,导致特许经营者无法继续履行协议约定义务,或者出现特许经营协议约定的提前终止协议情形的,在与债权人协商一致后,可以提前终止协议。特许经营协议提前终止的,政府应当收回特许经营项目,并根据实际情况和协议约定给予原特许经营者相应补偿。”

③ 参见刘云亮:《权力清单视野下规制政府有形之手的导向研究》,载《政法论丛》2015 年第 1 期。

④ 参见顾功耘:《政府在经济治理中的职能》,载张守文主编:《经济法研究》第 15 卷,北京大学出版社 2015 年版,第 25—29 页。政府履行五种职能:宏观调控、秩序规制、国有参与、涉外管制和市场监督职能。

定，极容易发生政府相关部门借社会公共利益所需，随意提出修订、终止 PPP 协议或拒认特许经营者投入等侵害情形。建议修订《管理办法》，更多考虑此方面因素，维护和保障特许经营者自主权等权益。同时，由于 PPP 项目特殊性，与政府一方相比，特许经营者天生弱势，项目外部环境复杂性、不确定性，信息的不对称性和不完全性，PPP 协议很难完善。[①] 当发生 PPP 协议争议纠纷时，特许经营者自主权等权益受损维权难度特大，这需要修订《管理办法》相关条款，从特许经营者知情权、抗辩权、举证倒置权等方面，给予更多便捷的维权空间。当前，政府鼓励向社会购买服务，力推 PPP 项目，在特许经营者自主权与政府公权之间的价值取向上，有必要向特许经营者作出政策价值导向适当倾斜，便于鼓励发展和拓宽 PPP 项目适用领域。

四是 PPP 协议中特许经营权与反垄断豁免之间的价值协调。PPP 项目具有特殊性，它不同于一般建设经营服务项目，PPP 协议客体对象具有公益性，专属政府经营管理的公共基础设施的建设经营管理权，其服务内容和对象也有专营性要求。PPP 特许经营者要取得基础设施和公用事业的经营管理服务权，必须得到政府特许，并通过 PPP 协议明确所承担的公共义务，且无条件接受政府和社会公众监管。显然，PPP 协议核心内容是许可特许经营者对基础设施和公用事业的特许经营权，排斥其他未经许可的主体从事经营活动，并许可其有一定特权。如《管理办法》第 21 条所规定明确政府通过 PPP 协议承诺防止不必要的同类竞争性项目建设，给予合理的财政补贴，并提供 PPP 项目有关配套设施等单方条件，其意涉嫌许诺排除其他同类竞争行为活动，给予特许经营者有足够的经营盈利空间，即列入适用反垄断豁免情形。正是如此，《管理办法》在 PPP 项目运行程序上，就已经规划设置严密分立的程序，将项目方案提出机构、第三方评估机构、项目审批机构、项目实施部门（PPP 签约机构）等都分立，其目的为确保通过竞争方式，公开公平公正地选取特许经营者，排斥其他经营者，以便赋予其特许经营权。《管理办法》第 4 条"保护社会资本合法权益，保证特许经营持续性和稳定性"的规定，更是明确特许经营者稳定性及其特许经营期限持续性，依法保护合法特许经营，排斥非法经营，这已是不言而喻地摆平特许经营权与反垄断豁免之间的价值平衡。

政府不断加大简政放权，转变职能，激活市场主体活力，并积极推进基础设施、公用事业等公共产品服务社会化，向社会力量购买服务。随着《管理办法》的实施，政府不断向市场释放特许经营的公共资源，直接向社会公众提供的一部分公共服务事项，依序回归由市场配置，充分发挥市场配置决定性作用，正确厘清

---

① 参见石绍斌：《我国公用事业特许经营相关问题研究》，载《社会科学研究》2012 年第 1 期。

政府与市场关系。政府配置与市场配置存在“异面性”,两者并非同一平面上的非此即彼的关系,因为市场是基于私利、效益而配置资源的系统,政府是基于公益、公正而配置资源的系统。[①] PPP 项目,系政府放权的公共资源,根本目的是吸引社会资本,搞活市场。通过竞争方式,签订 PPP 协议,让市场配置选择特许经营者,发挥市场机制作用,提升公共服务的供给质量和效率,实现公共利益最大化。《管理办法》仍存在许多不足,PPP 协议更有待细化和格式化,提议进一步修订,并在实施中不断完善,尽快能将其上升到立法层面,出台《基础设施和公用事业特许经营法》,以法律形式,创新和完善公共服务供给模式,确认和建立我国基础设施、公用事业和公共产品特许经营管理的法律制度,防范、缓解和化解政府基础设施投资性债务风险,以便实现我国基础设施、公用事业和公共产品的公共利益最大化。

---

① 参见张守文:《政府与市场关系的法律调整》,载《中国法学》2014 年第 5 期。

公私合作制中的政府职责

PPP模式中的政府定位

邢会强*

公私合作模式（public-private partnership，PPP）是指公共部门与私人部门为提供公共产品或服务，以特许经营协议为基础，彼此之间形成的一种伙伴合作关系。作为市场经济国家普遍运用的一种公共服务供给方式，PPP不仅有助于缓解财政压力，增加、改善和优化公共产品和服务供给，提高财政资金使用效率，更是充分发挥市场在资源配置中的决定性作用，转变政府职能、提升国家治理能力的一次体制与机制变革。[①] 因此，将PPP简单地视为财政压力下的单纯融资行为是片面且错误的。既然PPP是政府转变职能、提升国家治理能力的体制与机制变革，在此背景下研究政府在其中的定位便具有了理论与实践意义。

---

* 邢会强：中央财经大学法学院教授，法学博士。

① 参见财政部《关于推广运用政府和社会资本合作模式有关问题的通知》（财金[2014]76号）

一、理论基础的嬗变:从传统公共物品理论到交易成本公共物品理论

(一) 交易成本公共物品理论的提出

财政(法)学和经济(法)学一般均认为财政存在的必要性在于外部性理论以及在此基础上提出的传统公共物品理论。该理论目前充斥于国内外的教科书,认为产品按照是否具有消费的排他性和竞争性,可分为私人产品(private goods)和公共产品(public goods);私人产品具有排他性和竞争性,公共产品具有非排他性和非竞争性。而公共产品的特性易生“搭便车”问题,致价格制度难以有效运作,使得私人或市场普遍不愿意提供公共产品,由此出现“市场失灵”,故此,公共产品只能由政府来提供。

其实,财政(法)学的经济学理论基础不在于外部性,而在于解决外部性的交易成本的高低,这也是笔者提出“交易成本公共物品理论”的主因。[①] 具言之,政府应以更低的交易费用提供公共物品,而提供公共物品的目的在于降低整个社会的交易费用。财政和财政法的主要职能是降低整个社会的交易费用,而非所谓的教条式地“提供公共物品”。故在决定某一类物品由谁提供时,政府应该作这样的思考:该物品由私人提供和由国家提供,哪一种方式的交易费用更低?回答当然是选择成本较低的提供方式。在无法进行比较或比较难以得出结论时,应当先允许两种提供方式同时存在,而不是随意扼杀市场提供的方式。[②]

交易成本公共物品理论将公共物品视为一个动态而非静态的概念,反对贴标签,更反对借“私人不愿提供公共物品”之名而行垄断之实,武断地不允许市场提供,这只会使该物品的制度成本增加。在西方一些国家,鉴于政府垄断公共物品的供给所造成的服务质量低劣和人们对其的日益诟病,在公共行政改革的潮流中,出现了在公共物品提供领域引入市场竞争机制以提高质量、降低成本的放松规制趋势,新公共管理理论因此而生。

交易成本公共物品理论与新公共管理理论具有一定的共识。与传统的公共行政理论认为政府应提供所有公共产品不同,新公共管理理论则将公共产品区分为核心公共产品与混合公共产品。核心公共产品只能由政府提供和生产,混合公共产品则可由私人部门与非政府组织参与提供。即使存在着市场失灵,也

① 参见邢会强:《走向规则的经济法原理》,法律出版社 2015 年版,第 68 页。

② 参见邢会强:《财政法的经济学根基——交易成本公共产品理论的提出》,载《政法论丛》2012 年第 1 期。

并不意味着须由政府干预，政府应与市场形成合作关系从而纠正市场的失灵，而非取代市场。[①] 交易成本公共物品理论与新公共管理理论都反对武断地将公共产品的提供委之于政府。同时，交易成本公共物品理论又与新公共管理理论存在一定的区别。新公共管理理论认为核心公共物品只能由政府提供，但交易成本公共产品理论认为，完全同时满足非排他性和非竞争性两个条件的产品是所谓"纯公共产品"仅是一种理论的抽象，在现实中并不多见，因此，并不承认所谓的"核心公共产品"的概念；无论是哪一类公共产品都应在交易成本比较的基础上，再得出由何者提供的结论。因此，即使是所谓的"混合公共产品"，鉴于各国各地的实际情况不同，交易成本公共物品理论也反对"一 PPP 就灵"，反对一哄而起，一拥而上，而是主张认真分析、科学评价和慎重抉择。

（二）PPP 模式是交易成本公共物品理论在实践中的典型运用

PPP 模式显然是交易成本公共物品理论在现实中得以运用的有力证明之一。PPP 模式的前提假定是，在基础设施及公共服务项目规划和决策过程中，政府不能主观偏好某种采购模式，既不假设公共部门是最佳供给方，也不假设社会资本是最佳供给方，而应科学合理地评估不同的采购模式，将全生命周期内的全部成本及风险等因素皆考虑在内，比较哪一种模式能够更经济、更有效地提供基础设施及公共服务。如果社会资本能比政府更经济、更有效地实施，且可通过公共利益检验，就应邀请其提供基础设施及公共服务。[②]

这一评估主要是通过"物有所值"（value for money）评价来进行的。"物有所值"的提法源于 20 世纪 90 年代的英国。英国审计署把它定义为"最优化利用可用资源以获取想要的结果"，包含节约（economy）、效率（efficiency）和效果（Effectiveness）等内容。[③] PPP 模式下的"物有所值"是一个相对的概念，需将 PPP 模式与政府传统的采购模式进行比较，假设两种采购模式的效果相同，则比较投入的多少就可以判断哪种模式更能实现物有所值；假设两种采购模式的投入相同，则比较所获得的效果的好坏就可以判断哪种模式更物有所值。[④] 欧盟委员会也认为，只有合理预期 PPP 相对于传统采购模式更物有所值才运用

---

① 参见张志银：《公共产品与政府职能：以新公共管理运动为视角》，载《理论学刊》2007 年第 2 期。

② 参见财政部政府和社会资本合作中心编著：《PPP 物有所值研究》，中国商务出版社 2014 年版，第 1 页。

③ 资料来源：http://www. nao. grg. uk/successful-commissioniong/general-principlea/value—£or—money，2015 年 7 月 30 日访问。

④ 参见财政部政府和社会资本合作中心编著：《PPP 物有所值研究》，中国商务出版社 2014 年版，第 2 页。

PPP采购和实施项目。[①] 我国财政部发布的《政府和社会资本合作模式操作指南(试行)》(财金[2014]113号)第8条也规定财政部门(政府和社会资本合作中心)会同行业主管部门,从定性和定量两方面开展物有所值评价工作。定量评价工作由各地根据实际情况开展。定性评价重点关注项目采用政府和社会资本合作模式与采用政府传统采购模式相比能否增加供给、优化风险分配、提高运营效率、促进创新和公平竞争等。定量评价主要通过对政府和社会资本合作项目全生命周期内政府支出成本现值与公共部门比较值进行比较,计算项目的物有所值量值,判断政府和社会资本合作模式是否降低项目全生命周期成本。

PPP模式的本质在于政府资源与市场资源在数量、禀赋上的优势互补,并特别强调共赢理念、公平公正及风险共担,充分发挥政府部门与社会资本各自的优势。[②] PPP模式突破了公共物品产权关系的限制,提高了公共物品的供给效率,避免了公共物品垄断供给的风险,是交易成本公共物品理论在实践中的典型运用案例之一。

二、政府的定位:PPP模式中的政府既是合作者,又是监管者

在传统公共物品理论之下,政府是公共物品的垄断提供者,而在交易成本公共物品理论之下,政府不再是公共物品的垄断提供者,尤其是在PPP模式之下,政府应该转变角色,由公共物品的垄断提供者转变为合作者和监管者。[③]

(一)政府在PPP模式中的合作者地位

PPP强调各个参与方平等协商的关系和机制,故伙伴关系是其首要特征,也是PPP项目的基础所在。[④] PPP模式通过重塑政府、社会资本和消费者之间的关系,打破了传统的政府与社会资本的边界,通过提供跨边界的公共服务,更好地满足了公共市场上的多元化需求。[⑤] 作为一种体制与机制性变革,PPP模式必须以市场运作、平等协商、风险分担、互利共赢为指导原则,社会资本不能沦

① See Directorate-General Regional Policy, Guideline for Successful Public-Private Partnerships, European Commission, 2003.

② 参见陈辉编著:《PPP模式手册:政府与社会资本合作理论方法与实践操作》,知识产权出版社2015年版,第3页。

③ 需要说明的是,这里的“政府”是指抽象的政府,而非指某一个具体的政府部门。

④ 参见刘薇:《PPP模式理论阐释及其现实例证》,载《改革》2015年第1期。

⑤ 参见陈辉编著:《PPP模式手册:政府与社会资本合作理论方法与实践操作》,知识产权出版社2015年版,第2页。

为政府的"附庸",而是应具有与政府平等谈判协商的勇气与能力。政府与社会资本伙伴关系的定位,必然要求政府与非政府的市场主体在平等的基础上,以平等主体的身份,通过缔结相应的法律协议,建立起法律意义上的真正的合作伙伴关系;也必然要求缔结合同的当事人双方诚实守信,严格履约,恪守契约精神,未经对方同意,任何一方不得擅自解除合同。因此,"对PPP的定义,归根结底其实就是一句话:政府以订立合同的方式,充分利用社会资本方的钱、技术、人才和管理经验来提升公共服务供给的质量和效益。不光解决的是钱的问题,还有长远机制的问题。为什么政府要用合同的方式?在中国过去我们通常都是用文件,其实合同更多的是明确双方的责任划分。"[①]"红头文件"体现的是单方意志,公私合作合同则体现了缔约双方真实的意思表示和独立意志的合意,更有利于明确合同双方的权利义务关系及责任划分,也更有利于当事人遵守和执行合同。

不可否认,政府与社会资本合作伙伴关系对我国几千年来形成的封建"官场文化"带来了冲击,也对我国计划经济体制下形成的"政府主导社会"的传统观念提出了挑战。长期以来,政府在通过投资推动国民经济高速快速增长的实践中一直占据强势地位,形成了政府主导投资的观念和"强政府,弱社会"或"大政府,小社会"的格局。在此格局下,那些陈腐的传统观念在各级政府官员头脑中仍根深蒂固,这势必削弱社会资本参与PPP项目的热情,不利于PPP健康发展。

因此,在PPP模式之下,最根本的还是要求政府官员根本性转变观念,这是一场触及灵魂深处的革命,不仅需要道德与政治的教化,而且需要相应的体制、机制与法制的助推、促进、改革与保障。

(二)政府在PPP模式中的监管者地位

尽管政府不再是公共物品的垄断提供者,但提供公共物品的终极责任还在于政府。在此意义上,政府对PPP项目进行评价、选择和监测,以保证获政府授权的"特许经营者"所提供的服务满足社会公众的要求。评价、选择和监测可统称为"监管"。政府对PPP项目的监管是内生的,当然也需要通过协议或立法予以保障。

详言之,对PPP项目的监管主要分为三个阶段,一是项目的立项和特许经营者选择时期的准入监管;二是项目建设运营时期的绩效监管(包括质量、价格、服务水平和财务等方面的监管);三是项目退出监管。准入监管的目的在于剔除不能实现物有所值的PPP项目方案和特许经营者;绩效监管的目的在于解决市

---

① 阚晓西:《PPP新框架的设计和精髓》,http://www.cpppc.org/news/1045,2015年6月25日访问。

场失灵、普遍服务和绩效不符合要求等重要问题,以保护公众利益;[①]项目退出监管的目的在于善始善终,在持续满足公众对公共产品需求的前提下,实现社会公平。质量监管是绩效监管的重点。在PPP项目中,由私人部门提供公共物品,由于私人部门的趋利性和公共物品市场的垄断性,私人部门必然会通过降低质量来减少成本,以此获得超额利润。为了保证公共物品的质量,政府必须通过设定公共物品的质量标准来监管私人部门。[②] 价格监管与调节机制是绩效监管的关键,是PPP项目成败的关键所在。因特许经营期长达十几年甚至几十年,要求任何一方准确预测和独立承担特许经营期内的所有风险,既不现实也不公平,特别是那些没有完全控制能力的风险,如通胀、汇率、需求、材料价格/质量、利息等风险。因此,政府应根据不同的制度环境、风险和监管目标,采取不同的定价方式,并设立动态调节/调价机制,以保证政府与企业之间的长期动态公平。[③] 项目退出监管是PPP项目的"收官之作",在PPP项目特许经营期结束后,根据合同,私营部门都要无偿移交资产并退出经营。但由于在长达几十年的经营中,私营部门为保证符合标准、持续地提供服务,需要不断进行投资,在合同期满后,有部分资产是无偿移交,有部分资产是需要政府购买或者提供补偿,而且原来的经营者还有可能申请合同延期,此时,监管机构通常需要对经营者的资产进行检查、评估,决定哪些资产是属于无偿移交,哪些资产是需要补偿,以及如何确保项目的顺利移交,决定是否同意原经营者申请的合同延期。[④]

为了实现政府的上述监管功能,必须通过协议或立法授予相关监管机构(例如签订PPP合同的机构、财政部门或者PPP中心)定期从特许经营者处获取项目经营信息的权利,确保在项目全生命周期内都能够及时获得用于管理财政承诺的相关数据。[⑤] 此即监测性监管。

(三)风险分担与政府地位

政府在PPP模式中的监管者地位归因于提供公共物品的终极责任仍在政府,换言之,政府是剩余风险的兜底者。根据我国财政部发布的《政府和社会资本合作模式操作指南(试行)》,风险分配的基本框架是:按照风险分配优化、风险收益对等和风险可控等原则,综合考虑政府风险管理能力、项目回报机制和市场

① 参见王守清、刘婷:《PPP项目监管:国内外经验与政策建议》,载《地方财政研究》2014年第9期。

② 参见陆晓春、杜亚灵、岳凯、崔智鹏:《政府和社会资本合作(PPP)项目的监管问题研究》,载《天津经济》2014年第8期。

③ 参见王守清、刘婷:《PPP项目监管:国内外经验与政策建议》,载《地方财政研究》2014年第9期。

④ 参见徐霞、郑志林、周松:《PPP模式下的政府监管体制研究》,载《建筑经济》2009年第7期。

⑤ 参见世界银行集团编著:《PPP财政承诺管理》,财政部政府和社会资本合作中心编译,中国商务出版社2014年版,第33页。

风险管理能力等要素，在政府和社会资本间合理分配项目风险。原则上，项目设计、建造、财务和运营维护等商业风险由社会资本承担，法律、政策和最低需求等风险由政府承担，不可抗力等风险由政府和社会资本合理共担。这一风险分配基本框架与“汉德公式”是一致的，但“最低需求风险由政府承担”则体现了财政的“兜底责任”。财政的本质在于，它是公共风险的最终承担者。公共风险是指产生群体(或社会)影响，个人和企业无法承担的风险，也就是只能由政府承担的风险。在整个社会制度结构中，财政是防范公共风险的最后一道防线，即财政总是最后兜底。财政充当最后支付人，是一种质的规定性。①

在 PPP 模式中，政府不可避免地会进行各种显性或隐性的财政承诺。显性的财政承诺是明确的，只是支付的具体额度有时还不确定，这包括可行性缺口预付资金(upfront “viability gap” payment)、可用性付费(availability payment)、政府按单位结果付费(output-based payment)等，以及一些或有负债，如政府担保、不可抗力补偿等。隐性负债则是由道德义务或者公众期望而产生的非合同责任。例如，如果一个项目因政治、社会因素而不能失败，提供的服务也不能中断，那么政府即使没有法定承诺，仍要承担相关的支出责任，也就是说，“政府即使不救助项目公司，但不得不救助该项目。”②

政府分担 PPP 项目的风险，有的是通过合同的约定而事先明确的，有的则是行政行为或事实行为于事后实际承担的。在前一情况以及在显性承诺或担保的情况下，政府多以合作者的身份和平等主体的身份作出；但是，在后一情况以及在隐性承诺或担保的情况下，政府多以监管者的身份和不平等主体的身份作出。因此，在 PPP 项目风险的分担中，政府具有合作者与监管者双重身份。

三、法律的作用：PPP 模式中政府作用的确认与保障

(一) 对政府在 PPP 模式中合作者地位的法律确认

第一，政府担保的合法性。在 PPP 项目中，政府的显性承诺和担保是不可避免且必要的，这有利于增强社会资本的投资信心，确保项目的顺利推进。例如，在中国第一个国家级批准的 PPP 项目——广西来宾 B 电厂项目中，中央政府和广西壮族自治区政府给予该项目很多担保，包括不可抗力担保、外汇兑换担

① 参见刘尚希、于国安主编：《地方政府或有负债：隐匿的财政风险》，中国财政经济出版社 2002 年版，第 3 页。

② 世界银行集团编著：《PPP 财政承诺管理》，财政部政府和社会资本合作中心编译，中国商务出版社 2014 年版，第 5—7 页。

保、政府过失和政治风险补偿等。但是,政府担保的合法性在我国却是无相应法律保障的。我国《担保法》第8条规定国家机关不得为保证人,但经国务院批准为使用外国政府或者国际经济组织贷款进行转贷的除外。第9条规定学校、幼儿园、医院等以公益为目的的事业单位、社会团体不得为保证人。最高人民法院《关于适用〈中华人民共和国担保法〉若干问题的解释》在此基础上作了扩张解释,其第3条规定,国家机关和以公益为目的的事业单位、社会团体违反法律规定提供担保的,担保合同无效。政府担保的合法性没有保障,势必影响社会资本参与PPP项目的热情,尽管财政部发布的《政府和社会资本合作模式操作指南(试行)》规定原则上法律与政策风险由政府承担,但是由于该指南的法律层级较低,"法律与政策风险"的含义模糊,尚不足以形成对政府担保合法性的有效保障。

在国外,政府为PPP项目提供的担保不少则是合法、有效的。例如,南非1999年的《公共财政管理法》(Public Finance Management Act 1999)第66条规定:"各部门(以及其他机构)不得……提供借款、担保、补偿或抵押,以及参与(可能)使机构或收入基金承担未来财务承诺的交易,但本法授权的借款、担保、补偿或抵押或其他交易除外。"在国家层级上,该法授权财政部长参与所有此类PPP项目交易,并由其通过书面文件授权其他部长提供担保、补偿或抵押。

因此,为了确保政府担保在PPP项目中的合法性,我国《担保法》和最高人民法院的上述司法解释需要为PPP项目而修正,明确规定国家机关和以公益为目的的事业单位在PPP项目中依照法定程序对社会资本方提供的担保是合法、有效的。而相关的PPP立法也要明确规定政府担保的法定程序,以给社会一个明确的预期。

第二,PPP合同的可仲裁性。PPP合同属于民事合同还是行政合同一直备受争议。因政府在PPP项目中具有合作者的地位,因此,PPP合同具有民事合同的特征,但又因政府在PPP项目中具有监管者的地位,故而PPP合同又与传统的平等主体之间的民事合同不完全相同,一些行政法学者认为其属于行政合同。限于篇幅,本文虽无意对此深究,但认为应明确和保障PPP合同的可仲裁性。我国财政部发布的《政府和社会资本合作模式操作指南(试行)》规定,在项目实施过程中,按照项目合同约定,项目实施机构、社会资本或项目公司可就发生争议且无法协商达成一致的事项,依法申请仲裁或提起民事诉讼。这肯定了PPP合同的可仲裁性,但根据我国《仲裁法》第2条,"平等主体的公民、法人和其他组织之间发生的合同纠纷和其他财产权益纠纷,可以仲裁",而根据该法第3条,"依法应当由行政机关处理的行政争议"不能仲裁。因此,目前在我国,PPP项目的可仲裁性仍存有法律争议。从全球范围来看,PPP项目争端的可仲裁性是国际惯例。例如，在英国、澳大利亚和我国香港特别行政区，PPP 项目争端是可以仲裁的，政府与私营机构被看成平等的主体，PPP 项目争端被看成普通的商业争端。

对此，我国应有较高层级的 PPP 立法来明确规定 PPP 合同的可仲裁性、可和解性，尽可能地使政府和社会资本方处于平等的民事主体地位。

(二) 对政府监管作用的法律保障

政府对 PPP 项目的监管属于权力，有权力就要被监督，否则易生腐败。而欲对权力进行有效监督，就离不开相应的法律保障。

第一，出台专门的 PPP 立法明确和保障政府的监管作用。我国目前缺乏专门的、层级较高的 PPP 立法。《国务院关于创新重点领域投融资机制鼓励社会投资的指导意见》(国发[2014]60 号)以及《国务院办公厅转发财政部、发展改革委、人民银行关于在公共服务领域推广政府和社会资本合作模式指导意见的通知》(国办发[2015]42 号)均不属于“行政法规”。国家发改委等六部委联合颁布的《基础设施和公用事业特许经营管理办法》及有关规范性文件[①]和财政部发布的一系列规范性文件，[②]不但法律层级较低，不能实质性地解决相应的法律障碍(如担保法障碍、仲裁法障碍等)，而且不少文件指导性与原则性强，可操作性与稳定性较弱，法律规范不完整，不便于为社会提供明确的、可预期的、执行性强的指引。

PPP 绝非某一部门之力可以推动，但仅就牵头部门财政部和发改委而言，由于所处立场与出发点不同，导致双方缺乏协调，各行其是，致实际操作者无所适从。例如，由发改委牵头起草的《招标投标法》和由财政部牵头起草的《政府采购法》早有冲突，PPP 项目究竟应该遵守哪一部法律所规定的程序呢？如果按照《招标投标法》的相关规定，投标人提交投标文件后几乎无权对文件进行修改，而事实上，PPP 项目的复杂程度和运用模式各异，确定合作方与合作方的实施方案都得经过多轮协商，为达到立项目的需要进行充分的谈判，故该规定并不能

---

① 例如，《关于开展政府和社会资本合作的指导意见》(发改投资[2014]2724 号)。

② 例如，《关于推广运用政府和社会资本合作模式有关问题的通知》(财金[2014]76 号)、《财政部关于政府和社会资本合作示范项目实施有关问题的通知》(财金[2014]112 号)、《关于印发政府和社会资本合作模式操作指南(试行)的通知》(财金[2014]113 号)、《关于规范政府和社会资本合作合同管理工作的通知》(财金[2014]156 号)、《关于印发〈政府和社会资本合作项目政府采购管理办法〉的通知》(财库[2014]215 号)、《财政部关于印发〈政府和社会资本合作项目财政承受能力论证指引〉的通知》(财金[2015]21 号)以及《关于推进水污染防治领域政府和社会资本合作的实施意见》(财建[2015]90 号)等。

提供充分的法律保障。[①]

故此,为保障PPP模式在全国范围内的有序推广和顺利推进,明确政府方与社会资本方以及其他参与方的权利义务,保障和规范政府监管权力的运用,防止权力滥用和不当行使,从而切实保障社会资本方和其他参与方的利益,有必要出台更高层级的专门的、综合性的PPP立法。鉴于PPP模式涉及的部门较多,现有法律障碍较多,笔者认为应由全国人大常委会制定专门的PPP立法——《政府和企业合作法》,这亦为目前财政部所力推。

第二,政府对PPP项目的监管应遵循透明度原则。监督最有效的办法是课以强制性的信息披露义务。世界银行学院的一项研究发现,信息自由立法是PPP合同披露最常见的法律基础。[②] 信息披露可以避免违法违规交易,提高PPP项目的公信力。对于PPP项目中存在的暗箱操作、私下收受贿赂、随意变更合同等行为,应建立严格的事后惩罚机制,这是治理政府官员和私人部门寻租行为的关键。对寻租行为的惩罚不仅仅指金钱处罚和资格处罚(利益型惩罚),更应包括违法违规信息的对外公开(信息型惩罚)。将违法违规的社会资本方、相关当事人以及政府官员的违法违规信息在相关诚信系统中向社会公布,能够通过"信号传递"、"声誉机制"惩罚、威慑、警戒违法违规者,从而起到既能惩戒既有的违法违规者(特殊预防),又能有效警示其他有违法违规企图之人放弃潜在的不法行为的警戒作用(一般预防)。

信息披露还可防范地方政府的短期行为。从实践角度看,PPP项目的期限往往会超过数届政府任期,下届政府官员由于政绩或其他不当诉求,很可能改变当地的发展战略,当违背合同能获得大于遵守合同的利益时,政府部门便可能会出现失信违约行为,故须建立政府投资信用约束机制,以保持政策的持续性和透明性。通过对PPP项目的信息公开,可实现对地方政府/部门财政风险和履约能力的监管,以制约政府权力并督促政府履约。[③]

但是,各国和地区对PPP项目信息披露具体内容的要求不尽相同。有的国家和地区在PPP法律中规定采购文件和合同要向公众披露,如巴西的一些省份;有的国家和地区要求强制公开PPP合同的摘要,如澳大利亚新南威尔士州;还有一些国家和地区的立法规定,如果风险可对财政状况产生实质影响,就应当披露有关的财政风险。世界银行集团也建议,各国不管是否公开PPP合同,都应该有对PPP合同信息的最低披露要求。在一些预算透明度较高的国家和地

① 参见冯捷:《新时期PPP热潮中的法律问题探析》,载《第十届中国经济法治论坛论文集(南京大学)》,2015年6月13日,第374页。

② See World Bank Institute, Disclosure of Project and Contract Information in PPPs, 2013.

③ 参见王守清、刘婷:《PPP项目监管:国内外经验与政策建议》,载《地方财政研究》2014年第9期。

区，即使 PPP 未确认计入政府资产负债表，通常也会在政府资产负债表的附注中予以披露，如澳大利亚。有的还规定了披露时限，如澳大利亚的维多利亚州规定，除去国有企业主导的项目，所有维多利亚 PPP 中心参与的 PPP 项目合同，均须在融资方案完成后的 3 个月内公布。我国《政府和社会资本合作模式操作指南（试行）》第 31 条规定，政府、社会资本或项目公司应依法公开披露项目相关信息，保障公众知情权，接受社会监督。社会资本或项目公司应披露项目产出的数量和质量、项目经营状况等信息。政府应公开不涉及国家秘密、商业秘密的政府和社会资本合作项目合同条款、绩效监测报告、中期评估报告和项目重大变更或终止情况等。社会公众及项目利益相关方发现项目存在违法、违约情形或公共产品和服务不达标准的，可向政府职能部门提请监督检查。但是，该规定操作性不强，信息披露的平台、时限以及违反信息披露的法律责任不健全，故仍有必要在较高层级的立法中明确上述内容。

四、结　　语

在当前新型的政府与市场关系背景下，PPP 模式的顺利推进为如何更好地发挥政府与市场作用提出了新命题。为了更好地发挥政府与市场的作用，必须清晰界定政府的定位。在 PPP 模式中，政府既是合作者，又是监管者，而不再是公共物品的垄断提供者。为此，政府应当切实转变角色，进行相应的体制与机制变革。为了保障 PPP 模式的规范发展与顺利推进，保障政府在 PPP 模式中的法律地位，充分发挥政府和市场的作用，有必要出台专门的、综合性的 PPP 立法，即《政府和社会资本合作法》。

但是，既有的 PPP 实践已暴露出政出多门、协调性差、科学性不足、执行力弱等弊端，导致了 PPP 的泛化和不严肃，已影响到中国 PPP 模式的声誉。故此，需珍惜当前 PPP 发展的良好机遇，站在国家战略、国家治理和国家软实力的角度，通过科学、民主、透明和精细的立法，通过对政府在 PPP 模式中的科学与精准定位，通过对法律的诚信执行，将我国建设成为一个 PPP 法律、政府和实践以及 PPP 发展的强国，并能够在国际上拥有 PPP 市场、标准、政策、法律、最佳实践的话语权和软实力。

（本文发表于《法学》2015 年第 11 期）

政府和社会资本合作(PPP)模式下政府职能重构

任　超*

政府和社会资本合作(Public-Private-Partnership,PPP),是指“政府通过特许经营权、合理定价、财政补贴等事先公开的收益约定规则,引入社会资本①参与城市基础设施等公益性事业投资和运营,以利益共享和风险共担为特征,发挥双方优势,提高公共产品或服务的质量和供给效率②。”该项模式的引入,是盘活存量项目的强心剂,是整合社会资本的良药,是激发市场活力的又一大举措,更是我国政府职能转变的契机,提升政府治理能力的过程,践行现代国家治理理念。本文着重讨论后者,在 PPP 模式对我国政府职能的影响。

一、PPP 模式下政府职能转变的理论基础

(一)有效政府理念

理念,是一种看法、思想,是一种观念。“有效政府”理念是在 17 世纪至 19 世纪盛行的“有限政府”、19 世纪末至 20 世纪中叶盛行的“有为政府”的基础上发展而来。有效政府不同于有限政府的“消极态度”,要求政府不过多干预市场、干预个人自由,充当“守夜人”的职能;亦不同于有为政府的“积极态度”,强调国

* 任超:华东政法大学副教授。

① 《政府和社会资本合作模式操作指南(试行)》(财[2014]113 号)第 2 条:社会资本是指已建立现代企业制度的境内外企业法人,但不包括本级政府所属融资平台公司及其他控股国有企业。

② 2015 年《政府工作报告》缩略词注释,社会资本。

家干预,克服市场失灵,维护社会公平。

有效政府是二者理念的升华,即,首先,认识到政府是"有限"的政府。一方面,权力有限。现代政府是民主法制的政府,其权力由人民赋予,与专制相对,不得肆意而为。另一方面,职能有限。政府职能是政府权力的外在表现形式,权力有限,职能有限。并且,政府由"不完美"的人组成并运转,政府公职人员在制定、执行和裁判监督法律、政策时,不可避免地因人类所固有的贪婪、惰性或能力高低而使得政府的决策并不全部高明或有效执行。其次,认识到政府是"有为"的政府。极度推崇个人自由主义造成的结果是垄断、贫富差异、社会不公,进而市场失灵,影响国家稳定。政府改变"无为而治"的理念,通过各种宏观调控手段使市场在法治的环境下有序发展,不断完善社会福利,调节社会财富,稳定物价,充分就业和保证国际收支平衡。但处处"有为"接踵而至的便是政府的权力随着干预广度和深度的不断增加而日益膨胀,冗官冗政正是其"恶果"之一。再次,在"有限"与"无为"之间寻找平衡点与新角度,不再关注是非问题,政府干预什么或者不干预什么,而是关注可持续发展,关注如何更有效地、最佳地发挥政府的优势职能。"无形之手"与"有形之手"不应是此消彼长之态,而应是共同作用于市场和社会生活。这要求政府在经济社会中充当的不再是事事亲力亲为的执行者,而是规则的制定者、监督者和仲裁者,社会经济生活的参与者。

(二)新公共服务理论

新公共管理理论是在凯恩斯主义带来的官僚体系弊端日益严重的背景下提出的,强调政府决策权和执行权分离,即"掌舵,而不是划桨";打破公共产品或服务的垄断性,引入市场机制,使消费者在多元选择中优化资源配置;并提出借鉴"企业家精神""顾客导向",提高行政效率重塑政府。

新公共服务理论由美国著名行政学家登哈特夫妇提出,它是在传统公共行政理论和新公共管理理论上发展起来的,更确切地说是对新公共管理理论的扬弃。新公共服务理论认为,将公民比喻为"顾客",过分强调经济效益而丧失公共服务的公共性和服务性,市场化带来的公共产品或服务质量下降、监管不力等都是新公共管理理论缺陷之所在。因此,登哈特夫妇将"新公共服务理论重新回归到了关注民主价值和公共利益的轨道上来"[①]。具体来说包括:其一,政府的职能是服务,而不是"掌舵";其二,公共利益是目标而不是副产品;其三,在思想上要具有战略性,在行动上要具有民主性;其四,公务员要为公民服务,而不是为顾客服务;其五,公务员所应该关注的不只是市场,他们还应该关注宪法法律、社区

① 燕继荣:《服务型政府的研究路向》,载《学海》2009年第1期。

价值观、政治规范、职业标准以及公民利益;其六,重视人,而不只是重视生产率;其七,公民权和公共服务比企业家精神更重要,认为“公民优先”。[①]

政府提供公共产品或服务,服务于公共利益。那么,什么是公共利益?新公共服务认为,公共利益是一种共同利益。国家公务员应当关注并表达公民的利益诉求,这就是“服务”的核心。同时强调公共利益是超越自身利益,并且按照共同利益行事的,并不是简单的个人利益的聚合。[②]

再进一步,政府的职能是服务,而不是“掌舵”,是否意味着不是发展方式的决策者,因过分强调政府参与者的职能而使得政府的权威性受到挑战?答案是否定的。新公共服务理论并没有否定政府在国家发展过程中的权威。相反,它强调政府履职时需要高瞻远瞩,需要承担价值取向、制度约束等各方面的责任,政府将继续扮演在立法和政策规则制定方面的首要角色。只是相较之新公共管理理论更体现人本思想,更提倡公民权,不赞同以追逐经济利益为主而不是公共利益的“企业家精神”来重塑政府。

二、传统政府单一职能与公共基础设施建设

在传统国家治理过程中,政府虽然职能单一——公共产品和服务的直接提供者,但在该职能定位下的政府具体职责却并不少。

作为公共基础设施的提供者,政府进一步承担起了经营、管理、维护公共基础设施等的责任。从项目发起、资金筹集到项目建成、运营、维护再到项目终止,政府在其中承担了方方面面的大小事项。由一种职能衍生出的责任加重了政府的负担,一方面,政府渐感力不从心,不得不在各个环节设置各类组织机构保证各项事项顺利有序地运行。而另一方面,也使得政府权力膨胀、效率低下、腐败滋生,最终导致政府公信力下降的恶性循环。而从企业和生产技术发展的角度讲,政府的垄断经营在一定程度上阻碍了企业的生产技术革新和内部高效管理创新的动力,使公共基础设施建设和运营难以按照最优模式发展。

既然困难重重,国家为什么要独自承担公共基础设施建设的重任?理由是:公共基础设施建设是发展生产力的基础,它关乎国计民生,它使公民普遍受益。但建设所需资金庞大,具有资金专用性强、投资周期长、收益率低的特点,因而具有一定的自然垄断性。在这种情况下,政府一直按照“低价+亏损+财政补贴”

---

① 参见〔美〕珍妮特·V.登哈特、罗伯特·B.登哈特:《新公共服务:服务而不是掌舵》,丁煌译,中国人民大学出版社2004年版,第7—10页。

② 同上书,第77页。

的模式对公用产品或服务定价,承担了巨额的财政支出。正是基于上述理由,这种责任不能也不可能由私营部门去承担完成。

被誉为"世界民营化大师"的 E. S. 萨瓦斯教授指出这一被人们普遍认同观点的逻辑错误:"既然基础设施对一个国家的经济如此重要,它就应当尽可能地从各种可行的渠道吸引投资;其定价就应当根据供给和需求而不是政治考虑;它们就应当得到有效的管理和维护。但所有这些都正是民营化的特点,而不是政府所有制的优势。"[①]同时,萨瓦斯教授也指出,如果某一行业具有自然垄断的属性,它们就不需要政府的保护。往往是政府不正当的干预不必要地创造了垄断、市场准入壁垒、外汇限制、税收政策区别待遇等其他实体或程序障碍、限制,甚至剥夺了其他企业家与当前服务提供者公平竞争的机会。[②]

三、PPP 模式下政府多重职能面对的挑战

PPP 模式的概念最早诞生于英国,政府部门希望随着 PPP 的实施,利用私人企业的运营效率和竞争压力,在短期内提高公共基础设施的供给技术效率,改善政府公共产品或服务水平;而对于社会资本,通过合同或契约规范减少政府部门自由裁量带来的损失,确保私人收益的最大化是其参与 PPP 的最主要目的。PPP 是一个社会资本参与公共产品或服务的广泛概念,它包括了我国之前实践过的 BT、BOT 等模式。在 BT、BOT 模式中,"B(build)"代表"建设",即社会资本在项目开始建设时参与其中。而在 PPP 模式中,社会资本从项目发起时即参与其中,是社会资本更平等和充分的参与,是社会资本和政府更深入的合作。

在 PPP 模式下,我国政府不再是单一的公共产品和服务直接提供者的职能,开始向多重职能转变,一方面可以克服传统单一职能下的很多问题,但多重职能同样存在挑战。

(一) 政府与社会资本的公私合作的三重契约关系

政府与社会资本的公私合作,以及其共同服务对象——公民,三者之间形成了三重关系。分别是政府与公民之间的政治契约关系、政府与社会资本之间的合同契约关系、社会资本与公民之间的服务契约关系。

在政治契约关系下,政府是公共产品或服务的提供者这一职能不变,不同之

---

① E. S. 萨瓦斯:《民营化与公私部门的伙伴关系》,周志忍译,中国人民大学出版社 2002 年版,第 249 页。

② 同上书,第 263 页。

处在于由直接提供者转变为共同提供者。其优势在于“民营化的一种更为专门的形式旨在改善政府作为服务提供者的绩效。这包括打破不必要的政府垄断,在自来水供应、街道清扫、垃圾收集处理、公园和树木维护等公共产品或服务供给中引进竞争。”①

在合同契约关系下,政府是规则的制定者、项目的参与者(合同当事人)、公共产品或服务的购买者。政府制定社会资本参与公共基础设施建设的准入规则、运营规则和退出规则,引入市场竞争机制,打破不必要的政府干预的自然垄断。政府作为规则的制定者,需要形成具有法律效力的法律法规或规范性文件。国际上,英国和欧盟以指南或契约文本的形式指导PPP模式,英国成立“伙伴英国”(Partnership UK,PUK)组织机构(其51%以上的投资属于私人部门),领导公私合作制的实施;②德国颁布《公私合作制促进法》规范公私合作。政府作为PPP项目的参与者(合同当事人),不同于行政合同,应当具有平等的契约意识,遵守合同约定,履行合同职责,承担违约责任,并且政府不得因行政权的优势地位而制订不公平条款或任意修改合同内容。政府作为公共产品或服务的购买者,应当按照法律规定、合同约定的条件和价格支付公共产品或服务费用。

在服务契约关系下,政府是运行的监管者、争端的仲裁者。政府作为项目运行的监管者,伴随着项目的产生直至消灭,需要承担事前、事中和事后的监管责任。从价值层面上讲,政府要保证PPP项目体现“公共利益”这一核心;从技术层面上讲,政府通过公开竞标、科学评估等一系列程序,监督遴选出的社会资本具有相关资质,并有承担建设公共基础设施的能力;监督社会资本在承担公共基础设施建设过程中的高质量、高效率;监督社会资本为公民提供公共产品或服务时体现公益性,在项目合同约定适用消费者付费机制的情况下,还要体现消费过程中的公平、自愿、平等等原则,保护消费者权益。政府作为争端的仲裁者,一方面是政府与社会资本合作过程中的争端处理,一方面是社会资本与公民之间的争端处理。

(二) PPP模式下政府多重职能的冲突

政府在PPP模式下具有多重职能,并且这些职能有一定程度的冲突,而造成职能冲突的原因是由政府在不同阶段不同角色、同一阶段多重角色的情况下形成的。

---

① E. S. 萨瓦斯:《民营化与公私部门的伙伴关系》,周志忍译,中国人民大学出版社2002年版,第17页。

② 参见廖雨果:《公私合作制(PPPs)中的政府职能与职能分析》,上海交通大学2007年硕士学位论文。

首先,是作为规则的制定者和项目的参与者(合同当事人)职能之间的冲突。上文中提到,政府作为民事合同一方当事人,应当具有并履行平等的契约精神。但长久以来的官本位思想往往会不自觉地影响相关规则的制定和履行。尤其是PPP项目建设周期长,项目合同履行时间较长,期间政府与社会资本所占立场不同,之间难免存在对项目开展观点的偏差。在此时,政府很容易利用在民事合同中的隐性的政治优势地位更改项目合同内容或者迫使社会资本作出让步,破坏合同契约精神。

其次,是作为公共产品或服务的提供者与项目的参与者职能之间的冲突。政府行为应当是公民正确意志的体现,为公民和社会的发展提供公共基础设施是其基本职责之一。同时,政府作为项目的参与者、项目合同的一方当事人,客观存在着诸如项目评估不准确、遴选社会资本选择项目合作方不恰当、项目失败等各种政治风险、法律风险和经济风险,但政府官员存在为了个人仕途和政绩,可能大兴土木或者推卸责任由社会资本承担,甚至可能存在与社会资本合谋获取不正当利益的不良动机。①

最后,是项目的参与者与项目的监管者、仲裁者职能之间的冲突。参与者身份落脚于按照合同内容履行约定,监管身份落脚于监督管理项目开展情况,而仲裁身份又落脚于裁判政府和社会资本各方的责任分担。政府既是项目的参与者又是项目的监督者和仲裁者,并且其监管身份伴随着参与者身份的始终,甚至在公共基础设施建成项目合同终止后,仍然承担着监管合同标的即公共基础设施运营的职能。前文已阐述政府作为项目的参与者可能面对的风险,基于此,政府可能为了自身利益放松监管或不公正仲裁。

笔者认为,政府多重职能之间的冲突主要集中于同时存在的职能,既拥有“立法权力”又要自觉遵循“平等契约精神”之间的冲突;既要“为民服务”又面临“风险责任承担”之间的冲突;既需要“履行约定”又同时身负“监管仲裁责任”之间的冲突。上述职能如何协调如何恰当转换是解决冲突的关键。

四、PPP模式下政府职能重构的建议

(一) 转变政府职能理念

本文开篇讨论了政府和社会资本合作、政府职能及其重构的理论基础,即有效政府和新公共服务理论。追本溯源需要从理念的层面转变对政府职能的认

① 段绪柱:《公私合作制中的政府职能冲突及其消解》,载《行政论坛》2012年第4期。

识。“全能型政府”的理念不适合于要求专业分工化的市场经济时代。日新月异的时代要求优质高效,政府公务员队伍往往对很多专业领域并不熟悉,再加上长期根深蒂固的官本位思想,给政府作出错误决定埋下隐患。为了抑制这种情况的出现,需要公职人员客观地认识到自身能力的不足,积极地与各个领域内突出优秀的社会资本合作。在这种理念的推动下,第一,政府履行了为公民服务的政治职能,提升了政府形象;第二,社会资本实现了其追求经济利益的目的,同时实现了社会资本的社会功能;第三,公民无偿或低价享受到了公共基础设施产品或服务,提升了生活水平。社会处于良性发展的局面,形成一种多赢的格局。

(二) 构建主次分明的政府职能体系

上文中分析了政府多重职能带来的三大冲突,解决的有效方法即为“主次分明,各司其职,各尽其责”。

主次分明的政府职能体系分为三个层次:以发改委为主导、各级财政部门为核心、各职能部门为辅的职能体系。跨部门、层级构建政府职能体系是一项复杂的系统工程,多行政主体纵向横向交叉,因此对结构性和程序性机制协调要求很高。

第一,发改委作为综合研究拟订经济和社会发展政策,进行总量平衡,指导总体经济体制改革的宏观调控部门,具有引导和推动经济发展的职能和责任。这是发改委在整体社会发展过程中的政府职能。具体在 PPP 模式中,由地方发改委向国家发改委推介有价值的 PPP 项目,国家发改委进行项目审核。在此程序中,发改委主要是对项目总量与资源配置结构的总体把控与规划,发改委本身并不参与项目的具体实施,是为宏观的主导职能。

第二,财政部门作为 PPP 模式下政府职能层次的核心,具有一定的“上下传递”功能。一方面,财政部门对于国家发改委批准的 PPP 项目,需要承担指导开展的职责,如财政部首批公布的 30 个 PPP 示范项目[①]以及目前正在开展的第二批示范项目遴选工作[②],此外也承担细化分类的职责,如对公共交通项目、城市垃圾处理项目等不同类别项目财政支持力度、社会资本参与具体方式程序等,使各个项目具有可操作性,提高财政资金的使用效率的职能;另一方面,与各个具体职能部门合作,牵头实施 PPP 项目建设,这一点将在下文中具体阐述。

我国目前 PPP 模式处于摸索发展阶段,关于 PPP 模式的法律规范中,行政

---

① 财金[2014]76 号文。
② 财金[2015]57 号文。

法规有1部,部门规章有13部,其中11部由财政部单独或连同其他部门一起发布。[①] 由此可以看出,现阶段关于PPP模式的制定者是财政部。这是现阶段财政部门作为PPP模式政府职能核心的体现之一。2014年11月29日印发《政府和社会资本合作模式操作指南(试行)》、2015年1月19日印发《PPP项目合同指南(试行)》[②]是其中两部比较重要的规范性文件,用以指导PPP模式,规范PPP合同管理。

第三,具体各个职能部门辅助PPP项目开展实施,并协同承担具体的监管职责。一方面,项目库PPP项目合同中代表政府一方的不是财政部门,更不是发改委,而是与项目性质相关的具体主管部门,如城市轨道交通建设项目,政府方当事人为地方交通运输主管部门。相关主管部门与社会资本合作,开展公共基础设施建设PPP项目。另一方面,有关PPP项目的各个政府职能部门主要针对本领域专业技能,负责监督社会资本在提供公共产品或服务的数量和质量上是否达到PPP合同所约定的标准,保护公共利益免受侵害。[③]

(三)构建各司其职,各尽其责的政府职能分工

各司其职,各尽其责的政府职能分工必然要求政府部门协同管理。我国PPP模式正蓬勃发展,政府各部门积极推进,社会资本摩拳擦掌,形成一派繁荣的景象。政府部门协同管理有三种模式:一种是以权威为依托的等级制纵向协同模式;一种是以"部际联席会议"为代表的横向协同模式;第三种为围绕专项任务开展的条块间横向协同模式。[④] PPP项目所适用的政府协同即为第三种模式。

在有关各部门分工协作执政的理念和实践中,常常出现交叉监管或监管空白等情况,政府部门为各部门利益争抢监管权或互相推诿的现象屡次发生。在PPP模式中,能否有效解决或者减轻这一问题,是整个体系构建成功与否的关键因素,而解决的有效方式之一就是各部门职责的制度化、责任化。即使由多个

---

① 国办发[2015]42号文、财金[2015]57号文、财综[2015]15号文、财建[2015]111号文、财建[2015]90号文、财金[2015]21号文、财建[2015]29号文、财库[2014]215号文、财金[2014]156号文、财金[2014]112号文、财金[2014]1113号文、财金[2014]76号文、发改投资[2015]445号文、发改投资[2014]2724号文。

② 《PPP项目合同指南(试行)》共4章、29节,全面系统介绍PPP项目合同体系,说明各主要参与方在PPP项目中的职能及订立相关合同的目的,阐述PPP项目合同的主要内容和核心条款,具体分析合同条款中的风险分配原则、基本内容和权利义务安排。同时,从付费机制和行业领域两个方面,详细剖析不同类型PPP项目合同中的核心要素和特定条款。转引自《PPP项目合同指南(试行)》第2页。

③ 参见张偲:《地方政府投融资公私合作制的监管体制创新研究》,载《当代经济管理》2015年第4期。

④ 参见周志忍、蒋敏娟:《中国政府跨部门协同机制探析——一个叙事与诊断框架》,载《公共行政评论》2013年第1期。

相对独立又分工协作的具体部门来承担,但通过制度和问责制使各个部门合理分工、通力协作,减少和避免交叉职能、空白职能领域。

(1) 规则的制定职能。在上文中提到,目前财政部承担了绝大部分的规则制定职能,但现阶段规范中,主要是原则和基本制度的规范,随着 PPP 模式实践的不断深入和经验的不断丰富,各行业运用 PPP 模式的具体规范措施会不断充实既有的 PPP 规范。规范较成熟后,法律位阶上升为行政法规,待立法条件成熟时,由全国人大立法。因此,笔者认为,财政部门的规则制定职能是暂时的,规则制定职能最终会由全国人大或国务院承担。

(2) 项目的参与职能、公共产品或服务的购买职能。发改委于 2015 年对外公布 PPP 项目库,用以发布各省市地区的政府和社会资本合作推介项目,鼓励各类社会资本通过特许经营、政府购买服务、股权合作等多种方式参与建设及运营。① 笔者认为,在 PPP 项目合同中,该发布行为可视为一种要约邀请,但并不能认为发改委具有项目的参与职能。然而,无论是参与 PPP 项目还是购买 PPP 项目成果,都需要国家财政的支持,财政部门具有参与职能和购买职能毋庸置疑。但财政部门对具体 PPP 项目的性质、成本等技术问题并不了解,项目相关的具体职能部门才是参与职能与公共产品或服务购买职能的主要承担主体,如地方交通运输、卫生、环境保护等部门。因此,在此职能中是以财政部门牵头、具体政府部门负责的方式进行。

(3) 项目的监管职能。根据我国目前的规定,具有监管职能的政府部门有以下几个。首先是发改委。2014 年 12 月发改委发文,要求各地方每月上报 PPP 项目的开展情况,在实质上承担起了对 PPP 项目整体上的监管职能。② 其次是财政部门,2014 年 11 月财政部发文,要求各级财政部门加强对 PPP 项目采购活动的监督检查,及时处理采购活动中的违法违规行为,③财政部承担了对 PPP 项目资金监管职能。第三是具体相关职能部门,是对 PPP 项目具体建设环节的监管以及运营过程的监管,比如质监部门对公共基础设施质量监督、物价部门对物价定价监督等由具体职能部门的配合。④

---

① PPP 项目库网址:http://tzs.ndrc.gov.cn/zttp/PPPxmk/,2015 年 7 月 5 日访问。

② 《国家发展改革委关于开展政府和社会资本合作的指导意见》(发改投资[2014]2724 号)五、加强政府和社会资本合作项目的规范管理:(一)项目储备。……各省区市发展改革委要建立 PPP 项目库,并从 2015 年 1 月起,于每月 5 日前将项目进展情况按月报送国家发展改革委。

③ 《关于印发政府和社会资本合作模式操作指南(试行)的通知》(财[2014]113 号)第 22 条:各级人民政府财政部门应当加强对 PPP 项目采购活动的监督检查,及时处理采购活动中的违法违规行为。

④ 《关于印发政府和社会资本合作模式操作指南(试行)的通知》(财[2014]113 号)第 30 条:政府相关职能部门应根据国家相关法律法规对项目履行行政监管职责,重点关注公共产品和服务质量、价格和收费机制、安全生产、环境保护和劳动者权益等。

笔者认为,对于监管职能应当由财政部门承担,每月上报至发改委PPP项目情况可作为发改委了解PPP项目开展情况,制定下一步发展计划的依据,并可视为承担一定的监督“监督者”的间接监管职能。那么,财政部门承担PPP项目开展的监管职能理由有以下两点:第一,PPP模式的本质是引入社会资本建设公共基础设施,激活社会闲置资金,减轻国家和地方财政压力,这一点最能体现财政部门的职能价值。对于国家资金投入、公私资本比例、资金运用效率等都具有直接的利害关系,财政部门具有监督的压力和原动力。第二,财政部门将国家财政资金投放入PPP项目中,但由于行业限制,虽然牵头但并不过多地参与到公共基础设施的立项、招标、建设、运营、维护、转移等各个环节中,具有相对的独立性。财政部门掌握着“钱袋子”,就在实质上具有了监管的权力。第三,财政部门积极推进PPP示范项目,“是财政部门规范推广PPP模式的重要抓手”,并通过示范项目确定典型,积累了一定的开展指导和监督工作经验。因此,财政部门可以承担PPP项目的监管者职能。

(4) 争端的仲裁职能。对于仲裁职能,笔者认为,按照法律规定的一般规则处理,即若属于行政范畴的,按照行政复议和行政诉讼的一般程序进行;若属于民事范畴的,则不属于本文讨论的范围,按照诉讼程序依法向人民法院提起诉讼。

前文中提到,解决多头监管、分段监管的不利局面的方法之一是责任化,除了政府内部绩效评估、党内纪律监督和法律规范外,应该恰当引入第三方社会组织,发展社会中介组织。笔者在文中多次提到,政府职权有限,能力有限,“全能型政府”是理想化的状态。做这样一个假设,如果各地方针对PPP项目均成立一个“全能”的监管机构,其组成人员包括经济、法律、评估、工程建设等各个方面的专业人才,这与我国精简机构的政府改革背道而驰。第三方社会组织以获得佣金和商业信誉为首要目标,可以在“旁观”的角度为政府提供较为全面和专业的技术支持,以及多角度多方位监管可以保证PPP项目顺利开展。同时,发展社会中介组织,同样是促进就业和社会经济发展的一种途径和方式。

基础设施产业PPP模式独立监管研究

陈婉玲*

基础设施产业监管即以政府为主体的监管者，基于公共权力依法对基础设施产业的投资、建设、生产、运营及其相关活动实施的管理与监督，基础设施产业监管以纠正资源配置低效率和产品分配不公平、实现社会公共利益最大化为目标。基础设施产业推行政府与社会资本合作的 PPP 模式（Public-Private-Partnership）后，市场化运营要求更新传统监管理念，设计新的监管框架。监管体制的改革首先是政府自身的改革——政府必须完成由产业的所有者和运营者向中立的监管者过渡的角色转移。①

为贯彻落实党的十八届三中全会关于“允许社会资本通过特许经营等方式参与城市基础设施投资和运营”的精神，国务院发布《关于创新重点领域投融资机制鼓励社会投资的指导意见》（国发[2014]60 号），强调要“积极推动社会资本参与市政基础设施建设运营，通过特许经营等 PPP 方式鼓励社会资本投资城镇的供水、供热、燃气、污水垃圾处理、建筑垃圾资源化利用和处理、城市综合管理、公园配套服务、公共交通、停车设施等市政基础设施项目。”为此，国家发展改革委和财政部相继发布一系列推广 PPP 模式的政策法规，PPP 模式作为政府与社会资本在公共服务领域的新型合作机制，已经成为理顺政府与市场关系、加快政府职能转变、缓解财政压力、提高公共服务效率的国家发展战略。PPP 模式改

* 陈婉玲：华东政法大学教授，博士生导师，经济政策与市场法制研究所、产业与区域经济法制研究中心主任。

① 参见余晖：《中国基础设施产业政府监管体制改革总体框架》，载周林军等主编：《中国公用事业改革：从理论到实践》，知识产权出版社 2009 年版，第 67 页。

变了基础设施服务由政府包办的传统供给模式，与建立在自然垄断理论之上对国有垄断的传统监管体制相比，新的具有多元价值追求的产业组织的出现使得“由谁监管”“监管什么”成为基础设施产业PPP模式运行必须反思的问题。本文认为基础设施产业引入PPP模式涉及面广、投资大、风险多、利益主体多元、决策内容复杂、持续时间长，必须引入独立的专业化的监管机构，厘清监管内容，实现政府PPP模式政策制定、项目实施与市场监管职能的分离。

一、混合产业组织：基础设施产业PPP模式监管客体的变革

基础设施是为社会生产和居民生活提供公共服务的工程设施，是用于保证国家或地区社会经济活动正常进行的公共服务系统，也是社会赖以生存发展的一般物质条件。[①] 基础设施的公共性、公益性和整体性决定其必须以“民生优先”为目标，即以较低的成本向社会提供产品和服务，实现较高的生产效率和社会分配效率。从理论上看，基础设施服务既可以由政府提供，也可以由市场提供。以市场方式经营基础设施服务，其优势是具有较高的生产效率，但受利益最大化驱使，私人企业往往会制定大大高于成本的价格损害消费者利益，这意味着基础设施建设和运营不能以纯粹的市场调节来运作。社会福利最大化要求使得“设施政府投资、资产政府拥有、价格政府制定、经营政府控制、盈亏政府负责”成为基础设施传统的供给模式，国有企业作为基础设施服务的生产者和经营者，是具有结构性垄断地位的唯一的产业组织，“国家所有、垄断经营、政企不分、政资不分”是基础设施产业传统供给模式的常态。[②]

但是，实践证明传统的基础设施产业供给模式是一种低效率的制度安排：单一的投资渠道造成基础设施产业投资严重不足，政府供给能力不能满足社会经济快速发展的需要；服务质量不能获得及时有效的改进，服务价格却不断上涨。同时，剩余利润索取权与剩余利润控制权的不对称使得国有企业成本意识淡薄，代理人滥用控制权实现个人效用的最大化，官僚对资源的独占和腐败形成对社会公众利益的直接侵害。“政府失灵”印证了“没有任何逻辑证明公共物品必须

---

① 不同国家、不同时期对基础设施的范畴有着不同的界定，但公路、港口、桥梁等交通设施、发电和电力配送、供排水处理等是较为公认的基础设施重要组成部分，本文研究的基础设施领域以此为背景。

② 在我国经济体制改革过程中，竞争性领域的国有企业已经进行了商业化和公司化改革，取得了相当的经营自主权，不受国家的直接控制，实现了普遍的政企分离；而基础设施产业的国有经营主体实际上仍然是“政府垄断企业”，具有政企高度合一的特殊性，属于特殊意义的国有企业，本文讨论的国有企业即指基础设施领域具有特殊意义的国有企业。

由政府官僚机构来提供”[①]。放松基础设施产业管制、开放公共服务市场,以及公共物品供给引入市场机制成为各国在基础设施等公用事业领域进行改革的新理念。

PPP模式通过政府与社会资本在特定公共项目的设计、融资、建设、运营以及运用全周期内的资源共享和合作,重塑基础设施公共服务提供者、消费者和生产者三方关系,政府以土地、基础设施等不动产权利以及通行权、特许经营权等为合作条件,社会资本则以资金、专业技术以及市场运作的激励机制、管理经验等参与基础设施服务经营,以专门成立的特殊目的实体(Special Purpose Vehicle,SPV,一般以项目公司为组织形式,本文称之为“PPP公司”)为载体,负责基础设施项目的设计、融资、建设和运营,由该实体独立承担项目的整体责任。

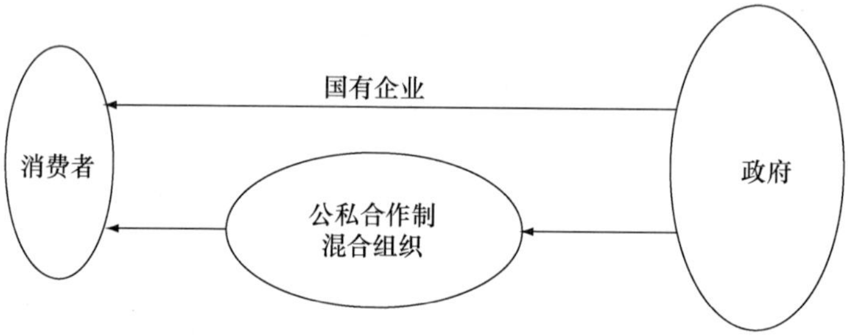

基础设施公共服务传统模式与PPP模式[②]

混合产权的PPP公司的出现要求对PPP模式下被监管主体进行重新理解和定义,与传统国有企业结构性垄断的“政企合一”模式相比,基础设施PPP模式在监管客体上发生了变化:

(1) PPP公司市场地位独立性。PPP模式形成新的社会化产权体系,并确立了PPP公司规范的治理结构:股东及债权人为维护自身的经济利益,必然会加强对PPP公司的控制;PPP公司在法律框架内具有独立的法人地位,代表投资人的利益对项目经营管理负责,根据政府颁发的经营许可证或项目合同条款,按照市场规则开展生产经营活动,成为独立核算的资产所有者和经营风险的承担者,拥有独立的生产经营决策权,在政策和法律允许的范围内自由选择运用财产和融资,并根据所提供的服务获得相应回报,实现资产所有者预算约束硬化。

(2) PPP公司投资主体多元化。PPP公司一般以股本募集方式获得资本,因此,任何一个符合条件的资金持有人或者具有项目专门技术、技能及管理经验

① 周志忍:《当代国外行政改革比较研究》,国家行政学院出版社1999年版,第6页。

② 本图源自宋波、徐飞:《公私合作制(PPP)研究——基于基础设施项目建设运营过程》,上海交通大学出版社2011年版,第66页。

的相关方在项目运作的过程中都可能基于需要加入，这些利益相关方通常包括政府部门或国有实体、私人发起人、承包商、融资方以及其他诸如法律、财务、技术等市场主体以顾问、保险商、评级机构等不同身份介入，并以股东协议或者合作协议方式确立各自的身份，形成不同的权利、责任或义务机制，在明确的任务分工和风险分担基础上组成一个整体。

（3）PPP公司就特定的基础设施公共服务而言仍具有垄断地位。基础设施产业具有规模经济特质，其服务“平均成本随服务量的提高而递减”，无论基础设施产品或服务的运营主体发生如何改变，基础设施本身的自然垄断属性依然存在，PPP公司在提供公共服务时仍有“一定的空间来排除竞争或稳定价格以完成利润”，这在一定条件下为PPP公司违背公共利益目的、获取超额利润提供了环境和机会。另外，PPP模式下基础设施服务主体仍享有特殊保护，具有政策垄断性。基础设施项目关系区域经济全局和社会秩序稳定，政府一般均采取严格的准入控制措施，并在项目规划、设计、运营、收费方面制定相应的特许经营或排他性条款，保护PPP公司的经营利益。①

PPP模式改变了传统基础设施项目的产权模式，“去行政化”是PPP公司与传统国有企业的本质区别，私人资本回报率成为PPP公司运营目标之一。如果缺乏与之相匹配的监管制度，当企业利润目标与公共利益目标相冲突时，公共需求将遭遇市场失灵，寻租、俘获等问题仍然存在，政府便不得不重新启动行政命令的方式管制企业经营活动，从而背离政府与社会资本合作的初衷。与基础设施传统的国有企业垄断模式相比，政府的作用表现为“以监管替代传统的直接干预”，引导企业经营活动符合公共利益目标。“公法制下的国有企业无须行政监管，国有独资企业一般称为政府公司，接受公法制的管理，由政府直接进行管理。只有私法制的企业（包括国家参股的企业）才必须从治理市场失灵的角度对其进行政府的微观监管”②。

二、监管独立：政府PPP政策制定、项目实施与市场监管职能的分离

市场监管是市场经济条件下的一种规制或管制，即基于特定的公共政策需要，法律授权政府或者特定机构对特定产业和微观经济活动主体的进入、退出、

① 参见何寿奎：《公共项目公私伙伴关系合作机理与监管政策研究》，西南财经大学出版社2010年版，第33页。

② 余晖：《中国基础设施产业政府监管体制改革总体框架》，载周林军等主编：《中国公用事业改革：从理论到实践》，知识产权出版社2009年版，第85页。

资质、价格以及涉及国民健康、生命安全、可持续发展等行为进行的监督和管理。现代监管理念的核心是监管独立,监管独立性原则是广为认同的监管改革目标。但判断监管是否独立的标准却是一个较为复杂的问题,一般来讲,所谓独立性是指监管机构独立于行政、立法和司法部门。受传统体制影响,我国基础设施监管机构一般内设于政府部门,政府既是公共服务制度的"安排者",又是公共服务产品的"提供者(生产者)"和活动的"监管者"。基础设施开展政府与社会资本合作之后,政府虽然摆脱了公共服务直接"提供者"的身份桎梏,但仍身兼制度"安排者"、项目"合作者"和市场"监管者"多重角色,这意味着政府在PPP模式中仍然既是"教练员",又是"运动员"和"裁判员",政府角色错位、职能混淆可能成为影响基础设施产业PPP模式改革与创新的关键因素。必须明晰政府在PPP政策制定、项目实施和市场监管中的不同职能定位,形成超越政府决策与市场主体之上的独立监管制度,即监管机构独立于政策制定部门和被监管企业,使三者成为互相制衡的不同主体,以确保监管的公正性。

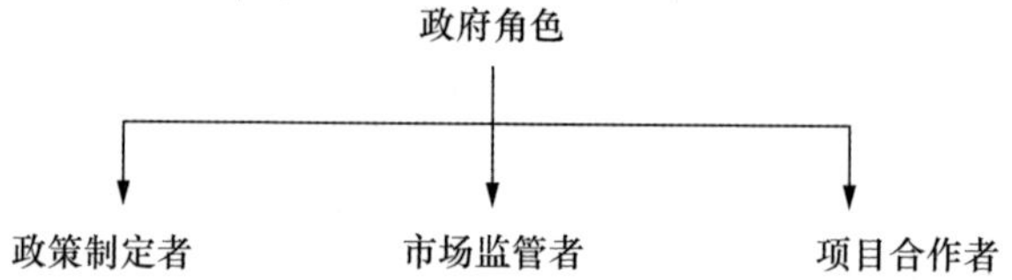

PPP模式下政府多重角色

首先,基础设施产业PPP模式必须实现政府"监企分离"。

从我国PPP模式实践看,港务、水务、交通运输、市政等行业主管部门以及事业单位、国有公用企业等机构均有可能成为PPP项目的实施机构,代表政府与社会资本合作,成为PPP公司的股东,[①]以这些机构为代表的政府部门兼具市场主体特征和非市场主体特征。一方面,政府部门作为PPP"合作者"是PPP合同的缔约者,充当PPP"运动员"角色,代表国有资产参与项目投资和利润分配,履行合同义务,承担违反合同所带来的法律后果;另一方面,政府部门也是政策制定、资源分配和市场监管者,履行控制和监督职能,兼有PPP"教练员"与"裁判员"的身份。显然,"政府的市场与非市场主体特征存在角色冲突,这将导致政府参与项目投资时带有行政色彩,给项目带来不应有的非市场因素的影响,产生

---

① 《基础实施和公用事业特许经营管理办法》(国家发展改革委等六部委2015年4月联合颁布)第14条规定,"县级以上人民政府应当授权有关部门或单位作为实施机构负责特许经营项目有关实施工作,并明确具体授权范围"。国家发展改革委《关于开展政府和社会资本合作的指导意见》要求,"相应的行业管理部门、事业单位、行业运营公司或其他相关机构,作为政府授权的项目实施机构,在授权范围内负责PPP项目的前期评估论证、实施方案编制、合作伙伴选择、项目合同签订、项目组织实施以及合作期满移交等工作"。

效率损失”[①]。

“政府 PPP 实施机构与 PPP 公司存在着千丝万缕的利益联系，由其负责监管不可能真正落实竞争政策，保障社会公众利益。”[②]行业主管部门作为政府 PPP 的实施机构具有“厂商保护主义”倾向，其同时承担对 PPP 运行的市场监管，将面临着监管者与被监管者的角色冲突，有可能受股东利益驱使丧失监管者中立性立场。为确保监管的公正性，必须明确区分政府 PPP 合作者（项目实施者）与市场监管者的不同身份定位，规定监管机构及其成员不得在任何受监管的 PPP 公司任职，也不能直接或间接拥有 PPP 的财务利益。

其次，基础设施产业 PPP 模式更需要实现“政监分离”。

政府在 PPP 模式中不再是基础设施服务的直接提供者，这意味着基础设施产业“政企不分”问题在客观上得到解决，政府 PPP 政策制定者的身份得到强化。“一个国家要实施 PPP，政府必须表明对应用 PPP 的清晰而长期的政治支持”[③]，“政策制定者”角色的核心内容是“方针的制定和制度的生产”，主要是决定基础设施公共服务由谁做、做到什么程度或者水平、怎么付费等问题，如定义 PPP 模式特征、设计 PPP 适用领域和范围等，在宏观层面上建立对社会资本既有吸引力又符合社会公共利益的政策与法律框架、目标和实施策略，为政府与社会资本合作提供稳定的制度环境。

政府的政策制定与市场监管职能有着本质与内容上的差异。各国公共政策制定部门一般是政府负责管理经济、贸易运行的主管部门，如英国的贸工部、美国的商业部、德国的联邦经济技术部等。国家发展改革委此前推出的《基础设施和公用事业特许经营法》（征求意见稿）曾较为清晰地界定了政府 PPP 政策制定者主体身份，其第 7 条、第 8 条明确规定：“省级以上人民政府发展改革部门负责指导和协调本行政区域内基础设施和公用事业特许经营工作，会同有关部门制定基础设施和公用事业特许经营的重要制度、重大规划。”“国务院发展改革部门应当会同有关部门，制定特许经营项目提出、评估和实施的具体办法”。因此，国家发展改革委应该是 PPP 模式的“教练员”，其公布开展政府和社会资本合作的“指导意见”，制定“合作项目通用合同指南”，建立 PPP 项目库，牵头研究、调研并起草《基础设施和公用事业特许经营法》等 PPP 示范推进工作都是属于政府

① 吴卓瑾、乔宝云：《构建合理的 PPP 管理框架，推进财政和国家治理现代化》，载《中国财政》2014 年第 15 期。

② 陈婉玲：《公私合作制的源流、价值与政府责任》，载《上海财经大学学报》（社会科学版）2014 年第 5 期。

③ 欧亚 PPP 联络网编著、王守清主译：《欧亚基础设施建设公私合作（PPP）案例分析》，北方联合出版传媒（集团）股份有限公司、辽宁科学技术出版社 2010 年版，第 21 页。

的 PPP 政策制定和制度安排行为。作为推进政府与社会资本合作的政府决策部门,发展改革委具有明显的政治性、意志性和导向性特征,“掌好舵”是其应该履行的角色职责。

市场监管则是直接干预市场机制或间接改变企业和消费者供需决策的特殊行为,其作用是调补公众与被监管产业之间的信息真空,弥补由此产生的信息不对称,确保 PPP 运行“在实质上和程序上都符合公共利益”。基础设施产业引入社会资本,政府减少对公共服务资源配置的直接干预,市场监管成为政府维护公共利益的重要手段,必须有一个强有力的监管机构和有效的监管制度,才能确保社会资本行为满足广大消费者的需求,并符合公共利益要求。① 监管者应该是中立的裁判者,而不是资产的代表者,更不是 PPP 政策的制定者。OECD《PPP 准则》第 17 项指出:“服务监管应该被委托给能胜任的专业机构,有必需的资源,并且隔离了其他方面的不正当影响”②。监管机构强调专业性,要求其成员必须由一定专业职能的经济和法律等方面专家组成,监管机构一般只能承担有限的职能,即对 PPP 公司服务质量、价格结构以及服务范围等的控制是监管机构的主要任务。

最后,我国现行立法仍未摆脱政府政策制订、项目实施与市场监管职能不分的桎梏。

我国基础设施产业监管统一由政府负责,这种政府监管体制实际采用的是多部门分业、分散监管模式,即行业主管部门负责制定并执行相应行业的公共政策、发展规划、技术标准,并负责监督管理,③而基础设施产业的进入主体、合并、

---

① 参见王俊豪等:《中国城市公用事业民营化绩效评价与管制政策研究》,中国社会科学出版社 2013 年版,第 103 页。

② OECD Principles for Private Sector Participation in Infrustructure,2007.

③ 例如,政府的水行政主管部门“水务局”的职能是:(1) 贯彻落实国家关于水务工作方面的法律、法规、规章和政策,起草本市相关地方性法规草案、政府规章草案,并组织实施;拟订水务中长期发展规划和年度计划,并组织实施。(2) 负责统一管理本市水资源(包括地表水、地下水、再生水、外调水);会同有关部门拟订水资源中长期和年度供求计划,并监督实施;组织实施水资源论证制度和取水许可制度,发布水资源公报;指导饮用水水源保护和农民安全饮水工作;负责水文管理工作。(3) 负责本市供水、排水行业的监督管理;组织实施排水许可制度;拟订供水、排水行业的技术标准、管理规范,并监督实施。(4) 负责本市节约用水工作;拟订节约用水政策,编制节约用水规划,制定有关标准,并监督实施;指导和推动节水型社会建设工作。(5) 负责本市河道、水库、湖泊、堤防的管理与保护工作;组织水务工程的建设与运行管理;负责应急水源地管理。(6) 负责本市水土保持工作;指导、协调农村水务基本建设和管理。(7) 承担本市人民政府防汛抗旱指挥部(本市防汛抗旱应急指挥部)的具体工作,组织、监督、协调、指导全市防汛抗旱工作。(8) 负责本市水政监察和行政执法工作;依法负责水务方面的行政许可工作;协调部门、区县之间的水事纠纷。(9) 承担本市水务突发事件的应急管理工作;监督、指导水务行业安全生产工作,并承担相应的责任。(10) 负责本市水务科技、信息化工作;组织重大水务科技项目的研发,指导科技成果的推广应用。(11) 参与水务资金的使用管理;配合有关部门提出有关水务方面的经济调节政策、措施;参与水价管理和改革的有关工作。(12) 承办市政府交办的其他事项。

标准、安全、互联互通、价格、收费、经营等方面的监管权,则被政府各职能部门如计划、财政、物价、工商、环保、卫生、建设、劳动、技术监督等所分割,[①]主管部门则往往集基础设施投资、建设、运营和监管于一身,既是基础设施公共服务的政策制定者,又是政策执行者和行业监管者,角色混同、权力分散,在客观上制约基础设施公共服务的一体化综合管理,[②]公共服务效能低下。一方面,"行业主管"与公共企业的关系存在强烈的"婆媳效应",另一方面,具体的行业管理处多为行政主管的职能单位或附属事业单位,经费大都由财政全额拨款,其监管活动往往受上级主管部门或有可能作为PPP股东的政府政策部门的掣肘和影响,存在公信力差、角色冲突严重、监管效率低下、执法有失公允等诸多问题。

为避免政府规划、决策、实施与监管功能的错位,必须以法律形式明确区分政府的PPP项目规划、决策主体与PPP项目谈判、合作和实施主体,以法律手段建立一个有别于政府PPP决策、实施部门且独立地执行监管政策的监管机构。监管机构是依据法律授权独立设立的专业性的公共机构,人员构成一般以技术、法律、财务、审计等方面专业人员为主,人员任用选拔不受利益集团的影响并保持队伍的相对稳定;监管机构财权与事权必须双重独立并依法行使,非依法定程序不受任何组织的非法干预。实现政府决策和监管的责权分离,必须依法保障监管机构实体化和监管处置权程序化,让监管机构独立享有PPP项目监管权并依法承担监管责任。

遗憾的是各级政府对PPP项目决策、实施与监管分离的价值并没有清醒的认识,《基础设施和公用事业特许经营管理办法》相关规定仍然没有改变政府决策制定、项目实施与市场监管主体与职能"一统"的运行体制,其第7、8条分别规定:"国务院发展改革、财政、国土、环保、住房城乡建设、交通运输、水利、能源、金融、安全监管等有关部门按照各自职责,负责相关领域基础设施和公用事业特许经营规章、政策制定和监督管理工作。""县级以上地方人民政府发展改革、财政、国土、环保、住房城乡建设、交通运输、水利、价格、能源、金融监管等有关部门根据职责分工,负责有关特许经营项目实施和监督管理工作。""县级以上地方人民政府应当建立各有关部门参加的基础设施和公用事业特许经营部门协调机制,负责统筹有关政策措施,并组织协调特许经营项目实施和监督管理工作"。由此观之,政府推进PPP模式发展中在自身定位问题上仍存在思路混乱和准备不

① 如根据《价格法》的规定,公用事业价格监管主体为县级以上人民政府的价格主管部门,地方一般是物价局,在中央为发改委,此外,信息产业部、铁道部等也参与有关公用事业价格的制订和监管。

② 目前,我国在政府机构改革中已设立相对独立的分业监管机构,国务院直属机构、直属事业单位或国务院部委管理的国家局等,均承担一定的监管职能,具有监管职能专门化的趋势,如国家电力监管委员会。而在诸如轨道交通等城市基础设施领域,却大都没有一个专门的独立的监管机构。

足,这将严重影响基础设施和公用事业 PPP 改革的成效。

三、“政监分离”原则下 PPP 独立监管框架设计

PPP 模式运行需要以明确政策制定、项目实施和市场监管界限为基础来进行独立监管的制度设计。从实践看,各国对不断开放的基础设施公共服务领域的监管体制尽管历经反复试错和调整,但确立权威、公正、独立的监管机构,在开放中实现监管与决策功能分离,却是各国共同的经验,如英国以《自来水法》推进其水务民营化,以自来水特许经营形式吸引私人资本参与并构建了政企分离的水业运营基础,设立英国“自来水服务监管办公室”(Office of Water Service, OFWAT)作为全国性的政府监管机构,对自来水供应与污水处理业务实行垂直性经济性监管,与原来的国家江河管理局实现了政监分离。可以说,基础设施产业 PPP 模式运作的实践创设了“政监分离”的法律原则,并逐步形成了衡量监管机构独立程度的主要指标,这些指标包括:(1)机构设置上是否与政府政策部门分开;(2) 监管机构内部决策层的结构及其委员的任期;(3) 听取监管机构汇报的机构不制定行业政策;(4) 监管机构资金来源独立;(5) 只有法院可以否决监管机构的决定;(6) 监管机构有雇用员工和进行人事调整的自主权。①

美国以独立的监管委员会监管基础设施产业运行,借以减少政治因素对监管活动的影响。监管委员会的监管权来源于国会的授权,其运作完全独立于政府行政部门。独立监管委员会的组织结构、监管规则和监管程序则由相应的单独立法设定,其成员一般由专家、学者等专业人士组成,有法定的任职期限,保证监管具有专业性、独立性和公正性,不被利益集团收买或成为被监管者的俘虏。

PPP 不仅仅是一种融资模式,其意义更在于管理和机制的创新。十八届三中全会提出“让市场在资源配置中发挥决定性作用,允许社会资本通过特许经营等方式参与基础设施投资和运营”,这意味着基础设施产业正面临新一轮的改革。PPP 模式的实施使得从事公共服务的项目公司产权具有“异质性”,传统的产业界限逐步变得模糊,以传统产业划分为基础的分业监管容易出现监管机构之间的政策冲突。② 因此,基础设施产业资本构成与运用模式发生的变化“倒逼”政府对监管理念和机制实施必要的改造和调整,重塑自身的监管职能,实现

---

① 参见 OECD 科学技术与工业署信息、计算机与通信政策委员会电信与信息服务政策工作组:《电信监管:制度结构和监管责任》,载高世楫、俞燕山编著:《基础设施产业的政府监管——制度设计和能力建设》,社会科学文献出版社 2010 年版,第 326 页。

② 参见余晖:《中国基础设施产业政府监管体制改革总体框架》,载周林军等主编:《中国公用事业改革:从理论到实践》,知识产权出版社 2009 年版,第 101 页。

“行业主管”向“模式监管”的角色转换。

由于各种基础设施 PPP 运行具有监管目标和监管内容的一致性，根据国家 PPP 统一推广的原则，为防止监管权分割导致的“产业捕获”和效率制约，应当依据法律创设一个独立于发展改革委和各行业主管机构的 PPP 综合监管机构，形成政策制定部门专司 PPP 规划决策，监管机构专司 PPP 运行裁判，代表政府实施 PPP 合作的机构不再染指市场监管的 PPP 独立监管机制。同时，国家制定统一的 PPP 监管规则，通过法律授权的方式确立监管机构的监管权限、监管范围和监管程序。监管机构按照政府 PPP 项目投资目录，对 PPP 运行主体的服务价格约束、操作规程标准和服务质量以及服务范围等方面实施监管或委托相关政府职能部门（如物价、质检等机构）以及第三方专业机构进行评估，履行 PPP 监管职责。PPP 立法在赋予 PPP 监管机构明确的法律地位同时，应给予监管机构独立的人事权和财政权，明确监管机构对国务院和立法机关负责，赋予监管机构执法权威和有效的执法手段。为强化对 PPP 监管机构的约束，还应依法确认法院对 PPP 监管决定拥有否决裁定权，确保 PPP 项目及监管符合公共利益要求。就当前国家 PPP 模式推广实践而言，国务院一方面应建立发展改革委、财政部和各行业主管部门的工作协调机制，另一方面，应着力培育、发挥第三方中介机构的辅助作用，防止 PPP 项目出现监管漏洞或监管真空。

四、PPP 核心监管：价格、质量与普遍服务控制

社会资本参与基础设施建设、提供公共产品，意味着 PPP 模式具有更宽泛的价值内涵和多元的价值考量。以政府为代表的公共利益与以私人部门为代表的资本利益在 PPP 模式中相互交织，形成了基础设施市场化逻辑与“公用”属性之间的矛盾。基础设施运营具有天然的垄断性，“除非它们受到调控和管理，否则，私人经营者就会像垄断者一样，限制产量并提高价格，这会给整个经济的效率和收入分配带来恶果”[①]。PPP 模式只是改变了公共服务或产品的提供方式，即由原来的政府直接提供转变为公私部门合作供给，基础设施在社会经济中的基础性和公共性地位没有改变。为防止社会资本进入可能带来损害公共利益的风险，维护基础设施服务本质，PPP 监管的重点应由进入主体的身份限制转向对产品（服务）价格、质量和安全以及服务范围的控制。

---

① 世界银行编：《1997 年世界发展报告：变革世界中的政府》，中国财政经济出版社 1997 年版，第 6 页。

(一)价格规制

PPP监管机构的重要职责是对PPP项目实施价格监管,即对PPP运营商的服务收费标准、收费结构进行控制,其目的是使基础设施服务的价格保持在一个合理范围之内,既满足公众普遍承受力,又要考虑运营商的合理收益。基础设施服务的公共性决定其定价机制不可能完全由市场调节、实行市场定价,但PPP公司取代或部分取代政府垄断获得的经营权易于产生垄断定价、歧视价格。为保证PPP公司的回报率使其有良好的财务状况和发展潜力,又能够坚守基础设施服务的公共性要求,政府必须保留对基础设施产业PPP模式运行的价格控制权,以价格法和行业立法为基础,监督PPP项目公司严格执行相应的价格标准,确保基础设施服务政府指导价和政府定价制度的落实。[①] 现行法对公共产品或服务价格的规范相当弹性,仅仅对定价主体、定价程序、定价原则以及价格构成等作出原则性规定,这种价格控制框架在基础设施服务传统供给模式下并无太大的问题,因为政府决定或指导公共产品或服务定价往往会自觉地接受公共政策限制,维持较低的价格和稳定的价格秩序。但对社会资本介入的PPP运营模式而言,服务定价则需要有效的外部规制。这是因为社会资本具有鲜明的趋利性,在信息不对称、成本核算复杂的情况下,PPP运营商对公共产品、服务定价难以公开、透明;另一方面,PPP运营商对公共产品、服务供给具有垄断性,在营利目的驱动下必然会以各种方式、方法提价或变相涨价。因此,我国价格立法应当针对PPP运营模式确立一套具体的、可供操作的公共产品、服务定价规则。

从各国实践看,基础设施产品、服务的价格监管主要有两种方式,即成本加成监管机制和价格上限监管机制。前者在企业成本的基础上再给一个合理的利润形成服务价格;后者则给出一个较大空间的价格上限,且这个价格上限会随通货膨胀、时间以及技术进步率等进行调整。无论哪种价格监管方式,成本是制订并控制价格的依据。PPP公司拥有自由独立地位,政府不能强制介入企业内部活动,信息不对称是成本核算的瓶颈。价格规制必须以被监管者成本与利润透明为基础,西方国家对基础设施行业价格监管都有相应的信息披露和成本制度,如美国PUC为对本地燃气进行有效价格监管,定期委托专业审计公司对地方分销公司(Local Distribution Company,LDC)提供的"天然气成本复原(The

---

① 参见《中华人民共和国价格法》第18条规定:下列商品和服务价格,政府在必要时可以实行政府指导价或者政府定价:(1)与国民经济发展和人民生活关系重大的极少数商品价格;(2)资源稀缺的少数商品价格;(3)自然垄断经营的商品价格;(4)重要的公用事业价格;(5)重要的公益性服务价格。《中华人民共和国电力法》第35条规定:电价实行统一政策,统一定价原则,分级管理。

Gas Cost Recovery,GCR)”进行监督和审计,确保GCR数据构成符合法律并计算准确,并对“不谨慎”的成本核算通过退款和解机制进行调整。

我国价格法对基础设施产业价格监管并未涉及成本控制问题,但2006年国家发展改革委发布的《政府制定价格成本监审办法》(国家发改委令第42号)明确监管机构对基础设施运营企业的成本要定期监审,掌握企业的成本结构和成本变化,以期对企业的财务状况作出合理分析和判断。这一部委规章除效力层次低外,其所要求的“成本定期监审查”也缺乏相应的操作性。就PPP运营而言,判断其成本结构状况、成本变化需要透明、公开、确定的财务成本信息,因此,价格法急需确立公共产品、服务价格信息披露制度。在构建成本监审制度之同时,政府可考虑直接或委托行业协会,建立一套基础设施和公用事业会计体系,强制或选择性地要求PPP公司采用。同时,立法机关应修改价格法,完善包括价格听证在内的公众参与机制,明确公众参与的权利义务、范围、方式、程序,强化PPP运营的社会监督,为价格监管提供制度保障。

(二)安全与服务质量控制

基础设施产业涉及道路、管网、通信、水电、园林绿化、垃圾处理等基础设施和公共服务设施建设,它承载着城市的功能和运行,承载着国民经济快速健康发展和人民群众生命财产安全,基础设施建设必须遵循“规划引领、民生优先、安全为重、机制创新、绿色优质”原则。基础设施产业政府垄断与PPP模式的差别在于政府垄断经营可以不计成本、不惜代价,确保公共利益实现和公共安全,即使亏损运营,也不会降低安全质量和社会效果,而PPP运营在客观上要求其必须考虑社会资金效率,资本利益追求有可能使其偏离基础设施的功能定位,忽略公共利益和民生优先的考量。因此,PPP监管的核心任务之一就是确保基础设施安全和服务质量,保证PPP运营符合民生优先的公共利益原则。

从实践看,基础设施安全和服务质量监管首先是加强基础设施建设和服务质量控制,杜绝PPP公司基于经济利益的成本压缩和损害工程质量行为,如塌陷、爆炸、污染、辐射等安全隐患。同时,鉴于消费者缺乏对公共物品服务质量的比较与选择机会,监管机构必须严格PPP项目的服务指标动态监管,防止市场趋利性对服务质量的侵袭。其次,建立严格科学的质量安全技术标准,排除PPP运营商优势地位滥用,如英国自来水服务监管办公室为维护消费者权益,曾制定《服务标准保证方案》,规定自来水服务质量标准包括遵守与顾客的约定、答复顾客账单疑问、对顾客意见及时反应、预先通知中断自来水供应、及时安装水表、排除溢水和处理自来水低压问题等,如果自来水经营企业不能达到这些标准,顾客有权要求经济赔偿,企业每次赔偿一般为10英镑,监管机构有权对企业和顾客纠纷作出仲裁。[①] 再次,建立社会评估监督体系,确立服务质量控制辅助机制,我国基础设施服务虽然也有各种标准体系,但结构与内容均不够完善,培育社会第三方机构负责安全与服务质量的监测和评估,辅助监管机构进行 PPP 运营执法,提高 PPP 运营执法、监管水平,如新加坡监管机构专门致力于安全与服务质量的标准制定和实施,而样品检测、取样和产品认证等则委托给第三方的"生产力和标准委员会"执行。总体而言,PPP 监管机构必须以安全为先、民生优先为原则,定期对 PPP 运行效果进行评价并及时将检查、监测、评估结果和整改情况以适当的方式向社会公布,接受社会公众的监督。

(三) 普遍服务

基础设施普遍服务是政府制定公用事业公共政策的基本价值目标,是消费者平等享有公共服务的机会和权利,大多数国家立法均视普遍服务为一项法律原则,并在法律上确立"强制服务义务"和"普遍服务权利"的一般性规定,政府的政策部门确定普遍服务的范围,运营商承担提供普遍服务的社会责任,而监管机构则负责对运营主体履行普遍服务社会责任的监督。如美国《联邦管制法典》(the Federal Code of Regulations, FCR)、《天然气法》(NGA)和《州际商业法》(ICA)均确认无论是国家、州政府垄断经营还是私人或私人部门介入的 PPP 运营,都必须为社会公众提供普遍服务,任何差别的、不平等的或者歧视性的服务行为都是违法的,美国 FERC 有权依据违反普遍服务的法律规定,对运营商实施管制,强制运营商改正。

基础设施的普遍服务由其公共性决定,为了维持社会公众的基本权利,保障基础设施服务全社会的利益共享,政府通过制定与实施相关法规政策,促使城市基础设施的经营者向所有存在现实或潜在需要的消费者,以可承受的、无歧视的价格提供基本服务。[②] 在政府垄断经营的传统模式中,政府通常以对各地区、各层次的消费者实行交叉补贴或财政补贴办法实现普遍服务,但基础设施引入 PPP 模式之后,PPP 公司带有资本获益目标的诉求,利润最大化的市场法则将被带入并影响项目运营的价值取向,"大量私人企业参与供水和卫生设施服务,并不必然意味着穷人能够得到更好的服务。除非服务合同是仔细制定的,否则

---

① See OFWAT, The Guaranteed Standards Scheme, Birmingham: Office of Water Services, 1997.

② 基础设施普遍服务基本精神是:(1) 可获得性。即只要消费者需要,基础设施的经营者都应该高效率地向消费者提供有关服务。(2) 非歧视性。对所有消费者一视同仁,在服务价格、质量等方面不因地理位置、种族、宗教信仰等的差异而存在歧视。(3) 可承受性。即服务价格应该合理,使大多数消费者都能够承受。

这些合同可能会将为低收入地区提供的服务排斥在外,并形成地方垄断企业”[①]。尽管基础设施实施PPP模式,政府将提供公共服务的职责通过吸引社会资本投入的方式进行了转移,但更应该加强对PPP公司“普遍服务”义务的监管。

监管者的监管权来自于法律的授权,监管本身是一个执法的过程,监管活动应该是法律意志的体现。必须通过立法确定以PPP模式运营的基础设施服务价格、质量标准和服务范围,监管者的责任在于依法判断、监督运营者是否在法律框架下行动并给予奖惩。

(本文发表于《上海财经大学学报(哲学社会科学版)》2015年第6期)

① 世界银行2000/2001年世界发展报告:《与贫困作斗争》,中国财政经济出版社2001年版,第97页。

PPP项目政府监管者与参与者角色的平衡

——以失败的PPP项目为例

黄志豪*

一、PPP对中国经济发展的重要性

PPP(public-private-partnership,公私合作)一般是指由公共部门(通常指政府)与私营部门(通常指民营企业)在某些公共项目和服务中进行相互合作,而这些PPP项目和服务传统上应当由公共部门提供。常见的PPP项目主要应用于公共服务、资源环境、生态建设、基础设施等与民生相关的领域。在PPP模式中,公共部门和私营部门承担了不同的角色——私营部门利用其掌握的资源在特定期限内对公共设施和服务进行投资、设计、建设、维护和经营,并通过向公众收费或取得政府财政补贴获取长期回报;公共部门的主要职责则是甄选服务提供者、采购服务、为项目提供政策支持,以及项目的后续监管,从而实现相关服务的供应、满足公共需求。换言之,私营部门的角色为项目参与者,而公共部门具有双重角色——既是项目参与者,又是项目监管者。通过公共部门与私营部门共同投入资金、共担项目风险,最终达到各方共享项目收益的结果。PPP模式是一种创新型的投资、融资机制,有利于调动社会资本、充分发挥市场机制作用,同时公私共同经营公共服务有利于公共服务质量和效率的提升和公众利益最大化的实现。

中国新城镇化建设需要大量的投入,然而地方债务高企限制了城镇化发展

* 黄志豪:金杜律师事务所律师,法学博士研究生。

的步伐，亦是中国政府急需解决的难题。鉴于认识到PPP模式强调引入社会资本以分担地方政府于公共服务项目前期所面临的融资压力、化解地方债务风险，在过去的几年国家领导人讲话及会议中多次提出推广PPP模式。2013年11月12日，中国共产党第十八届中央委员会第三次全体会议发布的《关于全面深化改革若干重大问题的决定》当中，在提倡健全城乡发展一体化体制机制之时，该决定明确将PPP纳入了推进城市建设管理的创新模式。① 2014年11月7日，中国国家发改委对外经济研究所国际经济合作室主任张建平表示，亚洲基础设施投资银行(AIIB)的金融规则设计将在借鉴中国经验和适用发展中经济体经验的同时，参考现有惯例和国际通用规则，PPP等多元方式有望成为亚投行基础设施项目的融资模式。② 财政部长楼继伟于2014年12月29日召开的全国财政工作会议进一步部署，要求2015年推广运用PPP模式要有新的突破。③ 2015年1月25日，国家总理李克强在2015年度达沃斯世界经济论坛上提出了一些关键的投资领域，包括中国中西部省份铁路及水利工程的建设、各类棚户区和城乡危房的改造，以及污染防治等。④ 李克强强调中国政府将加大在这些领域的投资，但不会局限于政府的单独行动，而是通过深化投资融资改革打破垄断，鼓励私营和外资的参与，采取公私合作、中外合作及政府购买服务等方式放大投资效应。⑤ 这一系列讲话及会议决定昭示着国家已将PPP模式的应用提高到了国家战略的高度。

除在政策制定上动作频频以外，中国政府亦开始着手健全相关法律体系、建立汇报和审批制度、梳理项目经验，以明确PPP的具体运作方式，营造良好的运作环境。PPP的内容十分广泛，从行政行为而言包括了地方债务处理、地方预算、土地使用、政府采购、公开招标等流程；从操作模式而言包括了特许经营、股权合作、政府购买服务等情形。因而导致PPP涉及的法律部门繁多、法律关系复杂，既包括合同法等私法领域，也涉及经济法、行政法、采购法等公法领域。2014年之前，国家的法律体系并不能有效地覆盖PPP所涉及的所有法律问题，依靠一些年代久远、内容笼统的法律规定或个别部委出台的文件显然不能满足

① 《中共中央关于全面深化改革若干重大问题的决定》，http://cpc.people.com.cn/n/2013/1115/c64094-23559163.html，2015年10月15日访问。

② 《亚洲金融：PPP等多元方式有望成为亚投行融资模式——发改委专家》，http://cn.reuters.com/article/2014/11/07/cn-aiib-ndrc-fund-idCNKBS0IR04C20141107，2015年10月15日访问。

③ 《中国官方要求论证PPP项目财政承受能力》，http://www.chinanews.com/cj/2015/04-14/7207239.shtml，2015年10月15日访问。

④ 《国务院常务会议回顾解读(七)焕发"传统引擎"的澎湃动力》，http://www.gov.cn/zhuanti/2015-08/09/content_2910349.htm，2015年10月15日访问。

⑤ 同上。

PPP项目可能衍生的法律问题。因此,中国于2014年前后展开了全方位的PPP立法活动。经过一年多的时间,相关部门已出台了多部PPP配套规定。对比2014年以前,当前PPP的法律依据不管是从数量还是质量而言,都得到了大幅度提升。

截至当前针对PPP已出台的具体部门法律文件主要包括《预算法》《政府采购法》《政府采购法实施条例》《招标投标法》《招标投标法实施条例》《基础设施和公用事业特许经营法》《基础设施和公用事业特许经营管理办法》《土地管理法》及一系列配套性规章,当中有很大一部分都是近几年才出台的。这些新出台的法律文件有效地弥补了旧法当中已经与实践情况脱节以及含糊不清的规定,以遏制PPP模式在发展伊始因立法不完善而导致的适用依据缺失的情况,并就PPP的发展作出了大量的创新性尝试。此外,中央多个部委还就PPP下发了多项工作通知、指导意见、指南等规范性文件,如国务院发布的《关于创新重点领域投融资机制鼓励社会投资的指导意见》《基础设施和公用事业特许经营管理办法》、财政部发布的《关于推广运用政府和社会资本合作模式有关问题的通知》《政府和社会资本合作模式操作指南(试行)》《关于规范政府和社会资本合作合同管理工作的通知》、国家发改委发布的《国家发展改革委关于开展政府和社会资本合作的指导意见》,以及财政部、国家发改委、人民银行三部委联合发布的《关于在公共服务领域推广政府和社会资本合作模式指导意见》等,旨在推动政府和社会资本之间的合作,为公共服务供给机制的重大创新提供法律法规层面的支持。与此同时,各地政府也随着中央政策的推出开始全力推动与PPP相关的具体操作办法。

目前国家针对PPP模式已推行了多项措施,鼓励境内外的社会资本参与中国的PPP项目,其中不乏亮点。例如,国家发改委提出了地方政府应建立PPP项目库,以及时就PPP项目的实施进展进行跟踪调度和梳理,并每月报送国家发改委进行审核,[①]确保PPP项目在地方的实际应用符合国家政策和相关法律法规。在三部委推出的《关于在公共服务领域推广政府和社会资本合作模式指导意见》当中,则首次明确提出了建立"中国PPP融资支持基金"。2015年8月以来,多个地方政府纷纷设立产业基金。例如,山东PPP发展基金总规模为800亿元,分3年募集到位;其中,山东省政府引导基金出资80亿元,吸引银行、保险、信托等金融和社会资本720亿元,2015年首批基金规模为200亿元。[②] 同

① 《国家发展改革委关于开展政府和社会资本合作的指导意见》,发改投资[2014]2724号。

② 《财政部再发PPP大礼包:1000亿+12亿+2%》,http://www.eeo.com.cn/2015/0903/279482.shtml,2015年10月15日访问。

月,江苏省首期100亿元PPP融资支持基金出资机构落定。江苏省财政厅专门设立PPP融资支持基金,由省市县财政共同出资10亿元,江苏银行、交通银行等多家银行各认购18亿元。[①] 该等政府基金的设立旨在吸引更大规模的社会资本参与到基础设施和公共服务设施领域项目建设中,并最终"点燃"数以万亿的社会资本PPP项目的资金落地。[②] 三部委的指导意见还明确规定政府应采取竞争性方式择优选择具有投资、运营管理能力的社会资本主体参与项目,双方应按照平等协商原则订立合同,明确"责权利"关系即由社会资本投资并提供公共服务,政府依据公共服务绩效评价结果向社会资本支付相应对价,保证社会资本获得合理收益,[③]为公众提供更有效率、质量更优的服务。

二、PPP的风险分担和项目融资的重要性

虽然相比传统模式而言,PPP模式不管是从融资还是从管治方面都存在着相当的优越性,国家近年来也在政策及法律层面都给予了大力支持,然而其并非毫无风险。项目风险是否得到了公平、合理的测算和分担是一个PPP项目成败的关键。虽然PPP模式强调风险共担,公共部门能够通过PPP模式将部分风险转移给私营部门而使得风险分担更有效率,但是公共部门不应该以将风险全部或大量转移给私营部门为目标。风险的分配应当以主体的内在特性为基础,即由公共部门承担其善于调控的政治风险、法律风险及经济风险,由私营部门承担与项目投资、融资、建造、经营相关的风险。如果全部风险均由私营部门承担或承担的风险超过其负荷能力,因私营部门缺乏控制一些特殊风险的能力,则其维持公共服务私营部门的成本支出或盈利能力势必受到影响。但如果全部风险均由政府兜底,那么若私营部门完全从利润最大化的角度去考虑和经营将很有可能导致服务的成本过高。鉴于项目最直接的客户群就是公众,这当中产生的额外成本会最终转嫁到公众身上,将导致项目不仅会因为太过昂贵而引发公众反对或债务危机,PPP模式也将失去意义。换句话说,无论是公共部门承担的风险过高还是私营部门承担的风险过高,最终受损的都是公众利益。因此,在PPP项目的计划阶段和合同谈判阶段,公共部门和私营部门双方必须就风险分

---

① 《财政部再发PPP大礼包:1000亿+12亿+2%》,http://www.eeo.com.cn/2015/0903/279482.shtml,2015年10月15日访问。

② 《500亿元PPP引导基金获批 政府增信促"稳增长"落地》,http://news.cb.com.cn/html/economy_9_25662_1.html,2015年10月15日访问。

③ 《国务院办公厅转发财政部发展改革委人民银行关于在公共服务领域推广政府和社会资本合作模式的指导意见》,国办发〔2015〕42号。

担问题进行详细的评估和规划,以确保风险分担的公平性和合理性,而不是将所有风险一面倒地施加给其中一方。

1994年投入运营的英法海峡隧道(Channel Tunnel)可被视为一个经典的因风险分配不均而导致失败的PPP案例。英法海峡隧道横穿Dover海峡,连接英国的Folkestone和法国的Calais,全长约50公里,其中37.2公里在海底,12.8公里在地下,被认为是20世纪最伟大的基础设施建设工程之一,其采用的PPP模式亦受到了广泛的关注。然而,对于项目进展过程中发生的种种风险事件,如项目审批延误、建造成本超支、融资成本增加、隧道建设周期和开通运行时间的拖延、运营管理水平不佳、运营时间延误、市场需求变化、对客源预测过高、与同航线的渡轮和飞机之间的价格竞争等,英、法政府和项目公司却未能在项目商谈阶段及后续运营阶段中作出适当的管理。[①] 本应由政府分担的风险,如项目审批延误及确保项目的唯一性,却实际上均由私营部门一方承担。而在项目公司债务累累申请政府提供融资支持时也遭到了拒绝,致使项目公司不得不于2006年申请破产,而政府也最终支出了更多费用用以支付项目庞大的债务。从这个案例中,我们可以窥见风险分配不善将会给PPP项目及公私各方带来多么严重的后果。

除风险分配之外,项目融资是PPP项目中另外一个非常重要的环节,因为融资成功与否直接关系到项目的持续与稳定。公共部门需要向公众提供公共服务,但是又面临缺少资金的问题。在这种双重压力下,公共部门引入PPP模式,与私营部门合作,以项目公司为载体借助公共服务的提供和销售将政府负债转化为社会融资。这一模式打破了传统上通过政府财政拨款实现公共服务的方式,使得融资方式变得更加多样化,从而减轻了公共部门的财政压力。但是值得注意的是,虽然社会资本的加入会缓解政府部分财政压力,由于PPP项目实质上仍然依托政府信用,公共部门并不能做“甩手掌柜”,而应当密切地监督、管理项目,严格遵守其于PPP协议下的义务。在必要的时候,公共部门也要充当监督者与参与者的双重角色。一方面,在开发、准备PPP项目之时政府可通过提供PPP相关基金直接参与股权投资,以支持PPP项目的促成。另一方面,私营部门需要对项目进行融资,但PPP项目主要为公共服务事业,项目周期长、所需资金投入大、盈利在短期内却未必丰厚,这导致了与其他商业项目相比,一般的商业银行可能不倾向于为PPP项目提供贷款(然而与此形成对照的是,境外银行通常都会为PPP项目设立专项部门)。此时需要公共部门出面进行协调,比

---

① 参见王守清、柯永健编著:《特许经营项目融资(BOT、PFI和PPP)》,清华大学出版社2008年版,第200—201页。

如由政府推动政策性银行(如国家开发银行)为 PPP 项目提供担保或承诺。但是公共部门应提供何种程度的资金支持与参与?若为银行提供担保,银行是否可以完全依赖该种政府担保而减少对 PPP 项目的监督和管理?这些问题都有待国家通过法律法规的建设来进一步规范。从其他国家的经验来看,如果政府因为融资压力的转化而疏于对项目的参与,私营部门将会承担不合理的资金风险;但如果政府资金方面介入程度太高,如提供高额的银行担保,又可能导致私营部门丧失了审慎的资金控制。比较合理的方式是为包括银行在内的投资人或债权人设定对项目资金的审查权限和义务,如要求银行对项目资金流转进行一定程度上的尽职调查,而确保项目支出受到良好控制以及项目资金能够稳健获得。

笔者希望通过分析以下两个失败的 PPP 项目,包括中国 PPP 模式产生初期的案例,以及已应用 PPP 模式多年的英国案例,来帮助公共部门更好地理解其在 PPP 项目中作为监督者与参与者所须承担的责任和义务,避免其对 PPP 项目管理失效。此外,笔者还将探讨公共部门在 PPP 项目中应当考虑的因素。若因项目管理不善而导致失败,如政府被迫承担不合理的债务或项目被政府强制性收回,对于公共部门、私营部门和公众而言该等结果可能是“三输”的。

三、案例分析

案例一:长春汇津污水处理 PPP 项目

背景介绍

1999 年,长春市城市排水公司(“市排水公司”)与汇津中国(长春)污水处理有限公司(“汇津公司”)就合作建设及管理长春市北郊污水处理厂项目开始进行洽谈。在经历了 18 个月的谈判后,双方签署了合作经营合同,约定长春市城市排水公司将该项目的在建工程和项目所需的全部土地使用权以 5000 万元人民币作为出资,汇津公司投资 2.7 亿元人民币,建立并经营注册资本为 3.2 亿元人民币的长春汇津污水处理有限公司(“长春汇津”)。长春汇津就长春市的污水处理服务进行专项经营,经营期限为 21 年(“长春汇津 PPP 项目”)。同年,长春市政府就该项目特别颁布了《长春汇津污水专营管理办法》[①](“《专营办法》”)。《专营办法》第 16 条规定,“市排水公司应当输送不少于 39 万吨/日的污水,由汇

---

① 《长春市人民政府印发〈长春汇津污水处理专营管理办法〉的通知》,http://www.chinalawedu.com/falvfagui/fg22016/137224.shtml,2015 年 10 月 15 日访问。

津有限公司按照有关规定进行一级处理”，同时第 21 条要求，“市排水公司应当履行合作合同中规定的支付污水处理费和提供污水等全部合同约定义务；市人民政府监督市排水公司全面履行合同约定义务。市人民政府同意经批准的合作合同中规定的市排水公司应向汇津有限公司支付污水处理费的标准和调整原则”。

汇津公司系 1997 年 10 月 30 日在英属维尔京群岛登记的商业公司。Thames Water Utilities Limited(“Thames Water”)于 2002 年 6 月起成为该公司的大股东，持有该公司 48.8%股权。[①] Thames Water 是英国最大的水务及污水处理公司，其给排水管道网络覆盖伦敦，为伦敦用户供水并提供污水处理服务。早在 1996 年，Thames Water 就以 7300 万美元的投资获得了上海大场水厂为期 20 年的经营权。此外，Thames Water 于包括中国在内的全世界范围内参与了多个 PPP 项目，具有非常丰富的 PPP 项目经验。市排水公司则为国有全资公司，在长春汇津 PPP 项目中代表长春市政府。

长春汇津的股权架构及项目污水处理费的支付方式参见下图：[②]

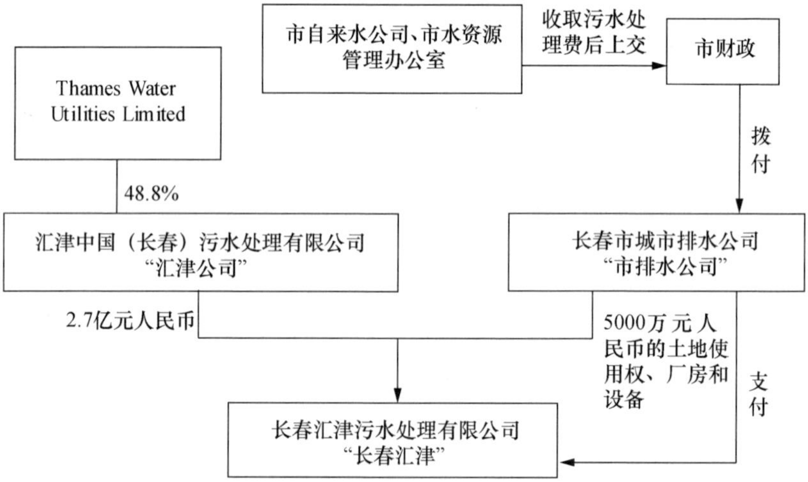

该项目作为中国首个外商直接投资的中外合作公用事业项目，于 2000 年底开始正式投产及运营。然而从 2002 年年中开始，市排水公司开始拖欠汇津公司污水处理费，并于 2003 年 3 月起彻底停止付费，截至 2003 年 10 月底，累计拖欠

① 《二审中长春北郊污水处理厂停产》，http://www.chinajsb.cn/gb/content/2004-03/05/content_70644.htm，2015 年 10 月 15 日访问。

② 参见长春汇津污水处理有限公司诉长春市人民政府上诉状，2003 年 12 月；《二审中长春北郊污水处理厂停产》，http://www.chinajsb.cn/gb/content/2004-03/05/content_70644.htm，2015 年 10 月 15 日访问。

的污水处理费约 9700 万元人民币。为解决争议并追讨污水处理费，汇津公司邀请吉林省外经贸厅出面调解。在调解会议上汇津公司被告知长春市政府已于 2003 年 2 月 28 日以"长府发[2003] 4 号决定"废止了《专营办法》。[①] 汇津公司认为合作经营合同的报批及生效的一个先决条件正是长春市人民政府同意发布《专营办法》，且《专营办法》作为附件 11 被载列于合作经营合同，相当于形成了合同的有效部分，证明政府在签订合作经营合同时对项目是支持、肯定的。因此，废除《专营办法》相当于摧毁了项目的运营基础。[②] 经过多次调解，长春汇津并未能成功追讨拖欠的污水处理费，万般无奈下汇津公司于 2003 年 8 月以长春市政府为被告向长春市中院提起了行政诉讼。

长春市政府在案件审理中称汇津公司与市城市排水公司签订的合作经营合同是一份权利义务不平等，违背风险共担、利益共享原则，具有大量保底条款和固定回报条款的合同，其目的是为了规避《中外合资经营企业法》《中外合作经营企业法》("《合作企业法》")等有关法律进而取得国家明令禁止的变相对外融资举债的"固定回报"。[③] 长春市政府作出废止《专营办法》的决定是为了贯彻《国务院办公厅关于妥善处理现有保证外方投资固定回报项目有关问题的通知》("《通知》")当中关于"固定回报"的禁止性规定。据此，长春市政府认为废止《专营办法》属于依法行政。

该案一审法院——长春市中级人民法院于 2003 年 12 月 24 日对该案作出了判决。判决中列举了大量合作经营合同中关于合作双方权利、义务的条款，试图以此来说明该项目违反了《合作经营企业法》中规定的利益共享、风险共担原则，且属于固定回报项目，并依此认定长春市政府废止《专营办法》的行为合法有效，驳回了汇津公司要求长春市政府承担行政赔偿责任的诉讼请求。[④]

汇津公司则认为根据《合作企业法》，合作双方可依照意思自治和平等互利原则以合同约定的方式行使权利和履行义务。对利润分配方式完全依照双方的约定并尊重当事人之间的约定是该法有别于其他法律的最显著特点。[⑤] 一审法院在其判决中引用的"利益共享，风险共担"原则未出现于《合作企业法》的任何条款里，也不符合《合作企业法》的立法原则，是一审法院对合作企业法立法原则

---

① 《长春市人民政府关于废止〈长春汇津污水处理专营管理办法〉的决定》，长府发[2003]4 号，http://china.findlaw.cn/fagui/p_1/19127.html，2015 年 10 月 15 日访问。

② 长春汇津污水处理有限公司诉长春市人民政府上诉状，2003 年 12 月。

③ 中国城市水业市场化(PPP)推进过程中遇到的一些重要问题及相关建议(最终报告)，2005 年 1 月，第 51 页。

④ 长春汇津污水处理有限公司诉长春市人民政府"关于废止《长春汇津污水处理专营管理办法》的决定"案，(2003)长行初字第 9 号，2003 年 12 月 24 日。

⑤ 长春汇津污水处理有限公司诉长春市人民政府上诉状，2003 年 12 月。

的错误理解。[①]

据此,汇津公司于 2004 年 1 月 8 日上诉至吉林省高级人民法院。而就在案件二审进行过程当中,汇津公司建设、经营的长春汇津北郊污水处理厂正式停产,污水被直接排入松花江,导致了轰动一时的“汇津污染事件”。在历经近两年的法律争议之后,长春汇津 PPP 项目最终于 2005 年 8 月被长春市政府回购而宣告终结。

合作经营合同及长春市政府角色的法律分析

从合作经营合同制订的过程来看,汇津公司与长春市城市排水公司签订的合作经营合同,是经过双方长达 18 个月的磋商讨论的最后结果,是经过双方慎重考虑的产物。

合作经营合同所依托的《专营办法》主要是基于《中华人民共和国水污染防治法》和《中华人民共和国公司法》制定的。其中第 1 条阐述了该办法的主要目的,即“为了加快城市公用基础设施建设,利用外资提高本市污水处理能力,改善本市生态环境,防治水污染”。从这当中,我们可以看出长春市政府在设立长春汇津 PPP 项目时的本意是希望能够与社会资本进行长期合作的。回顾当时中国的经济和法律环境,中央并没有就 PPP 提供政策方面的支持,并且 PPP 相关的法律建设也不尽完善,导致 PPP 项目身处的法律环境并不成熟。该项目在这个背景下能够取得长春市政府的支持并令其通过《专营办法》,已经是非常不容易。

另外,合作经营合同还明确了长春汇津的治理架构,即长春汇津的董事会由 7 名董事组成,其中市排水公司委派 2 名,汇津公司委派 5 名;公司设董事长、副董事长各 1 名,董事长由汇津公司委派,副董事长由市排水公司委派;公司总经理、财务总监和总工程师由外方公司提名,总经理助理由市排水公司提名,并由董事会依照法律规定程序聘任或者解聘。[②] 从以上两条合同条款内容不难看出,长春汇津 PPP 已引入了基本的公司治理机制,通过分配董事和管理人员的委任权对公共部门与私营部门的权力作出了平衡,确保公司的运营符合公私双方的利益。

可以说,从项目谈判、协议签订到项目公司的启动运营,长春市政府同时担负了监管者与参与者双重角色。它既出台了相关支持政策,又通过参与公司治

---

① 长春汇津污水处理有限公司诉长春市人民政府上诉状,2003 年 12 月。

② 《长春市人民政府印发〈长春汇津污水处理专营管理办法〉的通知》,http://www.chinalawedu.com/falvfagui/fg22016/137224.shtml,2015 年 10 月 15 日访问。

理直接参与项目商业运营，以保证项目的顺利启动。但是，在项目进行两年之后，长春市政府却突然抛弃了其作为项目参与者的身份，开始完全以监管者的姿态干预项目公司的运营，并作出了政策上的大逆转，单方面地废止了项目所倚赖的《专营办法》。这一转换对长春汇津 PPP 产生了非常大的负面影响，并直接导致了项目的夭折。

首先，我们要问，对于行使了其作为监管者职权的长春市政府是否对“废止决定”这一行政行为提供了合理解释呢？根据长春市政府在一审中作出的答辩，其废止《专营办法》主要是因为其违反了《通知》中对于“固定回报”的禁止性规定且合同条款存在不平等的情况。

（1）固定回报问题

长春市政府认为，合作经营合同中政府保证了最低购买量，并对价格作出了明确规定，因此长春汇津 PPP 项目属于固定回报项目。[①] 长春市政府的这种解读看似显而易见，但实际上并不全面，因为其忽略了 PPP 项目参与者的经营风险以及这一类项目的具体特点。项目公司只有经营得好，其投入才会转化为回报；如果经营出现亏损，其投资则实为零回报或负回报。因此，仅仅因为保证了最低购买量并对价格进行规定并不完全等同于设定了固定回报，因为项目公司的营运收入还是会受到包括成本上涨在内的市场因素的影响。同时，长春市政府还需要考虑长春汇津经营的客体并非一般商品，其经营的污水处理服务是影响到市民生活、环境保护的带有公益性质的服务。不但其设立需要政府的审批与许可，即便是污水处理费的价格以及征收渠道也需政府会同有关部门参照当地收入水平及公众承受能力进行制订和安排。可以说政府在污水处理项目当中处于主导地位。另外，在污水处理项目中对最低购买量和最低价格，以及对污水处理费的上调、汇价、电价、税费及额外增收费用进行约定是许多公共事业外商投资项目的共同特点。[②] 若仅仅因项目设定了最低购买量和购买价格便将其冠以“固定回报”之名，则全球很多利用 PPP 模式投资的水、电等基础设施项目合同的合法性都将受到质疑并失去法律保障。并且，如果政府不对购买量和价格作出基本的承诺和保障，实践中也很难吸引私营部门参与这个类型的项目。

另外，长春市政府还强调了《专营办法》是因《通知》中存在对于“固定回报”的禁止性规定而被废止。然而，笔者注意到早在 1995 年外经贸部就外商特许经营事项发布的《对外以 BOT 方式吸收外商投资有关问题的通知》和《关于试办

---

① 长春汇津污水处理有限公司诉长春市人民政府“关于废止《长春汇津污水处理专营管理办法》的决定”案，(2003)长行初字第 9 号，2003 年 12 月 24 日。

② 《二审中长春北郊污水处理厂停产》，http://www.chinajsb.cn/gb/content/2004-03/05/content_70644.htm，2015 年 10 月 15 日访问。

外商投资特许权项目审批管理有关问题的通知》,1998 年国务院下发的《关于加强外汇外债管理开展外汇外债检查的通知》,及 2000 年建设部颁布的《城市市政公用事业利用外资暂行规定》都已经对涉及“固定回报”的问题作出规定。这些规定禁止地方政府因地方财政无力支付基础建设所需资金而引入境外投资者并承诺固定回报,将原本低回报、以稳定见长的公共事业变成暴利行业。长春市政府谈及的《通知》虽为 2002 年 9 月 10 日颁布,但当中主要内容只是对前述法律文件的重申,在“固定回报”这一问题上并不涉及新规定。

再看长春汇津 PPP 项目,该项目在 2000 年 9 月 19 日获得了吉林省外经贸厅批准,合作合同、章程及可行性研究报告均上报了长春市外资办预审,后通过了长春市政府上报省外经贸厅和经贸厅批准,并报国务院和外经贸部备案。这一系列上报、审批程序均发生在上述除《通知》外其他相关法律文件的颁布之后。既然各级政府部门在对该项目的审核过程中均未提出任何异议,而是令其成功通过审批,即使该项目存在固定回报的元素,它也应当因政府背书而生效。

《专营办法》第 4 条规定,“市人民政府决定由市排水公司与汇津公司通过签订《合作经营合同》,共同出资设立长春汇津污水处理有限责任公司,负责对汇津污水处理进行专项经营”;第 34 条规定,“汇津有限公司应当按照本办法和有关法律、法规的规定制定企业章程”。在合作经营合同附件 1 报批前即生效的先决条件第 3 条规定,长春市政府须同意发布附件 11 中的《专营办法》。从以上规定可以看出,合作经营合同及章程都是依据《专营办法》制订的,而长春市政府同意发布《专营办法》又是合作经营合同生效的先决条件,因此《专营办法》与合作经营合同及长春汇津的公司章程是密不可分的,更是长春汇津 PPP 项目的前提和基础。

(2) 合同条款是否公平的问题

笔者认为,首先合作经营合同是经过公私双方长达 18 个月的磋商讨论之后签订的,公共部门拥有充足的时间和空间斟酌其在项目中能够承受的风险和需要保障的利益,不可谓之不公平。其次,笔者注意到合作经营合同中规定市排水公司所承担的义务包括向长春汇津以价值为 5000 万元人民币的土地出资;协助公司从主管部门获得所需执照、许可、批准并办理审批手续;保证公司获得污水处理设施所用的土地使用权;在期限内完成污水处理设施的建设;选择、采购、运输公司所需机器设备;协助公司取得水、电、燃料供应;为公司提供排污场所;为公司提供所需技术人员等 19 项内容。同时,汇津公司承担的义务则包括向长春汇津提供 2.7 亿元人民币的投资;协助公司选择工程监理;推荐技术顾问;采购进口设备并提供人员参与公司管理等 7 项内容。虽然从纯粹的数字上来看,看似市排水公司承担了更多的义务,但是单单对比双方承担的股权投资就可以看出汇津公司的资金义务占到了整个项目的约 84%，这一数字远远高于市排水公司。如套用 PPP 的最优风险分配原则，与设备、场地、行政、土地相关的责任由代表政府的中方承担；而资金、技术、监理、进口设备相关的责任由外方承担，可以说是一个可以使得双方发挥自身优势的安排。另外，《专营办法》第 30 条明确"汇津有限公司经营期满解散并依法处理债权、债务后，外方公司在汇津有限公司的资产，应当无偿转让给市排水公司"[①]。综上，笔者认为各方是经过详细协商后，将权利、义务进行了适当的分配。这样的安排似乎很难被认定达到"权利义务不平等"的程度。

第二，即使长春汇津 PPP 项目真的属于"固定回报"项目，《通知》也要求"采取多种方式，妥善处理不同类型的固定回报项目；对于以项目自身收益支付外方投资固定回报的项目，中外各方应在充分协商的基础上修改合同或协议，以提前回收投资等合法的收益分配形式取代固定回报方式"，而并没有要求对所有现存项目一律废止。《专营办法》第 29 条列明："因法律、法规和政策的调整或者因本办法的调整、废止以及市排水公司的原因需要提前解散汇津有限公司时，外方公司在汇津有限公司未回收部分的资产和预期收益，由市人民政府用财政资金通过市排水公司或者其他经济实体，按照合作合同规定的计算方式所确定的价格向外方公司进行收购。[②]"反观长春汇津 PPP 项目，自《专营办法》废止起，长春市排水公司及长春市政府并未与汇津公司提前就收购或补偿进行协商，而这进一步扩大了汇津公司的损失。

污水处理服务属于公用事业，其特殊性本身已经限定了私营部门的盈利空间和话语权。受制于企业服务的局限性，长春汇津只能向政府出售其服务。一旦政府停止购买，私营部门将无法通过向其他主体转让项目公司的方式而减少损失。因此，在该类 PPP 项目中，如果因公共部门单方面停止合作导致合同不能继续履行，私营部门的救济方式与途径将非常有限。汇津公司就是在没有其他选择的情况下，最终向法院提起诉讼，将长春市政府告上法庭以求减少自己的投资损失，而在当时中国的法律环境中，鉴于欠缺相关案例经验以及法律依据薄弱，司法系统未必可以作出公正、公平的裁决。对于长春市政府单方面废止《专营办法》并得到中级人民法院的支持也突显出司法系统的软弱，以及对于政府行为进行制约的失效。

① 《长春市人民政府印发〈长春汇津污水处理专营管理办法〉的通知》，http://www.chinalawedu.com/falvfagui/fg22016/137224.shtml，2015 年 10 月 15 日访问。

② 同上。

案件小结

对于公共基础设施项目,作为社会资本参与其中的企业更看重的是项目生命周期内能否获得稳定、低风险的投资回报。要实现这一点,就需要政府的政策连贯性来护航,政府的信用在该类项目中显得尤为重要。长春市政府单方面废止《专营办法》的原意可能是履行其作为监管者的义务,叫停与现有法律法规存在冲突的项目。但正如笔者前文所述,其并未对公私双方达成的协议给予充分尊重,且其行政行为亦存在前后不一致的现象。在PPP项目中,政府不仅是管理者,还是参与者,但其不应根据自己的需要选择有利的情况进行角色的随意切换。虽然在长春汇津PPP项目前期,政府承担了其参与者的角色,但在项目后期,政府将自己完全置于监管的立场,而忽略了其作为项目参与者的义务,独断终结项目,有悖于契约精神中"公平合理"的原则,最终导致了项目的失败。由此,笔者认为在PPP项目时,公共部门应改变以往的思维方式,学会尊重法律、尊重私营方,以"契约精神"履行PPP项目合同。另一方面,在设计PPP合同时,最好加入调解及退出机制,保证双方都有权在特定条件下终止合同并对因对方违约而产生的损失要求赔偿。这不仅仅可以保护私营部门,同时也可保护公共部门。

对于未来考虑与中国地方政府合作的私营方,长春汇津PPP项目无疑给他们对PPP模式在中国的应用留下了负面的印象。这类案例的出现已经令私营方,尤其是外国企业,对政府履行长期合同的能力和信用产生了顾虑,影响了其对于公私合作项目的参与。为解决这一问题,三部委推出的《关于在公共服务领域推广政府和社会资本合作模式指导意见》提出设立PPP引导基金,依靠政府财政拨款及金融机构融资,参与PPP项目的股权投资。另外,笔者也了解到,各地政府在展开PPP项目过程中也注意到政府参与不当的问题,因此开始引入在PPP项目中融资担保这一机制以增强对私营部门利益的保障,为政府增信。例如,河南省推出了总规模为50亿元的PPP开发性基金方案,按照优惠的资金成本给PPP项目提供资本支持,以助推PPP项目落地。该方案提出,对于新增项目,基金按照项目公司中政府出资部分的30%给予资本金支持;对于存量项目采用PPP模式改造的,基金按不超过项目总投资的5%—10%给予支持。[①] 安徽省则于2015年2月10日发布了《安徽省人民政府关于全面深化农村金融综

---

① 《五十亿元基金助PPP模式加速落地》,http://www.hncz.gov.cn/sitegroup/root/html/ff8080813c848f0e013d386cfc1b3cf7/20150703104347443.html,2015年10月14日访问。

合改革的意见》,[①]推行"担保＋PPP 模式"。该意见强调要"加强政策性融资担保机构能力建设""丰富普惠担保服务""加强省信用担保集团再担保功能建设,强化对县域融资担保机构的信用增进、风险分担、经营指导等作用""支持现代农业发展和新农村建设。"该模式是由担保公司与省一级财政厅合作,为 PPP 项目提供背靠背投资。若地市级政府不能及时支付 PPP 项目资金或者出现违约事件,那么在省级财政预算中担保公司可以申请以专款形式划走省级财政对地市级政府的财政拨款,以保证 PPP 资金的到位。"担保＋PPP"模式体现了三方面创新亮点:一是引入担保增信,管控各方风险,让整个 PPP 交易结构实现"闭环",从而保证交易的顺畅进行;二是设置了 PPP 项目资本金方式,积极引进基金等社会资本参与投资 PPP 项目建设;三是坚持综合成本可控,综合融资成本原则上控制在 7.5％/年以内,最高不超过 8％/年,体现政策性定位。[②] "担保＋PPP"模式已得到了财政部的认可。如前文提到的,PPP 项目面临最大的问题在于地方政府信用偏低而难以吸引社会资本进行投资、融资。开发性基金模式以及"PPP＋担保"模式的引入则可以有效发挥担保增信作用,调动社会资本和金融机构参与 PPP 项目建设的积极性,共同推动 PPP 项目建设。[③]

根据报道,安徽省担保集团在 2015 年 6 月与中国进出口银行合作,就该省内 PPP 水处理项目发放了贷款;[④]8 月 14 日安徽路网集团与省内一些地市级政府签订 PPP 项目战略合作框架协议,当中就使用了"担保＋PPP"的合作模式。[⑤]笔者也了解到,安徽省担保集团是经安徽省人民政府批准,在原省担保中心的基础上吸纳省科技投资公司、省经贸投资公司、省中小企业担保公司、省创新投资公司组建成立的,性质属于国有企业。[⑥] 国有企业作出担保,在本质上就相当于政府作出了担保。无疑,"担保＋PPP"加强了政府在 PPP 项目中参与者的角色,但是仅仅通过政府担保模式就真的可以确保 PPP 的成功吗?通过下述案例,我们可以看到,不完善的制度设计和监管,以及过度的政府担保也可能导致 PPP 项目的失败。

---

① 《安徽省人民政府关于全面深化农村金融综合改革的意见》,皖政[2015]17 号,http://xxgk.ah.gov.cn/UserData/DocHtml/731/2015/2/16/666039814302.html,2015 年 10 月 15 日访问。

② 《安徽:合作构建"担保＋"创新模式 共同推动 PPP 加快发展》,http://www.mof.gov.cn/xinwenlianbo/anhuicaizhengxinxilianbo/201508/t20150818_1423433.html,2015 年 10 月 15 日访问。

③ 同上。

④ 《安徽省信用担保集团首笔 PPP 模式项目融资担保业务落地》,http://www.gzcz.gov.cn/ztzl/zfhshzbhz_PPP_/gygl/8360.shtml,2015 年 10 月 15 日访问。

⑤ 同上。

⑥ 安徽省信用担保集团简介,http://baike.baidu.com/view/3644362.htm,2015 年 10 月 15 日访问。

案例二:英国伦敦地铁 PPP 项目

背景介绍

2003 年,伦敦地铁有限公司分别与两家联营公司——Metronet(由 WS Atkins,Balfour Beatty,Bombardier Transportation,EDF Energy 和 Thames Water 组成)和 Tube Lines JNP(由 Amey,Bechtel 和 Jarvis 组成)决定展开为期 30 年的合作,授权这两间联营公司负责伦敦地铁的基础设施、设备和站台的更新和维护("伦敦地铁 PPP 项目")。伦敦地铁 PPP 项目被认为是当时世界上最大和最复杂的 PPP 项目。该项目涉及的 30 年特许经营权的总价值超过 600 亿英镑。

伦敦地铁 PPP 项目共涉及三份 PPP 协议,其中两份协议是与 Metronet(包括两间公司——Metronet BCV 和 Metronet SSL[①])就 Metronet PPP 于 2003 年 4 月签订的,另一份协议则是与 Tube Lines JNP 就 Tube Lines PPP 于 2002 年 12 月签订的。Metronet BCV、Metronet SSL 和 Tube Lines JNP 均为私营基础建设公司(Infra Structure Companies, 简称"Infracos")。

然而,一系列问题却导致 Metronet 与 Tube Lines 分别于 2007 年和 2010 年启动了破产程序,并最终由英国政府接管了伦敦地铁 PPP 项目。为何 Metronet 于 30 年特许经营权的头五年便宣告破产? 接下来笔者将以 Metronet PPP 为例,探讨伦敦地铁 PPP 项目值得借鉴的经验和启示。Metronet PPP 的失败主要可以归结于三个原因,即:(1) 失败的供应链安排;(2) 裁判者缺乏主动调查以及获取信息的权力;(3) 政府对 Metronet PPP 获得银行贷款进行了过度的担保。笔者通过这个发生在拥有多年 PPP 项目经验的英国的案例,来探讨英国政府在本案例中可以怎样更好地应对和处理 PPP 案件中的风险。

根据 PPP 协议,Metronet 负责 9 条轨道线路,涉及总长约为 700 公里的路轨、150 个站、350 辆列车,以及 120 公里长的地下隧道。Metronet 的主要任务是维护基础设施资产并投入相应的资本。纵观这项为期 30 年的 PPP 协议,Metronet 需要投资至少 169 亿英镑以维护、更新并升级地铁系统的基础设施。作为回报,Metronet 将获得每年随物价指数增长的基础设施服务费补贴(ISC)。[②] ISC 的获得取决于 Metronet 的实际绩效是否满足特定的产出标准。实际绩效的评估考虑到了 Metronet 对于设备的维护工作以及其对伦敦地铁资

① Comptroller and Auditor General, National Audit Office, *London Underground: Are the Public Private Partnerships Likely to Work Successfully?* 2004, London: The Stationery Office, pp. 11—13.

② Comptroller and Auditor General, National Audit Office, *London Underground PPP: Were they Good Deals? London: The Stationery Office*, 2004, p. 13.

产进行的投资。履行则要根据以下四项基本指标进行评价：服务的可用性和可靠性、搭乘时间、整体环境以及服务点的质量。伦敦地铁有限公司有权扣除 ISC 以促使 Metronet 根据 PPP 协议履行职责。[①]

为了配合伦敦地铁 PPP 项目的复杂设计，伦敦地铁的系统架构作出了很大改变。该系统被分成了两部分：基础设施和运营。地铁的运营权交由伦敦地铁有限公司，因为一般民众对由公共部门运营的地铁系统是满意的。[②] 而地铁基础设施的维护、升级和更新则是公共部门的薄弱环节，因此由私营部门负责。因此根据上述设计，Metronet PPP 负责伦敦地铁项目 9 条轨道的维护、升级和更新。

Metronet PPP 的公司架构及融资情况，参见下图：[③]

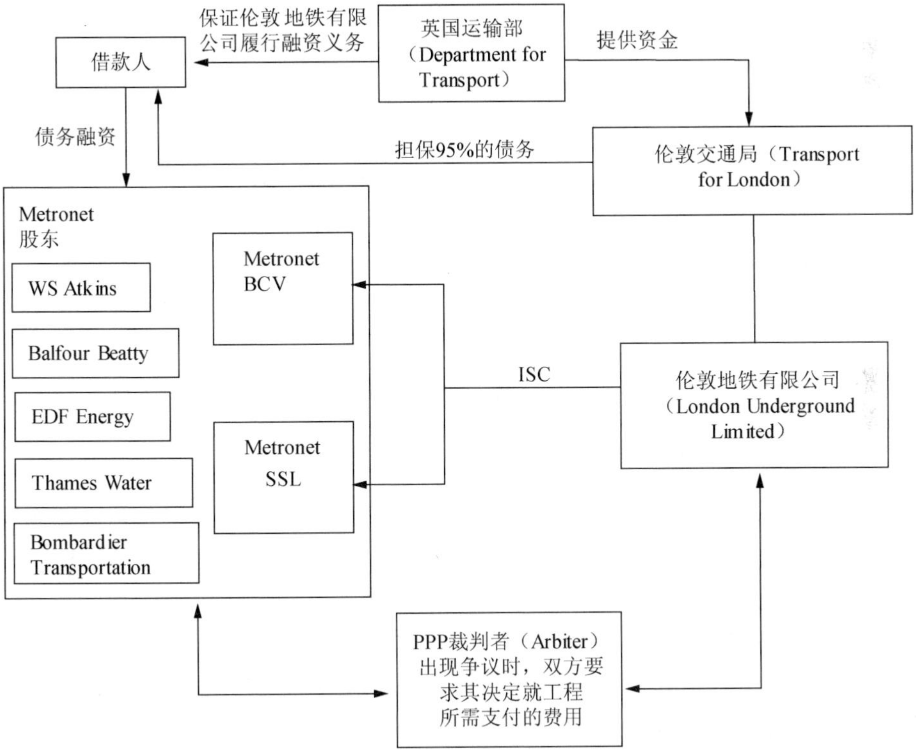

① Comptroller and Auditor General, National Audit Office, *London Underground PPP: Were they Good Deals? London: The Stationery Office*, 2004, p. 13.

② Ibid., p. 2.

③ cf. Louise Butcher, *London Underground PPP: Background*, 2012, p. 21; Comptroller and Auditor General, National Audit Office, *London Underground PPP: Were they Good Deals? London: The Stationery Office*, 2004, p. 2; Trefor Williams, *Analysis of the London Underground PPP Failure*, 2010, p. 4.

在一个典型的PPP项目中，一般会由不同的项目参与者在承担不同的风险的情况下负责不同工作，确保PPP得以平稳运作。这里的参与者包括了公共部门、股东、借款机构以及合同服务供应商(包括承建商和分包商)。在Metronet PPP中，公共部门当事方为英国运输部及其部长，他们负责在将日常运营管理事务移交给伦敦地铁有限公司之前筹划和设立PPP。另外，伦敦地铁有限公司为伦敦交通局所管辖的公司。私营方面，Metronet是由WS Atkins，Balfour Beatty，Bombardier Transportation，EDF Energy和Thames Water组成的联营公司。作为战略投资者，联营公司的每位成员应带来不同且互补的技术，以分别实现其在Metronet PPP下的责任。根据协议，Metronet保证就维修及基建工程与其每位股东均签订分包合同，从而使联营公司的每位股东在供应链中都拥有排他性的角色。这样的安排被称为“捆绑式供应链”，旨在保证项目以确定的价格获得有效的资源。[①] 在本项目的捆绑式供应链中，Balfour Beatty为承包商，WS Atkins为工程咨询顾问，Bombardier Transportation负责列车和信号系统的建设，Thames Water和EDF Energy负责提供水和电(后两者均在过去与伦敦地铁有限公司建立了合作关系)。[②]

伦敦地铁PPP项目的30年特许经营期被分为了4个阶段，每个阶段时长7.5年，以便对项目进行定期评审。在首个7.5年(至2010年9月)，协议要求Metronet投资69亿英镑以用于对地铁系统的基础设施进行维护和升级。作为回报，Metronet公司将按月获得ISC，并根据MetronetInfracos的绩效得到奖励或扣减。

成本增加和项目融资的问题

伦敦地铁系统历史悠久、规模庞大、年久失修，这些情况使得公私双方因基础设施的部分资产状态不清楚而未能在该项目一开始达成一致，而事实证明恰恰是对这些部分的维护和升级造成了项目最终的成本超支。

虽然一开始未达成一致，但公共部门与私营部门后作出了妥协，同意风险由双方分担。双方同意在首个7.5年内MetronetInfracos所产生的超支费用的上限为5千万英镑，而该等费用的产生必须以“经济、高效”为前提。[③] 这个前提被协议定义为“实质性门槛”，换言之如果MetronetInfracos产生的额外费用不能

① Comptroller and Auditor General, National Audit Office, *London Underground PPP: Were they Good Deals?* 2004, London: The Stationery Office, p. 12

② A. Johnson, &M. Fahey, *Case Study: Metronet*, 2003. p. 22. (www. infrastructurejournal. com).

③ Comptroller and Auditor General, National Audit Office, *London Underground PPP: Were they Good Deals?* 2004, London: The Stationery Office, p. 37.

通过“实质性门槛”的验证，私营部门将无法就这些额外费用获得伦敦地铁有限公司的资助。然而问题是，PPP 协议并未对“经济、高效”作出具体阐释。这导致了在超支费用申报的实际操作当中，公共部门很难验证这些费用产生的合理性，这也为成本超支埋下了重大隐患。

融资方面，Metronet 采取了多份额架构，其中包括 MetronetInfracos 股东的股权投资、公司发行的债券、银团的贷款，以及欧洲投资银行提供的贷款。两家 MetronetInfracos 最终共取得了 29.8 亿英镑的融资，其中，3.5 亿英镑为股权融资，26.3 亿英镑为债务融资。Metronet 的股权融资系由其 5 个股东每人分别投资 7 千万英镑，而其债务融资的组成包括了 Metronet 发行的 10.3 亿英镑的债券，当中的 3.3 亿英镑是由 Financial Security Assurance 担保的债券，余下的 7 亿英镑债券则由 Ambac 担保；10 亿英镑的高级贷款，来自由 Abbey National、CIBC、Deutsche Bank 和 the Royal Bank of Scotland 组成的银团；以及 European Investment Bank (EIB)承诺提供的 9 亿英镑的短期贷款。

考虑到本项目的风险和复杂性，Metronet 的债权人要求英国政府就 MetronetInfracos 的债务提供更高程度的保障。这当中一部分原因是由于债权人看到了项目公司在不清楚资产状态下对资产进行维护和更新导致成本激增、投资失败的先例，而担心重蹈覆辙，另外，部分公众对伦敦地铁 PPP 项目的消极情绪也加重了债权人的疑虑。作为结果，英国政府承诺当该 PPP 终止或 MetronetInfracos 无法履行其债务偿还责任时，由政府支付至多 95%的债务。虽然英国政府没有正式担保 Metronet 的贷款，但英国政府作出的承诺在实质上相当于政府担保。也正是由于英国政府同意为 Metronet 的债务提供担保，债权人豁免了对该等债务的追索权。

下表可作为 Metronet 融资结构的直观说明：①

资金来源		金额 （百万英镑）	总金额 （百万英镑）
股权融资（股东股权投资）	Atkins	70	350
	Balfour Beatty	70	
	Bombardier Transportation	70	
	EDF Energy	70	
	Thames Water	70	
债务融资（英国政府担保）	债券	1,030	2,630
	银团贷款	1,000	
	EIB	600	

① A. Johnson, &M. Fahey, *Case Study*: *Metronet*, 2003, pp. 21-24. (www. infrastructurejournal. com).

从表中不难看出,Metronet 以英国政府担保为主要信用条件的债务融资的比例大大超出了以股东投资作为融资方式的股权融资的比例,这意味着股东所承受的资金风险要远小于政府。值得指出的是,私营部门的借贷成本和 Metronet 股东获取的整体回报约为 18%—20%,比公共部门的借贷成本(约为 4%—5%)要高得多。英国政府注意到了这一点,但其认为由于风险共担且 Metronet-Infracos 的交易及表现将会受到借款银团的彻底审查,因此高出的成本是合理的。①

Metronet 步上破产之路及原因

由于延迟交付和成本的严重超支,公共部门和私营部门之间的合作关系开始趋于恶化。虽然 Metronet 在一些方面有所改善,但整体而言 Metronet 的表现并不尽如人意。到 2007 年,尽管伦敦地铁有限公司和 Metronet 就成本问题尝试通过协商进行和解,Metronet 还是存在明显的成本超支。随后伦敦地铁有限公司表示谈判和解的方式无效,Metronet 应行使其合同下的权利,通过裁判者的特别审查申报超支费用。②

直到 2007 年 6 月 28 日,Metronet 才要求引入裁判者进行特别审查以获得超过 10 亿英镑的超支费用。同年 7 月 16 日,裁判者初步裁决 Metronet BCV 要求的 5.51 亿英镑中其仅有权获得 1.21 亿英镑的超支费用。预计到 Metronet 另一下属公司 Metronet SSL 也会得到类似的裁决,Metronet 于 2007 年 7 月 18 日申请破产。③ 此后,英国政府不得不以 17 亿英镑的代价帮助伦敦地铁有限公司一次性买断了 Metronet 95%的未偿债务。④ 我们没有理由怀疑裁判者裁决的有效性,因为即便是 Metronet 自身都没有对这个决定提出任何异议。因此,对于成本是否基于“经济、高效”的方式而产生以及为什么会产生成本高额超支问题的失控导致了 Metronet PPP 失败的命运。

为更深入地了解 Metronet PPP 失败的原因,英国国家审计署和英国议会运输专门委员会都进行了详细的调查。调查中发现了许多问题,如公共部门的委托代理问题以及缺乏透明度和准确的信息。然而,笔者认为,下述三个原因才

---

① R. e. a. Finn, *Down the Tubes: London Underground and the Public-Private Partnership*, 2007, p. 9.

② House of Commons Transport Committee, *The London Underground and the Public-Private Partnership Agreements*, *Second Report of Session 2007-08*, 2008, London: The Stationery Office Limited, pp. 4—5.

③ Ibid., pp. 4—5.

④ Comptroller and Auditor General, National Audit Office, *The Failure of Metronet*, London: The Stationery Office, 2009, p. 4.

是导致 Metronet 破产的根本原因：

（1）捆绑式供应链机制失效

项目投资人参与项目的建设和管理，或与项目有其他商业联系，例如成为供应商或客户，在基础设施项目中非常常见。[①] 在 Metronet PPP 中，Metronet Infracos 的投资人便既是股东又是分包商。这种捆绑式供应链机制被认为可以确保 Metronet 在为期 30 年的合同中获得稳定的价格和供给从而盈利。鉴于大型工程项目中成本超支是很容易发生的问题，捆绑式供应链机制的假设（即通过稳定的价格和供给而盈利）无疑使得该模式具有非常大的吸引力。

然而，事实证明，Metronet 公司的股东除了因投资股权获得股息外，还从捆绑式供应链中获得了巨大的利润。这个现象的产生主要是由于在一些分包合同中付款条件是基于合同约定的付款日期，而并不一定与实际工作相关联，因此是否真正交付了实际工作并不影响其收到款项。[②] 换句话说，这些股东兼分包商并不会因延迟交付工程而受到惩罚或承担后果。截至 2005 年 9 月，也就是 PPP 项目进行的 30 个月后，伦敦地铁有限公司估计向 Metronet 的股东支付的分包费用共计 8.75 亿英镑，这一数字已经远远超出了他们对整个项目 3.5 亿英镑的股权投资。[③]

缺乏有效的公司治理也影响了 MetronetInfracos 的 5 个股东和其作为分包商之间的关系。根据 PPP 协议，MetronetInfracos 的许多公司事项都“需要全部 5 名股东一致同意”，但事实上这些股东为了满足各自的利益暗自珠联璧合，通过投一致同意票的方式架空了这条规定。[④] 伦敦地铁 PPP 项目的裁判者 Chris Bolt 曾指出在这些股东的控制下，Metronet 的执行董事并不具有一般公司执行董事对供应链效率控制的高度裁量权。[⑤] 他认为如果清楚界定了股东和供应商的角色，则捆绑式供应链模式是有可能成功的。[⑥] 但遗憾的是，本项目中并未能做到这一点。

Metronet 的捆绑供应链机制还凸显了主要利益相关者之间风险分配的失

---

① R. e. a. Brealey, Using Project Finance to Fund Infrastructure Investments, *Journal of Applied Corporate Finance*, 1996, p. 28.

② London Assembly Transport Committee, *A Tale of Two Infracos: The Transport Committee's Review of the PPP*, 2007, London: London Assembly, Greater London Authority, p. 4.

③ Mayor of London, Transport for London, *London Underground PPP Report 2007/2008*, 2008, London: London Underground Limited, p. 54.

④ Ibid., p. 11.

⑤ House of Commons Transport Committee, *The London Underground and the Public-Private Partnership Agreements, Second Report of Session 2007-08*, 2008, London: The Stationery Office Limited, p. 6.

⑥ Ibid.

败。风险分配是 PPP 项目成功的重要决定因素,其要求将风险分配给能够有效地管控该风险的一方。根据定义,能够有效地管控风险是指以最低的成本去管控,从而降低项目的长期成本。据此,施工风险通常是由最能控制建设有关事项的分包商进行管控。仅有项目投资人作为分包商或要求分包商参股并不能保证有效的风险转移。除了在 PPP 项目中参与的股东,在项目融资中,还可以通过引入其他分包商,进而有效地分担与建筑相关的大部分风险。

在 Metronet PPP 中,MetronetInfracos 应承担因为产生方式不满足"经济、高效"的实质性门槛而造成的超支的风险。分包实行的"背靠背"原则原本应将这种风险转移给分包商,然而,在 Metronet PPP 中,负责车站升级的分包商 Trans4m(由 Metronet 除 Bombardier Transportation 之外的 4 位股东持有)可以不受限制地获得其实际发生的任何相关费用。与之形成对比的是负责机车车辆和信号的分包商 Bombardier Transportation 须基于实际绩效并达到既定标准才能获得相关费用。这也就导致了车站升级费用的严重超支。截至 2007 年 3 月,Metronet 预计车站升级项目已比计划超支了约 11 亿英镑。[①]

显然,如果分包商无须承担成本超支的风险,其也就没有动力以"经济、高效"的方式行事。超支的风险最终转嫁给了两家 MetronetInfracos 承担,且仅有其股东的股权投资作为支持。这使得 MetronetInfracos 在实质上成为了其股东和其在 Metronet PPP 项下义务之间的缓冲带。[②] 在这种扭曲的结构下,Metronet 的股东,同时作为分包商,获得了分包合同的可观回报,而实质上没有什么实际资产的、只是作为伦敦地铁有限公司与 Metronet 联营公司之间缓冲带的 MetronetInfracos 则承担了大部分的风险,导致其最终破产。[③]

(2) 裁判者(arbiter)缺乏主动调查的权力

作为 MetronetPPP 项目框架的一部分,英国政府通过 1999 年大伦敦政府法案(The Greater London Authority Act 1999)设立了一个独立的 PPP 裁判者,规定若 PPP 项目参与方要求,则裁判者可根据行业惯例判断在每类特定的

---

① Comptroller and Auditor General, National Audit Office, *The Failure of Metronet*, London: The Stationery Office, 2009, p. 48, p. 54.

② Varun Hallikeri, *How Not to Bungle a Public-Private Partnership (PPP): Lessons from the London Underground PPPs*, The Fletcher School, Tufts University, 2012, p. 17.

③ House of Commons Transport Committee, *The London Underground and the Public-Private Partnership Agreements*, *Second Report of Session 2007-08*, 2008. London: The Stationery Office Limited, p. 31.

案件“经济、高效地处理资产”的标准，并为其设置限制条件。[①] 裁判者有权对PPP协议进行年度审查并针对特殊事件启动临时审查，这一权力本可帮助Metronet PPP解决其履行协议当中发现的问题并建立阶段性审查的机制。然而在实际操作中，由于伦敦地铁有限公司和MetronetInfracos都未能有效地启动裁判者机制，裁判者被赋予的权力实则被架空。同时，裁判者亦很难获取PPP项目的关键信息，使得其职能被进一步削弱。

例如，根据本项目的裁判者相关条款，伦敦地铁有限公司和Metronet可以联合申请裁判者对MetronetInfracos是否遵循“经济、高效”原则及良好的行业惯例出具年度审查报告。然而裁判者没有单方面主动出具审查报告的权力，并且伦敦地铁有限公司和MetronetInfracos均同意不向裁判者申请出具该等审查报告。这一制度缺陷实质上使得裁判者并不能发挥其对公私双方的制约作用，也从另一个角度暴露了公共部门对于该项目的设计与管理存在重大问题。

(3) 政府对私营部门的债务过度担保

同许多PPP项目一样，伦敦地铁PPP项目也属于融资项目。这也是英国私人主动融资(Private Finance Initiative，PFI)项目的基本特点之一，即政府一般不提供担保，而是依赖项目本身的自负盈亏。这就要求可行性研究报告要务实，并根据商业要求测算该PPP项目是否能够盈利，因为债权人主要依赖于项目公司产生的现金流作为偿还债务的资金来源。换句话说，由于不依赖股权投资或政府担保，以项目为主体而进行的融资使得项目公司的收益直接决定了该项目能否取得成功。对于借款人(债权人)来说这种融资结构带来的高风险有利于激励他们更积极地参与到项目的监督和管理当中，以保护他们在项目中作出的投资。通过法律契约，债务人也能够控制项目公司的行为，使其能够有效地管控风险。这一点本来被看作是伦敦地铁PPP项目的主要优势，因为政府认为由于项目延迟和成本超支的风险已转移给了私营部门，这会激励项目公司和借款人更审慎地进行运营。

然而，政府的过度担保使得借款银行向MetronetInfracos的借贷风险大大降低，因为在Metronet PPP终止或失败时，银行仍可以拿回95%的贷款。换句话说，无论项目结果如何，借款银行都只会承担很少的损失。[②] 因此有评论认为，借款银行只监控Metronet的支出比率，却没有将其支出与其收到的交付成

---

① Comptroller and Auditor General, National Audit Office, *London Underground PPP: Were they Good Deals?* 2004, London: The Stationery Office, p. 37; Comptroller and Auditor General, National Audit Office, *The Failure of Metronet*, London: The Stationery Office, 2009, p. 13.

② Hallikeri, Varun, *How Not to Bungle a Public-Private Partnership (PPP): Lessons from the London Underground PPPs*, 2012, p. 17.

果进行比较,因而导致了借款银行未能及时洞悉超支的程度。

由于制度设计的缺陷,借款银行不仅未对 Metronet 的超支情况进行任何主动审查,即便是对于借款协议中赋予的权利,也因为自满而白白浪费掉了。按照贷款协议,Metronet 从借款银行获得了关于寻求裁判者出具 2005 年年度报告的豁免,但该报告本可能有机会曝光 Metronet 业绩欠佳的问题。[①] 此外,在费用超支方面,贷款协议赋予了借款银行索取信息以及更积极地参与 Metronet 相关决策过程的权利。然而自 2006 年 3 月以来,银行始终没有行使该等权利,也最终导致 Metronet 在债务危机的沼泽中越陷越深。谈及借款银行出示的豁免,裁判者 Chris Bolt 表示:“我很惊讶,银行没能更快更有力地行使这些权利。”因此,我们可以看出正是由于政府过度对贷款提供担保,使得项目公司贷款人未能有效实现其对 Metronet PPP 项目本应进行的监督和管理。

案件小结

糟糕的供应链机制、被架空的裁判者制度以及政府过度担保共同导致了该项目的失败,也最终使得 Metronet 进入破产管理程序,英国政府被迫接管项目,承担了巨大的经济损失,公众接受的服务也因此受到了影响。从 Metronet 的失败可以推测,伦敦地铁有限公司在设计该 PPP 项目的时候,建立了两个关于 Metronet 内部控制的假设:股东将彼此制约以防止个别股东在捆绑式供应链中中饱私囊,且在 Metronet 的管控失效时,借贷人可以有效地约束财务超支。实践证明这两个假设都是存在漏洞的。[②]

基础设施项目的投资人通过工程建设、供应或管理合同在商业上参与 PPP 项目,亦或是分包商对项目拥有股权本身都不存在问题。但是若 PPP 项目的设计者,特别是存在成本超支和政府过度担保的潜在可能性之下未能预见到捆绑供应链结构的风险和弱点,则会为 PPP 项目带来致命的缺陷。伦敦地铁 PPP 项目案中,MetronetInfracos 的股东可以从供应链中获取高额的利益,然而他们因超支的所需承受的损失却最多只有 3.5 亿英镑的股本投资。因大部分的成本超支风险仅由 MetronetInfracos 承担且公共部门对其债务提供担保,其结果就是公共部门最终承担大部分的风险。利益与风险分配的不均衡使得最终由政府为 MetronetInfracos 的股东的利益买单。另外,由于政府过度的担保,即便 PPP 项目失败,银行的损失非常有限,因此借款人也就失去了对 MetronetInfracos 的

---

① Comptroller and Auditor General, National Audit Office, *The Failure of Metronet*, London: The Stationery Office, 2009, p. 23.

② Mayor of London, Transport for London, *London Underground PPP Report 2007/2008*, 2008, London: London Underground Limited, p. 26.

股东滥用供应合同进行监管和阻止的动力。不管是对于公共部门还是私营部门而言,作为项目的发起人和参与者,只有公平、合理地平衡双方在项目中的权利和义务,才能使得双方在承担适度风险的情况下获得利益。由此,我们可以看出风险调控机制和激励机制的建立对于 PPP 项目的重要性。

Metronet PPP 案表明,即使是在英国这样一个有着多年 PFI 和 PPP 项目经验的国家也无法确保每个项目万无一失。每一个 PPP 项目结构,包括风险和利润的分配机制,均需要根据每个个案的具体情况进行具体分析与设计。在先前项目中有效的机制并不一定适用于之后的项目。Metronet PPP 案为以后的 PPP 项目参与者提供了非常宝贵的经验与教训。

四、结语——政府作为 PPP 项目的管理者和参与者可以借鉴的经验

通过上述失败案例可以看出,公共部门在一个 PPP 项目中的双重角色之间存在着巧妙的平衡。由于每个 PPP 案例所处的背景与环境以及需要应对的要求都是不同的,公共部门的双重角色的形式、权责边界和程度也就随之而变化。笔者认为,从一方面而言,政府在发挥其管理者的作用时,应采用更为开放式的思维模式。在长春汇津 PPP 项目中,长春市政府在认定其与项目公司长春汇津签订的经营合同所倚赖的《专营办法》违反了国家法律禁止性规定而无效之前,并没有给予长春汇津任何寻找替代解决办法或与政府进行协商的机会和空间。从另一方面而言,政府亦应避免过高程度地参与 PPP 项目。在 Metronet PPP 项目中,英国政府参与 PPP 项目并在项目高度负债的情况下对高达 95%的债务作出了担保,加上对项目的管理不力,Metronet PPP 最终以失败告终。

正因如此,PPP 项目在设立时应当经过深思熟虑,并审慎、细致地分析政府在项目中管理与参与的形式、权责边界和程度。PPP 项目的生命周期通常始于政府部门面临提供公共服务的社会压力,但因其本身财政紧张、债务高企,而开始对项目进行除政府财政拨款之外的其他可行性分析。诚然,若政府资金充足,其依靠自身财政便可满足公共服务建设的支出,并不需依靠 PPP 模式。但如前文指出,在中国经济由“世界工厂”向更为高效和有价值的经济体转型的大背景下,由于 PPP 模式强调发挥各方优势并着眼于长期稳健的盈利方式,其有效运用可以使得公共服务因私营部门的参与而变得更加有效率,同时避免了中国企业以其惯有的“短时间内赚大钱”的思维模式运营公共服务。PPP 模式若能在中国成功地得到推广和运用,将有利于整体的经济发展。为达到这一目标,公共部门须在签订和实施公私合作的相关协议之前,针对项目的成本效益、负债能

力、银行可贴现性、业务可行性、环境影响、风险分担等因素进行全面的分析和评估,以掌握项目的风险和收益情况。

笔者认为,由于 PPP 模式刚刚开始在中国兴起,在现有阶段政府的支持与配合是非常关键及必要的。中国政府应当积极推广并授权地方政府推广 PPP 模式、完善相应法律框架、在财政和税务方面提供一定程度的支持,以吸引包括外国企业在内的私营部门参与到中国的 PPP 项目中来。日后,当 PPP 模式发展得更加成熟和标准化时,政府可以逐步减少其支持与参与的程度。最终,PPP 模式应依靠项目自身的商业盈利达到运营和融资方面的稳健进行。更为关键的是,鉴于 PPP 项目通常具有非常长的生命周期,政府须保障其出台的政策及法律法规的连贯性。以英国为例,虽然其政治体制为两大党派相互竞争并可能交替成为执政党,但并未因此影响英国对 PPP 模式政策的连贯性,也不曾出现因执政党更换而造成 PPP 相关政策的“急转弯”。尤其是对于外国企业而言,只有当中国政府保障其政策和法律体系的稳定、公平,以及私营部门的合法权益不受侵犯时,外国企业才会有足够的信心参与到中国大型的 PPP 项目中来。

从上述两个失败案例中,笔者从法律的角度总结了一些值得借鉴的经验。

1. 政府须保障其出台的 PPP 相关政策及法律法规的连贯性。由于 PPP 项目生命周期通常很长,私营部门通常会在项目初期通过认购股权和债务融资注入大量的资金。此时,法律法规的连贯性就显得尤为必要。因此,在 PPP 模式的未来发展中应避免出现类似于长春汇津 PPP 项目中法律法规的不连贯而导致项目失败的现象。

2. 各方应当在 PPP 项目结构中更好地实施公司治理,除在章程中明确项目公司治理框架(如董事会的组成和权力、股东会的权力)之外,还可考虑引入第三方/裁判者监督,定期对 PPP 项目进行审查,作为政府监管的补充或替代。第三方/裁判者应当为独立于项目参与者之外的行业专家,对项目所涉及的行业拥有深入的了解。由于政府未必善于洞察公司治理的问题,也未必了解项目所涉及的行业,第三方/裁判者的引入可以帮助政府提升其监管项目的效率和质量。财政部发布的《PPP 项目合同指南》中,明确提到了政府可以委托第三方机构开展中期评估和后评价,但目前尚无政策和法律设定具体的操作办法。因此,政府可考虑通过法律法规,将第三方/裁判者监督模式引入 PPP 项目并授予第三方/裁判者适当的权力,使其能够对 PPP 项目的实施进行有效的监督和管理。

3. “捆绑式供应链”机制常应用于 PPP 项目中,当中私营部门既为项目公司的股东,亦是项目的供应商。根据中国国情,这个机制可能需要进行一些适当的调整。笔者认为“捆绑式供应链”机制的设计应当更加透明,如通过投标的方式选择部分供应商,以避免 PPP 项目的供应商仅限于项目公司的股东而产生利益冲突。中国还可以应用第三方/裁判者监督的模式,以确保供应商招标过程的公开、透明、公正,使得“捆绑式供应链”发挥其应有作用。

4. 中国政府的支持对促进PPP项目在中国的发展是非常重要的,但中国政府应当以伦敦地铁PPP项目为戒,避免对PPP项目过度地提供担保(虽然PPP项目通常具有较高的债务)。例如,安徽为给政府增信而引入了“PPP+担保”模式,但为避免重蹈伦敦地铁PPP项目的覆辙,笔者认为政府不应当采用无条件担保,而应力保债权人从更高程度上更积极地参与PPP项目,并对其进展进行监督和管理,以确保项目资金的使用率及其使用目的与借款发生时所设定的条件相吻合。

5. 在PPP项目的融资方面,虽然在欧美国家的PPP项目中项目公司的负债远高于其股权投资是一个常见现象,但由于这个模式可能引发债务风险,其并不完全适合中国的国情与现状。中国政府应当为参与项目的私营方提供一定的自主裁量空间,但同时亦应就项目负债与融资的比例设定合理的限度。1987年颁布的《国家工商行政管理局关于中外合资经营企业注册资本与投资总额比例的暂行规定》对中外合资经营企业的注册资本与外债比例作出了具体规定。例如,该规定第3条要求投资总额在300万美元以上1000万美元以下的中外合资经营企业的注册资本至少应占投资总额的1/2。鉴于PPP融资模式导致了其可能存在一定的债务风险,中国政府也可以发布类似的指导,参考对外商投资企业外债设定的限制,为PPP模式下设立的项目公司设定较高的负债/注资比例(如以3倍为限)。这个模式可以在鼓励PPP项目利用社会资本进行融资的同时,对于因项目公司管理不善而导致项目破产后政府及债权人的潜在损失可以有所控制。

公私合作制中的"公""私"利益平衡

论公私合作伙伴关系(PPP)中"私"的范围

付大学　林芳竹*

在新公共治理理念影响下,公私合作伙伴关系(public private partnerships, PPP)从20世纪80年代产生至今在市场经济国家得到快速发展,成为提供公共产品和服务的一种重要模式。学者对PPP的界定在不同语境中有不同的范围,其内涵有广义、中义和狭义之分。广义上,PPP指任何公共部门与非公其他组织的合作,即公共部门与私人部门,在合同上明示基于相互承诺的工作安排;中义上,PPP指为了向公众提供基础设施、环境保护与治理、教育培训、养老、医疗等公共产品和公共服务,公共部门与私人部门签订长期合作协议,双方共担风险、共享资源和共担责任的一个合作模式;狭义上,PPP仅指在公私合作协议框架内私人部门为基础设施项目提供建设、运营等服务。为了避免分析范围过宽或过窄,本文取中义的概念。

* 付大学:天津职业大学副教授,中国人民大学法学院经济法博士研究生。
林芳竹,《装备》杂志编辑,高级工程师,博士后。

2014年,财政部和国家发改委(以下简称"二部委")先后制定规范性文件,将这种合作模式称为"政府与社会资本合作",英文为"public-private partnership"(PPP)。从文件对PPP的定义可以看出,二部委取的是中义概念,其中"社会资本"的范围都包括国有企业,二者不同的是财政部将"本级政府所属融资平台公司及其他控股国有企业"排除在外。此处的"社会资本"完全不是学界通用的"社会资本"原本含义,但二部委都未对该概念的内涵作出界定,仅对其外延进行列举。本文从分析国有企业被纳入合作主体所存在的问题入手,探寻公私合作的理论依据,进而对PPP中"私"的范围进行理论界定。

一、PPP合作主体纳入国有企业所产生的问题

(一)造成"社会资本"和PPP概念的混乱

二部委的规范文件将国有企业纳入与政府合作的主体之后,PPP中文名称就不能称为"公私合作"了,因而文件制定机关将其称为"政府与社会资本合作"。理解PPP中"社会资本"含义之前,需要了解"社会资本"的原本含义。"社会资本"概念的提出和研究兴起于20世纪80年代末,不同学者对"社会资本"范畴的界定基本一致。首次提出"社会资本"的科尔曼(Coleman)教授认为,社会资本是存在于人际关系结构之中的人与人之间的信任,是影响个人行为能力以及生活质量的重要资源。它不是单一实体而是多种实体,是社会结构的组成部分,对行为人有利。[①] 帕特南(Putnam)将"社会资本"定义为"是指社会关系,与随之而来的规范和信任"。[②] 从目前的理论研究来看,"社会资本"既不表现为货币、土地等物质资本,也不表现为劳动等人力资本,而是一种独立、能给行为主体(包括自然人和法人)带来利益的社会关系和信任资本。

"政府与社会资本合作"中的"社会资本"表达的正是一种物质资本(资金等),混淆了"社会资本"和物质资本之间的天壤之别,造成"社会资本"概念体系的混乱。此外还带来其他诸多问题:其一,造成PPP中文名称表述的逻辑错误。因为"政府"和"社会资本"不是一个层级的概念,"政府"是一个法律主体,"社会资本"不是法律主体而是法律客体,二者无法进行合作。其二,中英文名称无法对应。因为"社会资本"应翻译为"social capital",而不能翻译为"private cap-

---

① See J. S. Coleman, Social Capital in the Creation of Human Capital, America Journal of Sociology, 1988, 94 (Supplement).

② See Robert D. Putnam, Tuning in, Tuning out: The Strange Disappearance of Social Capital in America, PS: Political Science and Politics, 1995, 28(4).

ital”,那么“政府与社会资本合作”就不应翻译为“puhlic-private partnership”,否则存在英文翻译错误。其三,“partnership”(伙伴关系)要比“合作”有更深的含义。partnership 是一种你中有我、我中有你,彼此相互作用和影响的耦合,指政府官员要像企业家一样思考和行动,而企业家则要拥护公共利益和承担更多公共责任。

(二) 改变 PPP 的基本理念和性质

PPP 的理念就是将私人部门引入公共领域,以打破政府对公共领域的垄断,引入竞争,实现以较低成本向社会公众提供优质公共产品和服务的目标。公共部门具有关注公共利益和社会团结、确保社会公平和公共服务的连续稳定、避免歧视和剥削、调动社会资源等优势,私人部门则拥有创新的动力和活力、充裕的资金、专业的技术、高效的管理和企业精神等优点,[①]二者结合有利于双方取长补短、相互影响,形成具有企业精神的政府和关心公共利益的企业,有利于实现公共产品和服务提供的帕累托最优。

国有企业作为合作主体却不同。其一,强化了掠夺之手。有学者认为,政府有三个模型,即扶持之手、看不见的手和掠夺之手。[②] 政府与国有企业合作就是将政府免费提供的公共产品转变为国有企业有偿提供,不是减少而是增加了公共产品消费者的支出。人们会质疑这种伙伴关系之“婚姻”不是基于“爱”,或对彼此关系品质的“敬仰”,而是基于“金钱”,即政府通过国有企业从公共产品消费者那里掠夺更多财富,政府的掠夺之手得到了强化。其二,国有企业的固有顽疾难以实现 PPP 的目标和理念。国有企业因效率低下、成本高昂、服务质量差、浪费严重等弊端饱受社会公众诟病。普遍认为,国有企业更多是通过无偿占有国有资源、政府扶持、利用国家政策优势等途径,而不是通过管理效率、企业精神等市场方式将自己做大做强。若政府和国有企业合作,就难以实现 PPP 基本目标和基本理念。其三,作为公有性质的国有企业与政府合作就是“公公合作”,改变了创制时公私合作的基本属性。“公公合作”仍然是公的属性,公私合作是“公”与“私”的混合属性。“公公合作”下,从政府提供到国有企业提供仅是左手换右手,难以发挥公私合作的优势互补作用。笔者认为,国有企业若成为合作主体,应该是代表公共部门与私人部门进行合作。

可见,国有企业成为 PPP 项目中与政府合作的一方主体带来了诸多问题,

---

① See Pauline V. Rosenau, The Strengths and Weaknesses of Public-Private Policy Pannerships. American Behavioral Scientist, 1999, 43(1).

② 参见〔美〕安德烈·施莱弗、罗伯特·维什尼:《掠夺之手——政府病及其治疗》,赵红军译,中信出版社 2004 年版,第 1—7 页。

那么“私”主体成为合作方是否有其理论依据?需要进一步分析。

二、PPP中“私”主体作为合作方的理论分析

(一)公共选择理论:“私”主体进入公共领域的经济学依据

首次将古典经济学的“经济人”假设引入公共领域的是公共选择理论。公共选择理论兴起之后,人们开始认识到,政府及其工作人员不仅是“公共人”,也是“经济人”。[①] 公共选择学派经济学家布坎南认为,从来没有类似的假设(即“经济人”假设),用以分析个人在政治或公共选择任务和位置上的行为,不管这个人是投票过程中的参加者还是政治团体中的代理人。[②] 之前,经济学家认为,政治家都是慈善的社会规划者,是追求社会福利最大化的忠实执行者,而布坎南发现,“经济人”假设理论也适用于政治领域和公共领域。根据政治领域的“经济人”假设,20世纪80年代公共选择学派将传统适用于市场领域的竞争理论引入公共领域,将私人产品供给的竞争机制移植到公共产品与服务的提供中,竞争成为激活公共部门的一个工具。于是,各国出现了公共产品和服务领域的合同外包、公私合作等。

公共选择理论为“私”主体进入公共领域提供了经济学依据,为PPP的最终创制提供了理论支持。有学者对公共产品和服务的供给体系进行了竞争机制设计,民营化大师萨瓦斯提出,公共服务供给过程中有三种角色,即服务消费者、服务生产者和服务安排者。“政府的角色是掌舵,而不是划桨。提供服务——无论修马路还是航空服务,都是在划桨,而政府对此并不在行。”[③]因此,应将公共服务的生产者和安排者、决策者和执行者分开,在许多公共服务领域,政府应作为安排者、决策者和监督者,而“私”主体才适合作为生产者、划桨者。

(二)公私耦合理论:“私”主体进入公共领域的法学依据

随着公法私法化和私法公法化现象的出现,人们发现有许多法律既不是纯粹的私法也不是纯粹的公法,即出现了第三法域——经济法、劳动法等。法哲学家拉德布鲁赫认为,法律生活正发生着深刻变化,以最清楚的形式表现在公法和

---

① 参见赵春雷:《公共政策内部价值空间的建构、结构及风险》,载《行政论坛》2015年第3期。

② 参见〔美〕布坎南:《自由、市场和国家》,吴良健等译,北京经济学院出版社1988年版,第24—28页。

③ 〔美〕E. S. 萨瓦斯:《民营化与公私部门的伙伴关系》,周志忍等译,中国人民大学出版社2002年版,第7页。

私法的关系中,表现在双方的重新相互渗透中,表现在一个新的法律领域的产生过程中。就像经济法和劳动法,既不能将之归入公法,也不能将之归入私法。[①]徐孟洲教授认为,该法域是公法与私法耦合的结果,称之为"公私耦合法"。[②]

在公私耦合领域,双方按照主体耦合、行为耦合,进而法律关系耦合的基本序列进行。PPP是公主体和"私"主体利用各自优势进行的紧密结合,是公私主体耦合的杰作。PPP不同于私有化(privatization)和合同外包(outsourcing),私有化是将所有权、控制权的全部或部分转移至私人部门;合同外包是公共部门将部分工作委托专业机构(私人部门)完成,公共部门和私人部门之间是委托代理关系。私有化和合同外包是公私部门之间的浅层合作,不属于公私部门之间深度的耦合。公私耦合理论为公主体和"私"主体的耦合、为"私"主体进入公共领域提供了法学依据,PPP是该理论的典型制度。

三、PPP中"私"主体范围之匡定

从理论角度看,由于PPP的特殊理念和性质,与公共部门合作的应是"私"主体,而不应是国有企业。从国外PPP实践角度看,与公共部门合作的"私"主体为非公任何组织,包括私有企业、志愿者组织、社区组织和NGO等。以德国为例,2005年9月1日颁布的《公私合作制促进法》明确规定,与公共部门合作的只能是非公主体,如在修改《远程公路建设私人融资法》时,将第5款第4项中的"运营者"改为"私营企业"。在美国,"政府部门直接提供的物品与服务目前只占美国联邦政府全部行政行为的5%",[③]其他都由非公组织利用多种公共政策工具进行提供。

在世界多国行政领域中,公私合作伙伴关系被提升为通过充分利用市场机制改变政府运作方式的一个创新工具。我国同样需要利用这一创新工具来"再造政府"(reinventing government),以达到转变政府职能和减轻财政负担等目标。为了更好地利用该工具,我们需要掌握科学的工具组装方式,首要任务就是对PPP中与政府合作的主体范围进行界定。笔者认为,PPP中的"私"主体不是狭义的私人部门,而是包括私人部门在内的任何非公组织。根据是否以营利为目的,又可以分为私人企业(此处指营利性私人企业)和第三部门(非营利性组织)。

---

① 参见〔德〕拉德布鲁赫:《法学导论》,米健译,商务印书馆2014年版,第88页。

② 参见徐孟洲:《耦合经济法论》,中国人民大学出版社2010年版,第36页。

③ 参见〔美〕莱斯特·M.萨拉蒙等:《新政府治理与公共行为的工具:对中国的启示》,李婧译,载《中国行政管理》2009年第11期。

(一)私人企业

私人企业作为一个社会有机体中最重要的经济细胞,除了公共部门希望与之合作利用其优势之外,基于下述缘由,其自身亦渴望成为PPP合作主体。

第一,有利于私人企业进入新的投资领域,获取投资回报。对我国私人企业来说,缺的不是资金和技术,而是可靠的、有回报的投资领域。企业毕竟具有"经济人"特性,"营利"是企业投资决策优先考虑的问题,私人企业更是如此。公共产品领域一直是政府垄断的范围,私人部门无法进入,引入PPP模式后,该领域的开放将成为私人企业新的广阔的投资领域,而且是可靠的、有回报的投资领域。因为公共产品可以分为纯公共产品和准公共产品,其中准公共产品具有一定的使用上的排他性(如公共道路,某人汽车在占用某段公路时其他人无法同时占用该段公路),可以通过使用者付费方式收回投资的成本和利润,准公共产品的可营利性吸引了私人企业的投资欲望。

第二,有利于实现私人企业的社会价值目标。人们普遍认为企业的最终目标是追求利润的最大化,但此观点也受到一些人的质疑,如英国经济学家查尔斯·汉迪认为,"利润只是企业存在的必要而非充分条件","营利只是手段而不是目的,这并不是诡辩,它包含着严肃的道德上的考虑"。[①] 企业的存在不仅仅是为了营利,还要实现诸多社会价值目标,如承担社会责任就是企业应实现的一种社会价值目标。国内外学者发现,企业在追求利润的同时,还需要承担社会责任,否则只能成为唯利是图的赚钱工具,难以在残酷的市场竞争中立于不败之地。与政府合作提供公共产品和服务,是私人企业承担社会责任的一种方式,既能实现一定的盈利,又能实现其社会价值,对私人企业而言是一箭双雕之事。

第三,有利于私人企业吸收公共部门的优势,借势发展壮大自身。公共部门和私人企业之间不存在孰优孰劣之说,二者各自有其优势,PPP模式为私人企业提供了吸收公共部门优点的机会。公共部门是诸多国有资源的所有者和控制者,私人企业可以利用公共部门的资源优势发展壮大自己。因此,从另一角度来说,通过PPP要达到的目标,与其说是在公共领域引入营利性企业,不如说是对营利性企业的"公共化"改造,即通过预算、规则和合同将公共标准延伸至私人企业。私人企业"逐渐主动承担传统的公共目标,以作为换取本应由政府提供产品和服务的可获利之机会的对价"。PPP将公共部门的优势延伸至私人企业,影响其经营行为和运作模式,有利于私人企业发展壮大,也是其进行自我"公共化"

---

① 参见〔英〕查尔斯·汉迪:《超越确定性——组织变革的观念》,徐华等译,华夏出版社2000年版,第66—75页。

改造的一种方式。

(二)第三部门

第三部门(the third sector),是相对于第一部门(公共部门)和第二部门(私人部门)而言的非政府非营利部门,我国官方称为社会团体。美国社会学家阿米泰·伊兹欧尼(Amitai Etzioni)是发明此用语的人,他在 1972 年发表的《"第三部门"未显现的潜力》(The Untapped Potential of the"Third Sector")一文中,首次提出"第三部门"的概念。随着人们对第三部门认识的深入,发现应然的第三部门应该是私人拥有和控制但目标是为公益事业的组织,如奥斯本认为,"第三部门是由被私人拥有和控制的组织构成的,其存在是为了满足公共或社会需要,不是为了积累私人财富"。笔者认为,第三部门属于非公组织的一部分,因其不以营利为目的而不能归为私人企业。

我国的第三部门由于成因不同而性质迥异,根据其发起人和资金来源的不同,可以分为纯官方背景的第三部门、半官方背景的第三部门和私人拥有或控制的第三部门。纯官方背景的第三部门是由官方发起或设立,其资金全部来源于国家财政投入,主要执行政府政策和完成政府任务,如妇联、共青团、基层社区组织和村民自治组织等。半官方背景的第三部门是由官方发起或设立,其资金来源于政府财政投入和私人缴纳,部分职责是履行政府的某些职能,如行业协会(律师协会等)、我国各级红十字会等。私人拥有或控制的第三部门是由私人发起或设立的,主要资金来源于私人(可能官方有一定的资金支持,但不起主导作用),由私人进行控制和运行,如一些志愿者组织、各类慈善基金组织等。以上三种类型中,只有第三种才是西方学者所称的第三部门,在 PPP 中,与政府合作的第三部门应主要是私人拥有或控制的第三部门。

第一,第三部分起源的理论基础与 PPP 理念契合。在"市场失灵"的逻辑前提下,人们为政府干预找到了理论依据或借口,但人们逐渐发现,政府在一些领域无法弥补市场的不足,同时还突显了自身缺陷(即"政府失灵"),于是开始重新夺回已让渡于政府的权利。为了避免夺回的权利分散行使而重新出现"市场失灵",人们将这些权利集合后交由一个非公非私的组织来行使,即产生了私人拥有或控制的第三部门。该类第三部门起源的理论依据是弥补"政府失灵",而 PPP 理念也是弥补政府的缺陷,二者起源的逻辑前提相同,这种契合造就了该类第三部门成为 PPP 合作主体的天然优势。

第二,第三部门的成立目标使其有利于成为 PPP 合作主体。尽管由私人发起和成立,资金主要来源于私人,但第三部门的目标是为公益事业服务,这种目标完全符合 PPP 模式中提供公共产品和服务的宗旨。私人拥有和控制的第三部门通过独立机构运行、信息实时公开和充分的社会监督等方式,确保其公益属性,不会成为政府的附属。而纯官方背景的第三部门和半官方背景的第三部门往往是为了实现某种政治目的或行政目的而设立,如一些行业协会的成立是为了履行政府的监管职责或者安排一些从领导岗位退休的公务人员等。个别此类第三部门甚至成为一些公务人员谋取私利的工具,或沦为其进行违法活动的伪装。显然,只有私人拥有或控制的第三部门设立目标才符合 PPP 的要求,才能成为其合作主体。

然而,在我国,前两种类型的第三部门大行其道,而真正的第三部门却举步维艰。这是因为我国《社会团体登记管理条例》等相关规定所塑造的完全是带有计划和行政色彩的第三部门,严重制约了真正第三部门的发展壮大。2015 年 7 月 8 日,中办、国办印发的《行业协会商会与行政机关脱钩总体方案》为真正的第三部门的成长带来了曙光。

(本文发表于《江淮论坛》2015 年第 5 期)

我国PPP项目公司之法律地位

——以PPP模式多层次合同体系为视角

陈学辉[*]

一、问题来源

目前,对政府与社会资本合作(PPP模式)的立法研究中,关于PPP协议的性质、对政府公权力的保护以及对社会资本的保护等是最为核心的问题。这些问题具有内在关联性,如政府公权力在项目合作过程中具有主导权和信息优势,只有构建了社会资本的利益保护制度才能增加社会资本进入项目合作的动力。社会资本利益保护与政府角色定位主要通过PPP的一系列协议进行规范。由此,PPP协议的内容和性质等问题便成为焦点,目前,学界对PPP协议的性质进行了较为深入的研究,但对作为PPP协议一方主体的PPP项目公司(以下简称"项目公司")的法律地位的研究缺乏应有的重视。

项目公司在PPP模式中发挥着重要的媒介作用,项目公司负责PPP项目的建设、运营全过程,与其发生法律关系的对象有政府公权部门、项目建设供应商、社会公众。项目公司是政府部门与社会资本之间的结合点,一方面帮助政府部门履行提供公共产品和服务的职能,另一方面也是社会资本实现预期利润的载体。项目公司本身是依据公司法成立的法人,从形式上看,其法律地位无疑为私法主体。然而,从实质上考察,项目公司的股权结构包含政府股权和民营资本股权,项目公司是公权力和私权利的混合体,其多样的外部行为与一般的私法主

* 陈学辉:华东政法大学经济法学博士研究生。

体行为是否同质并非全无疑问。项目公司的营业范围为提供本应由政府部门提供的公共产品、服务,其行为具有一定程度上的公益性。这种公益性在一定意义上与政府权力为同义词。如在美国,公共学校不可以在没有提供基本正当程序的情形下开除学生,而私立学校则没有这样的限制。[①] 同时,为了保护受到影响的公众利益和坚持有限政府的观点,越来越多的论者认为有必要扩大公法原则的适用范围,以便应用于各种形式的 PPP。[②] 因此,在判断项目公司的行为应当受到公法约束还是私法约束时,应先判断其在行为时处于何种法律地位。那么,衡量公司法律地位的要素为何?如何具体衡量项目公司的法律地位?社会公众在接受项目公司提供的公共产品和服务时,如果项目公司没有尽到其应尽的义务,是否应苛以公法上的责任?项目公司在履行各种合同时,如果一方违约,在司法中应以行政诉讼解决还是以民事纠纷处理?政府部门在参股项目公司时,其委派至项目公司代表政府行使股权的公务人员,在处理项目公司业务时,是否为行使公务?从私法的角度观察,PPP 项目公司的存在目的是履行在 PPP 项目中存在的各种合同,故而,我们可以从 PPP 项目不同阶段存在的多层次合同中项目公司的行为或者身份来确认其法律地位。

二、衡量项目公司法律地位的要素

欧盟执委会公布的关于公私伙伴关系绿皮书将各种 PPP 关系分为契约型 PPP 关系和组织型 PPP 关系。契约型的 PPP 关系指公部门与私部门之间的伙伴关系仅系基于契约关系;组织型 PPP 关系指公部门与私部门之合作系在一个独立的权利主体内运行。[③]我国项目公司即属于组织型 PPP 模式中的独立权利主体,公权部门与社会资本通过持有项目公司股权进行合作。一方面,项目公司本身虽为私法上的主体,但是从股权结构上看,其股东有代表政府公权力的因素,并且公权股份有可能占有多数股。另一方面,项目公司存在的目的是提供公共产品和服务,项目公司的行为具有行使政府公权力的影子。“当政府使用权力的时候,我们发展出以如透明、公共参与、为受影响的个人提供正当程序等公共

① See Paul M. Schoenhard, A Three-Dimensional Approach to the Public-Private Distinction, 2 Utah Law Review, 638(2008).

② See Dominique Custos & John Reitz, Public Private Partnerships, 58 Am. J. Comp. L. 577 (2010).

③ See Kommission der Europäishen Gemeinschaften, (Fn. 27), Nr. 1.3., Rn. 20, S. 9。转引自刘淑范:《公私伙伴关系(PPP)于欧盟法制下发展之初探:兼论德国公私合营事业(组织型之公私伙伴关系)适用政府采购法之争议》,载《台大法学论丛》2011 年第 6 期。

价值和公共理性为原则的公法来约束政府”①。那么,衡量项目公司是否行使了公权力,可以从项目公司的法律地位进行考察,而对项目公司法律地位的判断却有不同的要素考量。

(一)衡量项目公司法律地位的不同视角

我国目前无论在公法还是私法中,尚无较为系统的衡量项目公司法律地位的相关理论。通过梳理国外相关理论和司法标准,笔者认为以下几个标准可为我们认定项目公司法律地位提供参考和借鉴:

1. 身份标准

身份标准可以归结为,若政府权力部门对某一私法主体的营业具有绝对的控制力,那么这一私法主体就可被认为处于公法上之地位,并不享有私法权利,应受公法约束。这一标准来源于德国汉堡电力股份公司案。德国联邦宪法法院认定汉堡电力股份公司不属于私法主体最主要的理由在于:供电为一项公共任务,纵然汉堡电力公司的股份并非全部为公家持有,仅72%股份为政府股权,但是汉堡市政府对业务经营具有决定性之影响。② 由此,在德国司法实践中,以政府持有项目公司股份的多少作为认定项目公司法律地位的一个重要理由。与该学说相类似,我国台湾地区的“促进民间参与公共建设法”规定了政府或公共股权不应高于民间机构资本总额或者财产总额20%。③ 这条规定的本意似乎在于通过限制公股权在项目公司的比例,达到令项目公司成为私法主体地位的目的。

2. 功能标准/任务属性标准

功能标准可归结为私法主体的法律地位可以由其从事的私经济活动及任务进行认定。该标准来源于德国电信股份公司案。德国联邦行政法院认为法人是否属于私法主体,取决于法人的活动与任务功能是否可以直接归属于基本权所保障的生活领域。④ 该标准源于法院认为提供通信服务并不属于行使国家公权,而属于私法主体可以营业的范围,该标准是对身份标准的放弃。正如我国很多国有企业从事的行为,就不能被认定为公权力行为。我国台湾地区詹镇荣先生持有相同观点,他认为,公股与私股之间于基本权问题上的对立性是公民合资公司(相当于我国的项目公司)的客观情况。从作用法的角度,以法人任务属性

---

① 袁文峰:《论公私合作案中公私行为的判断标准——以德美公私行为理论的比较为中心》,载《行政法论丛》2014年第15期,第57—58页。

② 参见刘淑范:《行政任务之变迁与“公私合营事业”之发展脉络》,载《中研院法学期刊》2008年第2期。

③ 参见我国台湾地区“促进民间参与公共建设法”第4条第2款之规定。

④ 参见詹镇荣:《民营化与管制革新》,元照出版有限公司2005年版,第65—69页。

作为确定公民合资公司是否享有基本权能力的标准，比较符合事物的本质。[①]

3. 公私之间的授权标准

公私之间如果存在授权，即私法主体在营业中得到公权力部门的授权，那么该私法主体的行为可以被认定为国家行为。运用该标准认定国家行为的代表性案例是 West v. Atkins 案。在该案中，美国联邦最高法院认为保障囚犯的身体健康、提供医疗服务属于政府行为，而 Atkins 医生接受政府的委托，为囚犯提供私人医疗服务，其行为是得到政府授权的，因此，其行为属于政府行为。原告 West 可以依据宪法第八修正案向 Atkins 提起诉讼。[②]

（二）既有标准的突破——行为属性与法律关系结合的标准

认定项目公司法律地位的实意在于区分其行为的属性，即确定其为公法行为抑或私法行为。如若项目公司的行为具有公法属性，则应对其行为进行公法上的约束；若仅为私法行为，则应遵循意思自治的原则。以上几种代表性标准都从各个角度对项目公司公私法律地位进行了观察，但是单一的以一种标准进行判断都有其不足。如单独以身份标准进行判断，则项目公司可以通过降低公权力部门的持股比例逃避公法上的强制义务；单独以功能标准判断则并不能完全涵盖项目公司的各种营业行为，导致法律地位上的认定不准确等问题；若采用，则又会导致对公权力的范围认定过宽，与当今各国政府广泛运用 PPP 模式进行民营化的趋势不符。

笔者认为，上述标准中的功能标准比较客观，因为项目公司中公权力部门与私法主体之间具有合作关系，并且这种合作关系的目的在于提供公共产品和服务，在项目公司对外的行为中必然体现着政府部门对于社会和经济的管制。从项目公司的行为属性进行判断能抓住公权力的行使本质。然而，项目公司的任务为提供公共产品和服务，而各国和地区关于这些公共产品和服务的提供范围的界定又各不相同。同时，随着民营化的趋势不断扩大，有的 PPP 项目已超出传统的公共产品和服务的范围。[③] 况且，项目公司的行为在 PPP 项目运行的不同阶段呈现不同的状态，可能使项目公司在各阶段处在不同的法律地位。因为在 PPP 模式中存在各类合同，因此，笔者提出应通过项目公司在各种法律关系中的行为属性来判断其法律地位。

---

① 参见詹镇荣：《民营化与管制革新》，元照出版有限公司 2005 年版，第 88—90 页。

② See 487 U. S. 42(1988).

③ 如我国台湾地区“促进民间参与公共建设法”第 3 条将重大工业、商业及科技设施也列入 PPP 项目。

三、项目公司在特许经营协议中的法律地位

在通过特许经营协议方式进行的 PPP 项目中,存在项目公司的,特许经营协议的一方主体为项目公司,即项目公司为特许经营者。[①] 在此情形下,项目公司的法律地位为何,是否具有公法上的主体特性,其行为是否因从事了关涉公共利益行为而具有国家公权力属性?关于此问题的解答应从特许经营法律关系的性质展开。其后,在特定法律关系中寻求项目公司法律地位的理论依据,论证项目公司的法律属性。

(一)特许经营协议的法律性质

关于特许经营协议的性质,学界主流观点认为其是一种行政许可或者行政合同。如邢鸿飞教授认为,"因为政府特许经营活动在内容及适用规则上的特殊性,它当然有别于一般的民事合同,是一种具有浓厚行政色彩的公法上的契约"[②]。朱遂斌、林伟明也认为,"就我国的 BOT 项目特许权协议而言,将它界定为一种行政合同是比较合理的……"[③]也有将特许经营协议认定为私法契约或者兼具公私法性质契约的观点。[④] 特许经营协议的性质探讨呈现出多样化的特点,似乎,对其法律性质的认定对特许经营法律关系主体之间的权利义务安排具有决定性作用。

对特许经营协议法律性质的认定,一般基于特许经营协议的以下法律特点:一是特许经营协议一方主体为代表公权力的政府部门,另一方主体为我国境内外的法人和其他组织;二是特许经营协议的实质为政府部门授权特许经营者从事涉及公共利益的事务;三是特许经营协议双方主体之间的权利义务及风险可通过双方约定。[⑤]

特许经营协议的上述法律特点可以揭示:首先,特许经营协议具有主体之特定性,合同主体之一方必须为行政主体。在我国,行政主体包含国家行政机关,一定条件下包含行政机关以外的组织,经法律、法规的授权或行政机关的委托,

---

① 参见我国国家发改委等六部委出台的《基础设施和公用事业特许经营管理办法》第 18 条第 2 款之规定。

② 邢鸿飞:《政府特许经营协议的行政性》,载《中国法学》2004 年第 7 期。

③ 朱遂斌、林伟明:《我国 BOT 特许权协议法律性质分析》,载《中国法学》1999 年第 4 期。

④ 参见辛柏春:《BOT 项目协议的法律性质》,载《行政与法》2005 年第 5 期;邓敏贞:《论公用事业消费者的权利——基于公私合作背景的考察》,载《河北法学》2014 年第 4 期;李显冬:《市政特许经营中的双重法律关系——兼论市政特许经营权的准物权性质》,载《国家行政学院学报》2004 年第 4 期。

⑤ 参见我国《基础设施和公用事业特许经营管理办法》第 3 条。

依法拥有行政职能的机构也可以成为行政主体。从该特点看，特许经营协议有别于私法契约。其次，特许经营协议之目的具有公益性。特许经营协议的适用范围在于具有公共利益的公共基础设施建设和公用事业。特许机构不能根据个人偏好选择特定的特许对象，而应该在平衡公共利益与企业利益、社会效益与经济效益的基础上，从公共产品、公共服务的社会价值和潜在的经济价值出发，以实现财政资金的有效利用和各项资源的有效配置为最终目的，找到政府与市场的最佳结合点。[①] 即特许经营协议在选择合同相对人时并不具有私法契约所遵循的合同自由，而应该根据政府采购和招标投标的相关法规选择。再次，特许经营协议在法律适用上以公法为主。如特许经营的程序应遵循行政许可法的规定，特许经营协议的纠纷最终以特许经营者对特许机构的具体行政行为提起行政诉讼为争议解决方式。最后，特许经营协议双方主体之间的权利义务可以通过约定的方式确立。如双方可在特许经营协议中对经营期限、利率分配等问题进行约定，该点特质又具有私法契约的特征。

由上观之，特许经营协议的性质主要为行政许可或行政合同，同时具有私法契约的某些特性，似乎应采用兼具公私法契约观点。但是，正如我国台湾学者许宗力所述："事实上公、私法契约的判断一直争议不断，学者甚至认为，要彻底干净解决一切有关公、私法契约分野的争议问题，根本是不可能的。"[②]笔者对此深有同感。对于特许经营法律关系，仅仅从形式层面认定其具公法抑或私法性质，对于特许经营法律关系主体之间的权利义务分配并无实质的意义。唯应考察特许经营者在特许经营协议中享有的具体权利和承担的具体义务，方能利于特许经营事务之顺利开展，而该课题之展开与其法律地位的认定紧密相联。

（二）项目公司作为特许经营者之私法主体地位

项目公司在特许经营协议法律关系中，作为特许经营者，根据我国《行政许可法》及《基础设施和公用事业特许经营管理办法》之规定，属于境内外法人或其他组织，即从组织形态上及各国 PPP 立法对项目公司的规定来看，项目公司一般属于法人，并且不能与项目特许机构同属于行政机构或者准行政机构。由此可以认定，项目公司类似于行政行为相对人的角色，属于私法主体。

项目公司通过特许经营协议获得经营本应属于政府职权范围公共事务的权利。从国家的角度观察，若要使公私合作能稳定地发挥功效，自然需要确保项目

---

① 参见邢鸿飞：《政府特许经营协议的行政性》，载《中国法学》2004 年第 7 期。

② 许宗力：《双方行政行为——以非正式协商、协定与行政契约为中心》，载杨解君编：《行政契约与政府信息公开——2001 年海峡两岸行政法学术研讨会实录》，东南大学出版社 2002 年版，第 63 页。

公司在特许经营过程中与国家公权力在自主执行事务上的一致性与可预测性。特许经营协议便成为这一目标的载体，即政府部门将其职权许可或者授予特许经营者行使。事实上，传统的行政委托便是基于此立场，将私主体的行为视为国家机构行为的延伸。如薛刚凌教授认为，“在我国，一般认为行政委托相当于民事上的代理，即受委托组织以委托行政机关的名义实施管理，其行为的法律后果归属于委托的行政机关”①。我国台湾地区也有学者认为，“将公共建设作为事业，而希冀私部门以资金或者技术取得公共建设的经济建设管理权，基本上就是一种代理模式的形成”②。如果依此观点，项目公司的行为本质上就还是代表公权力的行为，那么，项目公司是否因为授权或者许可才有进行经营公共事务的主体资格？从各大陆法系国家的行政法发展来看，通过发展公私合作制度，并倚赖社会资本的能力或优势更有助于达成公共任务之目的。③ 此时，在实现公共任务上，自须尊重社会资本的自主性，毕竟社会资本并无履行公共任务的义务。社会资本的允诺或自主决定更属关键。④ 易言之，国家虽可利用社会资本履行公共任务，但社会资本的自主性仍是现代法治国家的基础，因此，国家仍然要在尊重社会自主性下进行权衡。从这层意义出发，国家在寻求与社会合作时，必须破除传统行政委托所惯用的内部关系思维，即不能将代表社会资本的项目公司视为行政机关的一部分，而应作为独立的私主体进行公共事务的运营。

此外，从我国对项目公司的规定看，在特许经营协议中，项目公司的权利义务集中表现为在特许经营的范围、期限内，提供特定的产品和服务，获取收益。项目公司签订特许经营协议的目的在于获取收益。⑤ 因此，无论从特许经营协议中协议主体的组织形态、权利之取得来源还是成立目的观察，项目公司均为私法上的主体，它通过取得特许经营权的方式从事公共事务的运营而获得收益。

四、项目公司在 PPP 项目合同中的法律地位

项目公司在成立并取得特许经营权后，还应该与政府部门签订项目合同。PPP 项目合同在 PPP 模式合同体系中是最为核心的协议。PPP 项目合同是 PPP 模式中社会资本权利义务的核心载体；政府部门参股项目公司也是政府部

① 薛刚凌:《行政授权与行政委托之探讨》,载《法学杂志》2002 年第 3 期。

② 江南志:《从民营化观点探讨探讨促参法中公共部门的角色——以代理理论分析》,中国台湾地区成功大学 2005 年硕士学位论文。

③ 参见陆敏清:《从德国修法历程论公私协·运用·约调控的发展》,载《兴国学报》2011 年 1 月。

④ 参见詹镇荣:《民营化与管制革新》,元照出版有限公司 2005 年版,第 34 页。

⑤ 参见我国《基础设施和公用事业特许经营管理办法》第 18 条第 3 款之规定。

门进行公私合作中的职权范围限定的依据。项目公司与政府部门在项目合同中的法律关系定位是处理项目合同争议的理论基础。二者的法律关系的本质是社会资本与政府职权的法律关系，可以根据项目合同中政府部门与项目公司的关系和项目公司中的股权构成进行考察。

PPP 项目合同是一个复杂的合同关系，该合同目的的实现不仅与合同双方利益相关，亦因公共事务涉及公共利益而对第三人的权利义务具有影响，因此，PPP 项目合同与一般民事合同不同。政府部门在其中具有双重身份，既是项目的启动主体，也是项目合同的签约主体，而项目公司在项目合同中存在不同的法律地位。

(一) 项目公司是与政府部门平等、独立的主体

从项目合同所适用的法律看，项目合同主要依据合同法和公司法调整。[①]合同法规定范围内的合同，倡导契约精神，签订合同的两个主体应为相互独立的，有独立承担合同后果的能力。具体可以表现为：从公司法角度看，政府部门是项目公司的股东，但二者是两个独立的私法主体；从合同法角度看，项目公司与政府部门之间相互独立，能独立作出意思表示，不存在隶属关系；从项目风险的承担责任方式看，项目公司与政府部门通过在项目合同中的约定，各自承担可能存在的风险；从项目合同的争议解决方式看，如果一方违反了项目合同的约定，应承担违约责任，另一方可向仲裁机构或者法院诉请违约方承担违约责任。因此，项目公司与政府部门是相互独立、平等的两个主体。

此外，在我国司法实践中，很多采 BOT 方式的 PPP 模式案件中，受案法院一般将政府部门与项目公司签订的项目合同纠纷认定为民事纠纷，即将项目合同认定为私法契约。[②]

(二) 项目公司是被监管的对象

相较于行政合同的全面管制与民事合同的全面自由的法律关系，国家对于公私合作仍有必要适度监督，以免出现脱法现象，毕竟社会资本进入项目公司的目的是追求利益的最大化。因此，为了保障私人参与社会公共事务的合法性，同时督促其经营行为符合一定的公益要求与实现公共福祉，政府需要行使一定的

---

① 参见我国国家发展与改革委员会颁布的《政府和社会资本合作项目通用合同指南》(2014 年版)第一章的规定。

② 参见(2014)川凉中民初字第 7 号民事判决、(2011)京铁民初字第 95 号民事判决、(2011)云高民一终字第 96 号裁定。

监管职责,保留一定的公权力。[①] 在政府的监管体制方面,应当支持创设以公共利益为核心的独立监管,应围绕公共利益和供给效率展开,监管独立有利于实现"政企分离"的目标,厘清政府职能。[②] 在监管方式方面,包括经济性规制与社会性规制。其中,前者主要是围绕公用事业运营者的经济作用所施加的法律约束;后者则是围绕公用事业运营者的行为与消费者直接发生的关系所施加的法律约束,应当坚持经济性规制与社会性规制相结合、更加重视社会性规制的原则,而在经济性规制中,应当突出市场准入和退出、价格规制等方面的内容。政府部门在项目合同中的具体监管范围包括市场准入监管、服务价格监管、质量监管、退出监管以及后评价制度。

不过,若对社会资本课予等同于行政机关的控制,也有可能限制社会资本的活动空间,如何将缺点抑制在最小限度内,以减轻侵害社会资本利益的可能性?公私合作过程是否过度制约了私人的意思自主,有违私人活动的合理判断?国家为确保任务履行所为之监督,若形式要求或检查过于广泛,将可能挤压私人活动空间,无形中限缩项目公司的自主空间、弹性等优点,而难以成就其创新与多样等目标,此时国家监督如何在公益与社会资本自主性之间寻求平衡点,是影响公私合作健康发展的关键。无疑,国家应设计出让社会资本得以发挥所长或激励其得以自我管制的空间,减轻对于社会资本自主性的侵害,为此会促使国家采用各种正面的诱因,包括奖励、经费补助等;同时,透过诸如终止契约、违约金或赔偿等负面诱因,以影响有意参与公私合作的对象,甚至是潜在竞争者。这些举措都是在兼顾社会资本自主性的基础上,间接监管社会资本以达公私合作的目的。当然,国家也基于对此问题的考虑,在与社会资本合作基础上开启共同形成一定组织或创设程序的监督空间,例如,将监督责任委托值得信任的民间团体或第三方机构,或通过专业团体间的相互节制及自我评量,国家仅进行监督,这样除可避免出现政府部门"球员兼裁判"的情形外,也能让国家与社会资本间继续保有一定的合理范围。[③]

(三)项目公司内部社会资本与政府部门的关系

项目公司内部,社会资本先注册项目公司,政府部门可参股项目公司。社会资本与政府部门通过公司的股权比例享有收益与承担风险。项目公司的股权结构或投资结构反映股东对项目资产权益的法律拥有形式和股东之间的法律合同

---

① 参见邓敏贞:《公用事业公私合作合同的法律属性与规制路径——基于经济法视野的考察》,载《现代法学》2012 年第 3 期。

② 参见陈婉玲:《公私合作制的源流、价值与政府责任》,载《上海财经大学学报》2014 年第 5 期。

③ 参见陆敏清:《从德国修法历程论公私协·运用·约调控的发展》,载《兴国学报》2011 年 1 月。

关系，是在项目所在地法律法规、会计和税务等客观因素的约束下，实现股东投资目标的一种项目资产所有权结构。[①] 国外的 PPP 实践已经提供了实证分析参数，即项目公司的股权结构中，除了政府部门与社会资本，为了实现项目公司利益的最大化，还引入项目合同之外的主体，即与 PPP 项目相关的第三方。例如，Faruqi 和 Smit 认为让承包商和设备供应商等专业公司参股 PPP 项目公司，将有利于项目按期、按质达到商业完工标准，并在实际运营中充分发挥已有经验，提高运营效率；[②] John 和 Isr 认为让国际贸易公司参股可能大大降低项目公司原材料采购成本，等等。[③] 国外的这些 PPP 实践对于完善我国项目公司股权构造制度具有积极的借鉴作用。

在项目公司中，政府部门、社会资本及第三方均可以持有公司股权的形式参与到公共基础建设等公共事务经营活动中。各方主体的权利义务安排主要通过公司法以及公司章程的相关规定规范。依照传统公司法理论，项目公司股东之间权利义务的安排是通过股东权实现的。公司股东的权利和义务表现为投票权、知情权和以出资承担有限责任。公司股东权的这些特点不足以深入分析股东之间的法律关系。而依照英美公司契约理论[④]，公司股东之间的权利义务安排主要通过公司章程这个明示的契约实现。因此，从本质上说，在 PPP 合同漫长的履行过程中，社会资本与政府部门之间的权益分享和风险承担是双方的内在契约体现；双方契约的外在体现为项目公司的公司章程。[⑤] 从这个层面上观

① 参见蒋先玲：《项目融资》(第 3 版)，中国金融出版社 2008 年版。

② See S. Faruqi, N. J. Smith, Karachi, Light Rail Transit: A Private Finance Proposal, Journal of Engineering, Construction and Architecture Management, 1997, 4(3):233—246.

③ See E. S. John, Isr W. Alternate, Financing Strategies for Buildoperate Transfer Projects, Journal of Construction Engineering and Management, 2003, 129(2):205—213.

④ 公司契约理论最早见于 Alchian & Demsetz 撰写的《生产、信息成本和经济组织》一文。现代公司法理论认为，公司"乃一系列合约的连结"。这"一系列合约关系"，包括法律拟制物(公司)同原材料或服务的卖方签订的供应契约，与向企业提供劳动力的个人签订的雇佣契约，和债券持有人、银行及其他资本供应方签订的借贷契约以及和企业产品的购买方签订的销售契约等。在这些公司契约中，部分契约是明示(explicit)的，也有很多是"暗含"(implicit)的。公司设立时订立的公司章程，确立公司和员工、公司和其他产品和服务供应者之间关系的文件以及对公司运行过程中是否增资、减资，以何种方式进行，是借贷还是发行新股和对股东表决权行使的种种规定等都可以视为明示的契约，而部分需要法院进行解释确认的内部关系则可以视为暗含的契约。参见刘迎霜：《公司契约理论对公司法的解读》，载《当代法学》第 23 卷第 1 期(总第 133 期)。

⑤ 我国的 PPP 现有立法也体现了这一制度安排。如《政府和社会资本合作项目通用合同指南》(2014 年版)第 7 条第 4 款规定：如以设立项目公司的方式实施合作项目，应根据项目实际情况，明确项目公司的设立及其存续期间法人治理结构及经营管理机制等事项，如：(1) 项目公司注册资金、住所、组织形式等的限制性要求。(2) 项目公司股东结构、董事会、监事会及决策机制安排。(3) 项目公司股权、实际控制权、重要人事发生变化的处理方式。如政府参股项目公司，还应明确政府出资人代表、投资金额、股权比例、出资方式等；政府股份享有的分配权益，如是否享有与其他股东同等的权益，在利润分配顺序上是否予以优先安排等；政府股东代表在项目公司法人治理结构中的特殊安排，如在特定事项上是否拥有否决权等。

察,项目公司本身就是一个独立的契约形式,安排参与PPP模式的各方主体的权利义务。

五、项目公司在运营和管理项目时的法律地位

项目公司在成立后,取得特许经营权,开始对项目进行运营与管理。此时,如前所述,政府部门是项目公司的股东,同时又是项目合同履行的监管者。项目公司是PPP项目的执行责任归属者,依法律许可取得该公共建设兴建、营运的权限,政府部门仅仅作为项目公司的股东,此时不享有公共建设兴建和营运权限,而项目公司系基于其授权与公司法上的权利以自己的资金和风险从事私经济活动,并非国家任务或行政事务。即使政府部门享有项目公司的股权,也不代表政府部门在进行公共事务的建设与运营,亦非必然为政府部门委托项目公司执行公共事务。即有关政府投资或财务责任在此时并非由政府部门独占和掌控,而是分配由项目公司负责,但政府部门仍需对社会资本对公共事务的执行进行监督。

当然,项目公司和政府部门之间的角色、权责和主体地位如何,以及在有政府部门投资部分的项目公司内,在公共基础设施建设时的责任分配与执行方式,在法学理论上有各种可能的制度安排,但在法制理念下必须先在相关立法中进行制度的顶层设计。在立法之后,各种具体的制度建立起来时,应该追求的立法效果是:社会资本依照相关的法律规定,发起成立项目公司,然后依法律许可而取得经营公共基础设施建设的公共任务执行的主体地位,此后,项目公司进行建设与运营的权利便与政府权限的委托无关,此时项目公司之兴建与营运行为,属于私法上的行为,项目公司并非接受政府依法委托后的政府权力的行使机构,系基于PPP相关的法律规范而作为公共事务实现的主体。申言之,项目公司系以纯粹的私法主体的地位,以自己名义进行项目建设与营运,且自负风险和责任进行投资兴建和营运公共基础设施,而非受政府部门或其他行政机关的委托执行公共事务。

项目公司在运营过程中对项目公司需要进行发包、采购等具体的兴建行为,这些行为系项目公司在司法上的独立事务,并非政府权限范围的事务。就是说,在PPP项目的实行过程中,私人投资者与消费者、项目的保险公司等其他相关利益主体之间的法律关系,通常纯属于民事法律关系。对于此种法律关系,一般通过普通民事合同予以确定,倘若发生争议,则一方面可以通过公共部门进行调

解或者裁决,另一方面也可以通过民事诉讼或者民事仲裁等程序进行处理。[①]当然,项目公司私法主体的定位,使其必然具有资本的逐利性,即利己性,故而必须对相关公司通过公司合作所获得的权益的行使目的和方式进行合同上的约定,防止出现有悖公共利益的行为。譬如,规定项目公司基于公私合作所获得的特许经营权不能随便转让,经营期间受限制,不能自由处分公共事业基础设施,不得以公共服务名义把征用的土地资源挪作其他商业用途。政府部门和其他行政行为应该将项目公司作为一般的行政行为的相对人,对其在项目实施过程中的具体行为,如定价、工程质量等方面进行有效监督。

结　论

PPP 项目是一个系统工程,项目维持的时间长,涉及政府权力、社会资本权利以及第三方利益的冲突。其中项目公司是社会资本的载体和表现形式。PPP 项目中各种法律关系的成立、各关系主体的地位与责任划分后所各自承担之责任,进一步具化为各该法律关系主体所享有的权利与义务,历来是法治建立与分析法律关系之基本问题,也是法学理论、法律制度和司法实务之核心问题。PPP 模式中有关政府与社会资本的法律地位与法律关系,二者所承担之责任与义务,成为研究 PPP 制度的根本课题。对此根本课题,应分析其着眼点:一方面在于,是否有别于传统上由国家(政府)以自己为行政主体来界定项目公司的地位;另一方面在于,社会资本参与公共设施建设时的特殊立法思想、相关法理和立法者的决定。应探讨主要代表社会资本利益的项目公司的成立目的,明确其私法上的独立主体地位,进一步分析立法对行政机关权限与责任的界定以及确立 PPP 各种法律关系中当事人间的权利义务关系。

---

① 参见湛中乐:《PPP 协议中的法律问题辨析》,载《法学》2007 年第 3 期。

PPP模式中公私利益的冲突与协调

胡改蓉*

公私合作模式(public-private partnership,PPP)的概念率先由英国财政大臣肯尼斯·克拉克提出,目的是"提升基础设施水平、解决公共服务的资金匮乏以及公共部门缺少有效性及资金效率等问题"。[①] 在实践中,PPP模式已被广泛运用于公共基础设施和公用事业领域。在这些公共项目中,通过PPP模式可以引进民间资本参与投资,一方面减轻政府的财政压力,满足公共项目的资金需要,提高投资管理效率;另一方面也为日益壮大的民间资本创造了市场空间,增加了投资渠道和营利方式。在此模式下,政府和企业形成长期合作伙伴关系,双方互助共赢,以达到比预期单独行动更为有利的结果。

一、PPP模式中公益与私益的博弈

PPP模式的基础之一在于利益共享,否则就不可能形成持续性的合作伙伴关系,但利益共享并不等于共同利益。事实上,公共部门与私人部门的利益诉求在长期的项目合作过程中总是处于博弈状态。公共部门追求公共利益,而私人部门追求经济利益,两种不同的利益诉求形成两种性质相背驰的价值目标,即社会公共利益最优化和资本利益最大化。这两者交织在一起,极易引发公私合作

* 胡改蓉:华东政法大学副教授,法学博士。本文系国家社科基金重点项目"国有企业法律制度重构研究"(12AFX011)及国家社科基金一般项目"市场化背景下国有资本运营公司法律制度创新"(14BFX166)的阶段性研究成果。

① 参见叶晓甦、徐春梅:《我国公共项目公私合作(PPP)模式研究述评》,载《软科学》2013年第6期。

过程中公共部门与私人部门之间的紧张关系,一方面公共利益牵制着私人利益,而另一方面私人利益也可能"锁定"公共利益。

(一)公共利益对私人利益的牵制

由于PPP项目往往涉及公益性,而公益性决定了项目不应以利润最大化为目标,否则,私人部门基于基础设施和公用事业领域的自然垄断地位,极易通过提高价格来获取高额利润。这必然会引起社会公众的不满,最终还可能引发PPP协议存续期间私人部门极为担心的公众的政治抵制风险,因此,PPP项目中的合作双方往往受到不允许过分追求局部利益的制约,尤其是政府不会同意给予私人部门过高的投资收益率。

公共利益除在投资收益率方面牵制私人利益外,在市场运作和退出方面也会对其产生明显的牵制作用。因公用事业以满足公众需求为要旨,为确保公用事业服务的持续性和不间断性,从事公用事业的企业一旦投资后,便不能随意退出市场。早在1872年美国联邦法院的一个判决中,法官的附带意见就指出:"当成为国家交通的一部分之后,铁路则不能随意退出。而且,通过国家权威迫使铁路继续运营并履行对公众的全部责任,是毫无疑问的。"1885年,在Gates v. Boston & N. Y. Air-Line R. R.案中,美国纽约州法院作出了相似判决,驳斥了企业能够违背州意愿随意退出公用事业的主张:"从平实的原则出发,铁路财产一旦投入公共用途且系公共用途所必需,则必须践行公共使用的承诺,从而全面实现其创设时的目的。与此同时,基于公共危机而存在且为公共危机时刻所必需的这种公共权利……优先于企业、股东和债权人的财产权。"①1918年,在涉及地方性铁路的一项判决中,美国联邦法院再次重申了这一原则:"如果一家铁路公司负有维护和运营某条铁路的制定法义务或契约义务,它将会被禁令或训令强迫这样做,即便继续运营会亏损。"②当然,限制公用企业随意退出市场,不等于政府无论何时都应强制公用企业履行服务义务,当出现公用企业实际履行不能时,应考虑解除该义务。但在通常情况下,私人部门一旦投资于公用事业,则应受到公共利益之牵制,不得随意退出。

(二)私人利益对公共利益的"锁定"

依据交易成本理论,锁定(lock-in)指的是"当一方对另一方产生依赖时,这等于授权对方在关系中更多的自主的选择权。这种锁定使得PPP中预期转移

---

① 高俊杰:《论民营化后公用事业规制的公益目标》,载《现代法学》2014年第2期。
② 同上。

给私人部门的风险转回给公共部门。”[①]现实中，无论 PPP 协议的初始设计如何精心，契约的不完全性决定了私人部门在中标 PPP 项目后，基于政府公共部门对项目建设的最终责任，很可能会以退出合同相威胁，要求对合约条款进行更改，或者增加政府的公共成本投入，或者减少自己依据初始合同而本应承担的风险。而此时的政府出于对项目建设的公共责任，尤其是在大力推行 PPP 模式的情形下，会比私人部门更在意项目的成败，特别是工程建设项目涉及沉没投资，一旦启动便难以撤回。考虑到如果重要的项目工程中断很可能会受到公众指责，政府往往会尽力避免该类事件的发生，防止更换合同商而导致项目形象受损，因而，在与私人部门的后续谈判中很容易一再退让，最终被私人部门锁定，通过增加公共资金投入或减少私人部门的风险促使私营合作方继续提供服务。这种类似于“预算软约束”的行为削弱了 PPP 的风险分担优势，最终导致公共利益受损。

可见，尽管 PPP 模式的初衷在于实现公私部门间的资源互助，进而达到利益共享，但公私之间的合作伙伴关系实则是一个复杂的合约安排过程，公共部门与私人部门在 PPP 项目的建设和运营过程中，总是体现着利益的冲突与博弈。

二、公法与私法二元思维模式无法解决 PPP 模式中的利益冲突

在 PPP 模式中，公私利益的冲突需要依靠法制规范予以解决。而对于秉持公法与私法二元划分传统的国家来说，PPP 特许经营协议究竟属于公法还是私法，直接关涉制度设计的整体价值取向和具体规则适用。也就是说，关系着 PPP 模式的立法基点究竟是公共利益还是私人利益。若将 PPP 特许经营协议认定为公法合同，就意味着公共利益会被重点考量，在具体制度设计上也会突出行政机关的单方优益权；若将其认定为私法合同，则意味着相关的制度构建会更多地强调双方的地位平等和意思自治。因此，如何对 PPP 特许经营协议进行定性，对于解决公私部门间的利益冲突和博弈十分重要。从目前学界的研究成果来看，有学者认为特许经营协议属于民事合同，[②]有学者认为属于行政合同，[③]亦

① 陈净:《公私部门合作中的风险分配:理想、现实与启示》,载《公共行政评论》2010 年第 5 期。

② 代表性观点参见辛柏春:《BOT 项目协议的法律性质》,载《行政与法》2005 年第 5 期;杨明、曹明星:《特许经营权:一项独立的财产权》,载《华中科技大学学报(社会科学版)》2003 年第 5 期。

③ 代表性观点参见王克稳:《政府业务委托外包的行政法认识》,载《中国法学》2011 年第 4 期。

有学者认为属于经济法上的合同。[①] 然而,公法与私法二元划分的传统思维真的适应当前 PPP 项目这种复合性合同的发展要求吗?

(一) PPP 模式中公私利益复合性的本质:合作伙伴关系

部分学者认为 PPP 是一种新型的合作伙伴关系及联盟,[②]所有成功实施的 PPP 项目都是建立在合作伙伴关系之上的。可以说,“没有伙伴关系就没有 PPP”[③]。这种合作关系主要基于如下两方面的原因:

首先,PPP 模式是对“市场—政府”二元范式的矫正。近年来,PPP 之所以发展迅速,并为世界各国所广泛接受和运用,主要就在于其可以弥补市场化对公共利益的忽视,同时,又能够解决政府提供公共物品的资金不足,并提高公共物品的供给效率。在“市场—政府”二元范式下,20 世纪 80 年代,以英国为典型代表的西方国家公共部门的改革是以市场化和民营化为基本方向,但是,市场的唯利性特征使得市场主体的逐利动机必然会影响到公共服务的公益性目标。于是,PPP 模式成为修正“市场教义”的一种新思路。“与民营化将服务或企业的所有权转交给私人部门不同,公私伙伴关系的目标是在将投资与效率引入系统的同时保持政府的所有权。从本质上来说,公私伙伴关系是对曾经在一段时间里狂飙突进的民营化改革浪潮的一种修正、折中和均衡,是民营化在某些领域遭遇阻力后产生的替代方案。”[④]

与此同时,这种合作制也从另一个维度回应了政府职能转变的需要,即由全能政府向有限政府、由管制政府向服务政府的转变。与“不是市场就是政府”的简单思维相比,公私合作可以为政府职能转变,尤其是政府提供公共物品的职能转变,提供良好的路径。近年来,“诸多政府已经不断认识到,公共问题的解决需要广泛依靠协作关系,远远不能只依靠政府本身”[⑤]。对于基础设施和公用事业这些公共物品而言,即使存在着市场供给的失灵,也并不意味着一定要由政府亲自提供。公共选择理论即认为,“没有任何逻辑理由证明公共服务必须由政府官

---

① 代表性观点参见邓敏贞:《公用事业公私合作合同的法律属性与规制路径——基于经济法视野的考察》,载《现代法学》2012 年第 3 期;宋宗宇、刘婧:《政府特许经营合同法律性质新探》,载《行政与法》2006 年第 6 期。

② See Tony Bovaird, Public-Private Partnerships: From Contested Concepts to Prevalent Practice, International Review of Administrational Science, 2004(7), p. 2.

③ 贾康、孙洁:《公私合作伙伴关系(PPP)的概念、起源与功能》,载《中国政府采购》2014 年第 6 期。

④ 李延均:《公共服务领域公私合作关系的契约治理》,载《理论导刊》2010 年第 1 期。

⑤ 〔美〕莱斯特·萨拉蒙:《新政府治理与公共行为的工具:对中国的启示》,李婧译,载《中国行政管理》2009 年第 11 期。

僚机构来提供”。[①] 如果政府部门对公共产品和服务的提供通过各种改革还是无法令公众满意,那么就只能打破政府的垄断地位了。在一定条件下,若允许私人部门参与公共物品的生产和供给,或者直接改由私人部门来提供,打破供给垄断,那么对缓解政府的资金压力也会有显著的帮助作用。同时,通过采用商业管理的方法和技术,引入市场竞争机制,还可以提高政府的管理水平以及公共服务质量。因此,政府应该与市场形成合作关系从而纠正市场失灵,而非取代市场。

总之,在市场和政府相继“失灵”的情况下,“公私合作的发展反映着人们对市场失灵和政府失灵的理性反思、对私人部门独特优势的充分肯定、对公共部门有限能力的清醒认识以及对国家形态和责任的全新理解”[②]。此时,社会所必需的公共物品的提供就由政府的“有形之手”和市场的“无形之手”协调配合、共同完成。

其次,PPP 模式通过合作可实现“物有所值”(value for money)。PPP 模式为私人部门参与公共项目提供了机会,从而在实现政府职能的同时,也为私人部门带来了经济利益。这也是 PPP 所追求的“物有所值理论”的基本目标,即合作双方通过降低成本以求得从项目产品和服务中获得最大收益。通过物有所值的制度设计,可有效地将传统模式下政府投资并组织建设项目的总经营成本与 PPP 项目全生命周期成本相比较,获得资金价值增值,从而实现资源利用的最大化和资金使用价值的最优水平。PPP 模式所追求的这一“物有所值”目标已在国内外得到了制度认可。根据美国 1993 年《联邦政府绩效和结果法》的规定,政府部门在决定某项政府职能是否适宜外包之前,应当首先从绩效评估的角度开展“成本—效益”分析,在绩效评估之后方可作出外包与否的决定。在我国,财政部 2014 年颁布的《政府和社会资本合作模式操作指南(试行)》(以下简称《操作指南》)中也明确规定:“财政部门(政府和社会资本合作中心)会同行业主管部门,从定性和定量两方面开展物有所值评价工作……定性评价重点关注项目采用政府和社会资本合作模式与采用政府传统采购模式相比能否增加供给、优化风险分配、提高运营效率、促进创新和公平竞争等。”[③]

(二) 合作伙伴关系在公法与私法二元思维模式下的落空

既然公私合作伙伴关系本身就是在打破“市场—政府”二元范式的情形下产

---

① 参见闫焱、彭玫:《布坎南公共选择理论与我国政府决策行为》,载《社会科学论坛》2007 年第 4 期。

② 李霞:《公私合作合同法律性质与权责配置——以基础设施与公用事业领域为中心》,载《华东政法大学学报》2015 年第 3 期。

③ 《政府和社会资本合作模式操作指南(试行)》第 8 条。

生的,是双方为了共同目标而设立,以实现优势互补,最终达到基础设施建设中公共部门与私人部门的帕累托最优的,那么公私伙伴关系存在的领域就必然难以是公私之间泾渭分明的领域。不可否认,PPP模式下基础设施的建设和运营始终处于公益性与营利性的矛盾之中。作为公共服务的载体,基础设施运行的目标是提供物美价廉的持续性公共服务,公共部门对于公共利益的维护有其正当性,但从私人部门的立场出发,当其将巨额资金投入长达数十年的公共项目中,且项目最终产权还将移交给公共部门时,必然会有对投资回报的商业利益诉求,这种诉求同样合情合理。可见,通过PPP模式进行的基础设施项目建设必须同时兼顾公益性和私益性。

检视现有的各种学说,实际上无人否认PPP特许经营协议中政府部门拥有的超越一般合同权利的行政性权力——在PPP特许经营协议的签订中,基于公共利益的考虑,政府必然会享有一定的"特权"。即使持民事合同说的学者也未否认政府部门行政权力的存在(尽管其认为该权力来源于契约)。实际上,即使在没有明确的公私法划分理念的美国,虽然政府在购买服务时与民间机构签署的合同在很多时候吸收了民事合同的处理原则,但也逐渐发展出了"政府便利的终止"这一行政特权规则,甚至"法律并没有对政府部门证明该终止出于'政府利益'作出任何特殊的要求,只要求政府部门作出该决定时是出于善意(good-faith)。这实际上赋予了政府部门宽泛的自由裁量权"[①]。当然,与此同时,PPP特许经营协议的私法属性同样不可否认。行政主体在PPP特许经营协议中的特权行使越来越受到私法原则的约束,在其基于公共利益而需要修改或终止合同时,私人部门有权得到公平补偿或者调整其他条款,以保持合同双方权利义务的平衡。

因此,简单地将PPP特许经营协议归属于公法,以公共利益为调整基点,或者是归属于私法,以私人利益为出发点都背离其设计初衷。当然,在上述诸多学说中,尽管"经济法上的合同"说以社会整体利益的表述兼顾了公益与私益,但这种观点更多地是一种宏观理念上的指导或学理上的认识。在实践中,当公私合作者之间进行具体项目谈判,设计具体的权利义务和责任条款时,甚至在纠纷出现后寻求救济途径时,还是会面临制度选择和适用上的困惑。

(三) PPP公私合作本质上是对公法与私法二元思维模式的突破

从上述分析可知,探究PPP特许经营协议究竟属于"公法"还是"私法"根本无法找到答案,因为选择任何一方都是片面的。以纠纷解决为例,尽管《行政诉

① 常江:《美国政府购买服务制度及其启示》,载《政治与法律》2014年第1期。

讼法》修正案将“特许经营合同”列入行政诉讼的受案范围,但现有的行政诉讼制度却无法为PPP特许经营协议引发的所有纠纷提供充分的救济。一方面,行政诉讼中,原被告双方权利义务的单向性与PPP特许经营协议的双务性存在矛盾;另一方面,行政诉讼中调解机制的缺失,在一定程度上也制约了公私合作双方在纠纷解决中的积极性,不利于“合作”氛围的修复和维护。因此,将PPP特许经营协议引发的纠纷笼统地归于行政诉讼的范畴过于简单和武断。合理的做法应是考虑PPP特许经营协议所兼具的公法性和私法性,依据纠纷产生的原因不同而适用不同的救济路径:如果是因政府监管等单方行为引起的法律争议,则归于行政诉讼;若是其他原因,如行政主体方“违约”或由于风险分担引发争议,则民事纠纷的解决机制就更为合理。尤其是PPP特许经营协议在设计时,无论是初始合同还是修改后合同,都包含诸多经济利益上的考量因素,在涉及双方利益纷争时,擅长解决商业纠纷的仲裁机构完全能够胜任这类纠纷的解决工作,因而,应将其纳入PPP制度的视野,这也是尊重协议当事人双方意思自治的基本要求。在美国,“政府购买服务时,与民间机构签署的合同属于公共合同。公共合同纠纷的解决吸收了很多民事合同法的原则,如双方可以自行约定纠纷解决方式”①。有学者进一步指出:“在美国的PPP项目合同中都有格式条款规定,任何对项目公司实质权利的剥夺都可以被提起侵权之诉。”②可见,域外的制度经验也认可了公私合作项目中民事纠纷的解决路径。这一点在财政部出台的《操作指南》第28条中得到了确认,即“在项目实施过程中,按照项目合同约定,项目实施机构、社会资本或项目公司可就发生争议且无法协商达成一致的事项,依法申请仲裁或提起民事诉讼”。但对此,同样主导目前中国PPP实践的国家发改委却有着不同的认识。在《基础设施和公用事业特许经营管理办法》正式出台前,发改委曾在该办法的征求意见稿第48条中规定,“特许经营者与实施机关就特许经营协议发生争议并难以协商达成一致的,可以依法提起民事诉讼或仲裁”,但遗憾的是,在正式出台的文件中该条却被删除。可见,对于此问题的认识目前还存在分歧与偏差。相对而言,财政部的规定更为合理。

总之,PPP特许经营协议的“合作”本质反映了公共部门与私人部门的双方利益诉求,应同时受公法和私法的约束。对于这类混合事物,希冀在公法或私法的任何一个单独法律体系中予以统一规范,都是不可取的。强化私法容易导致公共利益削弱,而注重公法又极易忽视私人利益,打击私人部门参与PPP项目的积极性。因此,良性的PPP法律制度必须突破公法与私法二元思维模式的束

① 常江:《美国政府购买服务制度及其启示》,载《政治与法律》2014年第1期。
② 王东:《PPP主体关系中的政府:角色定位与行为机制框架》,载《中国政府采购》2015年第3期。

缚，在政府权力与契约精神之间寻求最佳契合点，以便在促进公共项目公益性目标实现的同时，能最大程度地实现私人部门的利益。“公”与“私”的二元划分对于PPP“合作”本质的解读显然已力不从心。正如有学者所言：“政府与非政府主体是在丰富的制度背景下行事，以彼此互相关联的方式行事，在法律规则、非正式实践和共识的背景下行事，这些公私安排使纯粹的公的角色或纯粹的私的角度的简单划分无法实现。”换言之，立法者无需僵硬地把PPP特许经营协议归入公法或私法，其本身就介于公法与私法之间，在具体项目的不同环节，应视不同情形，设计出不同的利益平衡机制，这也是回归公私伙伴关系的应然要求。

三、“公共利益”因素在PPP法律制度中的考量与嵌入

有学者认为，“公共利益”的概念太过抽象，无任何操作意义，“没有一种方法可以精确地确定在多大范围内分享的利益就是公共利益”[①]。尽管如此，人们却不能否认公共利益的存在。尽管“公共利益”的概念确实具有不确定性，但若置于特定语境下，“公共利益”一词的模糊性便可消除殆尽。[②] 具体到公用事业民营化的情境中，公用事业规制所追求的公共利益便包括公共服务的普遍化、社会整体福利的优化以及环境资源的可持续发展。[③] 因此，当基础设施和公用事业采用PPP模式进行建设时，必须在平衡公私利益的过程中关注上述这些“公共利益”特质，并予以充分考量。由于PPP项目的运作涉及项目发起、准备、招标、建设、运营、移交等多个环节，且几乎每个环节都会涉及公共利益，当项目不同时，对公共利益考量的标准和深度也不同，因此难以逐一讨论。以往学者们主要是从政府拥有的行政优益权的角度进行分析，如政府对协议的单方解除权、对价格的控制权以及对项目质量的监督权等。[④] 这些权力设置对于“公共利益”的保护固然重要，但往往都是事后的或外部的保护措施。在PPP项目中，为了更好地维护“公共利益”，应注重从协议自身出发进行制度构建，尤其是在不完全契约理论下，协议的制定、修改以及剩余控制权的配置对于PPP项目中“公共利益”的保护尤为重要。

---

① James E. Anderson, Public Policymaking: An Introduction, Houghton Mifflin Company, 2003, p. 13.

② See Leif Levin, Self-interest and Public Interest in Western Politics, Oxford University Press, 1991, p. 23.

③ 参见高俊杰：《论民营化后公用事业规制的公益目标》，载《现代法学》2014年第2期。

④ 参见王东：《PPP主体关系中的政府：角色定位与行为机制框架》，载《中国政府采购》2015年第3期。

(一) 协议制定与修改中对公共利益的保护

1. 不完全契约理论下PPP特许经营协议对公共利益的挑战

现实经济生活总是充满了不确定性,人的有限理性使得合同缔约方无法准确预测到未来将发生的所有事情,更无法对交易各方在各种可能情况下的权利和责任作出明确界定。试图在合约中对所有事项均作出明确约定是不可能的,而且交易费用极高。在PPP项目中,由于合作关系的长期性及经济与政治环境的不确定性,PPP特许经营协议更是具有天然的不完全性。这种不完全性可能体现在项目选择、实施、运营、移交的各个环节。就协议的制定和修改来看,可能损害公共利益的原因主要存在于以下三个方面:其一,选标规则容易引起公私权益失衡。在PPP项目的招投标阶段,政府在决定私人合作方时,一般不是采取传统的"低价竞标"采购程序和采购规则,报价最低的投标者并非总是最佳选择。合作方的"最佳价值"不仅仅是价格优势,更重要的可能是满足公共部门需求的其他因素和标准。在特殊情况下,私人部门在特定公共领域的项目经验和技能,可能成为其获得合作机会的最重要因素。① 对PPP项目而言,这种选择标准固然合理,但相较传统的客观标准却显得模糊不定,难以总结出一个实质性的判断规则。而这种模糊标准可能就给某些私人合作者以寻租等不当方式中标的空间,最终提供的产品可能质低价高,损及公共利益。其二,由于契约具有不完全性,在将初始合同给予中标者后,中标人往往会在双方套牢的情况下对合约价格进行改变和细化,这就可能造成项目成本的变化。研究结果表明,一般的竞标人都会对合同的不完全性采取积极的应对性策略。② 其中常见的情形是,有的PPP项目自身营利能力不足,投资回报率低甚至无利可图,但私人部门为了获得竞标成功,以低价进入,先排除异己中标,再拖到政府感受到工程进度的压力时,"锁定"政府,迫使政府修改协议,增加对其有利的条件,从而获得不当利益。其三,在协议修改中,由于公共部门在项目经营过程中与私人部门相比往往处于经营信息的劣势,容易被私人部门"信息绑架",因而,在协议修改时,可能作出对公共部门不利的决策,致公共利益受损。

对PPP项目中公共利益受损的这些分析绝非仅停留在理论层面。近期发生于我国台湾地区的台北"大巨蛋案"就是一个很好的说明。该案以BOT方式推动,由民间企业远雄集团得标兴建。2014年底该案被调查,台北市廉政委员

① See Hasity H. O. Steen, John R. Jenkins, We Built It and They Come! Now What? Public-Private Partnerships in the Replacement Era, 41 Stetson Law Review 249, 2012.

② 参见梁冬玲:《PPP模式建设项目建设隐性风险研究》,东北林业大学2011年博士学位论文,第6页。

会认为，该案可能涉及官商勾结，影响公共利益与公共安全。其中指控的焦点便是 BOT 协议的修改有利于远雄集团（尤其是权利金下调为零[①]），这直接将时任台北市长的马英九以及时任财政局长的李述德卷入其中。该案的争议焦点就在于：BOT 协议修改有利于私人部门是否合法？是否具有正当性？是否存在以公共利益图利他人的非法情形？虽然目前该案尚无权威性的结论信息，[②]但却引起了人们对 PPP 项目实施中公共利益的广泛关注。

2. 构建以程序公正为中心的协议制定与修改机制

在"大巨蛋案"中，对于马英九及李述德是否有违法删除"大巨蛋"权利金，图利远雄集体的行为，双方各执一词。台北市廉政委员会认为事证明确，但马英九、李述德和远雄集团纷纷批评廉政委员会不实指控，"大巨蛋案"已演变为各说各话的"罗生门"。[③]

实际上，这样的纷争体现了一种制度的缺失，即公正的程序机制。通过程序机制来确保公共利益的安全，可能比实质上去判断公私利益是否失衡更为可行。因为 PPP 模式已将公共项目与市场化紧密连接在一起，商业化因素已经渗透至公共项目建设运营的全过程中，而商业利益得失的实体判断本身就具有不确定因素和冒险因素，因此，建立科学的制定和修改 PPP 特许经营协议的程序机制就显得更为合理和重要。这种程序机制主要包括两个层面：(1) 政府应建立一个多方背景组成的咨询议事机构，其成员中应当既有与项目直接相关的政府主管部门的官员，也有经验丰富的职业经理人，还有专业服务机构的会计师、律师、评估师等。这种复合性的成员结构可以适当地弥补政府部门的市场信息劣势，能够在对各种公私利益进行综合分析、评估和比较的基础上，尽可能地保障 PPP 特许经营协议中的权利义务配置合理、风险分担公平。目前，我国财政部在 PPP 项目实施中所建立的"评审小组"制度和"采购结果确认谈判工作小组"制度，[④]实际上就是为了实现这一效果。这两个小组制度的正面意义不再赘述，但从今后发展来看，将两个小组合二为一或许更为合理，实际上，二者除介入的阶段不同外，在职能上并无本质区别。此外，目前这两个小组主要是在项目选择

---

① 我国台湾地区台北市廉政委员会对"大巨蛋案"的调查报告指出，按相关规定远雄集团取得台北市政府提供的土地应付出权利金，但在台北市政府与远雄集团的协议中该权利金为零。

② 相关报道显示，台北市廉政委员会指出，马英九在担任台北市长期间，违法删除"大巨蛋"权利金，固利远雄事证明确，建议将马英九与时任财政局长李述德移送"法务部"侦办，但此事并没有最终结论。参见《马英九被控涉"大巨蛋案"府方：政治迫害》，http://news.takungpao.com/taiwan/shizheng/2015-05/2994763.html，2015 年 10 月 1 日访问。

③ 参见《台北"大巨蛋案"变各说各话"罗生门"》，http://www.taiwan.cn/plzhx/hxshp/zhzh/201505/t20150511_9770112.htm，2015 年 10 月 1 日访问。

④ 参见《政府和社会资本合作模式操作指南（试行）》第 16 条、第 20 条。

私人合作方、确定初始合同的环节存在,今后在项目存续期的协议修改过程中,同样需要存在。(2)在具体确定某项PPP特许经营协议的制定或修改时,对于实质的关键性条款必须经过该咨询议事机构的同意方可。在程序上,参加决策的咨询成员不得与具体项目有任何利害关系,应保持客观公正的独立地位;同时,在决策时,应当实施民主表决机制,且须经半数以上的成员通过方可。当然,每位成员都应对自己发表的意见承担法律责任。

在这种程序机制下,如果一项协议的制定或修改被认为存在侵害公共利益的情形,那么必须首先进行程序审查;如果程序合法,除非公私利益调整严重失衡,否则不应被追究法律责任。

(二)公共部门对协议剩余控制权的掌控

1. 政府对"公共利益"的最终担保责任

在西方国家模式由传统自由主义向社会福利国家转变的背景下,越来越多的公共服务被作为国家应该也必须承担的任务。然而,随着时代的发展,国家对所承担的公共服务供给越来越力不从心。为此,德国学界提出了"担保国家"的理念。这意味着国家在部分领域放弃了直接完成公共任务的责任,将之转交给私人部门;而私人履行公共任务,并不意味着国家责任的解除。为保证公共服务的质量不因市场主体片面追求利益最大化而受到不利影响,国家需承担起相应的担保责任,即确保公共任务履行的最终责任。[①] 正如德国学者 Eifert 所言:"担保国家是以国家持续承担公益责任为主要特征,但国家不再亲自执行任务。"[②]Wolfgang Hoffmann-Riem 将该责任称为"替代责任"。[③] 总之,为确保私人执行公共任务能够符合公共利益,国家应当对私人部门履行公私合作合同的行为进行规制,以保证公众所接受的服务不因私人提供而受到损害。

2. 剩余控制权配置与最终担保责任的契合

PPP特许经营协议的不完全性使得合作双方如果在签定合约时就试图明晰合同项下所有权利,成本将非常高,因而拟定完全契约的可能性几乎为零。哈特等学者认为,当因明晰所有权利的成本过高而使合约不完全时,具有重要意义的就是所有权,此时的所有权即为拥有剩余控制权。当契约不完全时,将剩余控制权配置给投资决策相对重要的一方将会更有效率。因此,契约中并未提及的

---

① 参见〔德〕施密特·阿斯曼:《秩序理念下的行政法秩序建构》,林明锵等译,北京大学出版社2012年版,第161页。

② 转引自许登科:《德国担保国家理论为基础之公司协力法制——对我国促参法之启示》,台湾大学法律学研究所2008年博士学位论文,第36页。

③ 转引自李以所:《德国"担保国家"理念评介》,载《国外理论动态》2012年第7期。

资产使用的控制权,也就是剩余控制权才是缔结合同的关键。剩余控制权行使的最终目的在于取得剩余索取权,从治理角度而言,两者应当相互对应。在PPP项目中,剩余控制权就是参与各方为实现剩余索取权而对合同中的行为施加影响并予以监督控制的权力。

在PPP项目中,无论基于上述担保国家理论,还是基于公共利益的维护,都应当将剩余控制权配置于公共部门。公共部门的这种剩余索取权实际上代表的是公共利益,是一种与利润相区分的"特殊权益"。"因为公共部门要对最后的结果负责,而私人部门的责任已经被合同条款严格地设定了,所以这些未在合同中界定的风险只能由政府承担。"[①]换言之,私人部门尽管在PPP特许经营协议这一长期的不完全合同中可能存在因公共利益考量而增加建设成本的问题,以及因法律政策改变而造成损失等问题,但都可以通过PPP特许经营协议所约定的合理的政府补贴予以保障。政府实际上才是公共服务的最终负责人,其实质上无法与私人部门实现平等的风险负担,而是处于抵御风险的劣势,即在担保国家理论下,政府对风险有着无法回避的最终责任。基于风险与控制权应成正相关的基本理念,将协议的剩余控制权配置于公共部门具有正当性。

四、私人利益在PPP法律制度中的尊重与保护

英国在20世纪70年代就提出了解决私人部门参与公共服务准入标准问题的莱利原则(The Ryrie Rules),其中一个核心思想便是,"公共服务中保证私营部门的成本效益",这也是当今世界通用的"物有所值理论"的雏形。的确,参与PPP项目的私人部门往往是市场主体,而市场主体投资的内在动力必然是获取利润,否则,不会承担本该由公共部门提供的设施和服务。因此,为确保通过PPP模式实现公共服务的有效供给,政府必须尊重和保护私人部门的利益,并采取一定的激励措施,使私人部门确信公共目标的落实同时能够实现自身资本的合理回报。唯此方可形成良性共赢的持续性合作关系,这也是新制度经济学中激励性规制理论在公共部门中的应用。在PPP项目中,这种激励性规制措施主要体现为确定合理的投资回报率,并通过市场需求的适度保证和价格机制的公平设置使其得以实现。

---

① J. Froud, The Private Finance Initiative: Risk, Uncertainty and the State, Accounting, Organizations and Society, 2003, 28(6), p. 582.

(一)投资回报率的合理确定

目前在我国的PPP实践中,私人部门参与项目的投资回报率一般在8%左右。这一比例的设定主要是基于特定市场环境下的考虑,其实,在不同的经济背景时期和不同行业,投资回报率应是一个动态的变动过程,很难以法律方式将其固化,如此方可随行就市,否则难以吸引私人资本的投入。就制度层面而言,尽管讨论具体的投资回报率的意义不大,但在PPP特许经营协议缔结时即确定私人投资收益率的基本原则却非常必要。

为吸引私人资本参与PPP项目,如下两个原则应当坚持:其一,应以特定经济背景下市场的平均收益率水平为参考,但应略低于市场。之所以参照市场收益率的平均水平,是为了吸引私人资本进行公共项目投资,否则无法实现政府借助于私人资本完成公共项目提供的初衷;而之所以要略低于市场水平,是因为私人部门参与PPP项目所投资的是基础设施或公用事业,在此过程中,政府也承担了项目的诸多风险,且在很多情形下,政府会给私人部门以优惠和补贴。其二,在确定项目的具体收益率时,应考虑私人企业投资该项目的资金来源以及私人部门对项目的技术和管理投入。如果私人部门完全是以自有资本投资,那么对政府而言,最后购买PPP项目的价格则相对低廉,或者授予私人部门的特许经营期就相对较短。但是,如果私人部门本身就是通过资本市场融入建设资本,其已经负担了较大的融资成本,那么在确定投资回报率时,就应将该融资成本计入其中。否则,在既定的投资回报率(如目前的8%)下,私人部门可能只能覆盖融资成本,而无法产生获利空间,这显然无法起到激励作用。因此,政府在进行PPP项目的前期招标时,应对此予以关注。就政府而言,如果私人部门是靠市场融入的资金投入PPP项目,那么其报价必然相对较高,政府可以通过对不同投标人的报价进行综合比较,选择最为恰当的合作伙伴。而之所以在确定项目的收益率时,应当考虑私人部门的技术和管理投入,是因为这些资源也是私人部门投资PPP项目的主要生产要素,同样具有显著的经济利益和价值,且往往也是政府最为关心的私人部门的合作条件。对于这部分投资,理应给予回报。

(二)市场需求的适当保证

在投资回报率确定的情况下,项目建成后,需求保证就成为私人部门最关心的问题,因为这将直接影响到投资收益率的实现。这种市场需求保证与PPP项目中需求风险的配置紧密相关。由于PPP项目多数针对能源、交通、水利等基础设施项目,具有契约不完全、投资额大、合同周期长等特点,使得PPP项目面临比一般工程项目更多的风险。实证数据也表明,需求风险在影响PPP建立的众多风险中作用最为显著。[①] 实践中,这样的案例很常见。例如,在廉江中法供水厂项目中,双方签订的《合作经营廉江中法供水有限公司合同》履行期为 30 年,合同约定,廉江自来水公司在水厂投产的第一年每日购水量不得少于 6 万立方米,且不断递增,而当年廉江市的消耗量约为 2 万立方米,巨大的量差使得合同履行失去了现实的可能性;[②]又如,在鑫远闽江四桥案中,福州市政府曾承诺,保证在 9 年之内从南面进出福州市的车辆全部通过收费站,如果因特殊情况不能保证收费,政府出资偿还外商的投资,同时保证每年 18%的补偿。但是 2004 年 5 月 16 日,福州市二环路三期正式通车,大批车辆绕过闽江四桥收费站,致公司的收入急剧下降,投资收回无望,而政府又不兑现其回购经营权的承诺,最后双方只得走上仲裁庭。[③] 在杭州湾跨海大桥项目中同样存在该问题,该项目开工未满 2 年,在相隔仅 50 公里左右的绍兴市上虞沽渚就开始修建绍兴杭州湾大桥,[④]于是项目收益不足的风险随即产生。可见,PPP 项目的市场需求风险直接关涉私人部门投资收益的实现。

对于 PPP 项目的风险分担,公共部门会存在一种认识误区,即“采用 PPP 模式就是要把尽量多的风险转移给私营部门”[⑤]。实际上,私人部门承担的风险越多,谈判过程中主张的权利也将越多(如要求调整价格、要求更高的风险补偿等),最终导致项目资金价值降低,[⑥]这背离了政府推动 PPP 项目的初衷。因此,政府在进行 PPP 项目设计时,合理确定风险分担才是有利于资源优化配置的理性选择。就我国而言,在强势政府的背景下,风险的合理分配对于私人利益的保护显得更加重要。

对于市场需求风险的配置同样如此。实践中,不应将需求风险全部配置给私人部门,而应当区分风险产生的原因,根据过错原则以及有效控制风险原则进行合理配置,进而保护私人部门的正当权益。具体而言,如果项目的需求风险是

---

① See Hammarai, Ruhashyankiko & Yehoue, Determinants of Public-Private Partnerships in Infrastructure, IMF Working Papers, 06/99, 2006.

② 参见《广东廉江引资 16(39 万美元建成水厂后空置 8 年》,http://news.163.com/07/0619/01/3HAJKBAR0001124J.html,2015 年 7 月 8 日访问。

③ 参见《盲目承诺出恶果:港商索赔 9 亿元》,http://news.xinhuanet.com/comments/2004-08/04/content_1708128.htm,2015 年 7 月 8 日访问。

④ 参见《谁动了杭州湾跨海大桥的奶酪?》,http://www.zjol.com.cn/05delta/system/2005/03/03/004356436.shtml,2015 年 7 月 8 日访问。

⑤ 柯永建、王守清、陈炳泉:《英法海峡隧道的失败对 PPP 项目风险分担的启示》,载《土木工程学报》2008 年第 12 期。

⑥ See A. Pollock, D. Price, Public Risk for Private Gain: The Public Audit Implications of Risk Transfer and Private Finance, Public Health Policy Unit, School of Public Policy, London's Global University, UK, 2004.

私人部门内生性原因造成的，如工程质量不达标、工程项目延期等，那么自然应由私人部门承担；但如果是政府因素导致的，如政府违背自己对私人部门的项目唯一性承诺，造成项目的需求不足，那么理应由政府承担。此外，有些非私人部门原因造成的需求风险，即使与政府无关，从项目整体效益的角度考虑，也应由政府承担，如因公众抵制风险造成的需求风险。①

除对需求风险的分担外，在 PPP 项目推动初期，政府也可以通过最小需求量担保来激励私人部门投资，即如果单位时间内的市场需求量大于或等于最低担保水平，政府不予任何补贴；但若低于最低担保水平，政府则要补偿实际需求量与担保水平之间的差额收益。从既有经验看，该类措施的激励效果较为明显。我国财政部出台的《操作指南》第 11 条即作出了政府承担最低需求风险的规定，殊值肯定。实际上，从国内外 PPP 项目的实践经验来看，该做法也被广泛认可和采纳。例如，在 1998 年智利的 Santiago Valparaiso Vifiade 公路特许经营项目中，政府对投资者提供了最小交通量担保来弥补其超额成本；②在巴西的 BR-163 公路项目中，若因项目客流量低于预测造成项目收益严重低于预期，政府也会给予补贴，补贴数额与实际观察到的客流量缩减成比例。③ 我国也有类似的操作，如在来宾 B 电厂项目中，政府就提供了电力购买保证，这为项目公司的收益带来了明显帮助。④

总之，在公私伙伴关系中，公共部门应尽可能地承担自己有优势方面的伴生风险，而让私人部门承担的风险尽可能小。当然，在需求担保方面，政府补贴的方式和数量应当尽可能通过协议予以细化，若缺乏操作性，仍会给私人部门带来风险。

(三) 价格机制的公平设定

成熟的市场机制可以形成合理的市场价格并导致合理利润。其中，前者是

---

① 在悉尼南部新铁路工程案中，公共部门为了吸引投资，承诺将会补偿给私人投资者实际收益与预期收益之间的差额。当工程投入使用后，面对低速的需求量，政府关掉了机场大巴线路，以此强迫人们使用该铁路线路，导致公众的强烈反对，铁路线路的需求量也因公众抵制而继续下滑，政府在公众压力下取消了强制使用政策，同时不得不继续补偿私人部门。See A. M. Looaemore, Risk Alloeation in the Private Provision of Public Infrastructure, International Journal of Project Management, 2007, 25(1), pp. 66—76.

② 参见何涛:《基于 PPP 模式的交通基础设施项目风险分担合理化研究》,天津大学 2011 年博士学位论文,第 66 页。

③ See L. E. Brandao, E. Saraiva, The Option Value of Government Guarantees in Infrastnicture Projects, Construction Management and Economics, 2008, 26(11), pp. 1171—1180.

④ See S. Q. Wang, L. K. Tiong, Case Study of Government Initiatives for PRC's BOT Power Plant Project, International Journal of Project Management, 2000, 18(1), pp. 69—78.

政府和消费者所关心的，后者则是企业所关注的。在PPP项目中，价格机制的利益平衡点在于，既能保证消费者以较低的价格获得公共服务，又能满足私人部门投资利润率的要求。

就基础设施和公用事业项目而言，价格机制包括了定价水平和调价机制。为吸引私人部门参与PPP项目，定价水平必须足够覆盖投资者在项目中的初始投资成本且取得合理的收益率；同时，由于PPP项目的运营期长，在此过程中，项目的运营成本和收益会受到很多风险因素的影响，如经营和维护成本的提升、劳动力价格的增长、主要原材料设备价格的波动、通货膨胀率的变化等，为避免私人部门承担过高的风险，应设计一个合理的价格调整机制来应对这些风险因素，以达到激励私人部门的效果。

由于基础设施项目属准公共产品，政府不允许私人部门随意调价，这是对公共利益的基本维护。但这并不妨碍在PPP项目中建立合理的调价机制。政府应当认识到，在PPP特许经营协议这一不完全合同下，建设项目的价格结构具有复杂性，除初始投资成本外，还有后续的持续性维护和管理成本，而这些成本可能会提升，所以应当通过价格调整机制予以利益协调。实际上，价格调整机制的作用就在于，“将PPP项目运营期内，因上述风险因素而引发的成本或盈利能力的变化转化成可允许的价格变化，以此来保证项目承办方既可以承受压力管理这些风险又可以获得其合理的收益”[①]。

在引起价格风险的诸多因素中，可能有通货膨胀率，可能有劳动力价格，也可能有项目维护和运营成本，而私人部门提供的又是公共基础设施这一准公共产品，无权根据市场风险自己调整公共服务价格，那么，由这些风险所引起的损失就不应由私人部门全部承担。根据PPP项目风险承担的基本原则，对于这种价格风险，政府反而应该承担更多的责任，理由如下：其一，风险分担应与控制力相匹配，[②]即风险应该分配给对风险最有控制力的一方。私人部门对自己可控的风险如项目融资、建设、运营等承担责任，而对不可控制的风险如法律变更、公共政策变化等无需负责。在上述引起价格变动的诸多风险中，政府相较于私人部门而言，显然更有能力来管理和控制这些风险。其二，风险应分配给最适合预测风险是否发生的一方，[③]如此一来，风险承受方便可积极采取措施减少该风险

① 何涛：《基于PPP模式的交通基础设施项目风险分担合理化研究》，天津大学2011年博士学位论文，第87页。

② See J. A. Rutgers, H. D. Haley, Project Risks and Risk Allocation, Cost Engineerings 1996, 38(9), pp. 27—30.

③ See T. C. Irwin, Government Guarantees: Allocating and Valuing Risk in Privately Financed Infrastructure Projects, Washington D. C.: World Bank, 2007.

的发生。在引起价格波动风险的诸因素中,显然政府采取积极措施控制风险发生的可能性要远高于私人部门。其三,风险分担应与风险承受能力正相关,对于引起价格变动的某些因素,可能无法归责于政府或私人部门中的任何一方,这时,从项目的整体效益出发,也应当将风险分配给承受能力较好的政府。可见,价格调整机制实际上就是政府对 PPP 项目风险的合理承担。

在上述风险分配原则的支持下,有的国家设置了价格调整的保证机制,即政府向 PPP 合作中的私人公司作出承诺,允许项目公司在一定的时间范围内按照一定的方式进行基础设施费用价格的调整。如果按照准公共产品的价格调整程序,届时调价未能获得通过,那么政府会对相应部分给予补偿。例如,英国政府在 Dartfokl 桥 PPP 项目中,就担保过桥收费价格与国内零售价格指数相联系。[①]

当然,若将价格变动的风险全部分配给政府承担,亦有失公允。对私人部门而言,即使其未投资 PPP 项目,而是另行投资其他行业,也同样会面临通货膨胀、劳动力价格提升等风险因素,造成利润损失的可能。当然,可以通过完全市场化的价格调整机制进行风险化解,只是市场化的价格机制能否完全转化风险存在一定的商业不确定性。因此,从公平角度出发,PPP 项目的价格风险应由政府和私人部门共同承担,但基于上述 PPP 项目风险分担原则的分析,政府应承担价格风险的主要部分。

五、结　　语

PPP 模式中公共部门与私人部门之间的合作伙伴关系注定了其制度设计无法在“公法”与“私法”之间进行简单归类。PPP 项目的“公益性”本质无法否认,私人部门在决定投资该类项目时就应当预见到“公共利益”对其的制约,并且容忍这种牵制,但私人部门的利益同样也应受到尊重和保障,否则,私人部门就将缺乏将社会资本、技术、管理经验等投入公共项目的动力,政府推进 PPP 模式的初衷也必然会落空。概言之,对 PPP 模式的法律制度的设计必须平衡协调好二者的关系,切不可厚此薄彼。

(本文发表于《法学》2015 年第 11 期)

① 参见孙艳、郭菊娥、高峰等:《基础设施项目融资中政府担保的影响因素》,载《统计与决策》2007 年第 20 期。

经济法视域下PPP模式中公私利益的协调

吕明瑜　孙瑞瑞*

我国对PPP的初步尝试是从20世纪80年代开始的，近些年加快探索步伐，2014年是重大转折点，短短一年内出台了近二十部法律文件，2015年又被称为"PPP实施元年"。随着我国社会经济的快速发展，对公共服务需求的不断增加，以及国家的重视，PPP迎来了新纪元。然而，PPP实践中仍有很多难点，其中之一就是公私利益的协调问题。本文在经济法的视域下探讨PPP模式中的公私利益协调问题，宏观上就协调理念与协调机制进行探讨，微观上从PPP项目合同中的具体安排着手，以期对有效协调PPP模式中的公私利益问题有所裨益。

一、PPP模式中公私部门的利益取向及冲突

（一）公共部门的利益取向

公共基础设施的建设与运营关系到国计民生，与社会公众的生活息息相关，具有较强的社会性影响，社会公益性是公共基础设施的根本属性。随着我国社会经济的快速发展，公共基础设施和公共服务亟待改善，但是在很多地方财政吃紧的情况下，政府提供公共物品的能力明显力不从心，而政府通过与私营部门合作，引入社会资本，直接改善了公共基础设施和服务的融资环境，同时也减轻了

* 吕明瑜：郑州大学法学院教授，博士生导师。
孙瑞瑞：郑州大学2014级经济法硕士研究生。

地方债务的压力。另外，在PPP模式中公共部门还获取了与私营部门讨价还价的机会，不仅节约了政府资源，还降低了很多风险，能够以最低的成本获取最大的社会收益。

公共服务不是简单的买卖双方或供消双方(提供者与消费者)间的交易，其突出之处应该是更大的社会价值和社会用途，且符合民众期望。政府作为公共服务的提供者，即是以"社会公众"为本，着眼于公共服务的社会价值的实现。在PPP项目合作中，公共部门主要是希望通过最大限度地利用私营部门在资金、技术、管理等方面的优势，弥补公共部门在公共基础设施建设和服务中的不足，以提高效率，满足社会公众的基本需求，实现社会公共利益最大化。因此，在PPP中，公共部门是以社会公共利益最大化的实现为价值取向的。

(二) 私营部门的利益取向

私营部门作为"理性经济人"，参与公共基础设施的建设和运营，与公共部门共同致力于公共服务的提供，当然是从自身利益出发，看到其中"有利可图"。最初，政府完全垄断着公共基础设施建设与运营，私营部门很难进入该领域。而随着政府的不断改革，公共物品市场逐渐开放，再加上政府的大力倡导，私营部门的进入既具有得天独厚的条件，也是难得的机遇与挑战。另外，私营部门往往具有较为充足的社会资本，先进的管理经验等，但其投资渠道却往往有限，与政府结为"合作伙伴关系"，可利用政府为其提供的平台发挥优势、创造效益。

在PPP项目合作中，私营部门不仅关注该项目未来的预期收益，同时也关注在整个项目合作过程中所伴随的风险因子——通过与公共部门建立合作伙伴关系，可将部分风险转移到公共部门，降低自身风险，获取更高收益。总之，私营部门能够积极参与到公共服务活动中，最为直接且最为重要的动力来源于对利润的追逐，以实现其资本利益最大化。

(三) 公私部门间利益取向引发的冲突

1. 社会公共利益最大化与私人资本利益最大化之间的冲突

从以上公共部门与私营部门在PPP项目合作中的不同价值取向来看，公私部门在合作中遇到的最大障碍就是根本目标不一致。公共部门作为政府方的代表，以社会公共利益为先，而私营部门作为"理性经济人"，以资本的经济效益最大化为目标，即形成了社会公共利益最大化与私人资本利益最大化之间的冲突。由于我国PPP模式还不够成熟，实践中，PPP项目合作中会出现利益严重偏离，如有些项目可能暴利，有些项目却严重亏损的状况，这就导致了社会公共利益与私人利益之间的不对等，利益严重不平衡。

2. 公权力与私权利之间的冲突

在PPP项目合作中,公共部门与私营部门基于合同的订立形成平等的民事法律关系,双方可以就合同的具体内容进行协商约定,遵循合同法中倡导的“契约自由”原则。另外,公共部门作为公共事务的管理者,在行使管理职能时与私营部门又形成行政法律关系,公共部门享有行政监管等特权。在这样双重法律关系下,必然存在着矛盾与冲突。

私营部门基于利润的动机而参与到公共服务活动之中,而公共部门为了公共利益的实现及PPP合同的有效执行,必然对私营部门加强监管。这种特殊的监管权明显使公共部门与私营部门处于不对等的地位。而从私营部门的角度来看,其与公共部门签订PPP项目合同,同时在政府一直号召的“合作伙伴关系”下,双方在更多的情况下是平等互利的,私营部门应该享有更多的自由发展权。这是行政特权与契约自由的冲突,实质上也是公权力与私权利间的冲突。

3. 利益冲突在垄断转换中的此消彼长

在传统的公共物品供给中,均由政府掌握着公共物品的垄断权,而随着PPP模式的展开,私营部门逐渐进入公共服务领域,又出现了私营部门垄断行为。因为PPP项目所涉及的行业基本上都属于自然垄断行业,私营部门通过竞标等手段获取该项目,在利益的驱使下,在这样具有得天独厚条件的行业中,私营部门很容易利用其优势地位实施垄断行为。而且在PPP模式中,私营部门不仅参与基础设施的建设阶段,还直接进入运营阶段,即最终的消费环节,这样垂直一体化的参与模式也为私营部门的垄断提供了可能性。私营部门在缺乏有效竞争的约束下,甚至在“唯一性保护条款”下,往往会滥用其市场支配地位,疏于生产质量、服务水平,也可能出现不合理收费情形等。可以说,在该领域,由“公共部门行政垄断性”走向了“私营部门自发垄断性”,即由“一种垄断”走向了“另一种垄断”。在这种垄断格局未被打破的境况下,公私部门间的冲突可谓此消彼长,“剪不断,理还乱”。

在公共部门完全垄断阶段,公共部门完全掌握公共基础设施的建设与运营,缺乏市场竞争机制,公共服务效率低下,发展滞后,难以满足社会公共需求,也很容易产生公共部门寻租现象。而当私营部门在基础设施建设中处于主导地位时,它在追求自身利益最大化的目标下往往也实行垄断经营,其垄断行为不仅扰乱市场竞争机制,更不利于社会公共利益的最大化,与政府最初合作的目标相背离。

二、协调PPP模式中公私利益的理念

PPP不仅仅只是合作伙伴关系的一种"外在形式",更是一个风险评估、利益分享、责任分配的复杂过程,涉及各方的不同利益追求、权利与义务的具体细分等。在这样的复杂过程中,公私利益的协调极具难度,其中,坚持科学、先进的理念具有特别重要的意义。本文认为,协调PPP模式中的公私利益应秉承以下理念:

(一)坚持"以社会公共利益为核心,兼顾私人利益"

PPP模式主要运用在社会公共服务领域,重在公共基础设施的建设和公共服务的提供,关系着国计民生和社会多数人的福祉,具有较强的公益性。实行PPP模式的重要宗旨就是提高社会多数人的福祉,实现社会效益最大化。不论是从PPP模式适用的领域来看,还是从公私部门的合作分工来看,PPP模式必须坚持"以社会公共利益为核心",否则该合作项目就是失败的,背离了最初实行该模式的目标。财政部于2014年底发布的《关于规范政府和社会资本合作合同管理工作的通知》中强调,将"维护公益"作为遵循合同管理的核心原则,优先保障公共安全与公共利益。从国外的经验来看,也主张由政府所维护的社会公共利益至上。如在法国,在划分公共部门与私人部门之间的责任时,法国国务委员会坚持的原则主要有:"合同要遵循指导公共服务活动的原则,即公共利益高于私人利益""公共实体高于私人合作伙伴""合同必须符合法国公法的一般原则,服从行政法院的管辖"①。

社会资本进入社会公共服务领域,决定了PPP模式目标追求的多元化,不可能完全以社会公共利益至上,而忽略私人利益。兼顾私人利益是PPP模式中协调公私利益必不可少的,而且确保私营部门的利益也是吸引投资者的关键所在。社会公共利益和私人利益这两种利益并不是背道而驰的,新时期新政策下可以实现二者的均衡。

(二)坚持"大手拉小手,逐步放手"

公私合作伙伴关系的应用被视为自由化议程的延伸——如今自由化议程被

---

① 参见〔美〕达霖·格里姆赛、〔澳〕莫文·K.刘易斯:《公私合作伙伴关系——基础设施供给和项目融资的全球革命》,济邦咨询公司译,中国人民大学出版社2008年版,第49页。

称为公共部门的"新公共管理"或市场化。[①] 关于"公共部门市场化",在PPP模式中主要是说,政府依靠市场的力量,通过市场方式,遵循市场竞争机制,以寻求最佳战略合作伙伴。至此,政府之手拉起了市场之手,政府在契合市场发展,灵活转换角色的基础上,利用市场之手以实现社会公共目标。

一般情况下,某一市场若完全由政府垄断,容易导致"政府失灵",但若完全由私营部门支配,完全市场化,则容易导致"市场失灵"。政府与市场必须有机配合,不可过度偏废其一。在公共物品供给领域,其市场发展状况在不同的国家呈现不同的状态,同样的公共部门与私营部门合作,有的以公共部门为主导,有的则以私营部门为主导。从长远来看,政府要让步于私营部门,不是说将社会公共利益让步于私人利益,而是要政府在政策等方面为私营部门提供保障,为私营部门在社会公共服务建设过程中保驾护航。同时,要适应市场的发展规律,真正让市场在资源配置过程中起决定性作用。PPP模式在我国仍处于探索阶段,其市场化的进程也是一个不断渐进的发展过程,在这一过程中政府在前期要发挥重要作用,指导PPP项目合作步入正规化,当发展到一定时期应逐步放开市场,同时这一过程也是政府最大限度地退出经济利益环节的过程。

在美国,其公共服务建设普遍由私营部门参与,有的政府只是授予其特许权而根本不参与组织和经营,甚至会将监狱等机构也委托于私营部门。我国比美国发展落后,但随着经济社会的发展,我国政府也应该逐渐放手,除了一般的授权、必要的监管外,还要为私营部门在公共服务领域提供自由发展空间。

(三)坚持"胡萝卜加大棒",刚柔并济

1. 激励手段

私营部门进入公共基础设施建设和公共服务之中后,为了社会公共利益的实现,承担了一些特殊的任务。作为对这些特殊任务的回报,公共部门应实施一些柔性措施,激励私营部门积极为社会服务。当然,这些激励措施对于私营部门来说,应为"看得见的利益"。

首先,在项目早期,私营部门很难看到投资回报,同时初期合作也容易产生很多分歧和问题,PPP项目合作容易失败,因此,在项目早期,政府要多加扶持私营部门,为私营部门参与公共基础设施建设提供便利。在引导私营部门参与公共基础设施建设的道路上,优惠政策是必不可少的,具体来说,政府可以在财政、税收、土地、金融等方面为私营部门提供更多优惠,以提高PPP项目的吸

---

① 参见〔英〕达霖·格里姆赛、〔澳〕莫文·K.刘易斯:《公私合作伙伴关系——基础设施供给和项目融资的全球革命》,济邦咨询公司译,中国人民大学出版社2008年版,第52页。

引力。

其次,私营部门应在一定条件下享有补偿权,即公共部门根据实际情况对私营部门作出一定的补偿,如公共部门为维护社会公共利益作出的单方规定对私人部门产生严重不利影响时;因情势变更等不可预见的情形影响到利益平衡,等等。另外,为了提高私营部门的积极性,在一定的条件下,公共部门可以给予私营部门项目唯一性的保护,然而基于公共利益的考虑,在必要的时候也可以引入新的项目竞争者,但公共部门对原来的项目合作者必须给予合理的补偿。

再次,可以实行奖金制,具体来说就是政府对于私营部门的一种资金奖励,即通过一定的量化指标对私营部门进行考核,根据考核绩效进行一定奖励。比如在澳大利亚的维多利亚州,其监狱就是通过 PPP 项目完成,私营部门进行建设与运营,公共部门进行付费与监管,其中值得借鉴学习的地方就是维多利亚州政府对私营部门主要通过具体的量化指标进行管理,若监狱的犯人返回率下降,政府会给予经营者一定的资金奖励。

最后,政府给予可信的承诺并遵守诺言,就是对私营部门莫大的鼓励,能够减少私营部门的顾虑。当然,政府对私营部门的激励手段并不局限于此,在具体的项目合作中可以根据实情实施具体的激励手段。

2. 惩罚措施

一方面,建立罚金制。从 PPP 合作的最终目标来看,激励是必须的手段,但在私营部门有违项目合同约定与相关法律规定,与合作最终目标不符时,公共部门也应该采取一定严厉手段惩罚不守约、不合法的私营部门。如在 2015 年 1 月发布的《PPP 项目合同指南》中规定,若项目公司因自身原因违约而无法按期运营时将承担以下不利后果:无法按时获得付费;运营期缩短;支付逾期违约金;项目终止;履约担保。实际上,为了保障公共利益的实现,对于私营部门的违约、违规行为,结合其造成的损害程度,政府有必要建立罚金制,且该罚金与合同中的违约金并不冲突。

另一方面,除罚金之外,公共部门还可以对私营部门建立信用评估制,将违约或违法的私营部门列入信用黑名单,取消其参与其他项目的资格,通过较昂贵的违约成本严格约束私营部门的行为,以促使公私部门 PPP 项目合作的成功。另外,可以明确公共部门的强制收回权。针对私营部门经营不善等问题,公共部门可以取消其经营权,而私营部门对其经营过程中遇到的风险自行负责。如澳大利亚维多利亚州政府由于 Deer Park 女子监狱的私营承办商经营不善,最终将其取回。

三、协调PPP模式中公私利益的机制

公私部门进行PPP项目合作的根本目标是通过建立平等的合作伙伴关系来实现公共部门的公共利益与私营部门的资本利益,而要协调好公私利益,实现公私各方利益最大化,不仅需要政府方的有效管理、市场中的有效竞争,还要加强公私部门间的充分交流,通过协商缓解利益冲突。具体来说,可通过以下机制来协调PPP模式中的公私利益:

(一)建立有效管理机制

1. 转变政府职能

合作伙伴关系是广义的政府职能转变的一部分,是寻求新型执政方式的一部分。在这一重新定位过程中,政府从直接服务供应商转变为推动者,借助和通过其他各方协调供应和行动。其重点“是任务而不是执行人”,“是结果而不是投入”。政府“更多是掌舵,更少去划桨”。[①]

在PPP的不同阶段,政府被冠以许多不同的“头衔”,是项目的授予方、费用支付方,也是监督管理员等。政府的不同角色定位也体现了政府的职能所在,政府必须认识到其身份已由公共物品的唯一提供者变为公共品提供的合作者与监督者。从实践中失败的PPP项目合作案例来看,很多是公共部门违约而导致私营部门的利益受损的结果。政府作为合同一方当事人,更需要注重契约精神,必须严格贯彻合同法中的诚实信用原则,履行作为合作者应有的义务。另外,在PPP合作中,公共部门要消除长官意识,与私营部门真正建立起平等合作伙伴关系。

2. 设置专门的PPP管理机构

在中国绝大多数PPP项目不存在独立的监管机构,各种准监管机构实际上成为地方政府的附庸,缺乏独立性和权威性,分散的监管权力缺乏整合与协调,无法分享信息,既增加了监管成本,又不能获得良好的监管效果。[②] 而从PPP发展较好的其他国家来看,都有专门的PPP管理机构。如英国,该国政府在推动PPP模式进程中,设立了专门的PPP管理机构并经历了四次演变。从20世纪90年代初的隶属于财政部的PPP工作组到1997年的特别任务组,然后是2000

---

① 参见〔英〕达霖·格里姆赛、〔澳〕莫文·K.刘易斯:《公私合作伙伴关系——基础设施供给和项目融资的全球革命》,济邦咨询公司译,中国人民大学出版社2008年版,第52页。

② 转引自张万宽:《公私伙伴关系治理》,社会科学文献出版社2011年版,第85页。

年的英国伙伴关系公司,到2010年成立的隶属于财政部的英国基础设施投资局。另外,英国还实行中央与地方分层管理制,中央以英国基础设施投资局为管理机构,地方往往以公司形式成立地方性公私合作机构。其中,中央负责宏观上的政策指导、具体审批等工作,而地方PPP机构则提供PPP具体项目支持。另外,针对不同行业的PPP项目,不同部委还成立了私人融资处。同时,政府采购管理局与国家审计署也负责PPP项目的一部分工作。[①]

对此,我国在PPP专门性管理机构缺位的情况下,可以在中央和地方层面分别设置相应的管理机构,中央管理机构主要负责PPP项目政策指导、建立相关的标准等,从宏观上加以监督和管理;地方性管理机构则从微观上针对PPP实施中的具体问题进行监管,具体来说要侧重于对私营部门进行价格监督、质量监督、服务监督等。

另外,PPP是一项复杂的工程,涉及多方当事人,多个政府部门,多个私营部门,尤其是会有多个政府部门参与,为推进PPP项目的顺利进行,有必要在多个部门之间建立一个桥梁,即跨部门的协调机构。如在PPP项目的具体制度安排及实践中的具体细节问题上,发改委与财政部可能就存在着一定分歧,增加了PPP项目实施的难度。在此,可以向英国学习,成立由财政部长或者发改委委员长牵头负责的公共基础设施部长委员会,协调相关部门共同参与PPP项目建设,保障PPP项目的成功运行。另外,项目审批工作也相当复杂,一个PPP项目往往要经过建设规划、土地、环保、发改等各相关部门的审批,各部门漫长的审批过程及结果的不一致严重阻碍了项目的进程。那么,在地方也应设置相应的跨部门协调机构,可以由各相关部门抽取相关人员组成一个PPP项目委员会,专门负责协调性工作。

(二) 合理引入竞争机制

竞争是市场经济发展规律的内在机制,是推动生产的动力,是优化资源配置的最佳选择,有效竞争必然带来高效率、快发展。公共部门垄断基础设施产生的效率低下,往往就是因为此市场缺乏有效的竞争机制,封闭的市场阻碍了信息的流通。而私营部门缺少竞争机制的约束,很可能固步自封,缺乏创新与改进,其效益甚至会低于公共部门。另外,从世界各国的基础设施领域的改革来看,市场化是改革的一大趋势,而在推动基础设施市场化的过程中,竞争是必不可少的动力。因此,在PPP项目领域有必要引入竞争机制,创造公平的竞争环境,以推动基础设施领域的市场化改革。

① 参见蔡金师:《英国推广运用PPP模式的主要做法与启示》,载《预算管理与会计》2015年第1期。

在PPP过程中，采购程序应是不容忽视的核心部分，一个充满竞争性的采购程序能够为公共部门带来真正的"物有所值"，而适合PPP的采购程序应为开放程序或选择程序。通常，公共部门通过招标来寻求合作伙伴，私营部门通过投标参与其中，最终通过竞标确定合作双方。整个投标、竞标的过程其实就是私营部门之间相互竞争的过程。为保证私营部门投标的高效率和高质量，必须建立一个充满竞争的投标市场，且竞争程序必须做到公平、公正、公开。良好的竞争环境更会激励投标人在项目设计、管理、服务交付等方面不断创新，以最优的状态进入公共基础设施建设和公共服务之领域。另外，项目公司为了获取稳定的回报，往往会要求在PPP项目合同中增加"唯一性条款"，即在项目实施地项目公司为唯一合作者，一定时间内政府不得允许其他私营部门进入该区域开展同类业务。政府的这一承诺虽然有益于公私部门间的合作，但在一定程度了限制了竞争。而英国在基础设施市场化改革的过程中却不断强化竞争机制，如英国政府部门允许某一区域外的其他水务公司进入本区域内进行相关业务，展开竞争，并在统一标准下比较不同水务公司的经营状况，赋予消费者自由选择权，在这一激励规则下实现了有效竞争。

在PPP模式中，在项目融资、建设、运营、维护等各个环节合理引入竞争机制，营造一个具有竞争性的市场环境，能够实现项目资金使用价值的最大化，亦能够协调公私部门利益，使各方利益最优化。另外，在PPP项目合作中，合理引入竞争机制，还需要政府合理限制进入公共基础设施领域的私营部门的数量，以避免低水平、低效率的过度不当竞争，造成资源的过度浪费。

（三）强化协商机制

公共部门和私营部门坚持不同的利益取向，在具体的合作过程中必然存在着不同的意见和分歧，公共部门和私营部门只有不断地保持对话，加强沟通，积极协商，才能避免矛盾升级，减少双方损失，最终实现合作目标。同时，PPP项目合作的期限一般较长，不是简单的合同订立与履行，在PPP的每个阶段都需要公私部门间开展积极的谈判与协商，通过协商维持有力的合作。

公共部门和私营部门可能因项目合同的具体执行而发生争议，可能因一方违约而影响项目继续，也可能因政府的监管行为和立法行为等而引起争议。在PPP中虽然强调公私部门的关系是"伙伴关系"，但政府作为规则的制定者，通常情况下公共部门仍处于较为强势的地位，而私营部门则处于相对较弱的地位，尤其是在出现争议时公共部门往往会通过行政权力强行干预。对此，建立有效的协商机制在某种意义上对私营部门来说是较为有效的救济方式，不仅可获得应有的话语权，也能稳定其投资信心。

在《PPP项目合同指南(试行)》中关于争议的解决提到了“友好协商”“专家裁决”“仲裁”“诉讼”等,其中“友好协商”在实践中又有“协商前置”“选择协商”等方式。由于PPP项目往往涉及公共安全与公共利益,合同的继续履行对于公共部门来说更为重要,为争取快速解决公私部门间的争议,可以将协商作为优先选择,将“协商前置”固定化。

四、协调PPP模式中公私利益的合同安排

PPP项目合同是公私部门间合作的连接点,涉及双方的权利与义务,涉及利益的分享与风险的分担。在PPP项目合作过程中,PPP项目合同应是协调公私部门利益不容忽视的一部分,在今后制定标准化的合同文本时应当注重合同条款中的具体相关安排。那么,到底如何通过规范的合同来实现公私部门间的利益协调呢?在此,笔者认为在具体的PPP项目合同安排中应注意以下问题:

(一)项目合同中的合作期限

项目合作期限涉及公私部门的切身利益,合作期限过短的话,私营部门很难得到预期收益;而合作期限过长的话,私营部门收益偏高,公共利益又会相对受损。显然,合理的合作期限对于协调双方利益均具有重要意义。《PPP项目合同指南》在关于项目合作的期限问题中提到,该期限是在综合多种因素的基础上确定的,并且基本上都是固定期限,不过有两种方式,一种是自合同生效之日起的固定期限,另一种是对设计建设期间和运营期间分别独立设置的固定期限。另外还规定,双方在协商一致的情况下可以灵活延长合作的期限。

鉴于PPP项目合作期限对公私部门利益的重要性,对此再重申以下几点:第一,运营期限问题。真正影响到公私部门利益的合作期限实际上就是运营期限,这个期限不仅涉及公共部门关注的公共服务能否得到满足,也涉及私营部门的盈利能否实现。这个期限是双方在签订合同时协商谈判的重点,要注意运营期限的合理约定。第二,期限的稳定性与灵活性相结合。财政部作出的相关通知中也强调,鉴于PPP项目的生命周期较长,在设置合同期限时要兼顾灵活性,必要时进行展期或提前终止。那么,在具体的合同安排上,在约定确定的合作期限之外要增加一些保留性条款,为合同执行预留调整空间,有利于协调公私部门间的利益。

(二)项目合同中的付费机制

为防止私营部门在PPP项目合作中过度暴利或严重亏损,项目后期的合理

付费至关重要。暴利必然有损于公共利益，而重亏必然有损于私营部门，为平衡双方利益，结合运营中出现的各种状况，可以有条件地进行收费调整。《PPP项目合同指南》在有关付费机制中将“灵活性”作为主要考虑因素之一，在情势变更下可调整付费。在此，在项目合同条款中双方应在相关付费条款中列明付费的可调整性等原则性条款。除此之外，可以直接列明相关的“扣减”规则，合理约定扣减等关键性因素，明确项目付费与私营部门提供的服务情况挂钩，直接约束私营部门行为，激励私营部门更好地投入公共服务活动之中。同时，这也是在践行“物有所值”的理念。

（三）项目合同中的风险分配

通过PPP模式提供公共服务是一个复杂的过程，不仅包含设计、投资、建设、运营、管理等一系列活动，还涉及众多当事人，尤其是私营部门一方的参与者，牵涉的法律关系更为复杂。另外，在PPP项目中也涉及各种风险，不仅有技术、建设、运营、收入、财务方面的风险，还可能面临政治风险、不可抗力风险、环境风险，甚至是项目失败的风险。随着项目进程的推进，有的风险消失，有的持续；有的可人为控制，有的非人力可控制。风险的合理分配，直接影响着项目的进程与效果，在PPP项目合同中，应就涉及的风险问题在具体的条款中予以阐明。除了在合同中进行具体风险分配之外，公私部门间也要加强充分沟通，降低风险成本。

在PPP模式中，强调的是公私双方间的合作。在实践中，一个PPP项目存在多种风险，而风险分配也是一个复杂的过程。对于风险，双方选择的不应是逃避或相互推诿，而是根据承受风险的能力来确定风险的转移，由最有能力承担风险的一方去承担。合理分配风险是PPP项目合同的重要目的，同时风险控制力强的一方承担相应风险是基本原则。在PPP项目合同中必须坚持这一原则，真正做到风险的合理分配，将风险带来的不利影响最小化。风险往往与利益相关，只有在合理分配风险的基础上，均衡各方利益，加强各方合作，才能使PPP项目的整体利益最大化得以实现。

（四）项目合同中的收益分配

在PPP项目收费中，关于公私部门的收益分配，国外有一种有效的做法，是使用“收益带系统”的利益分割机制，在私营方和政府间进行灵活的利益分割。具体做法是，PPP合同中规定，对那些面向使用者收费的项目，从项目开始盈利时起，政府就可以分享项目的收益，而政府分享的比例，随着项目总收益增加，呈累进型增加。[①] 而在我国《PPP项目合同指南(试行)》中对此利益的分配体现在使用者收费机制中的“超额利润限制机制”,约定了投资回报率上限,超出上限的部分归政府所有,或就超额利润部分与项目公司进行分成等。与外国的做法相比,我国在此方面的收益分配不够灵活,规定“超额利润限制”还带有一定的霸道性,而实行渐进式的盈利分享方式,既能保证私营部门的收益稳定,更能够提高公共部门的收益率,平衡公私部门间的利益。

(五) 项目合同的定期评审

英国是PPP模式的成功范例,采用标准化PPP合同方式,于1999年颁布《标准化PFI合同》,之后不断修正。2012年12月,英国财政部出版了《标准化PF2合同》。这次新改革致力于合作效率的提高,其中一项规定了政府与承包方要进行年度合同评审和效率评审,其中年度合同评审要求承包方对其履约情况进行报告,政府可以提出新的要求,效率评审每2.5年进行一次,由承包方与政府共同进行,主要是为了使承包方持续改进服务质量,保证为政府提供更优的服务与设施,同时也指引双方的后续合作。[②] 关于PPP项目合同,英国的最新改革中引入的年度合同评审和效率评审,强调的是促进服务的持续改进,而我国《PPP项目合同指南》在政府方的监督权中规定了政府享有知情权,即项目公司应定期向政府提供有关报告和信息。相比而言,我国只是侧重政府要了解项目公司的履约情况,而未强调合同继续履行下的改进方案。

笔者认为,我国可以借鉴英国,在对合同进行定期评审时加强效率评审。一方面,私营部门应对其履约情况客观属实地进行汇报,对于能自行解决的事项提出改进方案,而不能解决的可寻求政府帮助,共同协商解决;另一方面,公共部门在对私营部门的履约情况作出客观、公平的评审的同时,可以对后期合作提出新的要求。实行定期评审,尤其是效率评审,不单对公共部门有益,可保障公共服务的顺利实现,对私营部门来说也是有利的,私营部门将更加严于律己、认真履约,对难以解决的问题可及时反馈于公共部门,从公共部门获得一定救济,另外项目中的持续改进也将有利于私营部门最终的运营收益。

五、结　　语

PPP模式实质上属于政府的一种治理工具,根本上是为政府实现公共利益

---

① 参见王茵:《“中国式PPP”30年》,载《东方早报》2014年12月2日。

② 参见邱闯:《PF2:应该PPP的新模式》,载《中国投资》2015年第3期。

服务的。而从经济法的角度来看，社会公共利益的实现是根本，社会本位是基本原则，在市场经济活动中重在保障社会大多数人的福祉。在公共基础设施市场化这一改革的道路上，公共部门坚持以“维护公益”为核心的同时必须处理好与私营部门之间的利益冲突。本文尝试通过由“理念→机制→合同安排”而组成的有机整体，为PPP模式中公私利益的协调提供新的思路。就协调理念而言，坚持以社会公共利益为核心，在渐进式的改革过程中坚持奖惩并用等具有基础性、全局性意义；从协调机制来看，建立健全相关主管机构、引入竞争机制、强化协商机制等具有关键性作用；而从项目合同中的期限、付费、风险与收益分配等方面注重公私利益考量，并实施合同定期评审，则是协调公私利益的主要实现途径。从未来发展来看，如果公私部门间的利益能够得以科学、合理地协调，PPP模式必是一种能够实现社会、政府与企业“多赢”的模式。

PPP模式参与主体的利益博弈与法律规制

陈秧秧　刘　笛*

公私合作伙伴关系(public-private-partnership,PPP)为政府和私人部门之间的多样化安排,其结果是部分或传统上由政府承担的公共活动由私人部门来承担。① 其本质是一系列的安排,私营实体参与或为基础设施供给提供支持,结果是在达成的合同项下,私营实体提供公共基础设施服务。② 公共部门则由在传统方式下公共设施和服务的提供者变为监督者和合作者,公私合作强调优势的互补、风险的分担和利益的共享。③ 广义的PPP模式理解为公共部门与社会资本为提供公共产品或服务而建立的合作关系,狭义的PPP模式理解为项目融资一系列方式的总称。④ 根据2014年12月国家发展改革委员会发布的《关于开展政府和社会资本合作的指导意见》规定,PPP是指"政府为增强公共产品和服务供给能力、提高供给效率,通过特许经营、购买服务、股权合作等方式,与社会资本建立的利益共享、风险分担及长期合作关系"。从我国政府部门对PPP的定义来看,我国PPP模式理解为狭义更为合理。

政府与社会资本的合作不同于传统的政府采购,政府与合作对手方私营企

---

* 陈秧秧:华东政法大学国际金融法律学院副教授,会计学博士。

刘笛:华东政法大学国际金融法律学院硕士研究生。

① 参见〔美〕E. S. 萨瓦斯著:《民营化与公私部门的伙伴关系》,周志忍等译,中国人民大学出版社2002年版,第4页。

② 参见〔美〕达霖·格里塞姆、〔澳〕莫文·K. 刘易斯:《公私合作伙伴关系:基础设施供给和项目融资的全球革命》,济邦咨询公司译,中国人民大学出版社2008年版,第5页。

③ 参见王守清、柯永健:《特许经营项目融资(BOT、PFI和PPP)》,清华大学出版社2008年版,第21页。

④ 参见王灏:《PPP的定义与分类研究》,载《都市快轨交通》2004年第5期。

业部门之间不是行政管理关系，更像是合同关系或是合伙关系。政府与社会资本共同开展公用事业和基础设施建设，不是基于政府的行政权力，而是基于一种类似于民事合同中平等主体之间的交易关系。交易双方在交易的整个过程中必然要衡量彼此的成本与收益，通过协商、谈判、妥协等方式最终达到双方权利义务的平衡，成本与收益达到最佳配置。各参与主体基于合作达到"双赢"或"多赢"的目的，实现比预期主体单独行动收益更高的结果。[①] 而为达到共赢目的，事先的制度建设必不可少，若制度缺失，参与者投机取巧的动机就会上升，利用法律或是合作协议的漏洞，使 PPP 项目的结果偏离预期。引用马克斯·韦伯的关于法律形式合理性的论断，[②]法律应当有外在的客观的合理性，能通过一定的程序或技术手段加以确定，具有可预见性。只有在法律政策具有稳定预期的前提下，交易成本能够可靠计量，陌生人的社会才会产生交易，投融资行为才能顺利进行。为 PPP 模式参与主体利益博弈制定具有可预见性的规则，对于 PPP 的长足稳定发展具有重要的现实意义。

一、PPP 模式参与主体的角色定位与作用分析

在政府与社会资本合作的模式中，其参与主体包括负责政策倡导与策划具体项目的政府、参与投标建设的社会资本、提供资金支持的金融机构、参与风险规避与绩效评价的评估机构及特殊项目公司(SPV)等。

(一) 政府在 PPP 项目中的角色定位与作用

在 PPP 项目中，政府往往充当着多重角色，包括特许经营权授予、担保、资金提供、产品或服务购买、原材料供应、水电等供应、土地提供、其他基础设施提供、直接立法、宏观经济调控等。[③] 民营化基础设施特许经营，政府的许可应当建立在稳定的值得信赖的以及能够得到有效实施的法律体系之上。[④] 经典的经济学理论指出公共产品应由政府提供，但是面对现实中政府的财政力量不足以满足日渐丰富和高质量的公共服务需要时，政府把目光转向具有无穷财富潜力

① 参见王东：《PPP 主体关系中的政府：角色定位与行为机制框架》，载《中国政府采购》2015 年第 3 期。

② Cf. David M. Trubek, Max Weber on Law and the Rise of Capitalism, Wisconsin Law Review, Issue 3(1972), pp. 720—753.

③ 参见王守清、柯永健：《特许经营项目融资(BOT、PFI 和 PPP)》，清华大学出版社 2008 年版，第 117 页。

④ 参见〔美〕E. S. 萨瓦斯：《民营化与公私部门的伙伴关系》，周志忍等译，中国人民大学出版社 2002 年版，第 263 页。

的社会资本。在政府与社会资本合作过程中,基于建造项目的公共物品属性和涉及利益群体的不确定性,政府作为社会的"守夜人"理所当然把握控制权。

按照惯例,PPP项目过程一般可以分为四个阶段:准备阶段、招标阶段、融资阶段和实施阶段,政府在每个阶段中的职责会有不同的侧重。

在前期准备阶段,政府要确认社会对某种基础设施建设的需求,并为之作出计划。在发展中国家,由于经济发展的后进性,基础设施供给都相对薄弱。随着经济快速发展,社会对基础设施的需求快速提升,对基础设施在质和量上有更高的要求,追求更高的生活享受。政府作为社会公共服务的提供者,应及时有效地对社会需求作出回应,并有责任满足人们基本的生活需求。

在招投标阶段,审查基础设施建设项目的可行性,对具体PPP项目的社会效益作出评价。引入社会资本进行基础设施建设,政府部门事先的把关作用必不可少,包括建设基础设施的选址,确定服务辐射的范围,经济发展、环境保护作用的预判等。同时,为保证基础设施建设能够顺利进行,政府对于社会资本的适格性作出审慎判断。

在融资阶段,履行PPP项目合同约定的各种职责,对社会资本融资给予政策上的保障。包括对项目建设主体授予特许经营权,对社会资本投资进行后勤保障,如土地、能源、原材料方面的供给保障,禁止同一地区同类项目的竞争,适当的投资回报保证等。①

在实施阶段,设立绩效评价标准并持续履行监督职责。建立系统的程序来检测基础设施运营的绩效,比较运营绩效与特许经营合同规定的绩效标准,落实合同条款,严格绩效评价,有利于提高服务的质量。②

最后是私营资本减持或退出后政府职责的履行。即特许经营合同到期后,社会资本的退出机制的选择,包括有偿转让对价的确定;社会资本退出后,政府后续经营方式的选择等内容。

(二)社会资本在PPP项目中的定位与作用

1. 社会实业资本

首先,社会资本在PPP模式中的主要作用是资金支持。社会资本参与PPP项目最根本的原因在于政府没有足够的财力支持社会基础设施建设,政府借助社会资本的力量,为社会提供丰富的公共服务。而社会资本在PPP项目合作中

---

① 参见王守清、柯永健:《特许经营项目融资(BOT、PFI和PPP)》,清华大学出版社2008年版,第118页。

② 参见〔美〕E. S. 萨瓦斯:《民营化与公私部门的伙伴关系》,周志忍等译,中国人民大学出版社2002年版,第212页。

需要有相关的专业知识、管理经验以及创新能力，甚至要求社会资本有很好的社会声誉。在 PPP 项目中，社会资本的工作内容更具有实在性，在具体项目的设计、建设、运营和管理上，通常是由社会资本负责。政府从宏观上推动 PPP 项目建设，而社会资本往往在微观层面要作出更多努力。

从另一方面来说，社会资本在 PPP 项目中的角色与其参与其他商业活动无异，社会资本参与基础设施建设的目的在于取得盈利。而私人部门的交易成本大小主要取决于资产专用性和不确定性，[①]在 PPP 项目中，社会资本是否对基础设施享有一定的权利，对其投入的资金是否享有支配权，所建设的项目是否存在被政府征收征用的风险，对于社会资本评价交易成本有重要意义。对于社会资本来讲，要稳定预期，就要有政策宣示。在 PPP 项目中，交易规则是否完善，政府采取机会主义行为的可能性大小，都是社会资本考量是否投资的重要因素。

2. 金融机构

相比于实业资本，金融机构参与 PPP 的作用在于为项目提供资金支持和金融服务，不参与项目的设计、建设等具体执行部分，如商业银行为项目提供账户管理，亦或是作为投资主体之一的身份出现在 PPP 项目中，包括前期商业银行通过理财、基金等形式提供资本金，后期再通过长期贷款支持建设运营。[②] 其次是保险公司，为项目潜在的风险提供保险服务，或是作为投资者参与项目投资。PPP 模式的巨大资金数额及未来许多难以预料的不利因素，要求项目的各个参与方准确地确认面临的主要风险，并视需要为这些风险投保，因此，保险商成为分担项目风险的重要一方。[③] 其他还有投资银行，其参与到 PPP 中的作用在于盘活 PPP 项目资产，通过资产证券化或是融资租赁等形式，减轻基础设施建设项目的财务风险，保持资产的流动性。

（三）第三方中介机构在 PPP 中的作用

中介机构以其专业知识参与 PPP，其角色定位为 PPP 模式主要参与方的专业顾问，同时在其专业领域内承担监督作用。中介机构通常向 PPP 结构中的公共部门和社会资本提供财务、法律、技术以及其他方面的建议，政府依赖顾问组织对每种 PPP 类型的交易提供独立的检查，[④]社会资本依靠中介机构规避风险，

---

① 参见〔美〕奥利弗·威廉姆森：《资本主义经济制度》，段毅才、王伟译，商务印书馆 2004 年版，第 86 页。

② 参见马璐巍：《商业银行参与 PPP 项目模式的探索分析》，载《财经界(学术版)》2015 年第 6 期。

③ 参见王守清、柯永健：《特许经营项目融资(BOT、PFI 和 PPP)》，清华大学出版社 2008 年版，第 56 页。

④ 参见〔英〕达霖·格里塞姆、〔澳〕莫文·K. 刘易斯：《公私合作伙伴关系：基础设施供给和项目融资的全球革命》，济邦咨询公司译，中国人民大学出版社 2008 年版，第 113 页。

为项目提供保障。顾问机构主要包括资产评估机构、审计机构、法律咨询机构、信用评级机构等。

(四) 项目载体公司(SPV)在PPP中的作用

SPV在PPP项目建设中起到纽带作用。SPV是一种将多个主体聚集在一起,实现基础设施投资的组织机构,为了更好地统筹各方关系,PPP项目通常会成立特殊项目公司投入基础设施建设。[①] 作为独立的法律主体,SPV成立的目的在于隔离风险,借助SPV有限责任的性质使项目的各种风险留在项目内部,不至于扩散到具体的参与主体中,降低各方利益主体的风险。作为独立的会计核算主体,SPV享受政府财政补贴和税收优惠政策的支持。

二、PPP模式下各参与主体的利益博弈

从经济学视角来看,政府与社会资本合作模式不可能是各方完全的协调统一,基于政府与社会资本内在的本质要求,确立PPP项目参与各方的利益协调机制是保证项目能够达到预期结果的必要条件。我国现阶段还处于如何平衡PPP模式中各个参与方利益关系的探讨阶段,每个PPP项目具有共性,同时也会因项目合作的形式以及各级政府态度的不同,其个性特征明显,在共性与个性,公共利益与私人利益之间博弈在所难免。

(一) 风险偏好的不同导致项目投资理念冲突

1. 社会资本以盈利为投资动机

PPP项目周期长,且所处的投资环境动态变化,利益相关方的情况也可能变动,从而使得社会资本从市场角度出发,在评价PPP项目中面临的风险大小及成本收益的衡量上存在很大的不确定性。在评估项目投资价值时,项目服务对象的预计变化,用户需求的增减及服务可替代性的风险,利率、通货膨胀率、GDP增长率等微观上的变化,汇率变动及直接投入成本的价值,员工工资等因素需要纳入考量范围。[②]

首先是社会资本在PPP项目中的资金投入大,前期沉没成本高,要求社会资本有承担巨额的资金支出的实力。基础设施建设通常是道路交通、水利航运、

---

① 参见〔英〕达霖·格里塞姆、〔澳〕莫文·K.刘易斯:《公私合作伙伴关系:基础设施供给和项目融资的全球革命》,济邦咨询公司译,中国人民大学出版社2008年版,第108页。

② See Jacques Cook: Modern Enhancements for PPP Concession Agreements, Construction Lawyer, vol. 28 fall 2008, pp. 24—48.

城市公共服务等需要大量资金投入的项目，社会资本的资金实力决定了PPP项目的成功与否。

其次是PPP项目的收入平稳，未来预期现金流入基本固定。由于在PPP项目计划初期，政府部门已经充分考虑了基础设施未来可能服务对象的体量，基础设施所能提供的服务与其预期收入在项目评估阶段基本可以确定。并且我国政府部门对社会资本回报的态度是适当盈利，政府会有通过财政补贴和税收的方式调节社会资本收入的可能。

最后是社会资本投入PPP项目的机会成本的考量。一般的PPP项目的经营期间会持续20到30年，在这段相当长的时间内大量的资金被占用，例如从财务角度来看，资金占用的时间越长，风险越大，资金的使用成本越高，根据现金流折现公式PV=，[①]如果资金的机会成本过高，那么在未来现金流入稳定的情况下，投资回报的估值就非常不乐观，投资者就没有动机参与到基础设施建设中来。[②]

2. 政府部门以提供公共服务为目的

随着经济的发展，作为传统观念上公共服务的提供者的政府，维持公营事业的制度安排形式日益困难。由公营事业的性质决定的低效率，难以使既有的供给能力满足社会日益增长的需求，同时巨额的亏损使政府无力承担扩大供给的负担。从经济学意义上讲，产品的提供应遵循比较优势原则，现实中政府提供公共物品的能力和效率远远落后于企业。在对公共物品的控制与满足社会对公共物品的需求的矛盾中，政府需要作出选择。

在政府与社会资本合作中，首先是政府出资形式对于PPP项目的影响作用。一般情况下，政府方会通过设立产业基金的方式参与PPP项目。而在政府设立特许经营基金方面，近来新成立的PPP产业基金的投向为一级土地开发、保障房等非经常性项目，还款来源依赖于土地出让收入，以“明股实债”的形式保证固定收益，资金主要来源于银行理财，参与方政府财政出具“安慰函”对风险进行兜底。[③] 从法律角度来看，“安慰函”是否有担保效力，值得探讨。一旦出现担保的债务不能清偿时，政府会囿于“安慰函”而作出其他隐形安排，严重影响基础设施项目的独立性和社会资本的利益。

---

① 在折现公式中没有考虑基础设施的净残值问题，主要是因为在特许经营结束之后，一般采用无偿转让给政府或是政府象征性出资购买的方式取得基础设施，这部分资金现在看来是很小的一部分。

② 参见〔美〕斯蒂芬·A. 罗斯、伦道夫·W. 斯特菲尔、杰弗利·F. 杰富：《公司理财》，吴世农、沈艺峰、王志强译，机械工业出版社2012年版，第94页。

③ 参见樊殿华、徐维维等：《地方融资“影子平台”悄然兴起》，载《21世纪经济报道》2015年4月19日第4版。

其次,在保证社会资本实现盈利的安排上,政府通常会采用财政补贴的方式对社会资本的资金成本进行补贴。根据《政府和社会资本合作项目财政承受能力论证指引》第二章第11条第2款的规定,地方政府每一年度全部PPP项目需要从预算支出比例中安排的支出责任,占一般公共预算支出比例应当不超过10%。在当下PPP项目遍地开花的阶段,政府补贴对具体的项目而言有多大作用,能否满足社会资本的要求,具体问题的回答需要专业评价来确定。同时政府作为非盈利性组织,按照PPP模式的合作关系,如何分享PPP项目取得经营利润,也是政府在PPP模式中需要考虑的问题。

3. 资本参与方对PPP项目的要求

单纯以资金参与PPP项目中金融机构或是其他社会资金的投入,往往由于偏好短期回报的特点,PPP项目在建设初期对其不是很具有吸引力,而PPP项目往往前期需要大量的资金,单纯的资金参与方对项目资金流动性的要求与PPP项目的特点存在不匹配的状况。另外,不论是以债务方式出资还是以股权方式出资,金融机构同样需要衡量投入回报比及退出机制是否完善等因素。

(二)参与主体对项目控制权的博弈

政府与社会资本是PPP模式两个主要主体,只有两个主体地位平等、权责相当,才能建立良好的合作关系。但是,长期以来,我国政府在通过投资推动国民经济高速增长的实践中,占据强势地位,政府主导的观念根深蒂固。[①] PPP项目融资有很多种模式,包括我国80年代推行的BOT、TOT[②]等模式,也涵盖了目前研究颇多的PFI(private-finance-initial)[③]模式。在不同模式中,政府及社会资本的参与程度和控制力是不同的。目前,我国主要是以特许经营权为主要的合作方式,很少采取完全私有化的PPP模式,社会资本的经营期限有限。此外,在目前的合作框架下能否采用资本多数决的原则来决定PPP项目管理事务,目前国家的一系列文件中,强调私人部门在PPP项目中的运营作用,社会资本的作用限于提供公共服务,体现社会资本的专业化优势,很难看出赋予社会资本更多权利的意图。但是,如果社会资本在项目中没有决策权和控制权,完全依靠政府的行政指导来运营,撇开政府决策局限性不谈,仅仅考虑这种操作模式中

---

① 参见綦鲁明:《中国政府与社会资本合作(PPP)模式实践与展望》,载《中国经济分析与展望(2014—2015)》,社会科学文献出版社2015年版,第240—251页。

② BOT、TOT是我国在基础设施建设中引入社会资本的两种模式,分别是建设—经营—移交(building-operate-transfer),移交—经营—移交(transfer-operate-transfer)的简称。

③ PFI为私人主动融资模式,是指在基础设施服务的全寿命周期过程中,将基础设施服务的供给完全私有化的一种PPP项目模式。

的“代理成本”，其交易成本也是不容忽视的。

政府与社会资本的合作不应该是政府的一言堂，绝对权力导致绝对的腐败，在PPP项目合作中，政府官员会看到来自社会资本的威胁。如手中权力在减少，地位在下降，庇荫机会在减少，特权在丧失。[①] 根据国际PPP建设的经验，在项目中有必要施加制衡机制，提高政府的效能。[②] 在具体项目中引入政府与社会资本的竞争机制，对于提高决策的科学性和透明度有重要作用。

权力如何分配更为合理，在社会资本与政府之间会有不同的观点。社会资本倾向于考虑自身利益，在定价方面可能会高于社会的预期，而政府从公共利益出发，对于定价问题往往会比较保守。我国的定价机制有两种，一种是经营性价格，由发改委价格司主导，另一种是非经营性价格，由财政部负责兜底。如目前水价加入CPI统计，而CPI又与地方政府的政绩考核有关，这导致地方政府不敢调价。供水成本市场化，但是价格依旧由政府控制，导致成本收益倒挂的现象。反观社会资本，更希望在基础设施的定价及运营机制上有更多的发言权，更多地运用市场定价机制对公共服务定价。

在一个政府限制权利的社会，个人和企业很难会改进制度来促使他们的私有财产得到保护，进而他们就更加不愿投资，从而导致整个金融体系的衰败。[③] 在PPP模式中，如果政府不能保障社会资本的基本财产权利，在PPP项目中缺乏自主权，社会资本或许不会愿意参与PPP项目。只有政府和社会资本以民主的方式进行决策，社会资本才会有动力加入基础设施建设，并且其自主决定权越大，优化运营机制的动力就越大，就更能节约社会成本、优化产能及提高效率。

PPP项目本身的特点决定了政府拥有对PPP项目的单方解除权，特殊情况下的征收征用权，使得社会资本更加倾向于要求在运营上的主动权，尽快实现投资收益，避免未来征收或征用及其他政策性风险。由于PPP项目时间跨度大，往往要历经几届政府领导班子，但是不同政府领导人的执政纲领和重点可能会有不同，[④]从而使社会资本无法预计未来在政策支持上的风险。社会资本考虑未来的决策风险，在谈判之初有动机向支持PPP项目建设的最初的政府要求更多的自主性，为以后领导人意志风险提供保险，排除政府部门不适当的干预，或

① 参见〔美〕E. S. 萨瓦斯：《民营化与公私部门的伙伴关系》，周志忍等译，中国人民大学出版社2002年版，第315页。

② See Sergiu Cornea, Valentina Cornea, Public-Private Partnership: Between Legal Requirements and the Real Needs, Juridical Tribune, Volume 2, December 2012. pp. 186—202.

③ See Stephen Haber, Douglass C. North, Barry R. Weingast, Political Institution and Financial Development, Stanford University Press, 2008, p. 14.

④ 参见李伟：《产业新城的PPP模式》，http://house.people.com.cn/n/2015/0403/c164220-26797681.html.，2015年5月21日访问。

者是政府领导人的个人干预。

(三) 撇脂行为与税收政策

撇脂行为一般发生在社会资本一方,即社会资本只对最佳盈利机会感兴趣而不关注其他。[①] 主要体现在社会资本参与基础设施建设主要集中于盈利预期乐观的部分,对于经营难度大,盈利能力不乐观的部分留给公共部门解决。而PPP项目中的社会资本或是SPV都是以盈利为目的的,政府往往会以财政政策的方式保证社会资本实现盈利。一方面,公共部门会通过补贴的方式支持社会资本对盈利能力不理想的基础设施服务领域的投资另一方面,政府对PPP项目的社会资本实体或SPV采取税收优惠措施,如现行《企业所得税法》规定从事公共基础设施项目投资所得、环境保护、节能节水项目的"三免三减半"[②]的税收优惠政策。但是政府采取税收优惠的程度与企业撇脂行为的动机在何种情况下能够达到平衡,考量着双方博弈的力量和智慧。

三、公私合营博弈关系现有的法律规制

自2013年十八届三中全会《中共中央关于全面深化改革若干重大问题的决定》发布以来,我国中央各职能部门有关政府与社会资本合作的各类以规范、指导、通知、意见等为标题的规范性法律文件逐步出台,对PPP项目融资作出制度上的安排。

表1 现行政府和社会资本合作相关法规梳理表[③]

颁布日期	法规名称	颁布主体	主要内容	实现效果
2014年9月21日	《关于加强地方政府性债务管理的意见》	国务院	提出推广政府与社会资本合作模式,主要应用于有一定收益的公益性事业投资和运营。	规范了地方政府融资的渠道,PPP成为政府维持基础设施建设投资增速的重要渠道。

① 参见〔美〕S. E. 萨瓦斯:《民营化与公私部门的伙伴关系》,周志忍等译,中国人民大学出版社2002年版,第329页。

② "三免三减半"是指符合条件的企业从取得经营收入的第一年至第三年可免交企业所得税,第四年至第六年减半征收。

③ 根据政府网站、北大法意网站和法律图书馆网站等检索筛选汇编而成。

（续表）

颁布日期	法规名称	颁布主体	主要内容	实现效果
2014 年 9 月 23 日	《财政部关于推广运用政府和社会资本合作模式有关问题的通知》	财政部	要求政府从财政管理和组织领导方面加强政府与社会资本合作模式的推广和示范工作。	从政府财政管理职责和组织领导作用方面明确了政府在 PPP 模式中的角色，明确政府在 PPP 模式中的主导作用。
2014 年 11 月 16 日	《国务院关于创新重点领域投融资机制鼓励社会投资的指导意见》	国务院	从生态环保、农业水利、市政设施、交通、能源设施、信息和民用空间设施、社会事业等 7 个重点领域，提出了吸引社会投资的政策措施。	对进一步打破行业垄断和市场壁垒，建立公平开放透明的市场规则，激发市场主体活力和潜力，稳定有效投资，加强薄弱环节建设，具有重要意义。①
2014 年 11 月 29 日	《财政部关于印发政府和社会资本合作模式操作指南（试行）的通知》	财政部	规范了 PPP 项目识别、准备、采购等环节操作流程，提出了 PPP 项目规范化运作的 19 个步骤。	明确政府与社会资本在 PPP 项目合同中的平等的法律地位，规范 PPP 模式的运作流程。
2015 年 3 月 10 日	《关于推进开发性金融支持政府和社会资本合作有关工作的通知》	发改委、国家开发银行	从投资、融资、项目建设方面，规定国家开发银行要配合各个层级的地方政府开展 PPP 项目建设。	明确政策性金融机构对 PPP 融资的支持作用。
2015 年 4 月 7 日	《政府和社会资本合作项目财政承受能力论证指引》	财政部	从责任识别，支出测算，能力评估和信息披露四个方面对 PPP 项目的财政补贴，风险评估，责任识别等给出具体的测算公式。	细化政府可承受能力评估，将项目支出责任纳入年度财政预算和中期财政规划，对政府形成了硬约束。
2015 年 4 月 25 日	《基础设施和公用事业特许经营管理办法》	发改委、财政部、人民银行等六部委	明确了 PPP 模式的应用领域；提出完善特许经营价格和收费机制，简化行政审批手续；规范融资机制，支持项目公司成立私募基金，支持进行资产证券化等融资措施，政策性机构给予信贷支持等。	扩大了社会资本投资空间，激发了民间投资的活力，增加了公共产品和公共服务的供给，促进了国民经济的发展。

① 《国家发改委解读〈国务院关于创新重点领域投融资机制鼓励社会投资的指导意见〉》，http://www.022net.com/2014/11-27/434342373217752.html.，2015 年 5 月 30 日访问。

从以上梳理的政策性法律文件可以发现,我国现行有关政府与社会资本合作相关规定的法律层级较低,甚至没有法律效力,条文仍不够精细全面,不同的规范之间具有重复和矛盾之处,主要内容在于突出政府在 PPP 模式中的作用和职责。并且各种文件对政府权力约束不明确,对纠纷解决机制的规定过于政策化,缺乏对于社会资本的保障机制等,使得目前的这些文件,仍然没有摆脱政府控权的倾向,这对于吸引社会资本投资和具体项目稳定运行十分不利。

由于以上文件大多属于各个政府部门内部指导意见和政策性文件,不具有法律效力,仅《基础设施和公用事业特许经营管理办法》(以下简称《管理办法》)以政府部门规章的形式对政府与社会资本合作的具体内容作出了具有法律效力的规定,故本文以《管理办法》作为分析目前我国政府与社会资本合作中各方利益博弈失衡的依据。《管理办法》第 21 条规定,政府可以在特许经营协议中就防止不必要的同类竞争性项目建设提供必要合理的财政补贴。21 条所指的政府应该是与社会资本签订特许经营协议的政府,而《管理办法》第 9 条规定县级人民政府有权签订特许经营协议,县级政府只能防止在本辖区内 PPP 项目的同类竞争,而对于地区之间的基础设施重复建设对社会资本的影响,特许经营协议的签订主体政府无法给予保证。其次,在纠纷解决机制上,《管理办法》第 49 条规定,实施机构和特许经营者就特许经营协议履行发生争议的,应当协商解决;第 51 条规定,特许经营者认为行政机关作出的具体行政行为侵犯其合法权益的,有陈述、申辩的权利,并可以依法提起行政复议或者行政诉讼。第 49 条规定的协商解决机制,可以理解为社会资本与政府之间的平等权利义务关系,第 51 条规定的协商解决机制,可理解为政府与社会资本在行政管理上的法律关系。根据《行政诉讼法》规定,因特许经营协议发生争议的,属于人民法院行政诉讼受理范围。而在财政部和发改委发布的 PPP 合同项目指南中均指出,PPP 协议为民事协议,若有争议可以提起民事诉讼或按约定申请仲裁。[①] 但是该办法并没有明确社会资本是否可以以政府部门不履行特许经营协议而要求政府承担合同违约责任,社会资本是否可以向法院提起民事诉讼。最后,《管理办法》第 38 条规定,在特许经营期限内,因特许经营协议一方严重违约或不可抗力等原因,导致特许经营者无法继续履行协议约定义务,或者出现特许经营协议约定的提前终止协议情形的,在与债权人协商一致后,可以提前终止协议。而如果政府已经存在违约,是否有机制保证政府能够以合理对价回购 PPP 项目,使社会资本提前退出?此外,在《管理办法》中没有规定特许经营权是否可以转让,而在 2004 年《市政公用事业管理办法》中规定特许经营权不可以转让,PPP 模式中社会资本

① 参见周兰萍:《PPP 的八喜八忧》,载《东方早报》2015 年 5 月 26 日第 B8 版。

是否可以在相关利益方同意的情况下，转让特许经营权而提前退出PPP项目，并不明确。

以上关于PPP合作模式制度安排的不足之处，仅局限在已经生效的法律规范。对于未来30年的特许经营期间内，社会资本与政府之间可能会出现何种利益冲突仍存在很多不确定性，在双方实现互动博弈的过程中，有关特许经营的基础设施及公用事业领域的法律法规，应当更加符合各方利益均衡的需要，也应当更具有统筹性和前瞻性。

四、PPP模式博弈关系法律规制的几点构想

目前，我国PPP项目建设还处在探索阶段，引入社会资本模式，融资模式各异，建设、经营及转移模式仍处于理论研究到实践的过渡阶段，所以现阶段的法律不可避免地会有"打补丁"的嫌疑，很难制定出有统筹性、预见性的法律法规。制度既是参与人持续不断的战略互动的产物，同时又要稳定地独立于个体参与者的行动选择。①

（一）政府权力清单制度

目前，我国政府在很多方面已经逐步建立权力清单，在PPP融资项目建设中，政府的权力清单同样重要。从现阶段出台的各种法律文件的内容来看，主要还是强调政府在PPP项目中的鼓励、支持和引导作用，对于政府该做什么规定较多，而政府不该做什么较少提及。政府在PPP项目中享有绝对的主动权，所以为了保证政府主动权得到正确行使，确保政府控制权存在合理边界，从法律上事先给政府的权利划出明确的范围，从制度上保证社会资本在特定项目中，对政府的未来权利有确定的预期，不至于由于政府权力的滥用而导致交易成本上升。同时权力清单的制定也将有力地保证政府的清廉，只有当现有机制不完备的情况下，才会有寻找捷径的动机，当政府的权力能够准确计量，相关人员就失去了权力寻租的机会。

（二）社会资本的激励制度

首先，税收优惠政策激励。在"使用者付费"与"财政补贴"方面，政府自身作为使用者付费和提供财政补贴，不征或免征流转税，对于政府作为使用者付费的

---

① 参见〔日〕青木昌彦：《沿着均衡点演进的制度变迁》，载克劳德·梅纳尔：《制度、契约与组织——从新制度经济学角度的透视》，刘刚、冯建等译，经济科学出版社2003年版，第25页。

部分,可以考虑产品和服务的市场化程度另行作出安排,企业所得税的优惠政策可以有针对性地放宽等。[①] 同时可以允许 PPP 项目的社会资本实体或 SPV 对基础设施采取加速折旧的记账方法和存量债务化等方式达到少纳税的效果。其次,鼓励社会资本能动性上的安排。鼓励 PPP 项目直接融资,减少交易成本;实行公共服务价格和动态补贴调整机制,保证社会资本的预期收益;在经营事务上,给予社会资本更大的自主决定权等。最后,在社会资本退出机制上的激励安排。目前,我国 PPP 项目大多采取特许经营的方式,一定情况下允许社会资本在转让特许经营权,或者规定政府被迫回收等方式,不管是实业资本投资还是金融机构的投资都能够顺利退出特定项目。

(三) 加强中介机构的责任

中介机构作为政府之外的第三方监督力量,在政府"既做运动员又做裁判员"的公私合作项目中,为保证相关资产评估、信用评级、外部审计及法律问题的解决得到规范运行,加强独立的中介机构的责任,保证其所作出的职责行为符合法律规定,既可以规制政府对项目的过多干预,又可以防止社会资本过度自利。另一方面,加强第三方中介机构在 PPP 项目中的辅助作用。对于 PPP 项目中涉及公共利益的信息,政府和社会资本都有义务进行披露,而披露的 PPP 项目信息中财务审计、提供法律意见等都需要第三方中介机构的参与。

(四) 统一法律规范

随着 PPP 项目在我国的发展,在总结发展经验的基础上,需要制定统一的法律,确保 PPP 项目在未来运营的 20 到 30 年内各参与方利益的实现。目前各个采用 PPP 模式进行基础设施及公共服务建设的国家,基本上都通过制定特别法的方式来规范政府和社会资本的合作。如韩国 1994 年颁布的《促进私人资本参与社会投资(PPP)法案》,日本 1986 年颁布的《利用民营资源加速建设公共设施法》,1991 年日本针对 PFI 模式制定的《关于促进以民间资金进行公共建设之整备法》,我国台湾地区 2000 年颁布的"促进民间参与公共建设条例"等。2014 年,我国以财政部为主导发布了《基础设施和公用事业特许经营管理法(征求意见稿)》,其目的是以特别法的形式对政府和社会资本合作进行规范,但是 2015 年 4 月正式出台的是以发改委为首的六部委发布的《基础设施和公用事业特许经营管理办法》,以行政规章的形式规范 PPP 模式,相比于特别法在效力上大打折扣。并且国土部门缺席该规章的制定,在 PPP 模式中,土地使用权问题存在

---

① 参见曹莉娜、丁铁成:《PPP 项目税收管理初探》,载《财会学习》2015 年第 4 期。

很大的探讨空间，也意味着该规章从出台就有被取代的可能。未来针对 PPP 的立法要明确各种不同 PPP 模式的法律要求，明确 PPP 项目的适用范围，政府审批的权限、流程和管理程序，企业的核心权利与义务，合同框架和风险分担原则，退出机制和纠纷解决机制，财政规制和会计准则，政府监管与公众参与制度等。[①] 政府与社会资本合作法案，作为统筹各方关系的工具，政府与社会资本天平两端的支点，是政府与社会资本合作制度建设的重要内容。

① 参见孙学工、刘艳国等：《我国 PPP 模式发展的现状、问题与对策》，载《宏观经济管理》2015 年第 2 期。

我国PPP模式中风险分担机制的完善

——基于英国PFI、PF2模式之比较

陈　茜*

随着城镇化进程的推进，人们对于公共基础设施和服务的需求不断增加，此时单纯依靠公共部门难以满足这些需求。2010年，国务院出台《关于鼓励和引导民间投资健康发展的若干意见》指出，鼓励和引导民间资本进入基础产业和基础设施领域、市政公用事业和政策性住房建设领域，并对各领域的工作进行分工。2013年起，财政部开始大力推广政府和社会资本合作，推动新一轮基础设施与社会公共产品投资的创新性融资与管理模式。2014年9月，财政部发布《关于推广运用政府和社会资本合作模式有关问题的通知》，宣布在全国范围开展政府和社会资本合作模式项目示范，由此掀起一阵PPP热潮。截至2016年5月12日，全国PPP项目数量达到8041个，项目总金额达到93117.13亿元，其中市政工程数量最多，达到2798个，其次是交通运输，有959个。[①] 随着政府与社会资本的合作的大力发展，我国在财政部下设政府和社会资本合作中心，承担政府和社会资本合作相关的政策研究、咨询培训、能力建设、融资支持、信息统计和国际交流等工作，并且搭建PPP综合信息平台系统，以及PPP项目库，为进一步推进PPP工作提供必要的技术支撑和组织保障，更好地促进PPP规范健康发展。尽管PPP项目在我国呈现出井喷式的发展，但是其投资大、时间长、风

* 陈茜：华东政法大学经济法学院2014级硕士研究生。

① 数据参见财政部政府和社会资本合作中心全国PPP综合信息平台项目库，http://www.cpppc.org:8082/efmisweb/ppp/projectLivrary/toPPPMap.do，2016年5月15日访问。

险高、合同结构相对复杂等一系列的特征,使得其在实践中难以正常运行到最后,而影响其正常运行的关键因素便在于项目的风险分担。PPP 模式的主要特征是通过政府与社会资本的合作,达到利益共享、风险共担,如果没有一个合理的风险分担机制,PPP 项目便很难成功。

一、我国 PPP 模式中的风险分担机制

(一) 我国关于 PPP 模式中风险分担的规定

风险共担是 PPP 模式的核心特征之一,而合理的风险分担机制则是落实共担的关键。我国关于 PPP 模式中风险分担的详细内容见下表:

我国 PPP 模式中风险分担的详细内容

文件名	风险分担内容
《国务院办公厅转发财政部、国家发展改革委和中国人民银行关于在公共服务领域推广政府和社会资本合作模式指导意见的通知》(国办发[2015]42 号)	按照权责对等原则合理分配项目风险。
《财政部关于推广运用政府和社会资本合作模式有关问题的通知》(财金[2014]76 号)	在明确项目收益与风险分担机制时,要综合考虑政府风险转移意向、支付方式和市场风险管理能力等要素,量力而行,减少政府不必要的财政负担。
《财政部关于印发政府和社会资本合作模式操作指南(试行)的通知》(财金[2014]113 号)	按照风险分配优化、风险收益对等和风险可控等原则,综合考虑政府风险管理能力、项目回报机制和市场风险管理能力等要素,在政府和社会资本间合理分配项目风险。原则上,项目设计、建造、财务和运营维护等商业风险由社会资本承担,法律、政策和最低需求等风险由政府承担,不可抗力等风险由政府和社会资本合理共担。社会资本或项目公司未按照项目合同约定完成融资的,政府可提取履约保函直至终止项目合同;遇系统性金融风险或不可抗力的,政府、社会资本或项目公司可根据项目合同约定协商修订合同中相关融资条款。

（续表）

文件名	风险分担内容
《财政部关于规范政府和社会资本合作合同管理工作的通知》(财金[2014]156号)	在PPP项目合同中要始终贯彻物有所值原则,在风险分担和利益分配方面兼顾公平与效率:既要通过在政府和社会资本之间合理分配项目风险,实现公共服务供给效率和资金使用效益的提升,又要在设置合作期限、方式和投资回报机制时,统筹考虑社会资本方的合理收益预期、政府方的财政承受能力以及使用者的支付能力,防止任何一方因此过分受损或超额获益。
《PPP项目合同指南(试行)》	第一,风险分配原则。1. 承担风险的一方应该对该风险具有控制力;2. 承担风险的一方能够将该风险合理转移(例如通过购买相应保险);3. 承担风险的一方对于控制该风险有更大的经济利益或动机;4. 由该方承担该风险最有效率;5. 如果风险最终发生,承担风险的一方不应将由此产生的费用和损失转移给合同相对方。第二,常见风险分配安排。1. 通常由政府方承担的风险,包括:土地获取风险(如果项目公司完全有权、有能力根据我国法律规定自行取得土地使用权的,则可以考虑由项目公司自行取得土地使用权,但政府方应提供必要的协助。);项目审批风险(根据项目具体情形不同,可能由政府方承担,也可能由项目公司承担,通常应由对履行相关审批程序最有控制力且最有效率的一方负责满足);政治不可抗力(包括非因政府方原因且不在政府方控制下的征收征用和法律变更等,对于超出政府方可控范围的法律变更,如由国家或上级政府统一颁行的法律等,应视为不可抗力,按照不可抗力的机制进行处理)。2. 通常由项目公司承担的风险,包括:如期完成项目融资的风险;项目设计、建设和运营维护相关风险,例如完工风险、供应风险、技术风险、运营风险以及移交资产不达标的风险等;项目审批风险;获得项目相关保险。3. 通常由双方共担的风险,例如自然不可抗力。
《财政部关于印发PPP物有所值评价指引(试行)的通知》(财金[2015]167号)	定量评价可作为项目全生命周期内风险分配、成本测算和数据收集的重要手段,以及项目决策和绩效评价的参考依据。

(二)我国PPP模式中风险分担机制的不足

PPP模式实质上是公共部门与社会资本之间达成的一种契约关系,在这种契约关系存续期间,双方总是处于博弈状态。公共部门追求公共利益,私人部门追求经济利益,两种不同的利益诉求形成了两种性质背驰的价值目标,即社会公共利益最优化和资本利益最大化,这两者交织在一起,极易引发公私合作过程中公共部门与私人部门之间的紧张关系。[①] 此时,应该设计合理的风险分担机制,才能有效缓解公共部门与私人部门之间的紧张关系。

在我国发布的关于 PPP 指导性意见中,在风险分担的原则方面,提到风险分配优化、风险收益对等和风险可控等原则;在风险分担的具体类型方面,提到项目设计、建造、财务和运营维护等商业风险由社会资本承担,法律、政策和最低需求等风险由政府承担,不可抗力等风险由政府和社会资本合理共担。《PPP 项目合同指南(试行)》则是对上述指导性意见的规定进行细化。但是其中仍存在很多不足,我国发布的系列指导意见及指南内容过于宏观概括,并没有涉及具体的制度设计,也没有关于风险分担的专门指导文件;而在《PPP 项目合同指南(试行)》中将大量风险转移给私人部门,有失偏颇;此外,缺少辅助性质的配套制度,使得我国 PPP 项目风险分担机制不够完善,造成实践中很多项目不能正常运行到最后。

此时,应该通过分析其他国家的制度变迁,得到经验和启示,从而对我国 PPP 模式中的风险分担制度进行完善。近年来,英国在探索私营经济以伙伴合作方式提供公共基础和服务以及其现代化体制创新方面一直保持着领先地位,理应作为首要研究对象。

二、英国 PFI、PF2 模式中的风险分担机制

PPP 模式由英国最先提出,并得到大力发展。1992 年,英国引进 PFI(private finance initiative)模式,即私人融资计划,以利用私营经济的管理能力和商业技术,来提供公共基础设施供应。该政策的总体目标是通过确保基础设施建设项目按时、经济完成以及维护资产保值,从而为纳税人实现项目物有所值。在过去,PFI 已经成为 PPP 项目在英国运用最为频繁的一种模式,各种类型的单位也广泛使用 PFI 模式。然而,并不是所有采用 PFI 模式的 PPP 项目都取得了成功。由于损耗、僵化及缺乏透明度等原因,英国 PFI 模式日益失去其光泽。2012 年,政府通过大量征求社会意见,推出了 PF2 模式,将其作为 PFI 的加强版投入应用。在风险分担方面,PFI 模式进行了详细规定,而在 2012 年的改革过程中,PF2 模式针对该方面作出了完善。通过分析英国 PFI 模式中的风险分担机制以及之后对其作出的改革,能够更加深入地理解在 PPP 模式中应该如何设计合理的风险分担机制。

① 参见胡改蓉:《PPP 模式中公私利益的冲突与协调》,载《法学》2015 年第 11 期。

(一)英国 PFI 模式中的风险分担机制

20 世纪 90 年代,为了应对不断增长的医疗、教育等公共设施的需要,英国不断探索和改进向公众提供公共物品的方式,吸引私人资本投资公共设施建设,从而推动了 PPP 模式的发展。1992 年英国引入 PFI 模式,将私人资本利用到公共基础设施的设计、建造、融资以及运行中,使得纳税人能够获得物有所值的高品质资产。PFI 模式广泛适用于各个领域,截至 2012 年,已经有超过 700 个项目融资完成,获得大约 550 亿英镑的私营经济投资,已经交付的项目涉及一系列的单位,包括学校、医院、公路、监狱、住宅、国防以及废料处理设施。自引入以来,PFI 在政府对公共基础设施及服务的总体投资中始终占据着规模不大但十分重要的地位。[①]

在风险分担方面,为了使政府的资产负债表中不出现项目债务,以利于遵守欧盟关于国家债务的规则,英国之前的 PFI 合同尽量将风险充分转移给私人部门。虽然现在这一动因已不存在,但严格的风险分配方式却在 PFI 标准合同中延续下来。[②]

PFI 模式将大量风险转移给私人部门,而不考虑私人部门对该项风险能否控制,以至于私人部门只能选择在项目周期中可能发生的最糟的风险事件,并由此提高报价,导致公共部门需要承担更高的风险溢价。事实上,这些风险也许从来没有发生过,但是采用这样的方法,却使得纳税人利益受损,项目也不能实现物有所值。所以,在 2012 年的改革中,将部分风险重新交由公共部门承担。

(二)英国 PF2 对 PFI 在风险分担方面的改革

有效的风险分担机制对任何形式下的公私合作都是十分重要的,通过协商公共部门与私人部门之间的风险分担方式从而在长期合作的过程中最大限度地实现物有所值。然而在过去 PFI 模式下,将一些风险不适当地转移给私人部门,并不能达到物有所值的目标。最新 PF2 模式改变风险分担方式以实现物有所值,将以前 PFI 模式下由私人部门承担的某些风险转交由公共部门保留和管理。《PF2 新指引》中明确风险分担以实现物有所值为目标,而不仅仅是为了转移风险。公共部门将承担由不可预见的法律政策变化引发的额外资本支出风险;承担其提供的场地被异地来源污染的风险;承担征地及地质风险;承担项目

---

① See UK Treasury: A New Approach to Public Private Partnerships, London, Crown, 2012.

② See Andrew Buisson, From PFI to PF2: The Reform of the Public Private Partnership Model in the UK, Norton Rose Fulbright LLP, November, 2013.

运营过程中的核心必要保险,[①]从而减少私人部门风险溢价的总量,大大减轻纳税人的负担。

1. 法律变动风险

不可预见性法律政策变动引起的额外资本支出风险基于非常偶然的情形,然而,如果此种情形发生,在 PFI 模式下,要求私人部门承担此种变动发生的风险,导致公共部门要为转移这类在实践中很难物化的风险而付出高昂的风险溢价。实际上,这类风险很难实现,也并不是私人部门能够掌握的,一味地将此种风险转移给私人部门只会让私人部门提高定价,获取不适当的利益,从而造成纳税人的损失。很多时候法律政策变动的风险是公共部门能够掌握的,而且公共部门较之私人部门更能够采取合适的措施应对该类风险,故法律政策变动的风险应该转移给公共部门承担。

2. 场地被异地来源污染的风险

PF2 模式下,场地被异地来源污染的风险转移给公共部门承担。因为在政府提供的场地上,私人部门不具有采取措施控制风险的能力,因此将该种风险交由私人部门承担并不是有效的风险分担方式。

3. 征地及场地的地质风险

在 PFI 模式中,采购程序经常因为涉及场地权利证书的问题而延迟,很多时候,甚至在采购之前,该场地就已经归政府所有。为了减少私人部门尽职调查的责任,以及采购的时间和成本,未来在 PF2 模式下将由政府提供项目所需的场地,并且针对政府提供的项目场地,要求政府提供地面状况尽职调查报告,以确保该场地能够用于项目的正常运行。

4. 保险

在 PFI 模式中,购买保险的责任归于私人部门,但在 PF2 模式中,政府将修订关于在项目运营阶段分享核心必要保险风险溢价的现行规定,公共部门将分担项目运营过程中核心的必要保险,从而减少私人部门应对市场波动的储备。同时,因为 PF2 项目本身所具有的分散资产基础以及可预见的索赔情形,政府将探索保留在运营阶段中设备材料损毁和业务中断的风险。

三、PPP 模式中风险分担的原则

签订 PPP 项目合同就是为了合理分配风险,明确合同当事人的权利和义务关系,以确保 PPP 项目实现物有所值。PPP 模式中风险分担应该遵循下列

① See UK Treasury: A New Approach to Public Private Partnerships, London, Crown, 2012.

原则:

(一)以实现物有所值为目标

PPP项目所要达到的最终目标就是实现物有所值,也就是说,相对于传统的政府独立投资与建设运营模式,在公共服务项目的全生命周期中,资金价值的提升为公私合作提供了增值与绩效的证明,能够提高服务质量和运营效率,或者降低项目成本。物有所值原则关键是提高资金价值,实现公共服务项目全生命周期下成本和质量的最佳组合。①

英国《PF2新指引》中反复强调实现物有所值,对于风险分担方面的改革也是从实现物有所值的角度出发,将部分风险交由公共部门承担,以减少风险溢价,使纳税人的利益增加。无论如何设计风险分担机制,实现物有所值这一实质性目标必须达到。

(二)风险分担应与控制力对等

对风险具有控制力是指有能力控制该项风险或者能够以最小的代价控制风险,对风险有预测力、影响力。

风险分配给最有控制力的一方,如果该方能够较之另一方以更低的成本控制风险,处理风险可能造成的损失,双方就能通过改善风险而获得收益,此时虽然要支付给承担风险的一方相应的成本,但是只要因此带来的额外成本低于产生的额外收益,就不影响物有所值的实现。② 风险是客观存在的,不可能说消除风险,而是应该判断当事人双方中哪一方更有能力控制此项风险,在双方进行对比后选择能够带来更大利益的一方。

PPP模式也不例外,政府与社会资本进行合作,提供社会基础设施及服务。政府的目标是为纳税人提供物有所值的基础设施及服务,而私人部门更多的是为自己带来利益,两者之间对于目标的诉求虽然不一致,但却不是零和博弈,而是可以通过发挥各自优势,达成双赢。将所有风险都交由私人部门承担,并不能减少公共部门的责任,使其处于安全的环境下。相反,能够控制风险的一方宁愿支付高昂的价款,而将该风险交由不能对其进行控制的一方承担,这种风险分担的不合理最终往往由纳税人买单。

在英国PF2改革中便意识到此类问题,将公共部门具有控制优势的风险交

---

① 参见李军鹏:《建立基于物有所值原则的公私合作风险共担机制》,载《国家行政学院学报》2016年第1期。

② 参见孟春、郭上:《加快完善PPP风险分配机制》,载《发展研究》2016年第2期。

由其自身承担，而不是由私人部门承担。

(三) 风险分担应与收益相匹配

PPP各方当事人在对项目风险分担进行谈判协商时，都会要求得到与风险相匹配的收益作为补偿，风险越高，得到的收益越大，另一方承担的风险溢价也越高。

风险分担制度的设计首先考虑的原则应该是控制力，如果各方当事人在控制力这一方面并没有差别，就应该考虑各方自身的意愿。通过谈判，双方会考虑自身的具体情况，以及对风险的偏好，考量其承担风险所获得的收益是否高于承担该风险所受的损失，从而选择是否承担该风险。此时，应该通过高于预期收益的激励方式来刺激承担主体进行风险分担。[①] 但是，应该把握好尺度，提高收益的激励方式不能使承担风险的一方获得投机收益。

四、我国PPP模式中风险分担机制的完善

(一) 建立完善的法律法规体系

英国采用的是政策指引，配合标准化合同指引的方式，[②]我国采取了相类似的做法，由财政部发布系列指导意见和操作指南，配合PPP项目合同指引。但是我国发布的系列指导意见及指南内容过于宏观概括，并没有涉及具体的制度设计，也没有关于风险分担的指导文件。我国应尽快出台PPP相关的风险分配指导文件或操作办法，确定风险分担原则以及一些能够固定下来的风险分担方式，再加之以详细的PPP项目合同指引，这样可以使当事人各方不用再花大量的时间对风险分担进行磋商，减少缔约成本。

(二) 设计合理的风险分担机制

首先，应该明确风险分担的原则，以指导整个风险分担机制。PPP模式中风险分担应该以实现项目物有所值为实质性标准，最优先考虑对风险控制力较强的一方来承担风险，如果在控制力方面都相差无几，则考虑各方的意愿，通过高于预期收益的激励方式来刺激承担主体进行风险分担。

其次，在我国《PPP项目合同指南(试行)》中，实际上已经形成了PPP模式

---

① 参见李丽红、朱百峰、刘亚臣、张舒：《PPP模式整体框架下风险分担机制研究》，载《建筑经济》2014年第9期。

② 参见英国财政部发布的《PF2新指引》以及《PF2标准化合同》。

中风险分担机制的主体框架,但是其中有些风险仍存在分配不合理之处。

1. 法律变动风险

如果是公共部门能够掌握该法律法规变动风险,那毫无疑问,应该由公共单位承担,而对于那些公共单位不能掌握的法律法规变动风险应该由谁承担呢?对此,我国和英国的规定不同,我国认为对于超出政府方可控范围的法律变更,如由国家或上级政府统一颁行的法律等,应视为不可抗力,按照不可抗力的机制进行处理。[①] 英国则将不可预测的法律政策变动所产生的风险均交由公共部门承担。实质上对于法律法规变动的风险最优的选择还是应该将该种风险交由公共部门承担,无论其对于该风险是否能够掌握。首先,公共部门相对于私人部门在政治风险方面是较为强势的,具有私人部门没有的影响力和信息资源,能够更好地处理此类风险;其次,上文中也提到,该种风险本就是基于非常偶然的因素,但这类风险又不可量化,如果一开始要求私人部门承担该类风险,基于权责一致的原则,如果承担了此类风险,私人部门有权要求更高的收益,此时,对于纳税人而言实质上是一种损失。最后,如果按照情形来划分,将其视为不可抗力,在缔约时磋商约定,将会增加谈判成本,而这类风险本身没必要进行谈判。

2. 项目运营维护过程中的相关风险

我国将项目运营维护过程中的相关风险全部交由私人部门承担,有其不合理之处,英国已经以他们的经验和实践证明,即使是在项目运营过程中有些风险也应该由公共部门承担,而不是一股脑地交由私人部门承担,否则不能实现项目的物有所值。

首先,对于运营过程中场地被异地来源污染的风险,应该由提供场地的主体,即公共部门承担,而不是按照阶段划分,将运营风险全部转移给私人部门。对于场地而言,提供场地的主体是当事人各方中最了解该场地的人,也是最方便对该项风险进行处理的人,依据风险分担应与控制力对等原则,应该由提供场地的主体承担之后可能存在污染该场地的风险;而且,如果将该风险交由私人部门承担,公共部门将负担高昂的风险溢价。此外,由公共部门承担之后可能会被污染的风险,也刺激公共部门在提供该场地时做好尽职调查工作,以使该场地能够适用于 PPP 项目,因为如果一开始没有做好调查,之后在该场地上发生的风险还是要自己承担,这无形之中也是一种激励机制。

其次,有些风险应该交由公共部门承担,而不是全部交由私人部门承担。公共部门应分担项目运营过程中核心的必要风险,从而减少私人部门应对市场波动的储备。同时,对于一些专业性很强的资产以及用于危险环境的资产,例如国

① 参见《PPP 项目合同指南(试行)》第二章第十五节。

防项目中的资产,市场并不能给予有效保护,而应该交由公共部门承担自身的风险。

(三) 提供相应的配套措施

1. 风险再分担

风险再分担机制是针对签订合同时初始风险分担而言的一种风险分担动态管理机制,PPP 项目具有长期性的特征,在不同阶段面临不同的风险,需要根据具体情况对风险分担进行一些必要的调整。[①]

对于此问题,有学者认为:"从公共部门和私营部门合作的特殊性角度看,投机行为在客观上容易带来极为严重的后果,所以一般来说很少成为合同一方的策略选择,同时就风险再分担的谈判成本而言,相对于动辄几十亿上百亿的 PPP 项目来说,实在是微不足道。更重要的是,PPP 项目的初衷是公共部门和私营部门各取所需,实现双赢。若有一方的合理利益受损,或是承担了不应承担的风险,则理应给予救济,且从项目实践的角度看,这是实现 PPP 项目总体效率最优的重要手段。从本质上说,风险再分担是 PPP 项目中除补贴和延长特许期之外重要的救济手段。"[②]

风险再分担机制不失为对风险分担的一种调整救济手段,但是其很可能成为合同当事人转移风险的手段,同时会增加很多额外的谈判成本,降低 PPP 项目的效率。所以,构建风险再分担机制的关键在于如何设置触发机制,什么时候、什么情形、哪些风险可以进行风险分担再调整?如果所有情况下的风险都可以再分担,那么前期初始风险分担所花费的成本也就丧失其存在的价值。可以设置风险再分担模式,但是应该对其适用范围进行严格把控,并且通过发布规章制度将其固定下来,不允许当事人各方随意调整。

2. 风险估值

政府如果能够度量预测风险并进行估值,即对风险进行定量描述和成本估算,就能更合理地进行风险分配。如果只是对风险分配作出原则上的规定,停留在定性层面,那么风险分担很有可能流于形式。PPP 风险估值的主要目的之一,在于避免使地方政府陷入财政困境,这就要求政府在决策是否推行项目时必须准确。[③] 此外,风险估值系统完全可以和物有所值评价指引结合,既可以对风险定量把握,进行更为合理的分配,又能使其朝着物有所值的方向发展。

---

① 参见柯永建、王守清、陈炳泉:《英法海峡隧道的失败对 PPP 项目风险分担的启示》,载《土木工程学报》2008 年第 12 期。

② 黄恒振、周国华:《公私合营(PPP)项目风险再分担问题研究》,载《建筑经济》2015 年第 10 期。

③ 参见孟春、郭上:《加快完善 PPP 风险分配机制》,载《发展研究》2016 年第 2 期。

3. 风险担保

在PPP项目风险分担中不是只有购买保险这一种风险担保方式,鼓励探索其他的风险分担工具。公共部门可以发挥其自身的担保功能,做好尽职调查工作,承担一部分的担保职能,而不是单一依靠市场上的保险机制。

4. 合同管理

首先,如上文所说,我国应建立更加完善的《PPP项目合同指南(试行)》,以此作为PPP项目的标准化合同,减少双方谈判成本。其次,应将已生效的合同在财政部政府和社会资本合作中心PPP项目库中备案,以便更好地管理PPP项目合同。最后,公共部门应该树立契约意识,打造政府信用。

五、结　　语

在设置PPP风险分担机制的过程中,充满着公共部门与私人部门之间利益的博弈,公共部门偏好于将PPP项目中更多的风险转嫁给私营部门,这种方式从表面上看,似乎是减轻了公共部门的职责,但从长远来看,并不利于PPP项目实现物有所值。我国应该借鉴英国PFI、PF2风险分担机制,把握PPP模式中风险分担的原则,以实现物有所值为目标,将风险分担与控制力和收益相匹配,建立完善的PPP项目法律法规体系,在已有的制度基础上改变某些风险的分担机制,并辅之以相应的配套措施,使PPP项目各方当事人既能满足自己的利益,又能为纳税人提供优质的基础设施和服务。

理论研究综述

PPP 模式的协议性质分析理论研究综述

郭兴森*

公私合作,即 PPP 模式,通常是指公共部门与私人部门为提供公共服务而通过正式的协议建立起来的一种长期合作伙伴关系,其中公共部门与私人部门互相取长补短,共担风险、共享收益。[①] 在"公私合作"的制度安排上,对公共物品性很强的公用事业,其民营化通常采用合同外包的形式。在基础设施建设中,我国最常用的特许经营暨合同方式就是 BOT……此外还可以有很多不同的制度安排。比如,已经存在基础设施的,可以采取"出售""租赁"和"运营和维护的合同承包"形式;如果需要扩建和改造,向现有基础设施投入资本的,可以采用"租赁—建设—经营"(LBO)、"购买—建设—经营"(BBO)和"外围建设"形式;如果需要新建基础设施,则可以采用"建设—转让—经营"(BTO)、"建设—拥有—经营—转让"(BOOT)、"建设—经营—转让"(BOT)和"建设—拥有—经营"

* 郭兴森:华东政法大学经济法学院 2014 级硕士研究生。

① 参见湛中乐、刘书燃:《PPP 协议中的法律问题辨析》,载《法学》2007 年第 3 期。

(BOO)的形式。[①] 这些模式都以其政府参与全过程经营为特点,而这恰恰也是受到国内外广泛关注的重要原因。其实,PPP模式我国早已有之,十八届三中全会重提"允许社会资本通过特许经营等方式参与城市基础设施投资和运营",在更广泛和更全面范围内强调公共部门与私人部门的合作。而对于此种模式协议性质相关方面的探讨,学者也多有争论。

一、PPP协议的特征

邓敏贞认为,政府部门与私人企业的合作关系及合作期间的权利义务需要通过正式的合同来加以明确,这类合同就是本文所指的公用事业公私合作合同。此类合同具有以下特征:第一,合同履行期很长,一般达20—30年;第二,私人部门要承担一定的合作风险;第三,不同的合作模式意味着政府与私人企业承担的风险程度的不同。[②]

王克稳认为,从现有立法对政府特许经营协议订立与履行以及特许人与特许经营者双方权利义务的规定看,我国政府特许经营协议具有下列特性:(1)协议双方的意思自治受到法律的限制。表现之一是对特许经营期限的限制。立法上一般都明确规定了特许经营的期限并规定特许经营协议中约定的特许经营期限不得超过法定期限。表现之二是政府承诺内容或合同义务的限制。立法上禁止特许人在政府特许经营协议中承诺商业风险分担、固定投资回报率等或者为特许经营者提供融资、贷款担保等。(2)特许经营者在特许经营中享有政府承诺或给予的特权、补贴、补偿或其他优惠权利。在政府特许经营中经营者可以享受特许人承诺的使用与经营项目有关的土地、相关城市基础设施、防止不必要的重复性竞争项目建设、必要合理的政府财政补贴、产品或服务的政府采购等特权或优惠;因按照政府定价和赋予的特许经营年限在经营期限不能收回投资的,或者因政策调整损害特许经营者预期利益的,可以要求特许人给予补偿。(3)特许经营者的经营自主权及解除特许经营协议的权利受到法律限制。在产品或者服务的定价方面,特许经营者不享有自主定价权,立法普遍要求特许经营者向公众提供产品或者服务的价格应当执行由价格主管部门制定的政府定价或者政府指导价;在特许经营权的处分方面,立法普遍规定未经特许人的同意,特许经营者不得擅自转让、出租、质押或者以其他形式处分特许经营权或者特许经营项目

---

① 参见史际春、肖竹:《公用事业民营化及其相关法律问题研究》,载《北京大学学报》(哲学社会科学版)2004年第4期。

② 参见邓敏贞:《公用事业公私合作合同的法律属性与规制路径——基于经济法视野的考察》,载《现代法学》2012年第3期。

资产;在协议的解除方面,经营者的协议解除权受到法律限制,不少立法规定特许经营期内,特许经营者因自身原因无法继续经营或者因不可抗力无法继续经营需要解除特许经营协议的,必须向政府部门提出解除协议的申请,由政府或主管部门作出是否准予解除协议的决定。(4) 经营者负有公法上的特别义务。主要有:一是经营信息公开的义务。有的立法明确要求经营者应当及时向社会公告特许经营项目的质量、技术标准以及其他关系公共利益、公共安全的信息。二是承担政府指令的公益性任务的义务。政府出于保护老年人、残疾人或城市特困群体等的需要,可以指令特许经营者承担公益性任务。(5) 经营者的特许经营权受到公法的特别保护。几乎所有的立法均明确规定特许经营者依法取得的特许经营权受法律保护,有关人民政府及主管部门不得违法收回或者限制特许经营者的特许经营权,确因公共利益需要收回特许经营权、终止特许经营协议、征用实施特许经营的基础设施、指令特许经营者提供公共产品或者服务,应当按照特许经营协议的约定给予相应补偿。(6) 作为特许人的政府对特许经营者履行特许经营协议义务或法定义务的监管责任。现行立法上均以专章规定了政府对特许经营者履行特许经营协议及法定义务的监管责任,这些责任包括:督促特许经营者履行法定的和特许经营协议约定的义务,对特许经营者提供的公共产品或者公共服务的数量、质量、价格以及安全生产、设备设施保养维护等情况实施监督,组织对特许经营者经营情况的定期评估并向公众公布评估结果,受理、处理公众对特许经营活动的投诉,查处特许经营者违法行为,制定关于特许经营的应急预案等。①

二、PPP 协议性质分析的标准

李训民介绍了英国 PPP 认定的标准。依英国立法例,PPPs 所包括之公、私部门间之合约,究系公法契约或私法契约,由法院确定。公共部门应有的公共价值(public value)、公共目的(public objectives)及公共利益(public interests)常被法院据以与以利润为营运目标之私人部门相区别,如果前者之利益大于后者利益,PPPs 之契约相当人被视为公法人主体,其依据 PPPs 所为之行为为国家行为,应受司法审查。②

李霞认为对政府特许合同的定性的主要理由,是因为政府特许经营合同的双方当事人一方为“主管部门”——特许的授予方,另一方为“特许经营者”——

① 参见王克稳:《政府业务委托外包的行政法认识》,载《中国法学》2011 年第 4 期。
② 参见李训民:《公法契约之控制——从公私合伙架构谈起》,载《行政法学研究》2012 年第 1 期。

特许的受让方；其目标体现出浓厚的行政性和公益性；政府特许经营是“一种政府监管手段”，政府特许经营协议的签订和履行本质上是行政主体通过合同方式来实现监管目标，履行公共服务职能，其所确立的是行政法上的法律关系；并且，政府特许经营协议中，往往保留了大量的政府特权和主导性权利条款（例如，行政主体可依法调整产品和服务价格，行政主体拥有依法收回特许经营权、单方解除合同的权利，行政主体可对特许经营人进行财务监管，等等）。[①]

三、PPP 协议性质的不同学说

(一) 授权说

虞青松认为，基于不同的赋权类型，公私合作契约分别形成三方主体间的多重法律关系，而收费权将三方主体联系在一起。公私合作契约在本质上为行政主体作出行政允诺的载体，该种载体外在表现为虚拟契约，并导致三方主体之间形成两级法律关系。行政主体与企业之间的契约关系系处在第一阶段的行政法律关系。公私合作契约并非独立的行为，而是授权行为和特许行为的载体。[②]

(二) 行政合同说

邢鸿飞认为，宏观上看，政府特许经营在提供公共服务、优化资源配置、拓宽融资渠道等方面的作用，无不体现其行政性和公益性。从微观角度，在特定案件中，政府特许经营的行政性和公益性，同样可以通过在契约中保留政府特权或主导性权利的条款来实现。例如，在合同中约定政府对契约履行的管理权等。而且，有些政府特许经营活动，本就应受法律的特别控制，由私法以外的特殊规则来调整。这些规则，对普通民事合同往往不予适用。也正因为政府特许经营活动在内容及适用规则上的特殊性，它当然有别于一般的民事合同，是一种具有浓厚行政色彩的公法上的契约。[③]

王志飞在将行政合同与民事合同进行对比之后，认为“政府公用事业特许经营合同缺乏民事合同的实质内涵，应该将其认定为行政合同”，理由如下：

第一，环境污染治理 PPP 机制特许经营合同虽然具有民事合同的形式，但

---

① 参见李霞：《公私合作合同法律性质与权责配置——以基础设施与公用事业领域为中心》，载《华东政法大学学报》2015 年第 3 期。

② 参见虞青松：《公私合作契约的赋权类型及司法救济——以公用事业的收费权为视角》，载《上海交通大学学报》（哲学社会科学版）2013 年第 5 期。

③ 参见邢鸿飞：《政府特许经营协议的行政性》，载《中国法学》2004 年第 7 期。

不具有民事合同的实质内涵。民事合同本质上是民事主体之间的意思表示一致。而环境污染治理 PPP 机制特许经营合同是公共部门从事社会公益活动所作的一种安排,其本质是公共管理事务。公共部门所作意思表示须符合法律或法规对其所作的一般规定,法律、法规是公众意志的集中记载,公共部门是基于公众对其授权而与私人投资主体签订合同,其本质上不是表达自己独立的意思,而是社会公众意思的具体化。环境污染治理 PPP 机制特许经营合同,只是公共部门行使行政职权的一种方式,其本质上是以追求社会公共利益为归宿的,区别于民事合同的“私人目的性”。

第二,环境污染治理 PPP 机制特许经营合同双方当事人地位不平等。虽然当事人在签订合同时都是出于自愿,但在环境污染治理 PPP 机制特许经营合同下,公共部门具有双重法律地位,既是合同一方当事人,也是合同项目的管理监督者,既享有合同权利,又享有行政监督、管理特权,甚至还可能在一定情况下以公共利益维护者的身份运用行政权力优势单方终止或变更合同,作为合同另一方的私人投资主体只能选择被动服从。

第三,将环境污染治理 PPP 机制特许经营合同认定为行政合同有利于保障社会公众在环境保护领域的参与。①

朱遂斌、林伟明认为,②就我国的 BOT 项目特许权协议而言,将它界定为一种行政合同是比较合理的:首先,特许权协议的标的具有特殊性,政府签订协议的目的具有公益性。其次,特许权协议双方当事人权利义务具有不对等性。最后,将特许权协议界定为公法契约有利于顺利解决合同争议与纠纷,维护社会公共利益。

以介入权为切入点,朱蕾等认为,③PPP 合同具有很强的行政属性。PPP 合同完全符合行政合同的必备条件:首先,PPP 合同的一方当事人是政府部门,是行政主体。其次,PPP 合同订立的目的是为了满足社会公共利益的需求。再次,政府部门在 PPP 合同中处于特殊的地位:在合同缔结前,双方是管理与被管理的关系;合同缔结的原始发动权在政府部门一方;在合同履行过程中,政府部门享有许多必要的特权。最后,PPP 合同适用行政法规则。此外,在制度层面上,我国现有的规范民事合同的法律法规《民法通则》《合同法》等并不足以涵盖 PPP 合同。因此,在处理 PPP 合同有关问题的时候,要从行政合同的角度出发,

---

① 参见王志飞:《论环境污染治理 PPP 机制的法律关系》,载《四川理工学院学报》(社会科学版)2009 年第 5 期。

② 参见朱遂斌、林伟明:《我国 BOT 特许权协议法律性质分析》,载《中国法学》1999 年第 4 期。

③ 参见朱蕾、袁竞峰、杜静:《基于 PPP 行政合同属性的政府介入权研究》,载《建筑经济》2007 年第 10 期。

用行政合同的相关法律法规调整合同主体之间的权利义务关系。

邓小鹏等认为,行政合同是公法私法化的典型代表,行政合同体现了契约精神在公法领域的介入,弱化行政行为的单向性、命令性,强化行政主体与相对方的沟通与合作,它既兼具契约之自治性、自主性、双方合意性,又有限度地体现着行政行为的优先性。与民事合同相比,行政合同具有自己的特性:首先,行政合同的一方当事人必须是行政主体,这是行政合同成立的必要条件;其次,行政合同订立的目的是为了满足社会公众利益的需要,这是行政活动的宗旨;最后,在行政合同中,行政主体享有行政优益权。从 PPP 合同的主体、内容、标的、目的等方面来看,PPP 合同完全符合行政合同的要件。①

王克稳认为,因为政府特许经营的内容直接关涉公共利益,因此,民事合同说与公私法兼具说有违我国的制度实践,在我国的制度实践中,政府特许经营协议是一种特殊形态的行政合同,说它是行政合同,是因为它具有典型的公法属性,说它特殊,是因为作为授予特许经营权的法律形式,它主要适用行政许可法及规范特许经营方面的特别法进行规范。②

李霞认为,若将特许经营协议作为民事合同,对合同两造之间事实上的不对等地位视而不见,片面强调"意思自治",将使得处于弱势的相对人的利益在契约自由的原则下受到损害;反之,将特许经营协议界定为行政合同,正视两造之间自然状态下的不对等关系,不仅不会对合同的固有属性构成否定,更会建立起行政权的正当行使与契约的自由精神之间的良性互动关系,充分实现公共利益与私人利益的双赢。③

刘燕认为,从政府采购合同订立的目的,政府采购合同订立的方式以及政府采购合同在履行过程中变更、终止的特殊规定等方面加以分析,政府采购合同又与民事合同存在着实质的区别,正是这些区别决定了政府采购合同不属于民事合同的范畴。政府采购合同包含民事合同无法涵盖的内容,这是政府采购行为本身的性质决定的。因此,虽然政府采购合同适用合同法的规定,但并不能否认其行政合同的性质。④

(三) 民事合同说

杨明、曹明星认为,特许经营权本质上是一项民事权利,更具体地说是无形

---

① 参见邓小鹏、申立银、李启明、袁竞峰:《基于行政法学角度的 PPP 合同属性研究》,载《建筑经济》2007 年第 1 期。

② 参见王克稳:《政府业务委托外包的行政法认识》,载《中国法学》2011 年第 4 期。

③ 参见李霞:《论特许经营合同的法律性质——以公私合作为背景》,载《行政法学研究》2015 年第 1 期。

④ 参见刘燕:《政府采购合同的性质及其纠纷解决机制》,载《中国财政》2002 年第 10 期。

财产权……特许经营权的客体为一种"经营资格或能力",其非物质属性十分明显,所以,将特许经营权界定为无形财产权。[①]

辛柏春认为,项目协议是类似于政府采购合同的特殊民事合同,尽管项目协议是民事合同,但它不同于一般的民事合同,具有特殊之处。[②]

周兰萍认为,PPP 特许权协议的订立履行依赖于行政行为的实施,但究其实质又独立于行政管理范畴。政府在 PPP 项目中的双重身份是 PPP 项目的特点决定的,但不能因此得出 PPP 特许权协议是行政合同的结论。政府行政权的行使仅是政府作为 PPP 特许权协议当事人一方全面履行自身各项合同义务的必要手段,从这个意义上讲,政府行政权的行使应当有效服务于 PPP 特许权协议的合同目的。赋予 PPP 特许权协议以民事属性符合市场交易的内在规律要求。尽管 PPP 项目具有公益性,特许经营者应按特许权协议约定提供公共产品或服务。将 PPP 特许权协议定性为民事合同,可以使得特许权协议双方当事人权益有更为便利高效的司法救济渠道。但这并不意味着特许经营者提供的该等产品和服务是免费的。相反,恰恰是因为政府自身提供该等产品或服务的成本较高、代价较大、经验不足,由特许经营者提供更加物有所值(Value for Money),所以项目本身才有以 PPP 模式实施的必要。[③]

彭涛认为,从合同法角度看,在 PPP 协议的达成过程中,公共部门是作为与私人部门对等的民事主体与之进行协商和交易的……尽管公共部门本身享有的公权力特征使公共部门在交易过程中客观上更拥有强势影响力,但这并不妨碍双方当事人在法律意义上平等地位的确立。公私部门在 PPP 协议签署时法律意义上的平等地位意味着 PPP 协议适用合同法关于平等、对价、承诺和意思自治的一般原则,要求在公私合作模式中拥有相对强势影响力的公共部门应平等对待相对人并尊重相对人意志,减少特权性诉求,要求公共部门承认相对人的权利及其对正当利益的诉求,要求公共部门的权力受到承诺法律后果的约束。[④]

(四) 公法与私法兼备说

李显冬认为,市政特许经营中的法律关系既不是单纯的行政管理法律关系,也不是单纯的平等民事法律关系,而是两个法律关系的交叉融合,从而形成复杂的特许经营法律关系。我们必须从以上两个角度来进行分析,才能既确保政府

---

① 参见杨明、曹明星:《特许经营权:一项独立的财产权》,载《华中科技大学学报》(社会科学版)2003 年第 5 期。

② 参见辛柏春:《BOT 项目协议的法律性质》,载《行政与法》2005 年第 5 期。

③ 参见周兰萍:《PPP 特许权协议的法律性质及立法建议》,载《中国建筑装饰装修》2014 年第 7 期。

④ 参见彭涛:《略论公共部门在 PPP 公私合作模式中的定位》,载《法制与社会》2006 年第 11 期。

的公共管理职能得以实现,又保证参与受权的特许项目投资公司及项目公司的合法民事权利不受侵害。[①]

邓敏贞认为,政府在选取合作者以后,须与合作企业订立合同明确双方的合作关系。根据双方选取的合作模式,围绕公用事业基础设施的设计、建立、运营维护、公用事业产品或服务费率的确立与支付等具体事项约定彼此的权利义务。此类合同因关乎公共利益和公法任务的实现,同时涉及平等主体之间的权利义务关系,兼具公法与私法的混合属性。[②]

王文英认为,政府采购合同包括货物采购合同、服务采购合同和工程采购合同。从法律的角度可对政府采购合同的性质作界分:工程采购合同中的公共工程采购合同是典型的行政合同,而货物采购合同、服务采购合同和公共工程以外的其他工程采购合同则由行政机关根据具体情况和实际需要决定订立行政合同抑或民事合同。行政机关为实现国家的经济和社会发展政策目标,需要在政府采购合同中考虑保护环境、扶持不发达地区和少数民族地区、促进中小企业发展及优抚残疾人企业等公法因素时,政府采购合同即为行政合同;不需要考虑上述公法因素时,即不必在采购合同中执行上述政策目标时,即为民事合同。因此,其性质并不能一概而论。[③]

湛中乐等认为,PPP 协议中反映了公共部门与私人部门之间对于公共服务的买卖合同关系,还反映了私人部门作为公共服务的生产者和经营者与公共部门作为公共服务市场的监管者之间的管理与被管理关系,应属于兼具公法和私法性质的混合合同,双方当事人应同时受到公法和私法原则的约束。[④]

邓敏贞认为,公用事业公私合作合同之所以产生民事合同、行政合同甚至经济合同的多种学说,其根源在于,此类合同融合了公法与私法因素,是公权力与私权利相互作用、相互配合的结果。以上检讨的多种学说,其实已经从不同角度揭示了公私合作合同的公法与私法属性。公用事业公私合作合同作为国家规范公用事业公私合作活动的重要形式,与经济法的产生具有内在的一致性,是公私法融合的产物,具有经济法的属性。公用事业公私合作合同的公私法属性,要求其在政府权力与契约精神之间寻求最佳契合,以在促成公私合作合同所预期的特定行政目的或特定公用事业行业公共利益实现的同时,能最大程度地实现合

---

① 参见李显冬:《市政特许经营中的双重法律关系——兼论市政特许经营权的准物权性质》,载《国家行政学院学报》2004 年第 4 期。

② 参见邓敏贞:《论公用事业消费者的权利——基于公私合作背景的考察》,载《河北法学》2014 年第 4 期。

③ 参见王文英:《试论政府采购合同的性质》,载《行政法学研究》2003 年第 3 期。

④ 参见湛中乐、刘书燃:《PPP 协议中的公私法律关系及其制度抉择》,载《法治研究》2007 年第 4 期。

作企业的利益。公用事业公私合作合同的公私法属性,决定了此类合同既要受到公法规制,也应接受私法约束。①

在法政策上,李霞主张跳脱公私法二元划分的框框,在未来构建起关于公私合作合同的统一的实体与程序规则。这是因为,尽管公私法划分仍然主导着现代法律的分析逻辑,但在国家与市场、社会交互融合的背景下,作为描述性的工具,公私法的界限已经日渐模糊,在许多新兴的法律领域中其解释能力也大幅弱化,难以回应客观现实对法制建构的需要。具体到公私合作的法律性质问题上,片面强调公私合作合同的公、私定性而陷入僵化的公私二元严格区分的泥沼中,有以理论桎梏现实之嫌。②

(五)信托说

赵意奋认为,政府作为特许人将经营权交付给受许人,意图在于希望受许人代表政府像经营自己的事业一样经营公用事业,其经营过程中的立场即是政府的立场——为了公众的利益。因此,公用事业特许经营协议本质上是一种信托,是政府将公用事业经营权信托给了受许人——企业。③

(六)经济合同说

冉洁认为,特许经营合同更符合经济法的价值取向,是典型的经济合同。经济合同就是直接体现政府意志的具有"经济内容"的合同。……市政公用事业特许经营制度是在经济法产生的大背景下产生的,符合经济法的价值取向。特许经营合同的当事人之间既有政府与投资者之间在平等协商基础上的谈判,也有政府基于行政管理的需要,依法进行监督检查的行政管理权利。二者之间,既有横向的经济关系,又有纵向的行政关系,其法律地位既是平等的,又是不平等的,而且这种不平等在政府和特许经营者之间流动,具有"流动性"。从合同的目的看,实施特许经营最根本的目的不是融资,而是要提高公共产品和公共服务的质量,促进社会公共利益的最大化。从合同的客体看,特许经营的客体是涉及国计民生的市政公用事业,而非一般的投资项目,具有极强的公共性、公益性和基础性。从权利流转看,特许经营者获得特许经营权不能擅自转让、处分。④

---

① 参见邓敏贞:《公用事业公私合作合同的法律属性与规制路径——基于经济法视野的考察》,载《现代法学》2012年第3期。

② 参见李霞:《公私合作合同法律性质与权责配置——以基础设施与公用事业领域为中心》,载《华东政法大学学报》2015第3期。

③ 参见赵意奋:《公用事业特许经营协议性质之辨考》,载《经济体制改革》2010年第6期。

④ 参见冉杰:《试析市政公用事业特许经营合同的法律性质》,载《城乡建设》2008年第4期。

史际春等认为,“这类公私融合——融当事人意思自治、财产因素等与公共性、国家意志性、政策性等因素为一体的合同应界定为经济法上的合同,确立真正的‘大民事’观念,在法律上和司法上辩证地把握公与私,在二者间仔细、巧妙地求得平衡,以确保对特许经营权合同的有效法律调整”①。

宋宗宇等认为,政府特许经营合同更符合经济法的价值取向,应从经济法角度界定。首先,政府特许经营制度符合经济法的价值取向。政府特许经营合同体现的法律关系符合经济法的调整对象。从立法角度看,经济法是与民法、行政法各有交叉的一个独立的部门法,它兼具民法调整的横向经济关系与行政法的纵向经济关系,体现了市场调节与国家干预的辩证统一。政府特许经营合同是政府为实现一定经济目标(如吸引投资、拉动民营经济、促进基础设施公用事业的发展等),签订或者参与制订的能够体现政府意志的合同,是政府对经济进行宏观调控和指导的结果。②

陈晓认为,PPP 模式具有典型的经济法特征:公共部门作为社会公共利益的忠实代表,无论对公共产品和服务项目的设计、PPP 具体模式的选择、私人部门的选定、风险的分担,还是对私人部门履行合同的监管,均必须对公共利益负责;但是,作为相对于私人部门的经济关系主体,公共部门也必须按照商业规则与私人部门进行谈判达成合作一致,不能滥用行政权力强制或妨碍私人部门自主选择的经济行为,且必须建立公平的竞争秩序、创造私人部门平等和公平竞争的条件。③

四、现行各学说的不同争鸣

王文英认为,民事合同说的观点包括:“第一,国家与公民地位不平等,地位不平等的当事人之间不能缔结行政契约。第二,依法行政原则与缔约自由原则不相容。实际上,地位不平等的当事人间,并非不能缔结行政契约;法律对行政的拘束,亦非全然否定缔结行政契约的自由。”④

赵意奋认为民事合同说、行政合同说都存在不足,“民事合同说不合理之处有二:其一……政府具有双重法律地位,既是协议的当事人,又是合同项目的管理监督者和公共利益的维护者,其既享有合同权利,又享有行政监督、管理特权。

① 史际春、肖竹:《公用事业民营化及其相关法律问题研究》,载《北京大学学报》(哲学社会科学版)2004 年第 4 期。

② 参见宋宗宇、刘婧:《政府特许经营合同法律性质新探》,载《行政与法》2006 年第 6 期。

③ 参见陈晓:《论我国 PPP 公私合营模式的法律框架》,中国政法大学 2010 年硕士学位论文。

④ 王文英:《试论政府采购合同的性质》,载《行政法学研究》2003 年第 3 期。

在受许人经营中出现损害公共利益的情形，政府甚至可以单方面地收回特许经营权。其二，公用事业特许经营协议在经过招标投标签订之后，还要履行严格的审批程序，相关政府部门制定有关的法律、政策，以保证协议的履行。而民事合同不具有如此繁琐的审批程序。……行政合同以实施行政管理为直接目的，政府不直接参与到经济活动中。公用事业采用特许经营模式，政府不是在行使行政管理职能，其目的是为社会提供高质量的公共产品和高效的服务。换言之，政府充当的是公用事业经纪人的角色，不是行政管理人。政府常常可以作为一般民事主体与他人发生民事法律关系，在特定社会的现实生活中，每个民事主体都具有不同的身份和扮演着不同的角色。对其具体身份的认定，必须视其所处的具体法律关系而定。行政机关在管理社会事务中依据法律规定并遵照法定的程序就特定事项做出具体行政行为，它与相对人之间产生不平等的行政法律关系；行政机关参与民事活动，它与相对人应为平等主体的关系，他们之间形成的应是民事法律关系而不是行政法律关系”①。

彭涛认为，在PPP合作协议履行过程中，公共部门必须以公共利益维护者和行政权拥有者的角度，有义务也有权利对项目公司运营和提供服务的全过程进行管理、监督，从而导致公共部门在整个PPP合作模式中拥有了第二重地位。由此可见，公共部门在PPP协议履行过程中确实拥有协议另一方当事人所无法拥有的行政监管主体地位。但是必须注意的两点是，首先，履行监督管理职能的公共部门的具体机构，并不当然是PPP协议中的当事方；其次，被监管的行政管理相对人也并不当然指PPP协议的另一方当事人，而是指依据PPP合作协议成立的项目运营方或公共服务提供者，在很多情况下它是指公私合资公司。因此，PPP协议中公共部门的民事主体地位和行政监管主体地位是可以分离的。②

小　结

观诸上述众多学说，学界目前对于PPP协议的性质尚未形成统一认识，仍然处于模糊状态。王克稳就认为，现行的行政立法仍未摆脱传统思想的影响，突出的表现就是行政立法大多仍以公权力行为为主要的规范对象，而在政府业务委外领域，多数委外的政府业务恰好为非权力的公共产品或公共服务的供给行为，针对这些供给行为，私法不足以有效规范，而以公权力为规范对象的公法又无法适用，从而造成了政府业务委外领域的法律真空；尽管我国制度层面不存在

① 赵意奋：《公用事业特许经营协议性质之辨考》，载《经济体制改革》2010年第6期。

② 参见彭涛：《略论公共部门在PPP公私合作模式中的定位》，载《法治与社会》2006年第11期。

公私法的明确划分,但在立法观念上仍深受公私法划分的影响,习惯以调整的社会关系的性质决定法律性质及其部门归属,非公(法)即私(法)的观念左右着立法,所以,当行政主体以私法手段遂行公法目的时,立法即显得无所适从了。[①] 湛中乐也指出,在理论上探讨 PPP 协议等行政合同的公法属性的同时,也要看到在实践中,行政合同越来越凸现其合同性即私法性,行政主体在行政合同中的特权越来越受到私法原则的约束,如行政主体基于公共利益而修改或终止合同时,通常要赔偿对方因此受到的损失或者修改其他条款,以保持合同双方权利义务的平衡。[②] 总之,对于 PPP 协议的法律性质仍待学界的进一步研究和探讨。

---

① 参见王克稳:《政府业务委托外包的行政法认识》,载《中国法学》2011 年第 4 期。

② 参见湛中乐、刘书燃:《PPP 协议中的公私法律关系及其制度抉择》,载《法治研究》2007 年第 4 期。

PPP模式中的政府职能理论研究综述

陈柯晔*

当前,针对PPP模式中政府职能的论述较多,但又较为分散。各个领域、不同学科的学者都从不同层面来探讨公私合作模式中政府应处的角色和职能,并分析了由此引发的一系列问题。从现有学术著作和论文来看,对于PPP模式政府职能研究多集中于管理学、政治学等领域,法学论著较少。归纳起来,学者主要从以下几个方面对PPP模式中的政府职能进行理论探讨。

一、PPP模式中政府职能的多重定位

PPP模式作为公共部门与私人部门共同合作供给公共产品的模式,反映了现代公共设施和服务生产方式的变革和新理念,公共部门由传统的公共服务的生产者和提供者集于一身,逐步转化为两个职能的分离。政府作为公共服务的提供者,在选择以何种方式来生产公共产品时,表现出不同的角色定位,这种职能界定的模糊性在PPP模式中尤为明显。学者对此也多有争论,总体而言,主要从三个不同角度来解读PPP模式中的政府职能定位。

(一)宏观体系的视角解读:双重职能和三重职能之争

关于双重职能,学界一般认为政府在公私合作制过程中既是监管者又是参与者。叶晓甦、徐春梅(2013)认为,政府在PPP项目上必须定位于促进、主导和

* 陈柯晔:华东政法大学经济法学院2014级硕士研究生。

管理的功能,同时又是参与合作的一方。因此,之后的 PPP 政府管理研究中,应从理论上明晰政府在 PPP 中的定位、责任和管理主体,科学分离政府的参与者和监管者职能。[①] 同样,邓敏贞(2012)认为,政府在两个方面须履行职责。一方面,在公私合作过程中,为了保障私人参与社会公共事务的合法性,及督促其经营行为符合一定的公益要求与实现公共福祉,政府需要行使一定的监管职责,保留一定的公权力。[②] 另一方面,为了防范政府以合同形式逃避其应当承担的公法义务,同时督促合作企业按照合同要求履行义务,保障公用事业的健康运营,达到公法目标,在公用事业公私合作中,政府仍应承担起保障民间机构执行任务符合公共利益与实现公共福祉的职责,即保障责任,以及在民间机构无法顺利运营或者无法对社会承担相应的责任时,承担补充责任。[③]

双重职能的定位虽然突显了公私合作模式中政府职能的特殊性,但是从整个宏观体系来看,这种双重职能的定位并不完善。由此,许多学者提出政府在公私合作模式中具有三重职能。王俊豪、付金存(2014)认为,公共部门在 PPP 模式中虽然不再直接生产公共产品,但公共服务的责任仍主要由政府来承担。政府及其公共部门在 PPP 模式中至少承担三种职能:(1) 作为公众利益的代表,须保证公共产品的质量和数量符合标准,一旦公共产品数量和质量不能满足公众需要,或在公共服务活动中出现重大事故,政府必须承担相应的政治责任;(2) 作为 PPP 模式的主要参与主体之一的政府和公共部门还应承担规则制定与执行的职责,包括法规政策和 PPP 规则程序的制定、违规行为的纠正等;(3) 作为公共服务的采购者,公共部门主要承担确定采购标的、选择合格的私方合作者、签订与履行合约等职责。要履行好这些职责要求政府主管部门由传统的“经营者”向“监管者”转变,由传统的“命令—控制”的管理理念向“经济—激励”的服务导向转变。[④]

湛中乐、刘书燃(2007)也认为,在 PPP 模式中政府具有三重角色的职责,分别为规则的制定者与执行者、公共服务的采购者和提供者、公共服务的监管者等。第一,规则制定者与执行者。为确立允许通过私人部门参与公共服务的生产而更有效提供公共服务质量的目的,政府必须首先通过制定法律、法规等法律文件建立一个可吸引私人投资而又能实现公共利益的法律框架。第二,公共服

① 参见叶晓甦、徐春梅:《我国公共项目公私合作(PPP)模式研究述评》,载《软科学》2013 年第 6 期。

② 参见邓敏贞:《公用事业公私合作合同的法律属性与规制路径——基于经济法视野的考察》,载《现代法学》2012 年第 3 期。

③ 参见邓敏贞:《公用事业特许经营与政府责任》,载《山东社会科学》2010 年第 9 期。

④ 参见王俊豪、付金存:《公私合作制的本质特征与中国城市公用事业的政策选择》,载《中国工业经济》2014 年第 7 期。

务生产者、采购者和提供者。公私合作制意味着政府要更多地参与到项目之中。从项目一开始,公共部门和私人部门就会共同参与决策,共同参与公共产品的提供,并且共同承担项目有关的风险、成本与投资,寻求实现双方利益的共赢。特别是公共事业项目中私人部门做不好的,或者由私人部门做效率反而不如公共部门的那些部分,就应由公共部门来承担。第三,利益协调者和公共服务监管者。在PPP中,如一个基础设施项目,政府相对于私人部门而言在征用土地时具有更明显的协调各方利益的优势,或者私人部门与其他利益主体之间出现了法律争议,这项工作就应由政府来做,此时政府的角色更多的是以一种利益协调者的身份出现。①

金暄暄(2014)也提到政府的三项职能定位。首先,政府作为政策的制定者,需要确保法律法规的明确和公平,保证政策的稳定性;其次,政府在选择合作方时,须全面评估企业的信用程度、资金水平、技术和管理经验等指标;最后,公用事业的建设是涉及国计民生的大事,政府作为PPP项目的参与者和监督者,完善配套法律法规、监管机构。② 彭芳、祝小宁(2008)同样从政策提供者、规则制定者以及监管者三方面论述了政府职能。③

(二)微观运作的视角解读:政府职能的多样

段绪柱(2015)认为,在PPP中,政府在不同的阶段承担着不同角色职能:第一,PPP项目的规划者。在PPP启动前,政府要做好具体项目规划工作,因为基础设施的体系规划不仅包括技术方案,还包括基础设施体系实施方案规划。实施方案规划应包括政府和非政府投资在项目中所占比例,非政府投资项目的选择,规划体系中各项目的实施顺序和时间、建成项目的运行管理、项目的投资回收方案等。第二,PPP项目的发起者。政府作为PPP项目的发起人,在PPP项目确立后,项目所在地的政府公开发布PPP信息,让有兴趣的私营投资者参与PPP市场的竞争。PPP项目一般采取招投标的形式选择项目的建设者、经营者。政府以招标文件形式,向社会公布项目的拟建设规模和对参与投标的私营投资者的资质要求、技术及其实力,以及项目建设后所要达到的经济社会、公众服务的目标,政府在项目中所起的作用,私营投资者投资此类项目可能获得的特许期限、优惠政策。私营投资者可根据政府的招标文件要求参加投标。最后政府根据投标的结果选择合适的中标机构,与其就建设项目的具体事宜进行谈判,

① 参见湛中乐、刘书燃:《PPP协议中的法律问题辨析》,载《法学》2007年第3期。

② 参见金暄暄:《公私合作制下城市公用事业监管体系创新研究》,载《特区经济》2014年第8期。

③ 参见彭芳、祝小宁:《PPP模式下我国政府在基础设施建设中的职能转变》,载《四川兵工学报》2008年第4期。

并签署特许权协议,成立PPP项目公司,并由项目公司对项目进行建设与经营。第三,PPP项目产品的购买者。在大多数情况下,政府是PPP项目的产品购买者与供给者。作为社会公众的代表,政府代表社会公众与私营投资者协商确定产品的购买价格和购买量;作为公共品的供给者,政府规定项目公司向社会提供产品数量。第四,PPP项目建设和运行进程的保障者。公共基础设施建设由于其建设规模大、涉及范围广,在建设过程中需要协调的事宜和部门繁多,仅靠项目公司的力量难以保障项目的建设顺利进行,政府作为项目的支持者参与协调工作。另外,公共基础设施的运营也需要政府在税收、收费政策、财政补贴等方面给予政策上的支持,以保证基础设施的正常运行和项目的投资收益。第五,PPP项目的监管者及各方利益的协调者。政府对PPP项目的监管包括经济性监管和社会性监管。经济性监管既有限制性措施,比如价格限制和绩效标准等,也有支持性的行为,比如外汇管制等。社会性监管主要是为了保证社会和项目的安全和稳定,防止事故的发生,保证项目产品的质量,对项目的运营效率和质量加强监督。①

持相同观点的还有刘向杰(2011),他认为政府在PPP项目中承担了规划者、发起者、选择公私合作项目的建设经营者、特许权授予者、公私合作项目产品的购买者、合作者和支持者、公私合作项目的管制者及各方利益的协调者等一系列职责。② 同样,刘毓(2009)也分析了PPP项目运作各阶段中的政府职责,从项目准备阶段、招投标阶段、融资阶段、实施阶段共四方面进行详细论述。在PPP项目的准备阶段,政府部门是PPP项目的选择和确定者;在PPP项目的招投标阶段,政府部门要确定与其合作的PPP项目的开发主体;在融资阶段,政府部门应保证政策的连续性和稳定性,创造良好的投融资环境和健全的经济体制保证私营部门的顺利融资;在PPP项目的建造、运营阶段,政府部门将不再是项目的主要经营者,而是要对PPP项目及私营部门进行监管,保证PPP项目在预定的工期、资金限制的情况下保质保量地完成。③

(三)契约关系的视角解读:三重契约与国家担保

由于公私合作制的基础在于契约,因此,诸多学者从契约角度对政府职能进行全面解读。段绪柱(2012)认为在公私合作的三重契约关系中,政府扮演着多重的社会角色:政府既是公私合作的参与者、契约方,又是社会公共利益的代表

---

① 参见王东:《PPP主体关系中的政府:角色定位与行为机制框架》,载《中国政府采购》2015年第3期。

② 参见刘向杰:《公私合作项目的政府行为研究》,西南交通大学2011年博士学位论文。

③ 参见刘毓:《城市基础设施PPP项目中的政府责任研究》,西南交通大学2009年硕士学位论文。

者、社会不同利益的协调人。第一，显性契约中的政府角色职能。(1) 公私合作的契约签订方。政府是公私合作合同的一方当事人，必须"遵守合同的约定，履行合同中的义务，信守合同中作出的承诺，并承担违反合同所带来的法律后果"[①]。(2) 公共服务的购买者。公私合作中政府将公共服务的生产职责全部或部分转移给了私人部门，本质上是在代表社会公众购买某种公用设施或公共服务，在这一过程中，公共部门有责任选择拥有良好履约能力的生产者。(3) 公私合作制度的建构者与实践者。公私合作制中，政府的角色由传统的全能公共物品直接提供者转变为制度安排者。第二，内在契约中的政府角色。(1) 民意的汇聚与表达者。公共部门必须通过制度化的机制在众多的公众需求中甄别选择，确认需提供公共物品和服务的类型、数量与质量标准，通过规范、公正、透明的程序选择合作对象，以合约方式明确双方权利义务，监管生产服务过程，确保公众根本利益。(2) 社会公平与正义的维护者。享受基本的公共服务是社会公众的基本权利，是社会公平与正义的起码要求。政府有责任和义务通过制度设计降低消费者维权成本，加强对生产者和公共机构的监管，保证普遍服务及服务的非歧视性和可承受性，实现政府、消费者与生产者间的均衡与社会整体福利的最大化。(3) 最终责任的承担者。公私合作制转移给私人部门的是公共物品的生产权，政府向社会公众提供公共物品与服务的责任并没有随之转移。一旦私人部门无法履行职责，政府必须继续设法提供各项服务，并承担由此而来的责任。该职责也是担保国家的重要体现。第三，私人部门履约的监管者、私人部门与公众争端的仲裁者。公私合作最终表现为公共部门必须依法、依合约及时评估私人部门的服务状态，适时纠正私人部门的不当行为。当私人部门与消费者发生争议时，依法公正处理，维护双方的合法权益。[②]

但是通过契约方式来解读过于宽泛，并不利于解决具体问题。因此，有学者在分析契约关系基础上，提出了国家担保等职责。邓敏贞(2014)认为，在公私合作项目中，由于公私合作制的实施乃政府借助民间力量向社会公众提供公用事业产品与服务，为避免政府逃避其应承担的公法义务，保障广大消费者的权利，政府应当承担补充与赔偿职责。第一，政府承担保障职责。主要体现在三个方面，即保障公用企业所提供的产品或服务的价格合理，能为公众所接受；保障公用企业提供的产品或服务符合质量要求；保障合作企业的合理收益，尤其在企业承担了公益性义务而遭受损失的时候，对企业予以补偿。第二，政府承担补充责任。所谓补充责任，是指在企业无法正常向公众提供公用事业产品或服务，以及

① 余晖、秦虹：《公私合作制的中国试验》，上海人民出版社 2005 年版，第 83 页。

② 参见段绪柱：《公私合作制中的政府角色冲突及其消解》，载《行政论坛》2012 年第 4 期。

在企业经营行为导致公众利益受损而自身又无法完全承担赔偿责任的时候,由政府承担相应的责任。这主要体现为接管和补充赔偿。[①]

邹焕聪(2014)则提出,在公私合作中政府主要体现为公益担保职责,即所谓担保国家概念。担保国家,系指国家就公共任务,如基础建设或公共服务之提供,不亲自执行,转而与私部门共同承办公共任务,但此共同承办并非就任务之执行彼此分工,而是国家不再优先以其原有科层化行政运作为模式,改采取宽泛之任务理解,且以"私部门执行公共任务,国家担保私部门执行"之模式,确保任务可以顺利完成。由此,国家角色转变为担保者的角色,以担保公益或公共任务实现的功能适当的框架与条件,或者说,国家完成从"提供者"到"促进者"的角色转变,并负有担保国家的任务。也就是说,国家或公共部门在公私协力中不再承担履行责任,而是承担确保私人履行公共服务时的公益担保责任。[②]

综上所述,对于政府职能的定位主要存在着三个视角,而从这三个视角分析所得出的结论也不尽相同。但是从最为宏观和全面的角度来看,从规则制定者、公共服务提供者以及监管者这三个角色分析政府职能最为妥当。以微观运作的视角来分析太过琐碎,导致最后仍可回归于上述三个职能中。而以契约关系的视角虽然极具法学意味,但是缺乏宏观层面的关系分析,较为可惜。因此,之后的综述将围绕这三者分析政府职能所存在的问题以及完善措施。

二、PPP 模式中政府职能定位存在的问题

政府作为公共部门,在公私合作模式中具有重要地位,贯穿于公私合作模式的始终,在某种程度上来讲,公私合作模式是对一个政府执政能力与法治水平的检验。但是,从过去几年对公私合作模式的试验来看,政府在履行其职能时存在一系列问题。这些问题也为学者们所关注,概括而言,主要从理念、制度、操作三个层面来分析公私合作过程中政府履职所存在的具体问题和不足。

(一)理念层面:政府认知存在偏差

余晖、秦虹(2005)认为,公私合作制对于许多政府官员来说是"新生事物",缺乏必要的知识储备和经验,而且在观念上也存在不少误区。具体体现为三点:第一,重引资,轻竞争。公私合作制的首要目标是发挥市场竞争机制优化资源配

① 参见邓敏贞:《论公用事业消费者的权利——基于公私合作背景的考察》,载《河北法学》2014 年第 4 期。

② 参见邹焕聪:《论公私协力的公法救济模式及体系现代化——以担保国家理论为视角》,载《政治与法律》2014 年第 10 期。

置,改善公众福利。但在强烈的经济赶超目标的驱动下,各地都把解决财政投入短缺放在首位,忽视了竞争机制的作用。虽然在政策上,中央和地方一再重申行业开放,鼓励民间投资基础设施和公用事业,但实际上却设置诸多隐性障碍,在市场准入和市场竞争方面,给予国有企业、外资许多超"国民待遇",而对民营资本实行歧视待遇,使民营企业难以公平地参与竞争。第二,把PPP等同于私有化,公私双方短期化倾向严重,缺乏长期合作精神。政府方面对基础设施或公用企业往往是一卖了之,对政府在公用事业民营化实施过程中支持、协调和监督的作用认识不足。在民营化过程中,政府和投资者合谋通过急剧提高价格、无偿划拨土地等来维持投资者高额或固定的投资回报,将风险或财务负担转嫁给社会公众,从而导致公私合作制不但没有增加消费者福利,反而降低了消费者福利,从而引起公众强烈反感。第三,对公共基础设施的产业特殊性以及公私合作制所涉及的商业、技术、法律、政策等问题的复杂性认识不足。在具体运作上往往是急功近利,顾此失彼,对各种可能面临的风险评估不足,政府和私人投资者的决策非常草率,缺乏充分论证,一旦出现问题,各方就表现出机会主义倾向。①

赵旭(2008)也认为,我国存在重引资、轻效率、轻竞争的问题。许多发展中国家过于重视引资,忽略了对效率的追求。虽然目前中国的一些地方,尤其是沿海城市、发达地区,已经在逐步转变,把效率放在了比较重要的位置,但很多地方仍是以引资为主。而在竞争方面,较为重视准入竞争,忽视过程竞争,导致整个制度设计出现偏差。②

章志远(2007)则对理念层面的问题作出了如下概括:一方面,存在认识误区。受财政压力持续增加的影响,地方政府往往片面强调特许经营的融资功能,甚至将其简单地等同于私有化,对如何实现有效竞争、如何提高服务质量、如何保障公众利益,较少关注。另一方面,这种认识错误导致短视行为,地方官员出于树立政绩的冲动,大搞所谓的"民心工程""形象工程",加之融资渠道的不畅通,对民营资本特别是外资几乎有求必应,甚至轻易许诺高额的固定回报或对经营者授予超长期的经营权。③

宋丹(2007)则提出,政府在理念层面主要存在认知不足,领导缺乏重视的问题。PPP项目融资模式是近几年才发展起来的一种新型融资模式,目前在我国仍是空白,这就造成在我国对此种模式研究不深刻,相关内容普及程度低,政府

---

① 参见余晖、秦虹:《公私合作制在中国面临的问题、挑战及发展前景》,载《中国经济时报》2005年9月22日。

② 参见赵旭:《如何改进公用事业公私合作的政府监管》,载《中国建设报》2008年7月17日。

③ 参见章志远:《公用事业特许经营及其政府规制——兼论公私合作背景下行政法学研究之转变》,载《法商研究》2007年第2期。

缺乏必要的了解。同时大部分领导不熟悉其具体内容和操作规范的要领,认为谈判既费时又费力,还要给项目一定的担保和政策优惠,不如传统的贷款或拨款省心,甚至部分领导习惯于建设方的寻租行为。因此对 PPP 兴趣不大,这显然减缓了投融资体制改革,也阻碍了 PPP 模式的推广和应用。[①] 当然,随着十八届三中全会的召开,整个国家和社会都非常重视 PPP 模式。

(二)制度层面:规则和监管双重不协调

公私合作模式的发展和创新需要一系列制度保障,但是当前的制度体系下,政府作为规则制定者和监管者并未很好地履行其职责,存在着规则和监管的双重缺失,而这两种制度的缺失导致公私合作模式下存在一系列问题,这也是当前公私合作模式止步不前的重要原因。

1. 地方政府主导规则制定所引发的问题

肖晓军、吕景春(2006)认为,由于全国缺乏统一立法,各个地方政府主导规则制定,导致有关特许经营的法律、法规、政策规定相互之间不协调、不配套,前后不相衔接;法律条文内容含糊不清,甚至不合理,前后矛盾等问题。以特许经营者的选择为例,根据《行政许可法》第 53 条规定,行政许可必须通过招标和拍卖的方式授予;而从另一方面看,属于政府采购法范畴的特许经营,还理应遵循《政府采购法》第 26 条的规定,政府采购可以采用招标、邀请招标、竞争性谈判;单一来源采购;询价;国务院政府采购监督管理部门认定的其他采购方式来选择经营者。一些地方性的特许经营管理办法也作出了不尽相同的规定,深圳规定可以采取招标、招募和法律、规章规定的其他方式;北京规定可以通过招标或直接委托等,这些法律条文的不一致,使特许经营者风险成本加大,他们甚至不知道自己取得特许经营权的合法性,依据哪部法律条文来保护自己。[②]

余晖、秦虹(2005)也认可我国普遍存在有关公私合作制的政策、法律与法规规定不协调、不配套、不合理的情形。[③] 对此,持相同观点的还有廖雨果(2006),他提出,一方面,公用事业服务和政府监管过程仍处于"无法可依"或"少法可依"的状态,突显了基本立法和可操作性规定的空白。另一个方面,有关公私合作制及政府监管的法律、法规与规定不协调、不配套。[④]

---

① 参见宋丹:《现阶段我国政府在 PPP 项目融资模式中的职能与作用研究》,载《北方经济》2007 年第 1 期。

② 参见肖晓军、吕景春:《公私合作制在中国目前公用事业市场化中面临的问题——以特许经营制度为例》,载《开发研究》2006 年第 5 期。

③ 参见余晖、秦虹:《公私合作制在中国面临的问题、挑战及发展前景》,载《中国经济时报》2005 年 9 月 22 日。

④ 参见廖雨果:《公私合作制(PPPs)中的政府角色分析》,载《甘肃行政学院学报》2006 年第 3 期。

而刘向杰(2011)则认为,由于政府部门或地方政府制定规则的技术有限,导致所制定的规则大部分缺乏完整、明确的操作性规定,不能给投资者提供确定的操作规范文本以及比较完善的法律保障。[①] 孙治艳(2014)则认为目前地方政府主导下的规则制定缺乏完整的推动方案,很多地方政府为了政绩大兴土木,大搞形象工程,耗费巨额财力,而公众迫切需要提供的公用事业,如更方便快捷的城市公交系统、干净的城市环境和市容卫生等长期得不到满足。同时,在规则制定过程中,存在政府腐败的现象,不可避免地会从自身利益出发,权衡公用事业公私合作这一政策对自身利益的影响。[②] 段绪柱(2012)也认为,由于地方政府在规则制定中处于强势地位,有可能利用自己的权力与规则制定修改中的主动地位,修改公私合作契约的内容,转移矛盾或将问题单方推给合作的营利组织。[③]

2. 当前政府监管体系所存在的缺陷

公私合作模式并不是放任企业不管,而是政府由原来直接经营的角色转变成行业监管者,实行政企分离,政资分离,政事分离。但是当前政府职能未从传统的体制中转变过来,导致现阶段我国在公私合作模式中的监管问题,许多学者从行政学、公共管理学等角度,分析政府监管的缺陷。

余晖、秦虹(2005)认为,我国政府监管体系未理顺,政府各部门之间、政府各层级之间的职责界定不清晰,分工并不明确;同时,该监管体系存在监管权力分置,从而导致重复监管和监管不协调的问题。[④] 肖晓军、吕景春(2006)认为,政府监管体系存在两方面问题:从横向来看,各级政府部门的监管职能界定不清晰,分工不明确,职能重叠,多重监管并且随时可以调整。这不但增加了监管部门之间的协调难度,降低了行政效率,增加了企业负担,而且在谈判、签定合同时企业无法确定哪个部门具有合法的代表资格,在出现违约时,又无法确认哪个部门能承担法律责任,增大了企业风险。从纵向看,条块之间监管分工不尽合理,纵向监管权力配置与横向权力配置之间缺乏协调机制,条块发生冲突时,又缺乏相应的裁决机制,这比较普遍地发生在具有跨地区性公用事业监管上,如电信、电力等。[⑤]

赵旭(2008)则认为,从政府监管机构和政府监管能力来看存在一系列问题,政府监管机构方面,表现为部门之间交叉重叠、多头监管以及缺乏独立性。在政

① 参见刘向杰:《公私合作项目的政府行为研究》,西南交通大学2011年博士学位论文。

② 参见孙治艳:《公共事业领域公私合作中政府角色定位研究》,苏州大学2014年硕士学位论文。

③ 参见段绪柱:《公私合作制中的政府角色冲突及其消解》,载《行政论坛》2012年第4期。

④ 参见余晖、秦虹:《公私合作制在中国面临的问题、挑战及发展前景》,载《中国经济时报》2005年9月22日。

⑤ 参见肖晓军、吕景春:《公私合作制在中国目前公用事业市场化中面临的问题——以特许经营制度为例》,载《开发研究》2006年第5期。

府监管能力方面,则表现为监管的知识和技术不足以及缺乏经费的保障。① 宋丽、王胜利(2012)同样指出,我国政府在监管公私合作项目时缺乏完善的法律依据;同时在政府转变职能过程中,对其监管者的定位不清;政府监管的自我监督机制缺失导致政府监管部门无法真正维护公共利益;且政府在某些项目中缺乏专业能力,对监管高科技、复杂程度较高的项目可能存在能力上的欠缺。② 张韵杨(2008)从 BOT 项目的角度考察我国政府监管所存在的缺陷,包括专业人员的缺失、外部约束机制的缺乏,以及政府角色的缺位和错位。③ 闫海、宋欣(2011)则提出,政府监管权力过于分散,致使政府一方面无法全方位对项目进行监管从而造成监管缺位;另一方面政府职权相互重叠导致监管成本加大、监管效果不佳,对政府的公众信用产生不利影响。④ 李珍刚(2008)认为,政府的监管缺失最突出表现在对价格监管的缺位上,即政府往往偏重终端价格控制,未足够重视对成本的监管。⑤

(三) 操作层面:政府角色缺位

肖晓军、吕景春(2006)认为,操作层面上主要存在两个问题:第一,政府承诺和保证屡屡失信。政府作为公共服务的提供者,重承诺轻践诺,政府承诺缺失现象普遍存在,导致许多项目中途夭折。这种失信行为主要体现为:政府承诺对未来的政策风险估计不足;政府承诺和保证违反国家已有的法律、法规,导致合同无效;政府承诺与保证对市场风险估计不足,缺乏前期的项目充分论证,盲目上马,合同设计违背利益共享、风险共担的原则,最终使政府履约成本高昂,项目难以持续。第二,未形成有效、公平、合理的良性定价机制。首先,各省市均明确特许经营企业产品和服务的价格按照“企业成本+税费+合理利润”的原则来确定,利用这种方式,消费者承担了成本提高的风险和降低成本的收益,虽然有利于刺激投资,但却不能有效地刺激企业提高生产效率。其次,政府缺乏透明、制度化的定价机制。最后,由于公共服务和产品价格构成要素及监管范围缺乏明确规定,存在很大的随意性,搭便车收费现象严重,阻碍了我国公用事业进入良性的市场化机制。⑥

余晖、秦虹(2005)认为,政府角色在操作层面上的缺失较为严重。第一,在

---

① 参见赵旭:《如何改进公用事业公私合作的政府监管》,载《中国建设报》2008 年 7 月 17 日。

② 参见宋丽、王胜利:《浅谈 BOT 项目中政府监管策略的完善》,载《前沿》2012 年第 2 期。

③ 参见张韵杨:《公路 BOT 项目监管存在的问题及对策》,载《财会月刊(理论)》2008 年第 4 期。

④ 参见闫海、宋欣:《公共事业特许经营的政府监管研究》,载《理论与现代化》2011 年第 3 期。

⑤ 参见李珍刚:《城市公共事业市场化中的政府责任》,社会科学文献出版社 2008 年版,第 152 页。

⑥ 参见肖晓军、吕景春:《公私合作制在中国目前公用事业市场化中面临的问题——以特许经营制度为例》,载《开发研究》2006 年第 5 期。

新建项目上，受急功近利所驱使，政府往往在立项的论证上不充分，对于宏观经济形势、法律政策变化、环境影响、市场需求以及社会公众反应等各种信息掌握得不完全，对各种风险评估不足。第二，在政府承诺与保证上，重承诺，轻践行。第三，政府未建立社会公众对于公私合作有效表达的管道，其参与的权利没有得到有效保障。[①]

孙治艳(2014)认为，政府在PPP项目操作层面存在公平与效率协调不力，政府角色缺位问题。首先，政府激励不足，私人企业效率有限，定价限制和垄断是主要体现。其次，政府失信，侵犯私人利益，影响合作公平，体现为政府重承诺，轻践行；政府滥用承诺；政府承诺缺乏连续性。最后，政府公共责任缺失，产生腐败，损害公共利益。[②]

综上所述，现阶段我国学者对于公私合作模式中所体现的政府履职问题，仍处于宏观描述的阶段。虽然这些问题确实全面地反应了公私合作模式下"政府失灵"问题，但是并未聚焦，导致诸多学者在对这一问题阐述的时候千篇一律。而且论文多集中在政治学、管理学方面的分析，较少从法学角度出发系统梳理公私合作模式下政府履职的法律问题。

三、PPP模式中政府职能的相应完善

公私合作模式下，政府履职过程在理念、制度、操作等层面都存在一些问题，而这些问题的存续都可能会影响公私合作模式进一步的推广和完善。因此，在日益强调公私合作模式的今天，政府必须完善相关法律法规，建构科学合理的制度体系，提升自我能力，克服公私合作的内在冲突才能切实保证适时适当地履行好规则制定者、公共服务提供者以及监管者的职责，实现社会整体效能的最大化。从目前所掌握的学术材料来看，学者对这一问题主要集中于以下几个方面：

(一) 作为规则制定者的政府职能完善

张万宽(2008)认为，作为规则制定者，须完善相关法规和政策，为PPP发展创造稳定的环境。政府应对现存的属于不同部门和地方的有关PPP的规章进行梳理，抓紧进行立法，并对PPP行政合同的模式、条款和规定等进行统一规

① 参见余晖、秦虹：《公私合作制在中国面临的问题、挑战及发展前景》，载《中国经济时报》2005年9月22日。

② 参见孙治艳：《公共事业领域公私合作中政府角色定位研究》，苏州大学2014年硕士学位论文。

范,以降低公共部门和私人部门双方的交易成本。①

张丽娜(2010)提出,政府在规则制定过程中需要进行详细的改革规划和战略部署,各地政府必须在正确认识改革目的的基础上,准确把握城市公用事业的整体技术经济特征,结合当地实际情况,制定适合本地实际情况的改革规划或战略;同时,必须完善相关的法律法规,加强规制建设,强调公私合作模式需要政府规制,但是,必须建立在完善的规则体系之上。首先,政府规制应当建立在稳定的、值得信赖的、能得到有效实施的规则体系之上。其次,规制体系的设计和实施应当以确保公用事业的公共用途和保护合作方的私营部门为出发点。最后,政府规制的实施过程应当简单明确并具有可预测性,允许按照预先确定的合作协议进行自动调整,并且,规制中的规则要便于实施。②

彭芳、祝小宁(2008)提出,政府作为规则制定者的职能有三项:第一,现行法律法规的完善。政府应针对 PPP 项目的特点对现行法律法规进行补充完善,规范相关部门的职责,明确项目运作的流程。此外,政府还应从政策上予以支持,包括充分授权、减免税收、资本投入等。同时,政府应该在立法制度上有所突破,不仅遵循国内的法律法规,还要遵循国际惯例,使其适应 PPP 发展的需要。第二,制定完整的推动方案。政府应认真研究 PPP 模式及其在我国的应用前景,以国外的先进经验为基础,积极制定完整的推动方案。第三,制定规范的公用事业市场准入制度,应当提升有关公用事业民营化改革的规范性文件的法律位阶。③

徐霞、郑志林、周松(2009)认为,作为规则制定者,政府必须加强宏观监管,包括建立法律监管体系和加强对私营部门的市场准入监管。④ 张平(2015)也提出,推广 PPP 模式必须规则先行,中央层面要研究制定公私合作的总则性法律法规,地方层面也应研究制定区域性的公私合作的规章制度。⑤

(二) 作为公共服务提供者的政府职能完善

廖雨果(2006)提出,政府作为公共提供者培养长期合作相互信任关系,提供政治支持。要求一旦合作关系得以确立后,政府(公共部门)必须积极地参与到

① 参见张万宽:《发展公私伙伴关系对中国政府管理的挑战及对策研究》,载《中国行政管理》2008 年第 1 期。

② 参见张丽娜:《城市公用事业公私合作中的政府责任》,载《理论探索》2010 年第 6 期。

③ 参见彭芳、祝小宁:《PPP 模式下我国政府在基础设施建设中的职能转变》,载《四川兵工学报》2008 年第 4 期。

④ 参见徐霞、郑志林、周松:《PPP 模式下的政府监管体制研究》,载《建筑经济》2009 年第 7 期。

⑤ 参见张平:《地方基础设施建设引入公私合作模式的困境及突破路径》,载《经济纵横》2015 年第 4 期。

项目中去；政府要以平等、客观和理性的态度来对待公私合作制实施过程中可能的挑战，并愿意承担其中的风险；要选择一个合适的私人部门合作伙伴，这个选择应以其在相关领域里的业绩为标准，而不是仅仅考虑竞标价格；要能通过制度性结构，有效地与私人部门进行双方信息的互换，以及在此基础上展开可能的谈判。[①] 宋丹(2007)认为，作为公共服务提供者应该做好模式推广工作。政府要加强宣传力度，使各部门及社会各界对PPP项目融资模式有个完整的认识，从而为项目融资提供较好的外部环境。同时，进行项目试点，通过具体实施发现问题和解决问题，实现在实践中的经验积累和完善，并以此为模板进行全面的推广。[②]

张万宽(2008)则认为应该加强危机管理能力，政府部门应增强处理PPP过程中不确定性和危机的能力，如增强危机意识，对PPP中可能出现的不确定性和危机进行系统的战略和政策规划，构建高效预警机制，建立健全危机管理体系，建立高效的危机救治和应急处置机制等。[③] 王世君、王涯茜(2009)提出要求建立政府投资信用约束机制，政府采取一定措施保障项目的稳定性以及完善政府信用管理机制。[④]

对于政府职能的完善，不能单纯从政府出发。因此，段绪柱(2012)提出，建构科学的、协同的制度体系，通过有关各方的相互制约保证政府角色的实现。首先，完善公众利益诉求的表达机制与公私合作的参与机制，保证政府的公共角色；其次，在政府、私营部门与消费者间建立合理的利益共享和风险分担机制，保证政府契约参与者角色的实现；最后，建立健全自准入制度至退出制度的公私合作完整体系，实现制度建构者的角色。[⑤]

王俊豪、付金存(2014)认为，政府应该探索私方合作者培育与选择机制。公共部门要转变传统观念，制定更加优惠的条款，鼓励民营企业投资城市公用事业及其基础设施领域，在条件同等甚至基本相同的情况下，优先选择国内企业尤其是民营企业进行合作，利用制度化的条件和标准逐步将民营企业培育成合格的私方合作者。同时，发展与社会组织培育相结合，通过优先注册、资金扶持、税收优惠、优先采购等政策，支持行业协会和社会组织发展壮大，发挥这些组织在信息沟通、行业管理等方面的优势，逐步引导其参与城市公用事业改革。对于其他

---

① 参见廖雨果：《公私合作制(PPPs)中的政府角色分析》，载《甘肃行政学院学报》2006年第3期。

② 参见宋丹：《现阶段我国政府在PPP项目融资模式中的职能与作用研究》，载《北方经济》2007年第1期。

③ 参见张万宽：《发展公私伙伴关系对中国政府管理的挑战及对策研究》，载《中国行政管理》2008年第1期。

④ 参见王世君、王涯茜：《PPP模式下的政府信用问题》，载《合作经济与科技》2009年第11期。

⑤ 参见段绪柱：《公私合作制中的政府角色冲突及其消解》，载《行政论坛》2012年第4期。

类型私方合作者,可根据其各自的市场优势设计分类有别的PPP模式。[①]

(三)作为项目监管者的政府职能完善

监管是政府在公私合作项目中重要的职能,政府监管对于提高公私合作项目的效率具有重要价值,以公共利益为核心的政府监管,将确保在私营部门承担供给公共产品之义务时,符合社会的整体利益。由此可见,政府监管至关重要,学者对此也有较多关注,主要集中于监管机构的设置、监管内容和形式的完善以及如何防范政府监管失灵等问题。

1. 明确政府的监管机构

政府监管机构的确立是完善政府监管体系、提高政府监管效率的第一步,众多学者在其研究中都针对政府监管机构的确立进行了探讨。王守清、刘婷(2014)从比较法的角度,考察了澳大利亚、南非和英国等国家对公私合作模式中政府监管机构的设置,并认为政府并不一定要设立单一的监管机构,但通常会由一个指定的中央政府机构牵头,协调各方监管机构的工作。[②] 同样,梁时娟、张子龙、王守清(2013)选取了英国、日本、韩国三国作为参考借鉴,这三个国家都有专门负责PPP项目管理和咨询的机构,但监管机构未单独设置。[③] 而徐霞、郑志林、周松(2009)研究了英国、美国和新加坡的机构设置,认为对于PPP项目监管机构有三种设置方式:以英国为例的综合行政部门下相对独立的纵向一体化监管体制;以美国为例的纵向一体化和横向一体化独立监管机构相互分权的体制;以新加坡为例的行业纵向一体化为主的监管和管理混合体制。[④]

目前,国内学者较多支持构建独立的监管机构。肖晓军、吕景春(2006)认为,我国目前监管机构的改革应逐步理清各政府部门之间的监管职能界限,按照谁最易获得信息,谁负责监管的原则,尽量把各部门分散的监管职能集中到一个监管机构,保持相对的独立性,使被监管企业面临一个或少数几个监管部门,避免多头监管,企业无所适从。[⑤] 陈婉玲(2014)支持创设以公共利益为核心的独立监管,应围绕公共利益和供给效率展开,认为监管独立有利于实现"政企分离"

---

① 参见王俊豪、付金存:《公私合作制的本质特征与中国城市公用事业的政策选择》,载《中国工业经济》2014年第7期。

② 参见王守清、刘婷:《PPP项目监管:国内外经验和政策建议》,载《地方财政研究》2014年第9期。

③ 参见梁时娟、张子龙、王守清:《中、英、日、韩PPP项目模式的政府管理比较研究》,载《项目管理技术》2013年第5期。

④ 参见徐霞、郑志林、周松:《PPP模式下的政府监管体制研究》,载《建筑经济》2009年第7期。

⑤ 参见肖晓军、吕景春:《公私合作制在中国目前公用事业市场化中面临的问题——以特许经营制度为例》,载《开发研究》2006年第5期。

的目标，厘清政府职能。[①] 而叶晓甦、张永艳、李小朋(2010)则提出设立"综合性独立监管机构"的设想，该机构参与项目全过程的监管，尤其是对日常事项的监管。[②]

2. 完善政府的监管内容和形式

章志远(2007)提出，应审慎选择规制手段，当前，公用事业规制主要有两种手段：经济性规制与社会性规制。其中，前者主要是围绕公用事业运营者的经济作用所施加的法律约束；后者则是围绕公用事业运营者的行为与消费者直接发生的关系所施加的法律约束。强调应当坚持经济性规制与社会性规制相结合、更加重视社会性规制的原则，而在经济性规制中应当突出市场准入和退出、价格规制等两个方面内容。[③]

徐霞、郑志林、周松(2009)则认为，公私合作模式下政府监管的内容包括市场准入监管、服务价格监管、质量监管、退出监管以及后评价制度。[④] 洪迪(2013)则提出，公私合作项目中，政府监管内容为价格监管、项目质量监管；监管形式包括合约监管、激励性监管、内部监管和外部监管结合、实行问责机制。[⑤] 王俊豪、付金存(2014)认为，PPP项目的监管内容和监管形式应进一步细化。其中，监管内容包括私方合作者的选择机制、价格监管、质量监管。而监管形式上，要求转变传统的命令——控制形式，实施激励与约束相容的监管。

3. 政府监管失灵的解决

对于如何应对政府监管失灵的困境，学者从多个角度探讨其解决方案。闫海、宋欣(2011)认为，应当加强对政府监管的监管，为避免政府通过寻租、腐败的方式阻碍公私合作的有效运营，政府监管部门应当受到其他主体的监督管理，而其监督主体包括行业自律协会、政府内部的上级行政机关以及社会公众。布莱恩·莱比(Brain Levy, 2009)则认为，解决监管失灵必须首先制约行政行为，对监管者任意行政行为进行实质约束，同时增加监管体系的可靠性。[⑥]

金暄暄(2014)提出，构建公私合作模式的监管体系应当是多元的，应当在建立政府监管机构的同时，建立社会监管体系作为补充，并逐步构建对监管机构本

---

① 参见陈婉玲：《公私合作制的源流、价值与政府责任》，载《上海财经大学学报》2014年第5期。

② 参见叶晓甦、张永艳、李小朋：《我国PPP项目政府监管机制设计》，载《建筑经济》2010年第4期。

③ 参见章志远：《公用事业特许经营及其政府规制——兼论公私合作背景下行政法学研究之转变》，载《法商研究》2007年第2期。

④ 参见徐霞、郑志林、周松：《PPP模式下的政府监管体制研究》，载《建筑经济》2009年第7期。

⑤ 参见洪迪：《基于PPP模式的城市基础设施政府监管机制研究》，重庆大学2013年硕士学位论文。

⑥ 参见〔英〕布莱恩·莱比：《监管问题的解决框架》，载高世楫、俞燕山编著：《基础设施产业的政府监管——制度设计和能力建设》，社会科学文献出版社2009年版，第114页。

身的监管绩效之考评机制。① 陈红、黄晓玮、郭丹(2014)认为,要解决PPP寻租与监管博弈困境问题,首先,须引入竞争机制,规范招投标制度,以市场机制为基础的公开招投标制度,将大大减少寻租行为发生的可能性。其次,须提高信息公开程度,健全信息披露制度。一方面,增加信息的透明度可以减少监管者搜集信息的成本;另一方面,一旦监管部门接到举报材料便可以积极举证,监管者的举证成本也会减小。最后,建立事后惩罚制度,严格约束违规行为。政府需要对PPP领域予以监控,并通过非常严厉的惩罚措施来约束作为政府代理人即官员和私人部门的行为,警戒和预防寻租行为的发生。

四、总　　结

综合现有学术研究成果来看,我国当前对公私合作模式的研究较多集中在整体介绍、风险防范、项目管理等问题上,对于政府职能问题也有学者讨论,但是相对较少,且多作为规范公私合作项目提出,集中于管理学、政治学的分析。由此可见,我国对于政府职能的研究仍过于肤浅,多为口号性的建议和方案,不具有建设性和操作性。我国政府在经济生活中一直处于重要但又尴尬的地位,如何把握政府在公私合作模式中的职责和管理尺度,对于公私合作模式发展将极为重要,也是现有学术探讨所缺乏的。因此,政府如何在公私合作模式中实现收权和放权的平衡,可以成为之后研究的重点。

---

① 参见金暄暄:《公私合作制下城市公用事业监管体系创新研究》,载《特区经济》2014年第8期。

PPP 模式中的公私权益协调理论研究综述

薛彬彬[*]

根据公共经济学理论，以是否具有排他性和竞争性为标准，社会产品可以分为公共产品和私人产品。根据萨缪尔森(Paul Samuelson)的定义，根据公共产品是具有绝对的排他性和非竞争性还是一定程度的排他性，又可以分为纯公共产品和准公共产品，前者主要由政府以非市场的方式提供，后者由于具有一定的外部效应，故而可以根据其公共产品和私人产品性质的强弱，由公共部门和私人投资者共同提供。所以，为了缓解政府财政资金的不足、增加公共产品的有效供给，结合了政府的宏观调控能力和私人投资者的高效率和资本优势的 PPP 应运而生。PPP 利用私人投资者的效率和政府参与的宏观优势，将公私双方的优点结合起来。与此同时，如何协调好 PPP 模式中的公私利益也成为一个重要难题。

一、PPP 模式的法律关系及其公私权益冲突分析

(一) PPP 模式的相关主体分析

PPP(public private partnership)在我国常被翻译为“公私合作制”“公私伙伴关系”，常涉及项目的发起与设立、资金的筹措与安排、工程的设计与建造、运营管理与维护等诸多方面的主体。有学者认为，在 PPP 全程中可能涉及的主体

* 薛彬彬：华东政法大学 2014 级经济法硕士研究生。

主要有:项目发起人、公共部门、私人投资者、接受委托代理的公司、金融机构、最终用户。根据各相关主体在项目中享有不同的利益、承担相应的风险,学者认为PPP项目的相关主体可以分为三类:一是核心利益相关者,主要为公共部门、私人投资者与项目公司;二是一般利益相关者,包括项目发起人、项目公司、银行、承包商、运营商、供应商、基础设施使用者等;三是边缘利益相关者,包括纳税人、就业人员等。①

有学者通过"相关利益者理论"来研究PPP模式中的社会博弈。PPP的相关利益者可以划分为三个层次:第一层次是资产所有权和经营权分离层面的主体;第二层次是委托代理关系中的公共机构、项目公司、担保公司、建设承包商、经营公司等;第三层次是社会关系层面的相关主体,包括基础设施的使用者、社会资源的拥有者、社会就业人员、纳税人等。因此,通过"相关利益者理论",PPP模式可以主要视为私人公司和公共部门双方通过合作规则明确彼此的收入回报、风险承担等进行社会博弈的过程。②

有学者认为,公私合作制中的"公"指公共部门,主要包括政府部门、由政府授权享有公共管理职能的社会组织;"私"则主要指私人投资者(企业、机构),是指非公有制经济或民间资本投资的企业,即国有企业以外的企业。③

(二)PPP模式中的法律关系及权益冲突分析

在PPP实现过程中,私人投资者与消费者、项目的保险公司等其他相关利益主体之间的法律关系,通常纯属于民事法律关系。对于此种法律关系,一般通过普通民事合同予以确定,倘若发生争议,则一方面可以通过公共部门进行组织协调或者调解,另一方面也可以通过民事诉讼或者仲裁程序进行处理。④

其中最为核心的法律关系当属公共部门与私人投资者之间的法律关系,二者的权利义务关系贯穿PPP项目的全过程,并直接影响到整个PPP项目所涉及利益主体的权益关系。在公共部门和私人投资者之间的法律关系中,双方通过协商确定合作机制和各自的权利义务关系。然而前者的关注焦点明显区别于后者,主要体现于:私人部门以其自身经济收益最大化为主要目标,而公共部门更多地以公共利益的实现为利益目标。

---

① 参见陈菲:《PPP项目利益相关者的利益协调与分配研究》,重庆大学2008年硕士学位论文。

② 参见何寿奎:《公共项目公私伙伴关系合作机理与监管政策研究》,重庆大学2009年博士学位论文。

③ 参见邓敏贞:《公用事业公私合作合同的法律属性与规制路径——基于经济法视野的考察》,载《现代法学》2012年第3期。

④ 参见湛中乐、刘书燃:《PPP协议中的法律问题辨析》,载《法学》2007年第3期。

公共部门不仅是PPP规则的制定者与执行者、公共产品的采购者和提供者，同时还承担着公共服务提供全程的监管者角色，往往会基于行政主体性质而享有行政特权，直接或间接地决定或影响哪些私人投资者可以参与PPP项目、享有哪些特许权、项目运营范围、期限和最终收益等。因此，在二者关系中公共部门常处于强势地位。私人部门在合作过程中要接受公共部门的管理和监督，从而其经营活动还会因所谓公共利益的需要而中断、停止甚至被收回特许权，因而处于不确定状态，并且在寻求救济措施方面也往往屈从于行政权力。[①] 私人部门的投资收益主要通过产品或服务收入从消费者处取得。因此，私人部门的项目投资收益最终由消费者承担或者由消费者和政府共同承担。然而，无论是消费者抑或是政府，都属于社会的组成部分，都是政府部门关注的社会成本的组成部分。私人部门希望投资收益最大化，公共部门则希望社会成本最小化，二者必定处于不可兼得的矛盾状态。因此，PPP最终必需在私人部门收益和社会利益之间进行权衡，进而，公私双方的利益冲突难以避免。因此，在PPP模式中必须特别重视公共部门和私人部门权益的协调。

（三）公私权益冲突的原因分析[②]

分析学界对公私权益冲突产生的原因分析，主要可以归纳为以下几点：

1. 合作目标不一致

组成PPP各合作成员之间建立合作关系，但除了建立项目公司外，往往缺乏如合资、合营等组织关系或控制体系，各合作方通常只有部分目标是重合的。PPP项目的各利益相关者很有可能会为了谋求自身利益的最大化而不顾合作伙伴甚至是整体PPP项目的利益，最终导致项目失败。

2. 合作协议的不完备性

由于PPP各合作方往往无法掌握完备的信息，加之客观世界的复杂多变，人们在作出最终决策时往往也难以掌握足够的信息对未来可能发生的情况作出规定，进而导致PPP的利益相关者签订的协议往往也是不完备的。

3. 合作项目服务的垄断性

首先，公私合作项目本身具有自然垄断性。PPP项目的固定成本高，其平均成本随服务量的提高而递减，存在规模经济。因此项目公司也只有依靠一定程度的排除竞争或稳定价格才能实现完成利润。其次，PPP模式下公共项目法规具有垄断性。包括PPP模式下特许经营项目的规划、设计、运营收费方面的

① 参见湛中乐、刘书燃：《PPP协议中的法律问题辨析》，载《法学》2007年第3期。

② 参见陈菲：《PPP项目利益相关者的利益协调与分配研究》，重庆大学2008年硕士学位论文。

法规,以及在特许经营条款中所涉项目公司权益保护的条款,包括政策性亏损补贴、特许期内不再建同类竞争性项目等都表现了PPP项目法规上的垄断性。最后,服务收费的垄断性。由于PPP项目特许经营权的保障,加之因资金供应匮乏导致的公共服务供应不足等原因,公共项目服务与收费极易容易形成寡头垄断或完全垄断。①

4. 三重契约下政府的多重角色导致的冲突②

PPP本质上是公共部门、私人部门和公众的三方协同与互动,蕴涵着三重契约关系:其一,公共部门通过竞争性机制选择私人伙伴签订合约,共同提供公共服务、共担风险、共享收益,此为外在的契约关系;其二,政府作为公共利益的代表,对社会公众承担责任,此外内在的契约关系;其三,私人部门按照公私合作合约,向社会公众提供设施与服务,公众接受服务并适当付费,此为运行中的契约关系。在三重契约关系中,三方主体各自扮演着多重社会角色,其中政府是公私合作的参与者、契约方,又是社会公共利益的代表者、社会不同利益的协调人。理想状态的政府应该是"公共和服务需求的确认者、精明的购买者、对所购物品和服务有经验的检查者和评估者、谨慎的支出者,适时适量地对承包商进行支付"③。

然而,政府的多重角色必然蕴涵冲突。首先,公共部门作为民意汇聚和表达者,行为选择应以公共利益为依归,但实际上其又是契约签订者,有足够的动力来掩盖公私合作中的失败,甚至与营利性组织合谋侵害社会公众的权益。其次,政府作为私人部门的合作者与公私合作规则制定者、主管部门间存有可能的冲突。主管部门有可能利用自己的权力与制定修改规则的主动地位,修改公私合作契约的内容,将公私合作中产生的矛盾或将问题单方转移给合作的营利组织。再次,契约签订者、监管者与最终责任承担者之间的冲突。合作协议事先约定了公私双方的权利与责任、服务的质量与数量标准等,这些都是政府监管的基本依据。受协议约束的公共部门的监管职责可能因履行协议而不理想,对社会诉求回应不够,使得PPP具有一定封闭性。另一方面,当公私合作失败,公共部门可能为减轻自身责任,利用监管者的优势地位推卸责任,甚至侵害私人部门的合法权益。

---

① 参见何寿奎:《公共项目公私伙伴关系合作机理与监管政策研究》,重庆大学2009年博士学位论文。

② 参见段绪柱:《公私合作制中的政府角色冲突及其消解》,载《行政论坛》2012年第4期。

③ 参见〔美〕萨瓦斯:《民营化与公私部门的伙伴关系》,周志忍等译,中国人民大学出版社2002版,第73页。

(四)公私权益协调的必要性分析

PPP模式的基本架构非常复杂,既包括所有权层次的利益相关者、所有权与经营权相分离层面的利益相关者,还包括社会关系层面的利益主体,各主体的利益目标并非完全一致,因此在整个过程中必然存在利益协调问题。而合作的核心是权力、责任、义务、风险、利益的分享和分担。[①] 因此,在利益协调过程中不能厚此薄彼,理清各方利益关系、协调好各方利益关系、进行合理的利益分配具有很高的重要性。

第一,有利于减轻政府财政压力,促进政府职能转变。随着社会公众对公共产品数量和质量的需求不断扩张,供需矛盾也日益紧张。而政府自身有限的财政资源已经无法支撑其"面面俱到的社会保姆"职能。通过PPP模式由私人部门代替公共部门进行直接生产、运营,政府可以更好地专注于规则制定、政策引导、公共服务的安排、依法监督等工作。进而,PPP模式在有效地缓解政府部门的财政压力和公共财政不足困境的同时,也有利于真正意义上完成政府职能的转变。

第二,在降低生产成本、提高公共服务质量的同时,[②]提供了部门间进行交流与借鉴的平台。[③] 在PPP模式中,政府一般通过公开招投标等方式选择优质的私人投资者进入公共产品供给领域,而私人投资者之间的竞争,促使他们以更低的价格提供更优质的服务,并努力降低生产和运营成本以获取更大利润。私人投资者在资金技术、组织管理、企业文化、人力资源等领域具有优势,并且制度创新能力更强、对市场边际的反应能力也更敏感;与此同时,私人投资者通过公私合作,运用公共话语来界定和实现公共利益。因此,PPP模式相对任何一方单独供给,有利于提供性价比更高的公共服务,满足公众需求。

第三,有助于政府处理纷繁复杂的公共问题。通过公共部门和私人部门在各个不同的公共产品供给领域的合作,PPP也有利于广泛地促进公共问题的解决:(1) 针对特定人群或地区的基础设施建设;(2) 实现特定区域内的社会治理和地区复兴;(3) 指向特定地方的经济发展计划;(4) 生态环境问题的解决,如某地的沙漠化治理、生物多样性保护等;(5) 公共性疾病防治的医疗合作。[④]

---

① See T. Grant, Keys to Successful Public-Private Partnerships, Canadian Business Review, 1996, 23(3). 转引自范柏乃:《地方治理理论视域下PPP模式在中国的运行困境及优化路径》,载《中共杭州市委党校学报》2011年第11期。

② 参见党秀云、杨继红:《公共服务公私合作供给中的困境与对策选择》,载《教学与研究》2011年第12期。

③ 参见李丹阳:《当代全球行政改革视野中的公私伙伴关系》,载《社会科学战线》2008年第6期。

④ 同上。

PPP深远的社会意义可见一斑。

第四,推动政府的角色从“福利国家”向“机会公司”转变。由于政府职能的基础——公共资源是有限的,其能力也必定是有限的,因此政府提供社会福利的任务势必无法亲力亲为。因此,政府理念开始从“福利国家”向“机会公司”转变,即政府不再直接为社会提供公共产品与服务,甚至不再借助政府工具来实现;而是保障并为公民提供捕捉市场机会的基本条件,借助市场的力量以实现公共产品的有效供给。从根本上看,福利国家和机会公司是两种不同的政府治理范式。前者使接受者直接受益,使其免受市场侵害;后者则是寻求帮助使用者成为市场上独立的行动者。①

第五,提高公共服务的供给效率,并兼顾社会公平。在政府部门垄断供给下,由于缺乏竞争机制,公共服务供给效率难以保证。而以私营部门单独供给时,由于其自由化与彻底私有化的特征,又容易出现单纯追求经济效益而忽视社会公益性的问题。因此,通过公共服务公私合作提供,有利于有效整合公共部门和私营部门双方的优势、取长补短,提高供给效率,同时保障社会整体利益,使经济效益和社会效益两者得以兼顾。②

二、PPP模式中的公私权益先行分配

(一) PPP立法:权益冲突的预防③

PPP模式是政府和私人部门之间基于契约形成的长期、服务公众、互利共赢的公共服务提供合作方式。各国政府都十分重视运用法律手段建立和维系政府与私人部门的合作伙伴关系,提高、限制或者禁止公私合作的领域,为双方协议提供互利的基本规则和契约基础,提供分配契约蕴含的风险等规则的基本指导。

PPP的法律实践有两种不同的方式。一种方式是通过契约文本,规范PPP契约的基本内容和效力。如英国政府没有针对PPP模式的专门法律,而是不断推出各种契约文本或指南,以引导PPP模式的应用和发展。另一种方式是专门制定针对PPP的法律,统一规范PPP在公共领域的实践。如韩国于1994年通

---

① See Richard K. Ghere, Ethical Futures and Public-Private Partnerships: Peering Far Down the Track, Public Organization Review, Vol. 1, No. 3, 2001. 参见李丹阳:《当代全球行政改革视野中的公私伙伴关系》,载《社会科学战线》2008年第6期。

② 参见党秀云、杨继红:《公共服务公私合作供给中的困境与对策选择》,载《教学与研究》2011年第12期。

③ 参见陈婉玲:《公私合作制的源流、价值与政府责任》,载《上海财经大学学报》2014年第5期。

过的《基础设施吸引民间资本促进法》，我国台湾于2002年公布的“促进民间参与公共建设法”等。而PPP模式的法律实践除了规范PPP模式下的各类合同文本的基本内容和相应效力外，其中一个重要任务就是剔除不同法律在PPP模式应用中的相互冲突，其核心在于通过创新拓展PPP模式的发展空间，化解PPP模式引起的利益冲突，并为之提供必要的法律支持和解决措施。

我国PPP模式多运用于地方公共服务需要，其依据也主要为部委规章和地方性法规。然而，这种开放式的立法构架不利于我国对PPP模式的统一管理，导致各级地方政府在相同目的和效果的事件上浪费大量时间，而对不同项目的差异性不够重视。因此，我国有必要突破现有的法律限制，统一公私合作制的立法，制定针对不同类型公共项目（服务）的PPP模式文本规则。

（二）PPP协议：权力与责任、权利与义务的安排

PPP模式以公、私各方的信任与协作为基础，它要求政府与私人部门必须以契约方式固化业务活动的性质、要求的结果、产品或服务支付费用、价格或收费标准，明确公、私合作方各自的权力与责任、权利与义务，以防范、分担PPP模式可能发生的风险。

1. 国家担保责任

公私合作合同不同于一般民事合同或行政合同的一个重要特征，即是国家的担保人角色。公私合作可被视为担保国家的展现形式，公私合作法制乃是以担保国家理论为基础。① 担保国家，是指国家自身并不直接向私人提供公共服务，而是担保他人（主要是私人企业）能够履行适当的公共任务。② 正如Eifert所言：“担保国家是以国家持续承担公益责任为主要特征，但国家不再亲自执行任务。一方面，担保国家积极促成社会的发展；另一方面，仍然恪守社会法治国的原则，而负有对社会现状与发展的最后责任。”③

许宗力教授的观点是，民营化后的国家的担保责任包括：一是给付不中断的担保义务，尤其是涉及煤气、水、电等具独占性的基础生存资源的公用事业；二是维持与促进竞争的担保义务；三是持续性的合理价格及合理质量的担保义务；四

① 参见许登科：《德国担保国家理论为基础之公私协力（PPP）法制——对“我国”促参法之启示》，台湾大学法律学研究所2008年博士学位论文。

② 参见许宗力：《行政任务民营化》，载《当代公法新论（中）——翁岳生教授七秩诞辰祝寿论文集》，元照出版有限公司2002年版，第607—609页。

③ 德国学者Eifert语，转引自许登科：《德国担保国家理论为基础之公司协力法制——对“我国”促参法之启示》，台湾大学法律学研究所2008年博士学位论文。

是现有员工的安置担保义务;五是人权保障义务及国家赔偿责任。[①]

2. 公共部门的“行政优先权”

为了保障公共产品的供给、实现公共利益,PPP 协议有必要为公共部门保留一定的“行政优先权”。一方面,公共部门应保留一定的公权力,以管理社会公共事务、保障私人投资者参与社会公共事务的合法性,以及监管私人部门的经营行为以实现公共福祉。包括对私人合作者的选择权、履行过程中的监督检查权、特殊情况下的合同单方变更权等,以及信息获取权、使用费率设置和实施权、接受公共投诉及调查处理权等。[②]

另一方面,政府应承担相应的保障与补充责任。政府签订公私合作协议的目的是借助私人提供公共服务,但是政府仍然承担着保障私人部门执行任务符合公共利益、实现公共福祉的义务,即保障义务;以及在民间机构无法顺利运营或者无法对社会承担相应的责任时,由政府承担补充责任。[③]

3. 私人部门的公法规制[④]

(1) 一定的公法义务

私人投资者的首要公法义务是保障公用事业的公益性,包括:第一,持续经营、普遍服务,PPP 项目主要涉及基础公共服务,直接影响公众的日常生活,不得随意中断或限缩经营。第二,质量或服务达标,这直接决定着公共利益的实现程度。第三,价格平等合理,公共服务是社会公众的生活必需品,其价格必须符合公众的合理承受范围,等等。其次,私人部门应承担部分原属于政府的公法义务。政府保留一定公权力以监督私人工作者履行合同义务,同时为了保证合作项目的完成,公共部门把本应由自己履行的公共服务委托给合作企业,由私人部门来履行如信息公开、正当法律程序、经营决策中的自由裁量权、接受司法审查等公法义务。

(2) 一定的公法特权

私人部门在公私合作过程中享有的公法特权主要有两方面。一方面,为限制政府滥用公权力而赋予合作企业的程序性权利,其指向的义务主体是政府及其公共部门。另一方面,基于公用事业的公益性目的、履行公法义务的需要而赋予私人部门的、有限的特殊权利。例如,为了实现公共服务,依据法律授权并通

---

① 参见许宗力:《行政任务民营化》,载《当代公法新论(中)——翁岳生教授七秩诞辰祝寿论文集》,元照出版有限公司 2002 年版,第 607—609 页。

② 参见邓敏贞:《公用事业公私合作合同的法律属性与规制路径——基于经济法视野的考察》,载《现代法学》2012 年第 3 期。

③ 参见邓敏贞:《公用事业特许经营与政府责任》,载《山东社会科学》2010 年第 9 期。

④ 参见邓敏贞:《公用事业公私合作合同的法律属性与规制路径——基于经济法视野的考察》,载《现代法学》2012 年第 3 期。

过合理补偿“征用”私人或企业的财产，或者对上述财产的形态进行合法、合理的改变。

4. 私法权利的公法限制与保障

一方面，经济人都具有利己性，故而必须对私人部门通过PPP所获权益的行使目的和方式进行限制，防止有悖公共利益行为的出现。其中最基本的限制包括：特许经营期间受限制、基于公私合作所获的特许经营权不能随意转让、公共事业基础设施不得自由处分、不得以公共服务名义把征用的土地资源挪作其他商业用途，等等。[①]

另一方面，要明确赋予私人部门基于公私合作所获得的私法权利。首先，为吸引私人投资者、保证企业收回投资成本并获得一定收益，行政主体通常会通过两种方式偿还企业投资：一是由公共部门向使用公用事业服务的利用人（使用者或消费者）征收专项税或规费，直接向企业支付，类似于“购买”；二为赋予企业收费权，由企业直接向利用人收费。在公私合作下，对于无法收费的公共设施，行政主体以付费“购买”方式吸引私人投资者出资承建，收费任务由行政主体通过行政征收方式承担。对能够收费的公用事业，行政主体把本属于公法组织的收费权授予私人投资者，以此吸引其提供资本。因此，一旦行政主体支付不能或者侵害私人部门的收费权，行政主体与企业形成的纠纷应为行政争议。[②]

其次，公私合作双方合理分担风险。风险分配应依据以下两大原则：第一，特定的风险由导致该风险产生或者更善于管理与控制风险的一方承担。例如，决策方面的公共风险由公共部门即政府部门承担，而经营风险应由私人企业承担更佳。[③] 第二，更乐于承担风险，或者说对风险的承担反抗性较弱的一方，应该承担该风险。[④]

最后，政府违约应当承担法律责任。尊重契约精神，以最大诚信履行合同义务，如果非因不可抗力等情况而违反合同义务，应当承担相应的民事法律责任，如继续履行、支付违约金、赔偿损失等。

---

① 参见邓敏贞：《公用事业公私合作合同的法律属性与规制路径——基于经济法视野的考察》，载《现代法学》2012年第3期。

② 参见虞青松：《公私合作契约的赋权类型及司法救济——以公用事业的收费权为视角》，载《上海交通大学学报（哲学社会科学版）》2013年第5期。

③ 参见李延均：《公共服务领域公私合作关系的契约治理》，载《理论导刊》2010年第1期。

④ See J. Luis Guash, Granting and Renegotiation Infrastructure Concession[M], Washington. D. C.: The World Bank, 2004:121. 转引自陈菲：《PPP项目利益相关者的利益协调与分配研究》，重庆大学2008年硕士学位论文。

(三) PPP监管:创设以公共利益为核心,兼顾私益保障的独立监管

在PPP模式运行中,政府的职责是确保PPP运行"在实质上和程序上都符合公共利益",即政府的首要职责是保障公共利益处于支配地位,确保PPP模式全过程都符合公平正义的价值观。[①]

一方面,基于公共利益理论,政府应当强化对PPP模式运营的监管,协调好契约关系或公私伙伴关系,应当基于"自然垄断"特性或者对国计民生有重大影响而对PPP的运行方向和效果进行控制,既要允许私人部门投资有一个合理的回报,又要严格维护公共利益的底线,而不是针对PPP业务以及企业自主权进行管制。[②]

另一方面,要切实做好协调公私利益的私法保障。首先,基于契约精神对各方主体公权力予以限制。第一,公权力权利化,在合同中明确政府可以享有的公权力并予以具体化,以方便企业了解与监督;第二,赋予处于劣势的私人投资者公法程序权利,使其能较平等地与政府讨价还价,从而实现意思表示的自由;[③]第三,赋予利益相关者——消费者或用户程序上的权利,以防止合作合同当事人合谋损害消费者的利益。

三、当前PPP模式中公私权益关系存在的问题

目前来看,我国公私合作合同法制仍很不完备,高速公路超期收费、水电轮番涨价、地方政府深陷债务危机等负面新闻层出不穷,使人们不禁怀疑公私合作的效果,担忧公私合作是否会蜕化为"公私合谋",警惕"公法遁入私法"的可能性,以及对公共任务的主体、内容和责任。[④] 学者对当前PPP中公私权益关系存在问题的分析,主要有以下方面:

---

① 参见〔美〕珍妮特·V.登哈特、罗伯特·B.登哈特:《新公共服务:服务,而不是掌舵》,丁煌译,中国人民大学出版社2013年版,第48页。转引自陈婉玲:《公私合作制的源流、价值与政府责任》,载《上海财经大学学报》2014年第5期。

② 参见陈婉玲:《公私合作制的源流、价值与政府责任》,载《上海财经大学学报》2014年第5期。

③ 参见马永刚、潘登:《寻求权力因素与契约精神的最佳契合状态——对行政合同的再思考》,载《行政与法》2003年第10期。

④ 参见李霞:《公私合作合同:法律性质与权责配置——以基础设施与公用事业领域为中心》,载《华东政法大学学报》2015年第3期。

(一)价值层面:严重滞后

1. 政府难突破"效率—价值"的单一选择思维[①]

一方面,政府把公共性、公平正义价值看作公共服务的全部价值目标,并以此牢牢控制公共服务的各种职能。持这种观念的政府部门往往不愿推行公私合作,或是将公私合作关系视作支配与被支配、控制与被控制的关系。进而常出现政府越位干预私营部门的人事、财务、经营等微观事务;公众只能被动接受公共服务,而很难对政府提出自身的利益诉求或批评意见。另一方面,有的政府部门把效率当作公私合作的首要目标,而陷入完全"私有化"误区。如将合作对象长期限于某一企业,使得获得垄断经营权的私营部门垄断市场和价格,其他符合条件的企业难以获得公平的竞争机会,进而损害公众的利益,破坏市场的公平性。

2. 公共部门与私人部门存在价值和行为方式的冲突[②]

公共部门基于履行国家职能的需要,围绕公共利益而制定和执行公共政策、实施公共管理、提供公共服务,形成其独特的行为方式与价值观念。与此相反,私人部门的价值集核心是市场价值,故以盈利作为价值导向,其行为方式和价值观念也都是从盈利出发。因此,二者在价值观念、行为方式上存在巨大差异,导致双方在公私合作框架下很容易出现管理问题和权益冲突,且在涉及偏重商业性的公私合作领域表现得更为明显。

(二)规则层面:缺陷不少

1. 法律壁垒

中国目前仍没有专门的公私合作方面的法规,相关的规定散见于《政府采购法》《招标投标法》等法律和众多的部门规章和地方性法规,法律框架不健全,有的甚至相互矛盾和冲突。这导致私人部门预期收益不稳定,增加了其沟通成本和潜在风险,大大地降低了其合作积极性。[③] 同时,有关公共服务项目的政策也大多仅为部门指导意见,权威性及力度不足,对合同的信赖度常常是基于对政府领导的信任,而非合同本身的法律效力,领导人的易职又很可能导致利益保障的丧失。[④]

---

① 参见张菊梅:《公共服务公私合作研究——以多中心治理为视角》,载《社会科学家》2012年第3期。

② 参见李丹阳:《当代全球行政改革视野中的公私伙伴关系》,载《社会科学战线》2008年第6期。

③ 参见段绪柱:《公私合作制中的政府角色冲突及其消解》,载《行政论坛》2012年第4期。

④ 参见李霞:《公私合作合同:法律性质与权责配置——以基础设施与公用事业领域为中心》,载《华东政法大学学报》2015年第3期。

2. 行政壁垒

引导机制、投资管理机制与监督机制的不完善,使得政府对私营部门投资的管理难以规范,制约了私营部门在公共服务领域的投资。以行政审批制度为例,一些政府部门巧立名目乱收费,致使私人企业不堪负担;加之项目审批手续繁杂、耗时长以及各种暗箱操作等问题,都增加了私营部门的时间成本和投资风险。[①]

3. 制度滞后

一是制度规则供需上供不应求,有关公私合作的一些关键问题存在制度空白。例如,具体适用范围、合作规则的制定程序、合作各方的权责关系、争议解决方式等,还缺乏明晰的规范。二是制度规则质量不高、可操作性偏低。当前公私合作的制度规则主要是通过中央政府自上而下推行的意见、办法、条例等方式形成,具有稳定性强、成本低、执行风险小等优点,但也存在着"难以适用于所有地方和所有领域;导致制度寻租现象;容易抑制个人合作意愿"等缺陷。[②] 与此同时,由于各地的经济基础、地理环境等因素不同,加之公私合作模式的差异,当前的 PPP 规则设置过于刚硬,缺乏灵活适应性。[③]

(三) 运行层面:困难重重

1. 融资壁垒和退出障碍并存

融资壁垒主要表现在私营部门在商业银行贷款和资本市场融资的融资机会、融资规模和期限等方面都处于劣势。私人部门固定资产少,很难满足银行对抵押品的严格要求,使得私营部门贷款融资较难,私人部门不得不采取短期贷款多次周转的方式以解决融资问题,增加了其融资成本与风险。在资本市场融资方面,证券市场对民营机构的开放程度同样较低,并且资本市场的不稳定性也带来了融资风险。[④]

在退出层面则主要表现为国有资本的退出障碍和退出援助机制的缺失。公共服务领域的沉淀成本、资产专用性、"存量刚性"等特征显著,国有资本无论采取何种退出形式都会涉及员工安置、资产处置(包括债务)等问题,而资本市场、

---

① 参见岳振宇:《论行政性进入壁垒的法律规制——以规制我国的审批许可制度为中心》,载《行政论坛》2005 年第 2 期。

② 参见陈天祥:《论中国制度变迁的方式》,载《中山大学学报》(社会科学版)2001 年第 3 期。

③ 参见张菊梅:《公共服务公私合作研究——以多中心治理为视角》,载《社会科学家》2012 年第 3 期。

④ 参见李霞:《公私合作合同:法律性质与权责配置——以基础设施与公用事业领域为中心》,载《华东政法大学学报》2015 年第 3 期。

产权交易市场的不完善则导致国有资本退出时产权交易和资本变现皆存在障碍。①

2. 隐含的双重代理问题导致严重的目标冲突②

在公私伙伴关系中，作为公共权力的行使者和公共利益的代表者，公共部门是消费者的代理；同时，私人部门又是公共部门的代理。因此，从代理链条来看，私人部门从某种程度上间接地成了消费者的代理。实际上，私人部门参与公私伙伴关系是为了获取稳定的回报。由于上述代理链条的存在，私人投资者又不得不考虑消费者的利益，从而在消费者价值和企业自身价值之间形成严重的目标冲突。此种目标冲突的结果，使伙伴关系的任何一方以及消费者都无法获得最优的福利回报，更为严重的还会导致逆向选择和道德风险问题。

3. 公私共谋加大公共利益的风险

公私共谋，即公共部门与私人部门勾结起来损害公共利益。由于我国转型期的制度环境并不完善，公私伙伴关系存在制度缺失，公共部门在选择私人伙伴和公私协商过程中的自由裁量权较大，寻租设租、内部交易等现象屡禁不止，导致政府腐败、公共投资浪费、豆腐渣工程等问题层出不穷。③ 部分政府官员“化公为私，中饱私囊”，公共利益受到极大损失。最终又走向了私人垄断的另一极端。

4. PPP项目风险分摊机理与管理决策不明确

由于PPP项目的特许经营期长、投资额大，涉及的相关利益主体众多，各方之间关系复杂，风险因素较多，风险的识别与合理的分配成为PPP模式运行是否成功的关键。如何使项目合作各方清楚地认识到有哪些风险、风险大小，并通过相应的合同条款明确风险的分担原则和责任方，风险承担方如何获得补偿，是参与各方需要共同面对和解决的问题。④

5. 地方政府、私营部门与公众多元合作主体缺乏参与动力⑤

首先，地方政府参与的主动性不足。一方面是受制于政府传统价值观念作用，另一方面则是由于各级政府对公共服务体系的分工和对公私合作的认识不足。在诸多公共服务项目中，全国性和地方性项目的区分、各级地方政府的分

① 参见郭鹰：《民间资本参与公私合作伙伴关系（PPP）的路径与策略》，社会科学文献出版社2010年版。

② 参见李丹阳：《当代全球行政改革视野中的公私伙伴关系》，载《社会科学战线》2008年第6期。

③ 参见李延均：《公共服务领域公私合作关系的契约治理》，载《理论导刊》2010年第1期。

④ 参见何寿奎：《公共项目公私伙伴关系合作机理与监管政策研究》，重庆大学2009年博士学位论文。

⑤ 参见张菊梅：《公共服务公私合作研究——以多中心治理为视角》，载《社会科学家》2012年第3期。

工、哪些适合公私合资、采取哪种公私合作的具体模式等问题的不确定性，直接影响了地方政府的执行力度。

其次，私营部门缺乏投资公共服务的动力，尤其是资金充足、实力雄厚的大型企业。追究其原因，可归结为三点：一是公共部门几乎主导了私人部门进入和运行 PPP 项目的全部流程，公私部门关系难对等。PPP 项目都由公共部门发起、融资、监管等，自主决定与哪些私人部门合作，私人部门应该如何运行项目、运行多长时间等。[①] 二是鼓励私营部门公私合作的优惠政策缺乏吸引力或者难以真正实现。比如，一些地方虽然以税收优惠、定期规费返还等优惠政策吸引企业投资，但由于 PPP 缔约过程中给地方官员的“招待费”“好处费”等却远远超过优惠政策本身带来的收益。三是一些地区市场经济发展滞后，价格、竞争等机制不完善，甚至还受到政府的统一控制，企业投资面临着耗资大、见效慢、风险高等问题而知难而退。

最后，公众参与公共服务公私合作的主体地位也未显现。主观上，部分公众自身文化素质较低，参与意识和参与能力不足，对公共事业缺少必要的关注和热情；客观上，部分公私合作项目信息不及时、不全面、不准确地向公众公开，公众的知情权、监督权、参与权难以保障，利益表达渠道不顺畅。

6. 实施效果上的背离原意[②]

(1) 国有资产流失。公共部门由于资金短缺，所以只能通过国有固定资产“以产抵资”的合作形式形成国有出资。然而由于管理者缺少必要的知识和技能，加之缺乏科学的评估方法和完善的监督机制、管理者腐败等原因，国有资产直接流失或者估值过低而间接流失。(2) 社会公平侵蚀。对于私人投资者而言，效率和利益最大化是其最大目标，因此，往往会选择获利空间大的公共服务项目，而对于获利少但又必须提供的服务进行消极供给。此外，对于一般消费者而言，公私合作增加了公共服务选择空间，而生活困难的消费者却无选择权。这些不公平的现象已表现得越来越严重。(3) 公共责任缺失。在公共服务项目外包于私营部门的过程中，公共部门为了解决自身的财政压力与投资问题，同时为自身减负，很可能将自身的责任全部转移给私人部门，从而导致某些领域政府部门的公共责任缺失和政府缺位。

---

① 参见范柏乃：《地方治理理论视域下 PPP 模式在中国的运行困境及优化路径》，载《中共杭州市委党校学报》2011 年第 11 期。

② 参见陈干全：《公共服务民营化及其政府监管研究》，安徽大学出版社 2008 年版，第 97—105 页。

(四) 监管层面：不尽如人意

1. 监管价值失衡

我国对公共项目监管的最大问题是偏重产业利益而忽视公众利益，偏重产业政策而忽视竞争政策。[①] 从PPP实践看，多数发达国家均运用法律手段，创设独立的公共监管机构，严格监管项目经营行为，以维护社会公众利益；其监管目标、监管对象、监管功能均与我国目前的行业主管的监管传统存在质的差异。因此，创设公共监管机构独立地实施PPP项目分类监管，应当成为PPP模式监管的基本方向。

2. 难以进行有效的绩效评估[②]

绩效评估是公私伙伴关系项目运作链条上极为重要的一环。由于公私伙伴关系项目占用了大量的公共资源且直接关系到广大社会成员的生活质量，绩效评估是对公共责任负责。此外，准确的绩效评估有利于进一步的制度创新。然而，我国目前对如何确定绩效评估主体及其责任、建立评估主体与对象的合理关系与机制等问题上仍然存在许多模糊之处有待明确。

3. 公共项目监管体制存在的问题[③]

(1) 多重监管，行政效率不高。监管组织分散在若干行政部门，行政部门在监管方面职能相互交叉，没有高素质的监管队伍，导致部门间相互推诿责任、寻租、难以适应公共项目的专业性需要导致监管效率不高，又增加了项目公司的负担，使投资者利益难以得到保护。(2) 出资者与监管者目标难统一，职能不协调。国有资产监督管理部门代表政府行使国有资产所有者职能，作为公私合作方之一的出资人追求企业利润最大化，而行业监管部门追求公共利益最大化，二者之间常会发生矛盾。(3) 服务定价的机制有缺陷。一是在选择私人部门时，政府主管部门对成本信息把握不准时，难以获得对消费者有利的价格。二是项目运营中价格听证制度不健全，消费者代表对服务成本信息获知不多，调价听证流于形式。三是私人部门自主定价时，经营者通过关联交易等手段转移利润、形成垄断。四是服务价格构成与监管范围较为随意。由于服务定价没有统一的成本标准，使价格监管缺乏可靠依据。

---

① 参见宋林军：《公共基础设施行业市场化的政府监管》，载周林军、曹远征、张智主编：《中国公用事业改革：从理论到实践》，知识产权出版社2009年版，第196页；转引自陈婉玲：《公私合作制的源流、价值与政府责任》，载《上海财经大学学报》2014年第5期。

② 参见李丹阳：《当代全球行政改革视野中的公私伙伴关系》，载《社会科学战线》2008年第6期。

③ 参见何寿奎：《公共项目公私伙伴关系合作机理与监管政策研究》，重庆大学2009年博士学位论文。

四、PPP模式下公私利益协调的对策建议

(一) 价值层面:突破价值偏见,整合政府与市场力量

一方面,政府要突破价值偏见,改变对效率与价值认识的单一选择思维。政府首先需摆正与市场的关系,应该明确公共服务中的政府与市场并非"单选题",而是一种程度上的选择。既要发挥市场私营部门在资源配置方面的高效率,又要发挥政府在维护民主、公平价值方面的优势。此外,要界定公私合作中二者的作用范围。对于公众范围广、公共性程度高的公共服务,应主要体现政府保障公众平等享用服务的责任,而市场企业只能在管制框架下提供服务。反之,针对受众范围不确定、公共性程度较低的公共服务则应突出效率性,政府只需宏观引导,让私营部门进行资源配置。[①]

另一方面,要更加重视诚实信用原则、公平正义等基本原则对公私双方的约束。从我国的PPP现状看,公共部门在PPP中处于绝对优势地位,因此,在立法和实践过程中,可以通过更加重视诚实信用原则、公平正义、道德自律等基本原则和理念对公私双方,尤其是政府部门履行、变更、解除PPP协议时的约束。[②]

(二) 制度层面:完善切实可行的公私合作规则

正如道格拉斯·诺思所言,"制度是人类设计出来用于调节人类相互关系的一些约束条件。"为了更好地协调公私利益,制度设计至关重要。

1. 制定完善可操作的法律规范[③]

一方面,提高公私合作规则的立法阶位。2015年4月15日,发改委等六部委联合发布《基础设施和公用事业特许经营管理办法》,同时还有大量的部门规章和规范性文件,但是结合国外立法情况和我国PPP总体发展趋势,建立"专门立法为主、单项立法为辅"的法律法规体系是大势所趋。制定一部具有统领性兼具可操作性的《公用事业法》或者《公共服务法》,规范公共服务公私合作供给,从而使公共部门和私营部门在合作上有明确的法律依据。另一方面,强化法律法规的可操作性。从范围上,可以根据项目的公益性和经济性的强弱来决定引入

---

① 参见张菊梅:《公共服务公私合作研究——以多中心治理为视角》,载《社会科学家》2012年第3期。

② 参见湛中乐、刘书燃:《PPP协议中的法律问题辨析》,载《法学》2007年第3期。

③ 参见李霞:《公私合作合同:法律性质与权责配置——以基础设施与公用事业领域为中心》,载《华东政法大学学报》2015年第3期。

竞争机制的范围,从而确定公私合作项目和只能由政府单独提供的公共服务类别;从质量上,可通过行业标准、企业责任条款、保证金或保险制度等方式来保证私营部门供给公共服务的质量及安全;从程序上,对公开招投标、信息公开、价格听证、绩效评估方式与标准、私营部门的退出机制等进行具体详尽的规定。

2. 制订落实公私合作供给相关政策[①]

(1) 鼓励银行向私营部门贷款。建立和完善为私营部门服务的金融组织体系,包括银行内部可设立专门为私营企业服务的信贷机构、私人企业贷款担保机构等,为私人投资者提供必要的融资协调服务,必要时政府可以在国家政策允许的条件下协助私人投资者申请国外政府贷款、国际金融组织贷款及国内政策性贷款。[②] (2)利用资本市场拓宽私人投资的融资渠道。首先,在企业债券的发行上给予私营部门同等机会。其次,扩大某些公共服务项目债券的发行,活跃债券流通市场。(3) 优惠的财税政策及有效的财政补偿政策。一方面运用减免有关税费等税收优惠政策,来激励私人资本投资公共服务领域。另一方面运用相应的财政补偿政策,以保证企业可以"以丰补歉",而低收入者也不至因价格过高而无能力消费公共服务。政府财政、物价部门应建立规范的公共服务企业成本费用评价制度,并规范对公共服务的补贴制度。

3. 确立司法救济方式

在项目实施过程中,按照项目合同约定,私人部门可就发生争议且无法协商达成一致的事项,依法申请仲裁或提起民事诉讼。对于政府在公共服务政策实施上和规则制定上差别对待的、价格和收费机制、监管处理决定等行为不服的,认为行政机关不依法履行、未按照约定履行或者违法变更、解除政府特许经营协议、土地房屋征收补偿协议等,可依法申请行政复议或提起行政诉讼。[③] 通过赋予私人部门一定的申诉控告权,强化对政府行为的司法审查。

(三) 运行层面:覆盖从准入、建设到运营、退出等各环节的运行机制

1. 完善特许权授予制度[④]

PPP特许权授予制度是PPP项目运作最重要的环节之一,也是特许权风险的来源。政府授予特许权的同时承担政府责任,其目的在于充分发挥私营部门

---

① 参见李霞:《公私合作合同:法律性质与权责配置——以基础设施与公用事业领域为中心》,载《华东政法大学学报》2015年第3期。

② 参见王丽娅:《民间资本投资基础设施领域研究》,中国经济出版社2006年版,第77页。

③ 参见《中华人民共和国行政诉讼法》第12条,《财政部关于印发政府和社会资本合作模式操作指南(试行)的通知》第28条、第29条。

④ 参见陈菲:《PPP项目利益相关者的利益协调与分配研究》,重庆大学2008年硕士学位论文。

优势以提供更加优质的公共服务。故该与之相配套,有必要建立强制性招投标等程序制度、听证制度、责任追究制度等,以保证特许权的授予过程中实现公共利益和私人投资者利益的平衡。

一方面,公共部门要贯彻特许权授予制度。首先,要建立准入制度,验证私营部门的资质;协议过程充分公开、公平、公正,通过招投标等程序授予私营部门特许权。其次,因私营部门缺乏资质、公共利益的需要,公共部门有权收回特许权。同时,公共部门要确保准入制度操作流程透明、信息公开、满足充分竞争的要求;建立异议反馈并及时答复的机制;确保私营部门在特许期内专有性的权利并保持有效;对特许权因公共利益被收回对私营部门的损失予以补偿。另一方面,私营部门有权对准入制度提出异议,并要求政府部门在规定期限内予以答复;要求政府部门确保特许权专有性和长期有效,因公共利益特许权被收回,要求政府部门赔偿损失;经政府部门同意,处分特许权及相关权益。当然,协议签订过程中,私营部门首先应当保证其资质信息真实、准确和完整,对擅自处分特许权等损失承担相应的违约责任。

2. 以示范合同等形式规范合同内容①

公私合作,首先应保证 PPP 协议内容的公平合理,并建立公用事业切实履行的保障机制。合同应有效落实法律和政策目标,并形成一个确保公私合作项目切实履行的方案。合同应包含四个方面内容:首先,应明确私人提供公共服务质量、数量、期限等要求及绩效监管标准,以确定国家如何进行合法、适当的监督。其次,确保私人部门能够持续地提供安全、稳定且价格合理的公共服务,对协议约定服务区域内所有用户普遍地、无歧视地提供服务。再次,对于具有垄断性质的公用事业,应在合同中明确国家对私人部门所提供服务的价格保持调控力、合同期限不宜过长且规定价格定期更新机制。最后,为公用服务的使用者等公私合作合同关系的第三方提供必要的参与机会,并公告合同的内容,以对第三人知情权、监督权等权益提供保障。

3. 灵活、可靠的收益分配机制②

公私合作各方的收益应当有明确的一套分配机制,要求各参与人投入成本的同时,综合考虑各方投入要素的重要和稀缺程度以及风险因素,进行收益分配。对于提供稀缺要素的或承担更大风险的成员给予更大的回报。我国现阶段 PPP 模式更需要企业提供资金和技术,可以认为是提供了稀缺资源,可以支持

---

① 参见许宗力:《行政任务民营化》,载《当代公法新论(中)——翁岳生教授七秩诞辰祝寿论文集》,元照出版有限公司 2002 年版,第 607—609 页。

② 参见郑志强、陶长琪、冷毅:《大型体育设施供给 PPP 模式的合作博弈分析》,载《体育科学》2011 第 5 期。

其获得更多的商业回报,合作企业应不断加强其运营能力。同时,企业的抗风险能力决定了其在PPP合作中的收益分配能力。实力强、管理水平高的企业具有更强的抗风险能力,也在PPP中占得有利地位。因此,合作企业应该不断提高自身的技术、实力,降低项目的建设运营成本,以维持其自身的重要性以及在要素市场上的稀缺性。

4. 厘清公私合作供给主客体责任边界

(1) 政府主要承担管理及监督之责。政府应当充分发挥其在公私合作供给中的"主导者""促进者"和"协调者"的作用。无论是对公共服务产权的界定、服务项目的内容和标准的确定、激励措施和财政补贴的给予等,还是服务供给过程中产生的负外部性,政府都要进行评估、规制和监督,保障公共服务的公益性。而对公共服务最终指向者的公众,政府要保证信息公开、调动其参与积极性、充分征求意见并接受监督。此外,针对经营存在瑕疵的,有关机关可以通过限期整改、调整条款、终止合同甚至收回接管等手段,以维护公众利益,保证相应公共服务的持续、稳定供给。[①]

(2) 私营部门负责按标准提供公共服务。私营部门利用自身在资金、技术、人才、理念等方面的优势,按合同所确立的标准提供具体的公共服务,可以最大限度地提高资源利用率,保证向公众提供的公共服务符合标准、高质量及安全的要求。但对于提供过程中出现的问题,也要根据合同承担相应的责任。

(3) 社会公众扮演监督者角色,维护自身合法权益。社会公众对项目规划、设计、施工、验收及运行管理等阶段都可要求参与,以切实维护自身的知情权、参与权和监督权。[②]

5. 有效调动地方政府参与PPP的积极性与主动性[③]

需要做好以下几点:一是转变政府职能,深化行政体制改革。明确各级地方政府在公共服务中的分工,深化与公私合作密切相关的审批体制改革,提高行政效率。二是通过召开专题工作会议等形式,加大PPP的宣传,使政府人员能正确、全面地认识公私合作的重要性。三是鼓励地方基层因地制宜,采取灵活多样的公私合作模式,积极总结经验、搞好典型示范,使地方基层成为探索和创新公共服务公私合作的重要力量。

① 参见宋华琳:《公用事业特许与政府规制——中国水务民营化实践的初步观察》,载《政法论坛》2006年第1期。

② 李霞:《公私合作合同:法律性质与权责配置——以基础设施与公用事业领域为中心》,载《华东政法大学学报》2015年第3期。

③ 参见张菊梅:《公共服务公私合作研究——以多中心治理为视角》,载《社会科学家》2012年第3期。

6. 完善风险配置条款

PPP项目本质上是公共部门与社会投资者之间通过一系列合约进行的安排分摊。如何更好地分担风险类型和风险比例,使合作投资项目的目标达到最优,本质上是私营企业与政府部门间的博弈过程。其一般原则有:(1)按风险承担能力进行分配。即谁最有能力控制风险或处于风险控制的有利地位,谁就应当承担该类风险的主要部分。(2)按控制风险的能力分担风险。公私双方对风险控制的能力不同,由对风险控制能力大的一方承担。(3)发生损失最大的一方承担该项风险。此外,由于公私双方在不同合作阶段创造的价值不同,加之信息不对称和道德风险的存在,若将风险完全由某一方承担,会削弱风险的约束和激励效应,因此还应根据环节或风险因素的不同,由造成风险损失量最大的一方承担该类风险。①

(四)监管层面:建立分工明确、协调统一的监管体制

1. 政府部门分工合作,建立相对独立的监管机构

明确政府内部的部门分工协作来避免角色的内在冲突。由签订合约的公共部门来履行契约义务,监督私人部门履行合约,保证产品与服务的质量;物价部门依据《物价法》及相关规定监管公共服务(产品)的价格,通过听证会等方式以维护各方合法权益;财政部门监督财政投入的方向、效能,促进公共部门资金使用的合理合法;质量技术监督部门监督服务质量,保证公众的安全;政府采购部门在招投标过程中信息公开、程序公正,通过充分竞争实现质量提升和效率提高。各部门各司其职、分工协作,形成一个有机的公私合作政府体系。

同时,在条件允许、有可借鉴经验的基础上,可以组建独立的法定监管机构,加强执法队伍建设,人员构成以法律、财务审计等方面专业技术人员为主,对公共服务行业的准入、服务内容、服务质量、价格等进行专业化监管,同时保证监管机构财权与事权双重独立,以避免多头监管,分散监管,监管部门与决策部门、运营部门不分等问题。

2. 引入第三部门,降低信息成本和评估监管成本

由于公私合作涉及面广、内容复杂、持续时间长,技术与信息专业化程度高,引入专业的第三方机构是实现科学化监督的必然要求。一方面,当公私合作涉及特定产业领域时,该领域的专业组织参与可以降低决策成本,使决策更加科学化。另一方面,公用事业涉及公众的切身利益,但由于技术能力有限与信息不对

① 参见何寿奎:《公共项目公私伙伴关系合作机理与监管政策研究》,重庆大学2009年博士学位论文。

称的存在，公众无法准确评估公用事业绩效，第三部门参与评估可以保证绩效评估的客观性和公正性。[①]

3. 优化管制价格形成机制，完善价格规制制度[②]

（1）管制价格形成机制要体现公平与效率统一的原则。优化管制价格形成机制，一方面使企业有合理利润，同时又不能完全以盈利为目的，而应当是一种福利性的制度安排，当政府制定的价格不足以弥补私人部门在生产过程中发生的成本时，企业的亏损则由政府财政补贴。（2）基于PPP项目的技术特性和服务质量来制定价格。不同的PPP项目的投资回收能力不同，故应当根据项目的技术经济特点、不同的服务质量来制定价格，同时考虑到行业特点及发展的阶段建立相应的管制价格确定方法。（3）以成本约束机制为基础，结合零售价格变化、生产效率及行业技术进步率的变化来确定价格调整幅度。建立社会中介评估制度和社会公众参与制度，由社会中介机构测算价格作为定价参考，结合价格听证会，从而对公共服务项目进行合理定价。

4. 完善公众利益诉求的表达机制，保证政府的公共角色

公私合作过程是社会群体相互协商、妥协、让步、博弈的过程，权益协调必不可少。首先，应当加强作为消费者的公众组织化建设。社会公众参与公私合作，一方面可以保证决策结果的民主化、科学化，另一方面通过各方对决策结果的认同从而降低决策的执行成本。第二，健全公众政治权利的实现机制。公共服务消费者经济权益的维护，特别是社会弱势群体消费者的权益保护应作为公民的政治权利与社会权利进行基本保障。第三，扩大人民代表的覆盖面。让不同的利益群体和社会阶层的民众都有机会参与国家社会生活、政治生活，尤其要赋予弱势群体充分表达机会，减少公众参政渠道的中间环节。在公私合作过程中应充分公开、广泛磋商，以利于更好地协调整合各阶层群众的利益，实现公共利益、消费者权益和经营者利益的平衡。[③]

---

① 参见白祖纲：《公私伙伴关系与地方政府大部制改革》，载《行政论坛》2014年第2期。

② 参见何寿奎：《公共项目公私伙伴关系合作机理与监管政策研究》，重庆大学2009年博士学位论文。

③ 参见段绪柱：《公私合作制中的政府角色冲突及其消解》，载《行政论坛》2012年第4期。

PPP模式中的风险防范及分担机制理论研究综述

朱　婷*

PPP模式主要适用于基础设施项目的建设，这类项目因投资规模巨大、建设周期和营运周期长、风险因素多，与一般的项目相比风险更大。有学者通过对马来西亚私有化国家污水项目、沈阳第九水厂等PPP项目失败案例的整理和分析发现，风险分担不合理是项目失败的最重要原因。如何根据政府部门和私营企业的资源优势来平衡各个参与方的利益分配和风险分担，是降低项目失败率的有效途径，因此需要建立一个合理的PPP项目风险分担机制，保证PPP项目能够良好地建设和运营。[①] 以下就是对现有阶段PPP项目中存在的风险、PPP项目中风险分担机制的相关研究进行一个整理和分析。

一、PPP项目的风险识别

（一）PPP项目风险概述

1. 定义

有学者认为PPP项目风险指的是在采用PPP模式的建设项目的生命周期内，如在项目融资、项目建设等环节中可能会影响项目建设的正常开展的不确定

* 朱婷：华东政法大学经济法学院2014级硕士研究生。

① 参见李丽红、朱百峰、刘亚臣、张舒：《PPP模式整体框架下风险分担机制研究》，载《建筑经济》2014年第9期。

性因素或事件。[①] 而风险识别是指对项目本身可能潜在的或客观存在的影响项目绩效的风险事件进行系统的预测和归类。[②] 也有学者认为风险识别可定义为"系统地、持续地鉴别、归类和评估建设项目风险重要性的过程"。其主要内容是对影响项目进展的风险因素、性质以及风险产生的条件和风险可能引起的后果进行识别,据此衡量风险的大小。为了在 PPP 模式中有效实施风险管理,相关学者指出关键风险的识别是风险管理体系的重要基石。[③]

2. PPP 项目风险的特点

PPP 项目除了具备一般项目的风险外,还具有因其本身性质所带来的一些特点:因其项目的多阶段性导致风险的阶段性、项目主体的多样性等形成了风险的复杂性的特点,环境的易变性导致了风险的转换性的特点。[④] 对于 PPP 项目来说,其风险特点主要有以下几个方面:(1) 项目规模大;(2) 项目运行周期较长(一般为 10—30 年,有些时候甚至更长);(3) 错综复杂的利益关系;(4) 风险的不确定性。[⑤]

(二) PPP 项目的风险分类

1. 系统风险与非系统风险

以公共部门和私人企业对风险能否控制为标准,可将风险大体上分为系统风险和非系统风险。通常,把那些与宏观市场环境有关的、超出自己控制范围的风险称为系统风险,反之称为非系统风险。系统风险指超出特定项目,不仅在 PPP 项目的基础要素里是不可控制的,而且是影响 PPP 协议的一些风险,主要包括国家风险、金融风险和不可抗力风险。管理者或发起人无法控制这些风险,也不能通过契约再次分配。非系统风险是指那些可以在 PPP 项目中被控制的要素。这些风险在一个项目中能通过一定的协议分配给项目合伙人,或按成本价格转移出去或者被保险,主要包括信用风险、建设风险、生产经营风险、市场风险和环境风险等。[⑥]

2. 自身能力风险、政府监管风险、项目生存风险、财务风险、决策能力风险

为了识别我国 PPP 项目最关键的风险因素,东南大学建设与房地产研究所

---

① 参见许强:《PPP 项目风险因素分析与分担决策》,南京大学 2013 年硕士学位论文。

② 参见柯永健:《中国 PPP 项目风险公平分担》,清华大学 2010 年博士学位论文。

③ 参见邓小鹏、李启明、熊伟、袁竞峰:《城市基础设施建设 PPP 项目的关键风险研究》,载《现代管理科学》2009 年第 12 期。

④ 参见许强:《PPP 项目风险因素分析与分担决策》,南京大学 2013 年硕士学位论文。

⑤ 参见梁冬玲:《PPP 模式建设项目隐性风险研究》,东北林业大学 2014 年博士学位论文。

⑥ 参见盛雪艳、王建波:《城市轨道交通工程公私合作融资项目风险分析与管理》,载《城市轨道交通工程公司合作融资项目风险分析与管理》2011 年第 1 期。

组织了针对PPP模式研究领域的专家学者的问卷调查，时间自2007年3月至2007年8月。接受调查的专家被要求通过1打分至5打分的方法选择各个风险的重要性，通过对问卷的整理和分析得到20个关键风险，主要有以下几个方面：宏观管理和私营机构自身能力方面的风险；政府监管方面的风险；项目生存相关的风险；项目融资和成本等方面的财务风险；与公私双方共同决策能力相关的风险。①

3. 宏观、中观、微观层面风险

有学者指出PPP项目中的风险因素按三个层面进行划分。这三个层面包括：宏观层面的风险、中观层面的风险以及微观层面的风险。宏观层面的风险源于外因引起的风险，也就是项目本身外部的风险。这种风险是国家或行业以及自然类的风险。此种风险主要集中于政策和法律环境、经济环境、社会环境以及气候环境。本质上，这类风险源于项目范围之外的风险事件的发生，但是这些事件引起的后果跨越边界去冲击项目以及它的产品。宏观层面的风险具体有：政治局势的稳定性、获准行为风险、政府政策的反对、贫瘠的融资市场、通货膨胀率的波动幅度、汇率(利率)的波动幅度、货币风险、法律变更、税收制度的变化、行业调整的变化、社会治安的稳定性、公众对项目的反对、战争动乱、不可抗力(如地震、风暴等)、地质条件、对自然环境的破坏。PPP中观层面的风险包括源自项目内部的风险，也就是说，风险事件以及他们引起的后果发生在项目边界系统内。这些事件意味着PPP项目的执行问题，包括一系列问题诸如项目的需求层面、地址、设计建造以及工艺技术。中观风险具体有：土地的获得(场址的可用)、项目的需求层面、项目的可行性、项目对投资者的融资吸引力、高融资成本、余值风险等。PPP微观层面的风险表示的是采购过程中形成的基于各种利益关系引起的风险，这类风险是由于公众与私人组织在合同管理中与生俱来的不同导致的。这些微观层面的风险同样也是内部风险，但它们又与一般层面的风险不同，因为它们与部门团队而不是项目相关。提出这类风险主要的原因是基于一个事实，那就是基本上公众部门本着社会责任而私人组织则是利益驱动。微观风险具体有：公私部门责任和风险承担的不妥、公私部门权利承担的不妥、公私部门之间工作方式和实际知识的不同、公私部门间相互承担义务的缺乏、第三方侵权行为的赔偿责任、员工危机、分包商或供应商的违约等。②

4. 发包人风险、承包人风险以及第三人风险

按风险责任方的方式可以把PPP项目的风险分为三种，即发包人风险、承

① 参见邓小鹏、李启明、熊伟、袁竞峰：《城市基础设施建设PPP项目的关键风险研究》，载《现代管理科学》2009年第12期。

② 参见涂铭、汪霄：《PPP组织模式的分类与风险研究》，载《商业时代》2007年第11期。

包人风险以及第三人风险。这三种风险既可以独立存在,又可以联合构成,组成混合风险。例如,由于发包人出现财务问题无法结算和承包方施工资质问题造成工期延误属于混合风险。①

5. 显性风险与隐性风险

PPP项目是一个长期而复杂的过程,这种大范围建设活动的风险也存在于项目的整个寿命周期中,根据风险的表达方式的不同,我们将其分为显性风险和隐性风险。建设项目的显性风险是建设项目全寿命周期过程中直观的、外露的风险,主要指建设项目在立项及实施过程中即可以识别的风险,如经济风险、政治风险和技术风险等,这些风险都是建设项目参与方可以明显感受及监测到的,也是项目运营阶段每时每刻都可能发生的。建设项目的隐性风险是其全寿命周期过程中内含的、潜在的风险。如建设项目寿命周期的决策风险、地震风险、绿色风险、使用成本风险等。隐性风险具有隐蔽性强,具有一旦发生危害性大的特征。②

6. 国家级、市场级、项目级风险

有学者借鉴Hastak和Shaked的风险层级归纳方法,将PPP项目的风险分为国家、市场和项目三个层级。其中,国家层级风险指的是在某一特定国家的政治、人文、社会、环境等方面的潜在风险,如政治和宏观经济的稳定性,国家对私有、外国财产的保护,国家应对经济危机的能力,市场规则改变,对股息、红利的分配限制等;市场层级风险特指在全球或者某一特定国家内的经济市场、建筑市场和PPP项目所在行业市场的潜在风险,包括公司在当地市场的技术优势和劣势、市场资源的稀缺性、市场规则的复杂性,以及政府对建筑产业的政策、态度等;项目层级风险指的是在某一特定PPP项目中可能遭遇的潜在风险,如不合理的工程设计、现场施工安全、不恰当的质量控制手段和环境保护等。在我国,国家级风险、市场级风险的重要性要比项目级风险来得大,可以说明中国正处于PPP发展的阶段,相关的法律和经济体制都尚未成熟。③

二、中国PPP项目中导致项目损失的重要风险类型

PPP项目融资方式在中国基础设施建设领域越来越受到青睐,通过私营资本的介入不仅解决了基础设施建设的资金短缺问题,更可以降低成本和提高项

① 参见王新:《建筑工程项目管理的常见风险与风险控制》,载《城市建设理论研究》2012年第9期。

② 参见梁冬玲:《PPP模式建设项目隐性风险研究》,东北林业大学2014年博士学位论文。

③ 参见柯永健:《中国PPP项目风险公平分担》,清华大学2010年博士学位论文。

目的效率。早在上世纪80年代，私营资本投资就出现于我国的高速公路、电厂和水厂等项目中。近年来，随着经济的持续发展和北京的申奥成功，PPP模式在我国众多基础设施项目和一些奥体场馆项目中又得到进一步的应用。但是也不可否认，由于PPP是一种新生事物，我国的政府和私营机构普遍缺乏经验，PPP在我国的应用也遇到了诸多实际问题，所以也有许多项目遇到了较大问题甚至失败。[①] 有学者通过选取自上世纪80年代以来在中国实施的PPP项目中16个失败的案例，如上海大场水厂、北京第十水厂等进行重点分析，找出导致其失败的主要风险因素，对其产生原因和内在规律进行深入分析。可得出中国PPP项目的失败主要是由以下风险造成的：[②]

（一）法律变更风险

法律变更风险主要是指由于采纳、颁布、修订、重新诠释法律或规定而导致项目的合法性、市场需求、产品、服务收费、合同协议的有效性等元素发生变化，从而对项目的正常建设和运营带来损害，甚至直接导致项目的中止和失败的风险。PPP项目涉及的法律法规比较多，加之我国PPP项目还处在起步阶段，相应的法律法规不够健全，很容易出现这方面的风险。例如江苏某污水处理厂采用BOT融资模式，原先计划于2002年开工，但由于2002年9月《国务院办公厅关于妥善处理现有保证外方投资固定回报项目有关问题的通知》的颁布，项目公司被迫与政府重新就投资回报率进行谈判。

（二）审批延误风险

审批延误风险主要指由于项目的审批程序过于复杂，花费时间过长和成本过高，且批准之后，对项目的性质和规模进行必要商业调整非常困难，给项目正常运作带来威胁。比如某些行业里一直存在成本价格倒挂现象，当市场化并引入外资或民营资本后，都需要通过提价来实现预期收益。而根据我国《价格法》和《政府价格决策听证办法》规定，公用事业价格等政府指导价、政府定价，应当建立听证会制度，征求消费者、经营者和有关方面的意见，论证其必要性、可行性，这一复杂的过程很容易造成审批延误的问题。以城市水业为例，水价低于成本的状况表明水价上涨势在必行，但是各地的水价改革均遭到不同程度的公众阻力和审批延误问题。

---

① 参见柯永健：《中国PPP项目风险公平分担》，清华大学2010年博士学位论文。

② 参见亓霞、柯永建、王守清：《基于案例的中国PPP项目的主要风险因素分析》，载《中国软科学》2009年第5期。

(三) 政治决策失误、冗长风险

此类风险是指由于政府的决策程序不规范、官僚作风、缺乏PPP的运作经验和能力、前期准备不足和信息不对称等造成项目决策失误和过程冗长。例如青岛威立雅污水处理项目由于当地政府对PPP的理解和认识有限,政府对项目态度的频繁转变导致项目合同谈判时间很长。而且污水处理价格是在政府对市场价格和相关结构不了解的情况下签订,价格较高,后来政府了解以后又重新要求谈判降低价格。此项目中项目公司利用政府知识缺陷和错误决策签订不平等协议,从而引起后续谈判拖延,面临政府决策冗长的困境。与此类似,在大场水厂、北京第十水厂和廉江中法供水厂项目中也存在同样问题。

(四) 政治反对风险

此类风险主要是指由于各种原因导致公众利益得不到保护或受损,从而引起政治甚至公众反对项目建设所造成的风险。例如大场水厂和北京第十水厂的水价问题,由于关系到公众利益,而遭到来自公众的阻力,政府为了维护社会安定和公众利益也反对涨价。

(五) 政府信用风险

此类风险是指政府不履行或拒绝履行合同约定的责任和义务而给项目带来直接或间接的危害。例如在长春汇津污水处理厂项目中,汇津公司与长春市排水公司于2000年3月签署《合作企业合同》,设立长春汇津污水处理有限公司,同年长春市政府制定《长春汇津污水处理专营管理办法》。2000年底,项目投产后合作运行正常。然而,从2002年年中开始,排水公司开始拖欠合作公司污水处理费,长春市政府于2003年2月28日废止了《管理办法》,2003年3月起,排水公司开始停止向合作企业支付任何污水处理费。经过近两年的法律纠纷,2005年8月最终以长春市政府回购而结束。

(六) 不可抗力风险

此类风险是指合同一方无法控制,在签订合同前无法合理防范,情况发生时,又无法回避或克服的事件或情况,如自然灾害或事故、战争、禁运等。如在江苏某污水处理厂项目关于投资回报率的重新谈判中,也因遇到“非典”中断了项目公司和政府的谈判。

（七）融资风险

此类风险是指由于融资结构不合理、金融市场不健全、融资的可及性等因素引起的风险，其中最主要的表现形式是资金筹措困难。PPP项目的一个特点就是在招标阶段选定中标者之后，政府与中标者先草签特许权协议，中标者要凭草签的特许权协议在规定的融资期限内完成融资，特许权协议才可正式生效。如果在给定的融资期内发展商未能完成融资，将会被取消资格并没收投标保证金。在湖南某电厂的项目中，发展商就因没能完成融资而被没收了投标保函。

（八）市场收益不足风险

此类风险是指项目运营后的收益不能满足收回投资或达到预定的收益。例如天津双港垃圾焚烧发电厂项目中，天津市政府提供了许多激励措施，如果由于部分规定原因导致项目收益不足，天津市政府承诺提供补贴。但是政府所承诺补贴数量没有明确定义，项目公司就承担了市场收益不足的风险。

（九）项目唯一性风险

此类风险是指政府或其他投资人新建或改建其他项目，导致对该项目形成实质性的商业竞争而产生的风险。项目唯一性风险出现后往往会带来市场需求变化风险、市场收益风险、信用风险等一系列的后续风险，对项目的影响是非常大的。在福州鑫远闽江四桥案例中，福州市政府曾承诺，保证在9年之内从南面进出福州市的车辆全部通过收费站，如果因特殊情况不能保证收费，政府出资偿还外商的投资，同时保证每年18%的补偿。但是2004年5月16日，福州市二环路三期正式通车，大批车辆绕过闽江四桥收费站，公司收入急剧下降，投资收回无望，而政府又不予兑现回购经营权的承诺，只得走上仲裁庭。该项目中，投资者遭遇了项目唯一性风险及其后续的市场收益不足风险和政府信用风险。

（十）配套设备服务提供风险

此类风险指项目相关的基础设施不到位引发的风险。在这方面，汤逊湖污水处理厂项目是一个典型案例。2001年凯迪公司以BOT方式承建汤逊湖污水处理厂项目，建设期两年，经营期20年，经营期满后无偿移交给武汉高科（代表市国资委持有国有资产的产权）。但一期工程建成后，配套管网建设、排污费收取等问题迟迟未能解决，导致工厂一直闲置，最终该厂整体移交武汉市水务。

(十一) 市场需求变化风险

此类风险是指排除唯一性风险以外,由于宏观经济、社会环境、人口变化、法律法规调整等其他因素使市场需求变化,导致市场预测与实际需求之间出现差异而产生的风险。在杭州湾跨海大桥、闽江四桥、刺桐大桥和京通高速等项目中就存在这一风险。

(十二) 收费变更风险

此类风险是指由于 PPP 产品或服务收费价格过高、过低或者收费调整不弹性、不自由导致项目公司的运营收入不如预期而产生的风险。例如,由于电力体制改革和市场需求变化,山东中华发电项目的电价收费从项目之初的 0.41 元/度变更到了 0.32 元/度,使项目公司的收益受到严重影响。

(十三) 腐败风险

此类风险主要指政府官员或代表采用不合法的影响力要求或索取不合法的财物,而直接导致项目公司在关系维持方面的成本增加,同时也加大了政府在将来的违约风险。很多项目中对外商承诺的高回报率在很大程度上与地方官员的腐败联系在一起,在业内,由外商在沈阳投资建设的八个水厂被誉为“沈阳水务黑幕”。

三、PPP 项目的风险分担含义及原则

(一) PPP 项目的风险分担的含义

有学者认为公私合作模式成功的关键因素之一,是在项目各方之间实现有效的、合理的风险分担。所谓的风险分担,就是确定风险的归属权。要针对不同的风险主体考虑相应的风险分担措施和承担费用,并建立相应的风险分担机制。[①] 也有学者从风险分配和风险分担的对比中指出:风险分配重在界定某一风险明确的、独立的归属,即某一风险由公私双方中的一方全部承担。风险分担则具有双重含义:一种表示分别承担,另一种表示共同承担,这与风险所有权的概念采用主体全部或者部分承担风险损失的区分方法是一致的。当风险分担表

---

① 参见邓小鹏、李启明、汪文雄、李枚:《PPP 模式风险分担原则综述及运用》,载《建筑经济》2008 年第 9 期。

示分别共同承担时,它等同于风险分配的概念;当风险分担表示共同承担时,就涉及确定此风险在公私双方之间分摊的比例问题。可知,风险分担是比风险分配更为丰富的概念,它涵盖了 PPP 项目中公私双方风险划分的全部内容。[1]

(二) PPP 项目的风险承担原则

风险分担的目的有两点:其一,风险分配的结果可以减少风险发生的概率,降低风险发生后造成的损失以及风险管理成本,使 PPP 项目对各方都具有吸引力;其二,在 PPP 项目生命周期内,分配的结果有利于培养各方的理性和谨慎的行为,并为项目的成功而有效地工作。为达到这样的目的,合理的风险分配需要遵循一定的原则。风险分担原则的基本思路是要使不同的项目参与者能达到互惠互利、共赢的目标。风险分担的指导原则可以归纳如下:

1. 有效控制原则

在 PPP 项目中,最被广泛认可和接受的风险分担原则是:风险应该分配给对其最有影响力和控制能力的一方,或者是对其最有承受能力的一方。该原则既确保通过合理的风险转移起到激励作用,又确保风险规避方可以适当地为风险保险。[2] 有效控制意味着项目参与各方要有能力控制分配给自己的风险。当一方对某一风险能更好地预见并且最有控制力时,意味着他处在最有利的位置,能减少风险发生的概率和风险发生时的损失,从而保证控制风险的一方用于控制风险所花费的成本是最小的。同时由于风险在某一方的控制力之内,使其有动力为管理风险而努力。这条原则与 FIDIC 的《施工合同条件》中的"近因易控"原则,即"谁能最有效地防止和谁能最方便地处理风险就由谁来承担该风险"是一致的。依据该原则,公共部门作为政府或政府的代表,有能力影响规章制度、政策、法律和其他规定,处在比私人部门更有利的位置来识别、评价和控制这些风险,这些制度性风险应主要由公共部门来承担。而非制度性风险,如市场环境和自身经营带来的风险则主要由私营机构来承担。[3] 但是该原则对于两方都无法控制的风险就没有运用的可能性,如不可抗力风险,对于这类双方都无法控制的风险,需要综合其他因素予以考虑。

2. 风险收益对等原则

在有效控制风险分配原则的指导下,项目的大部分风险基本上都可以得到

---

① 参见杜亚灵、尹贻林:《PPP 项目风险分担研究评述》,载《建筑经济》2011 年第 4 期。

② 参见何涛:《基于 PPP 模式的交通基础设施项目风险分担合理化研究》,天津大学 2011 年博士学位论文。

③ 参见邓小鹏、李启明、汪文雄、李枚:《PPP 模式风险分担原则综述及运用》,载《建筑经济》2008 年第 9 期。

合理的分配,但仅限于容易判断出哪一方更有控制力的风险。而项目中还存在一些双方都不具有控制力的风险,如不可抗力风险。对于双方都不具有控制力的风险,分配时则应综合考虑风险发生的可能性,政府自留风险时的成本、政府减少风险发生后所导致的损失和私人部门承担风险的意愿,如果私人部门要求的补偿超过了公共部门自己承担风险时支付的成本,则公共部门是不会接受的。因此,承担的风险程度与所得回报相匹配也应该成为项目风险分配的一条原则。该原则涉及的是"责利"对等的思想。所谓风险收益对等原则是指:如果一方是管理某项风险所获得的经济利益的最大受益者,则该风险应由该方承担。[①] 也就是说,当一个主体在有义务承担风险损失的同时,也应该有权利享有风险变化所带来的收益,并且该主体承担的风险程度与所得回报相匹配。

3. 公平原则

公平原则是合同法基本原则,贯穿于合同法的全部内容之中,以保证合同内容本身以及因合同而产生的法律后果之全面公正。PPP 项目的风险分担主要通过合同的方式来进行分配,因此在风险分担时应体现公平原则。公平原则主要体现在,既强调合同条款中本身对于风险的权利义务的均衡,也强调合同所派生的风险权利义务的均衡;既关注合同主体由于风险事件引起的收益,同时也关注合同主体面临的风险损失。[②]

4. 归责原则

"归责"在法律上的含义是指依据某种事实状态确定责任的归属,是解决责任的承担问题。归责原则决定着违约责任的构成要件、举证责任的内容、免责事由,以及损害赔偿的范围。由于 PPP 合同兼具"合同性"和"行政性",以及风险因素引起责任的原因的多样性,使得 PPP 合同中的责任归责极为复杂。考虑到 PPP 合同的特性,可以将其一分为二,综合运用行政法与民事法律加以调整。[③] 由于 PPP 项目的合同及其风险因素的复杂性,可针对不同类型的风险因素而确立不同的归责原则,建立一个包括行政归责原则和民事归责原则在内的统一的归责框架,形成具有内在的逻辑联系的包括过错原则、过错推定原则、违法原则、严格责任原则在内的多元化归责原则体系。

5. 风险上限原则

另外,在实际项目中还存在常常易被忽略的情况,在合同的实施阶段,项目

---

① 参见张水波、何伯森:《工程项目合同双方风险分担问题的探讨》,载《天津大学学报》(社会科学版)2003 年第 5 期

② 参见朱冰、李启明:《工程项目风险分担问题的探讨》,载《江苏建筑》2005 年第 3 期。

③ 参见邓小鹏、申立根、李启明等:《基于行政法学角度的 PPP 合同属性研究》,载《建筑经济》2007 年第 1 期。

的某些风险可能会出现双方意料之外的变化,或风险带来的损害比之前估计的要大得多,出现这种情况时,不能让某一方单独承担这些接近于无限大的风险,否则必将影响这些大风险的承担者管理项目的积极性。因此,应该遵从承担的风险要有上限的原则。[①]

6. 风险分担动态原则

风险分担机制是一个开放的系统,系统要素在与项目外界环境进行物质与信息交换时是动态变化的。同时由于PPP项目建设营运合同周期长,不断变化的内外部环境以及潜在的风险因素都影响风险分担框架的稳定性,因此在风险分担框架设计时要不断进行风险识别、评估和分担等工作,以确定新形势下双方风险分担的量。此外,合同的不完备性,使得谈判当事人不可能约定所有风险的分担,故需要动态地确定风险分担量,使风险分担机制更加灵活。[②]

四、PPP项目中风险分担的机制研究

(一)从阶段性角度分析风险的分担[③]

有学者从不同的阶段的角度去考虑风险的分担,分为风险的初步分配阶段、风险的全面分配阶段、风险的跟踪和再分配阶段。学者指出:

1. 风险的初步分配阶段

风险的初步分配发生在项目的可行性研究阶段,通常这一阶段是由公共部门来主导的,因为公共部门最了解当地经济发展情况,最了解是否需要上马一个项目。公共部门首先进行风险识别,之后进行风险分析,主要是计算风险的发生概率和风险发生时带来的损害以及风险价值。风险分析结束之后,公共部门根据分析风险的结果初步判断哪些风险是在公共部门和私人部门控制力之内的,哪些是双方风险控制力之外的,对于双方控制力之外的风险,留待下一阶段分配,公共部门最有控制力的风险是公共部门需要自留的,剩余的风险则需要转移给私人部门。至此,风险的初步分配结束。

2. 风险的全面分配阶段(投标与谈判阶段)

私人部门就第一阶段的初步风险分配结果进行自我评估,主要评估其拥有的资源,包括经验、技术、人才等。据此判断其对公共部门转移给他的风险是否

---

① 参见刘新平、王守清:《试论PPP项目的风险分配原则和框架》,载《建筑经济》2006年第2期。

② 参见李丽红、朱百峰、刘亚臣、张舒:《PPP模式整体框架下风险分担机制研究》,载《建筑经济》2014年第9期。

③ 参见刘新平、王守清:《试论PPP项目的风险分配原则和框架》,载《建筑经济》2006年第2期。

具有控制力，如果私人部门通过自我评估，确定对转移给他的风险最有控制力，则进行相应的风险管理。反之，则返回风险分析阶段。双方控制力之内的风险主要根据有效控制的风险分配原则进行分配。

分配公共部门和私人部门控制力之外的风险，双方经过谈判确定风险分配机制。之后私人部门计算风险价值并进行自我评估。主要是评估其对风险的态度（厌恶或偏好），拥有的资源、经验、技术、人才等。然后结合风险价值和自我评估的结果提出风险补偿价格，如果公共部门接受，则双方进行相应的风险管理。反之，则重新谈判，修改风险分配机制，如此循环，最终双方达成一致，双方控制能力之内的风险主要根据风险收益对等、相匹配原则进行分配。公共部门和私人部门分别就双方控制力之内和控制力之外的风险分配达成一致之后，双方将签订合同。至此，风险全面分配阶段结束。但是，与此同时，也要根据风险上限原则和风险动态原则去设置调整条款。调整条款是指由于情况变化而影响了协议双方的权利和义务平衡时，允许协议双方重新审定协议并调整部分条款，以求再次达到双方的权利和义务的平衡。在项目的建设和运营阶段，项目可能会发生预料之外的对双方有利或不利的变化，通过设置调整条款可以增强双方的信心。

3. 风险的跟踪和再分配阶段（建设和运营阶段）

公共部门和私人部门签订合同后，项目的风险分配就进入了风险的跟踪和再分配阶段。这一阶段的主要任务是跟踪已经得到分配的风险是否发生意料之外的变化或者出现未曾识别的风险，然后进行风险的再分配。

如果出现了未识别的风险，则按照风险初步分配阶段的方法分析和初步分配风险，如果已经识别的风险发生了双方预料之外的变化，则需要判断这种变化对项目是否有害。如果这种变化是有害的，则根据风险分配原则启动调整条款进行风险的再分配。如果风险发生的变化对项目是有利的，则对项目进行相关利益分配。即合同在条款中规定，如果项目寿命期出现的变动（如原材料价格的下降）带来正面的影响即带来收益时，允许双方共同分享该收益。

（二）按照主体进行风险分担研究

有学者从主体的角度对宏观、中观、微观的风险类型进行分析，分析PPP项目参与方公共部门和私营企业更适合承担哪一种风险。[①]

1. 公共部门承担的风险

政治和公共政策可以由东道国来承担，在我国当前政局稳定，只要经过政府

① 参见王雪青、喻刚、邴兴国：《PPP项目融资模式风险分担研究》，载《软科学》2007年第6期。

批准的建设项目,一般政治风险对项目的影响会较小,这种风险公共部门可以自己承担而不必分配给私营企业。同样社会和法律风险,政府也可以通过法律来控制,项目的选择如土地的获得等,政府也可以用行政的手段来达到,这部分风险最适合由公共部门来承担。

2. 私营企业承担的风险

整体经济情况中大部分属于商业行为,私营企业是以盈利为目的的,而且具有较丰富的商业经验,这种风险由私营企业来承担更为合理。项目的融资、设计、施工也是具有商业性质的,私营企业在项目融资技术和融资市场方面较政府更为熟悉和有经验,能更好地降低风险,而且私营企业可以利用自己的经验来减少设计图纸中的缺陷,全面审查施工过程中的各种施工方法,从而可以降低设计和施工过程中的各种风险,但政府在这方面就显得经验不足,所以这些风险由私营企业来承担较为合理。

3. 根据谈判结果承担的风险

对于剩余风险、相互关系、第三方等风险与工程类型、工程价值、施工方法、利润来源等没有明显的联系,无法判断公共部门还是私营企业的风险偏好系数最大,这些风险可以通过双方的谈判,仔细分析后作出最后决定,由哪一方来承担更为合适。

总之,为了使项目的整体满意度达到最大,应该根据融资双方的具体特点来决定哪一方更适合承担哪一类风险,将所有的风险都分配给最适合承担的一方,从而公共部门和私营企业都不会因为不得不面对自己不熟悉的风险而将风险成本估计过高,达到项目总体风险成本最低。

(三)国家、市场、项目的层级风险分担研究[①]

有学者主要通过两轮的德尔菲调研,也就是对相关专家进行问卷调查,对所选取的37个PPP项目风险进行分担偏好分析,主要结论包括:本研究所选取的37个风险因素中,偏向于由公营部门一方承担的风险有13个,其中包括10个国家层级风险:政府官员腐败、政府干预、征用或者公有化、政府信用、法律及监督体系不完善、法律变更、政府决策失误、过程冗长、土地获取风险、项目审批延误、税收调整。私营部门应当承担的风险还包括1个市场层级风险(市场竞争)(唯一性)和2个项目层级风险(招标竞争不充分、配套基础设施风险)。偏向于由私营部门承担的风险有10个,其中包括1个市场层级风险(融资风险)和9个项目层级风险(完工风险、供应风险、技术风险、运营成本超支、残值风险、特许经

① 参见柯永健:《中国PPP项目风险公平分担》,清华大学2010年博士学位论文。

营人能力不足、组织协调风险、私营投资者变动、工程、运营变更)。偏向于双方共担的风险有14个,其中包括4个国家层级风险(气候、地质条件、不可抗力风险、环保风险、政治、公众反对风险)和5个市场层级风险(第三方延误、违约风险、通货膨胀、外汇风险、利率风险、市场需求变化)、5个项目层级风险(合同文件冲突、不完备、收费变更、费用支付风险、项目测算方法主观、项目财务监管不足)。从风险层级角度看,国家层级风险偏向于由政府承担,市场层级风险偏向于双方共担,而项目层级风险偏向于私营部门承担。

(四)风险公平分担的合同组织建议[①]

公营和私营部门双方对于风险的分担主要通过权利义务的界定和付款机制的确定来实现,即通过合同条款来定义的。有学者为了更好地提高风险分担建议的可应用性,对各个风险分担进行了合同组织建议。如:

针对政府官员腐败,建议政府部门在特许权协议中作出相关的保证,并且在争议解决、赔偿机制等相关条文中涉及该项风险应当如何解决。针对政府干预的风险,建议私营投资者在确定特许权协议时明确政府部门在其参与的事物中的参与时点和方式,且在争议解决、赔偿机制等相关条文中涉及该项风险。

针对政府信用,可以在特许权协议中要求政府部门作出相应的声明和保证;针对第三方延误、违约,特许权协议中应当明确规定双方在工程或其任何部分与所规定的质量或者安全要求严重不符时,有权进行或者命令第三方进行纠正,并根据实际情况有权就延误或者违约事件向第三方提出索赔。

针对政治、公众风险,项目公司负责调解,政府方予以配合,如果"政治、公众反对"的具体归责对象是项目公司,即因为项目公司操作不当引起的公众反对,则由此事件导致的项目损失将不得到赔偿;如果具体归责对象是政府部门,则私营投资者有权要求恢复到风险事件之前的经济地位;如果没有具体归责对象,则由双方商议共同承担损失,建议在特许权协议中的赔偿机制内容中清楚地描述上述要求的权利义务分摊以及赔偿前提条件和操作过程等针对一系列关于不同风险的合同组织建议,以合同条款的形式达到风险的公平分担等。

① 参见柯永健:《中国PPP项目风险公平分担》,清华大学2010年博士学位论文。

PPP模式中的退出机制理论研究综述

万俊云*

随着《关于创新重点领域投融资机制鼓励社会投资的指导意见》《基础设施和公用事业特许经营管理办法》等规范性文件的出台，有关公私合作(PPP)的研究热潮正逐步兴起，吸引了法学、经济学、管理学等学科的关注。笔者在中国知网"期刊"搜索栏下以"或含"的连结方式输入"PPP"和"公私合作"，共搜索到193篇论文，近三年的论文数量达到100篇。① 然而，其中论文名中包含"退出"或"退出机制"的论文却少之又少，大多数文章只是浅层地对"退出机制"予以论述，可见当前学界关于PPP模式退出机制的研究是极其不足的。一来是因为PPP模式正值兴起阶段，实践中有关退出的案例相对较少，尚未引起学者的关注；二来有关PPP项目退出的实践较少，学者们也不可能凭主观臆测其中可能存在的问题及完善建议。

市政公用事业特许经营中的市场退出是指特许经营权人暂停或者终止其原本应该经营的公用事业服务的情形。特许经营权人在经营期满或提前终止特许经营权时，还存在一个移交市政公用设施的程序，移交之后还要进行与新的经营者之间的交接或是由政府进行临时接管，那么公用事业特许经营者退出市场从终止特许经营权开始算起，移交设施，只能算是对市场退出之后的善后处理，也

* 万俊云：华东政法大学经济法学院2014级硕士研究生。

① 2013年30篇，2014年43篇，2015年截至笔者搜索日期已有27篇，搜索日期为2015年7月8日。

就是说退出的期限不能从由新经营者交接或政府接管之时算起。[1]

一、PPP 模式中退出机制的作用

在市场退出的过程中必定会影响各方的利益，倘若在退出过程中，政府没能发挥监督管理作用，就有可能伤害某一方的利益，进而影响政府的进一步工作，所以，政府必须对其退出机制进行科学合理的监管；对于此类项目市场退出机制的监督要尽早介入，尽量减少退出损失和风险。[2] 市场退出规制政策是明确规定市场退出的申请和批准程序。[3] 健全 PPP 项目退出机制既能够消除社会资本的潜在担忧，还能够抑制部分不诚信企业的失信行为。其作用在于：

第一，完善的退出机制有助于消除投资忧虑。当前，民资投身 PPP 尚存在担忧，在 PPP 项目资金引导方面，目前只有入口没有出口，也没有交易平台，资金的退出机制十分匮乏。对此，建立退出机制和完善配套金融政策对于有效改善社会资本的积极性有重大作用，[4]有利于保障社会资本不至于被套牢。

第二，完善的退出机制有助于遏制失信行为。由于企业诚信缺失，部分项目建设企业尤其是民营企业在 PPP 项目招标中以超低的价格参与项目的公开竞标，中标后，往往再以各种理由提价；如果条件得不到满足，就以拖延施工或干脆退出相威胁。由于此类项目涉及公共服务，地方政府无法承担项目中断的后果，因此，往往在博弈中处于被动地位。[5] 完善的退出机制能够使地方政府重新选择合适的合作伙伴。

第三，完善的退出机制有助于增进合作双方的信任。当一方认为合作终止的损失很大时，彼此的承诺就会加强；当双方的合作带来很大的利益时，彼此的承诺和信任也会增强；双方之间的利益依赖程度越高，则彼此之间的信任度越高；提高关系终止成本的主要途径是提高退出壁垒，即如果加盟一方放弃合作关系，那么他的某些资产，如场所资产、人力资本资产和商誉资产都将受到很大损失；此外，加盟合作关系建立时间越长，双方终止的成本越高，这包括损失的合作

---

① 参见杨志华、肖迹：《论公用事业特许经营中的市场退出制度》，载《湖南广播电视大学学报》2011 年第 4 期。

② 参见陈通、杜泽超、姚德利：《大型体育场馆项目的政府监管框架研究——以公私合作模式为例》，载《天津师范大学学报》（社会科学版）2011 年第 5 期。

③ 参见周阳：《我国城市水务业 PPP 模式中的政府规制研究》，载《中国行政管理》2010 年第 3 期。

④ 参见王凯蕾、任鹏飞：《民资投身 PPP 尚存三大担忧》，载《中华工商时报》2015 年 5 月 20 日第 1 版。

⑤ 参见孙学工、刘国艳、杜飞轮、杨娟：《我国 PPP 模式发展的现状、问题与对策》，载《宏观经济管理》2015 年第 2 期。

关系和福利,也包括重新寻找合作替代者的重置成本。[①]

二、当前PPP模式中退出机制存在的问题及困难

我国当前PPP项目投资退出渠道不畅通,审批严格,而且周期长,缺乏完整、规范的制度,相关退出平台(如资产证券化、股权交易市场)受多种因素的影响发展滞后,不能适应社会投资者退出的要求,一定程度上制约了PPP项目参与者的资源合理配置和可持续发展。[②]

从实践来看,公用事业特许经营市场退出制度尚存在以下四方面的问题:(1)特许经营期限设定过长。按照通行规定,特许经营期限应当根据行业特点、规模、经营方式等因素确定,最长不得超过30年。而深圳市公用事业改革伊始,政府就授予水务集团50年的特许经营权,并且可以续签两次。半个世纪甚至一个世纪的"独家特许"引发了专家和民众对新垄断危机的担忧。(2)特许运营企业违规行为的处理有失偏颇。在实践中,这种偏颇之处具体表现为两种情形:一是政府纵容严重违规的特许运营企业继续经营,致使公众承载着巨大的安全风险;二是僵化处理特许运营企业的违规行为,致使公众难以获得持续而稳定的公共产品供给。(3)特许权行使不规范。在特许经营实践中,政府往往会提前终止特许经营协议,清退不合格的特许运营者。但是,如果权力行使不规范,就等于直接侵犯了特许运营者的合法权益。(4)前期监管不力导致退出规制陷困境。由于目前我国公用事业特许经营的监管体系尚未完全确立,市场准入、中期评估等前期监管机制还不完善,因而市场退出规制往往承载着本应由其他监管机制履行的监管义务。[③]

三、PPP模式中退出机制的分类

(一)正常退出

正常退出是指特许经营权人基于法律规范或是特许契约的约定,按照一定的程序终止特许经营权,并不再从事相关的市政公用事业服务的情形。正常退出又包括以下几种情形:(1)特许经营期限届满,特许经营权人未申请延期或未

① 参见肖怡:《特许经营中的信任、承诺与风险》,载《经济管理》2006年第19期。

② 参见孙学工、刘国艳、杜飞轮、杨娟:《我国PPP模式发展的现状、问题与对策》,载《宏观经济管理》2015年第2期。

③ 参见章志远、黄娟:《公用事业特许经营市场退出法律制度研究》,载《学习论坛》2011年第6期。

得到延期批准,且已将其原本经营的公用事业移交给新的经营者或由政府接管。由于经营期限届满而退出公用事业服务的市场,这是一种最和平的退出方式。(2)在特许经营期限内,发生法律、法规、规章或其他规范性文件规定的以及特许契约约定的提前终止特许经营权的情形,且原特许经营权人将公用事业移交新的经营者经营或由政府接管的情形。这一类情形发生在特许经营的期限内,提前终止的原因有很多种,如特许经营权人经过申请,政府依照法定程序批准、政府根据公共利益的要求提前收回等。①

(二)非正常退出

非正常退出是指特许经营权人或者政府违法或违约,暂停或终止公用事业特许经营的服务项目。这种退出的情形,主要基于特许经营权人或者政府的单方面违法违约行为,当然也不排除有双方均违法违约的情况。(1)因特许经营权人的行为而导致政府将特许经营权提前收回的原因主要包括:擅自转让、出租特许经营权的;擅自将所经营的财产进行处置或者抵押的;因管理不善,发生重大质量、生产安全事故的;擅自停业、歇业,严重影响到社会公共利益和安全的;法律、法规禁止的其他行为。由这些原因所导致的直接后果就是政府将特许经营权直接收回,在这种情况下,不需等政府将特许经营权收回,只要特许经营权人停业、歇业或是不再行使特许经营权时,就算退出了市场。(2)也可能由于政府信用的缺失,无正当理由将特许权人的经营权收回,并且将原特许权人经营的公用事业自己接管或移交给新的经营人。②

四、PPP模式中的退出方式

国外公私合作机制起步较早,成熟度较高,对此背景下的私人部门能否退出、如何退出有着较为完善的经验及研究。其退出方式包括:(1)SPV再融资。英国、美国等国家允许项目在确因不可抗拒性因素引起公私合作合同的中止的情况下,允许SPV通过配股、增发和发行可转换债券等方式在证券市场上进行融资,将风险引入证券市场打散,进行项目风险的转移;其优点在于能够将风险分散至较大范围,但手续相对繁琐。(2)债务重组。国外很多国家会在终止公私合作项目合同的同时进行债务重组,以此退出合作项目,其优点在于将风险内

---

① 参见杨志华、肖迹:《论公用事业特许经营中的市场退出制度》,载《湖南广播电视大学学报》2011年第4期。

② 同上。

部消化,但使投资主体利益受损。(3) 协议转让。在政府提出终止公私合作合同的条件下,如果私人方也想放弃此项目,可以通过协议转让的方式将项目整体移交第三方,由第三方按照合理的转让价格出资收购项目,其优点在于操作简单,但难以保证公共项目的公益性。(4) 其他方式。破产清算、收购与兼并等都可作为风险投资的退出方式,但是,有些国家,如日本,因 SPV 破产风险较大,所以法律不允许这样做。为尽快缩短与发达国家的差距,有必要借鉴其他国家的成功经验,逐步发展和完善我国 SPV 退出机制。一是建立多层次、多渠道的公共项目公私合作的 SPV 退出机制。从国外的 SPV 退出机制主要方式的分析,多层次、多渠道的退出机制是保证公共项目的建设并进入良性运行的必要保证。由于不同的公共项目所具有的特性不一,如建设规模、公益性质和行业地位都不一样,单一的退出机制会阻碍公共项目公私合作的良性运行。二是公共项目公私合作可采取协议转让的退出方式。协议转让的退出方式具有较大的灵活性,操作简便,且对资本市场无太大要求,更适合我国的实际。①

英国 PFI(私人融资主导)项目退出方式为项目出售。项目可在二级市场出售,或待特许协议期满后无偿交付政府。PFI 项目一级市场参与者有限,主要是行业企业、建筑公司和几家较大的专业财务投资者。若没出售,通常在特许协议期满后项目需无偿交付政府,而政府在收回项目后仍需寻找接任者继续提供公共服务。针对部分 PFI 项目使用费存在不合理、无法及时响应公共部门对服务的新要求等不足,英国政府于 2012 年推出第二代 PFI——PF2,旨在改善 SPV 的股权结构,让政府部门作为少数股权投资者参与设立 SPV 公司,增强 PPP 项目中政府与私人部门的协作,强化政府的监督作用,提高资金使用效率并维护公共部门的权益。②

PPP 产业基金的投资领域将主要集中于新型城镇化相关的基础设施和公用事业。PPP 产业基金退出机制应保证投资者享有一定的资产流动性和实现资本增值,同时也应确保与具体项目的融资需求相协调,即 PPP 项目的正常运作不受到投资退出的影响。一种可行的退出方式是由项目发起人在项目完工后选择回购产业基金所持的项目公司股份。通过这种方式,PPP 产业基金可以较快地取得回报,项目发起人通过回购股份也避免了项目公司股权的分散。③

---

① 参见曹君丽:《公共项目公私合作的退出机制研究》,载《中国集体经济》2013 年第 33 期。

② 参见舒理:《英国 PFI 公私合作运行机制》,载《全球瞭望》2015 年第 2 期。

③ 参见冯珂、王守清、张子龙、赵丽坤:《新型城镇化背景下的 PPP 产业基金设立及运作模式探析》,载《建筑经济》2015 年第 5 期。

五、PPP模式中的退出限制

PPP模式退出的限制可从以下两个角度而言：

一是公共利益。公用事业须以满足公众需求为要旨，为确保公用事业服务的持续性供给，规制者要求公用企业不得随意退出市场。1918年，在涉及地方性铁路的一项判决中，美国联邦重申："如果一家铁路公司负有维护和运营某条铁路的制定法义务或契约义务，它将会被禁令或训令(man-damus)强迫这样做，即便继续运营会亏损。"①

二是契约严守。公用事业服务具有公共性、日常性和不可替代性，这就要求公用事业基本服务具有连续性和不可间断性。PPP的使用本质是保证核心公共服务的有效提供，对于私人部门而言，明确在核心公共服务没有实现有效提供时，不能违背契约退出生产，从而形成退出限制。②

限制公用企业随意退出市场，不等于规制者无论何时都应强迫公用企业强制履行服务义务。当出现如下情形时，应当考虑解除公用企业的服务义务：(1)存在公用企业实际履行不能的情形，如发生自然灾害、战争灾害、事故灾害，以及公共卫生、社会治安等公共突发事件或不可抗力事件，公用企业无法依靠自身力量有效应对或者依靠自身力量应对时成本过高；(2)存在公用企业恶意违反规制契约的情形，如擅自转让、出租特许经营权等。在允许公用企业退出之前，规制者必须充分考虑到可行的替代服务机制或者已经寻求到愿意履行相同服务的新进入者予以接管。③

出于维护项目运行、保护公共利益的目的，在限制退出期结束之后，相关参与方可以选择退出，但对于其权益承接方作全面的资格限制，通常会对其管理能力、资本实力和信用水平提出较高要求。有些PPP项目会要求初始参与人的参与比例不得低于某一最低限制，以此来督促初始参与人继续履行职能，并在其承接方的遴选中负有履职尽责义务。④

---

① See J. Gregory Sidak & Daniel F. Spulber. Deregulatory Takings and the Regulatory Contract: The Competitive Transformation of Network Industries in the United States [M], Cambridge University Press, 1998:128. 转引自高俊杰:《论民营化后公用事业规制的公益目标》,载《现代法学》2014年第2期。

② 参见吴卓瑾、乔宝云:《构建合理的PPP管理框架推进财政和国家治理现代化》,载《中国财政》2014年第15期。

③ 参见高俊杰:《论民营化后公用事业规制的公益目标》,载《现代法学》2014年第2期。

④ 参见王春成:《PPP模式法律文本体系、核心条款及公共利益》,载《中国财政》2014年第9期。

六、PPP模式中退出机制的完善

在未来公用事业特许经营的统一立法中,应从以下四个方面对市场退出制度加以完善。(1) 厘清中央与地方立法权限。厘清中央与地方各自的立法权限是进行有序公用事业特许经营市场退出规制的前提。在具体分配中央与地方的特许立法权限前,应着重解决当下中央与地方特许经营立法位阶过低的问题。(2) 明确特许经营市场退出的条件。鉴于期限届满本身就是公用事业特许经营者正常退出的条件,因而应当着重解决公用事业特许经营者非正常退出的条件。其中,尤以特许经营者单方解除权和政府单方解除权行使条件的限定最为重要。(3) 设定特许经营市场退出制度的运作程序。除了应当明确行使条件之外,特权规制和权利保护都离不开程序的保障。(4) 完善相关辅助机制。一是确立以协商为主的纠纷解决机制。二是建立一套有序运转的临时接管制度。①

(一) 建立退出平台

我国应当加快国家层面的PPP立法,完善PPP退出机制,建立PPP项目产权交易市场和股权转让系统,为企业提供便利的产权和股权流转服务,使私人部门能通过股份转让实现投资回收,以求合理退出。②

(二) 建立和完善临时接管制度

与市场退出制度密切相关的是政府的临时接管制度,尤其是在市政公用事业特许经营权人与政府提前终止特许契约时,为了保证公共产品和服务的连续性和稳定性,政府必须采取措施完成与原特许经营权人之间的交接工作,在还没有确定新的经营者时,由政府暂时经营和管理原来由特许权人经营的公用事业和服务。③

我国尚未制定统一的《市政公用事业法》,公用事业临时接管的规定主要散见于建设部《基础设施和公用事业特许经营管理办法》(简称《办法》)及地方人大和政府制定的关于公用事业特许经营的条例和规章中。总体来说,我国公用事业特许经营临时接管立法存在以下三个突出问题:第一,立法位阶过低。中央层

---

① 参见章志远、黄娟:《公用事业特许经营市场退出法律制度研究》,载《学习论坛》2011年第6期。

② 参见孙学工、刘国艳、杜飞轮、杨娟:《我国PPP模式发展的现状、问题与对策》,载《宏观经济管理》2015年第2期。

③ 参见杨志华、肖迹:《论公用事业特许经营中的市场退出制度》,载《湖南广播电视大学学报》2011年第4期。

面的立法只有建设部的《办法》，地方立法中仅有 10 个省市制定了公用事业特许经营的地方性法规，其余的都只是地方政府规章和规范性文件。第二，具体立法缺失。我国尚没有关于临时接管的特别立法，在地方规定中仅有江苏省建设厅发布的《江苏省城市市政公用事业特许经营权临时接管制度》，且其规定过于简单，并未涵盖临时接管制度的所有内容。第三，形式合法性危机。从临时接管的实践来看，各地进行临时接管的依据大都是建设部《办法》，但建设部《办法》因与法律规定存在抵触，其自身的合法性不无问题。同时，各地进行特许经营活动所依据的政府规章的效力也存在合法性危机。可见，我国当下公用事业特许经营中的临时接管大都处于无法可依的状态，这使政府临时接管本身蕴藏着巨大的风险，稍有不慎就会使公益和私益处于“两败俱伤”的境地。①

公用事业特许经营临时接管情形主要包括三种情形，即紧急情况下的临时接管、特许经营者违反法律规定或特许经营协议约定时的临时接管以及特许经营者因无法经营申请取消特许经营协议时的临时接管。公用事业主管部门对特许经营企业进行临时接管后，并不意味着接管程序的终结。临时接管的同时，公用事业主管部门应与特许经营者谈判，对同意及时整改、接受处罚、承担违约责任并能挽回影响的，可以归还其特许经营权继续经营；对拒不整改、无能力恢复正常生产的，应按法定程序终止特许经营协议，并取消其特许经营权，重新选择合适的特许经营者；如果特许经营事业不再适合民营企业者经营时，应收归国有。②

（三）建立合理的补偿机制

公用事业特许经营项目提前终止及相关的补偿机制是市场惯例，也是规范的项目融资所要求的一个重要条件。③

特许经营合同中政府单方变更、解除合同后，不仅应当补偿特许经营人的直接损失，还应当赔偿预期利益。当然，由于公共服务尤其是公共基础设施特许经营中的预期利益往往数额巨大，政府全额赔偿可能非常困难，但可以通过约定，补偿适当的预期利益。合理的补偿标准不仅能有效地保护特许经营人的权益，也会促使政府决策趋于理性化，这样既可以约束政府机构的非理性投资行为，也能使企业投资的行为具有合理的预期收益，从而减少投机行为的发生。④

---

① 参见章志远、李明超：《公用事业特许经营中的临时接管制度研究——从“首例政府临时接管特许经营权案”切入》，载《行政法学研究》2010 年第 1 期。

② 同上。

③ 参见童新朝：《特许经营项目移交的法律分析》，载《中国建设报》2006 年 1 月 5 日第 4 版。

④ 参见刘向杰、黄喜兵、孔凌宇：《公私合作中投机行为的防范》，载《城市问题》2010 年第 1 期。

(四) 完善特许经营期限制度

目前公用事业特许经营正常退出的规定并不利于"引入竞争"目标的实现。具体表现为两个方面:首先,准予原特许经营者申请延展特许经营期无异于直接屏蔽了竞争机制。囿于公用事业的自然垄断属性,特许经营者往往处于行业垄断地位,设定特许经营期限则在一定程度上限制了垄断性。准予原特许经营者仅仅通过申请就可以重新获得特许经营权,显然扼制了竞争,不利于提升特许经营项目的运营效率。同时,这种缺乏公开竞争机制的特许权授予,易于沦为政府的寻租工具。其次,赋予原特许经营者优先权无疑增加了其他潜在竞争者的进入障碍。特许经营期限届满后,原特许经营者不应享有别于潜在特许竞争者的特权,否则有违政府的"公平准入"政策。进一步言之,政府直接赋予在营者"优先权"的做法不利于吸引潜在投资者。①

特许经营期限是决定市场退出的关键因素。特许经营的宗旨就是为了引进市场竞争机制,如果特许经营者可以申请延期,不仅不利于促进特许经营者改进管理,提高竞争力,而且还可能剥夺市场上其他潜在竞争者的机会,不利于公用事业市场的持续开放和公平竞争。因此,特许经营立法中不应有允许特许经营者申请延长期限的规定。②

(五) 建立评估机制

共有产权住房 PPP 项目特许经营期期满时,在公共部门对项目设施质量、运营情况进行评估后,SPV 按照特许经营协议将共有产权住房经营权移交给公共部门,商业配套、车库等设施经营权一并移交,SPV 解散。移交时应严格审查项目设施情况,确保设施功能正常,对因 SPV 疏于维护而导致的设施损坏情况应责成其修缮、恢复设施功能。③

PPP 项目使命完成之后,并不是无一例外地移交给公共部门。根据当初项目资产移交项目公司使用的方式,以及融资模式的不同,项目移交的处理方式也不尽相同。无论项目采取哪种形式移交,保证公共财产的保值增值都是一项不变的原则。④

---

① 参见章志远、黄娟:《公用事业特许经营市场退出法律制度研究》,载《学习论坛》2011 年第 6 期。

② 参见章志远、李明超:《公用事业特许经营立法问题研究——以若干地方性法规为分析样本》,载《江苏行政学院学报》2009 年第 6 期。

③ 参见张巍、王磊、王佳丽:《共有产权住房 PPP 融资模式应用研究》,载《建筑经济》2015 年第 6 期。

④ 参见王春成:《PPP 模式法律文本体系、核心条款及公共利益》,载《中国财政》2014 年第 9 期。

(六) 实施退出监管

实施退出监管是我国相关法律法规立法的重要原则。其根本目的有三：一是为了防范经营企业以不正当手段获得特许经营权，保证市场准入的公平；二是为了防止经营者垄断经营，保持竞争活力，维护市场开放和公平竞争；三是为了促进经营者不断提高公共服务质量。从监管的主体看，退出监管的方式有监管者终止、收回、撤销特许经营权三种。[①]

结　　语

综观现有关于 PPP 的研究文献，专门论述 PPP 模式退出机制的文章是极其少的，大部分只是顺带提及以使文章结构完善而已；然而，PPP 模式退出机制是公私合作得以顺利开展的关键环节，既能够消除投资前投资者的担忧，也利于投资后纠纷的解决。鉴于国外 PPP 实践程度先于我国，有必要研究国外 PPP 模式的退出机制，以供完善我国制度设计之用。

---

① 参见杨松：《北京市政公用事业特许经营制度创新研究》，知识产权出版社 2011 年版，第 319—321 页。